복 있는 사람

오직 여호와의 율법을 즐거워하여 그 율법을 주야로 묵상하는 자로다.
저는 시냇가에 심은 나무가 시절을 좇아 과실을 맺으며 그 잎사귀가 마르지 아니함 같으니
그 행사가 다 형통하리로다. (시편 1:2-3)

오늘날 강단에서 중생 혹은 거듭남은 더 이상 중요한 관심사가 아니다. 하지만 주님은 사람이 거듭나지 아니하면 아무도 하나님 나라에 들어갈 수 없다고 말씀하신다. 로이드 존스는 주님의 이런 관심사를 붙들고 다시 위대한 강해를 시작한다. 이 책을 펼치는 독자들은 하나님 나라의 문 앞에 서서 중대한 결단을 내리지 않을 수 없을 것이다. 그것은 구원의 은총을 겸손히 받아들이겠다는 고백이 될 것이다. 복음 전도의 열정을 잃어버린 한국 교회의 모든 설교자들과 성도들 그리고 진리를 탐구하는 모든 분들에게 진지한 일독을 권한다. '영혼의 의사' 로이드 존스의 인도로 죄인 된 인생들을 위한 '신생의 모태'가 준비되기를 바란다.

이동원 | 지구촌교회 원로목사

로이드 존스의 『요한복음 3장 강해』는 아직 한 번도 공개된 적이 없었다. 이것은 마치 오랫동안 감춰져 왔던 보물이 드디어 발굴되어 그 모습을 드러낸 것과 같다. 로이드 존스의 설교의 특징은 성경에 대한 온전한 신뢰와 세밀한 분석 그리고 '불붙은 신학'에 있다. 그의 설교를 읽다 보면 우리는 어느새 철저한 성경적 신학의 기초 위에 서 있음을 깨닫게 될 것이다.

김서택 | 대구동부교회 담임목사

로이드 존스의 책을 소개하고 추천하는 일은 커다란 특권이다. 그의 『요한복음 3장 강해』는 거듭남의 징표, 하나님을 인격적으로 아는 지식, 구원 역사에 나타난 하나님의 사랑, 세상을 사는 성도들이 가져야 할 삶의 방식 등 주옥같은 내용들을 담아내고 있다. 로이드 존스의 강해를 통해 독자들은 요한복음 3장에 대한 깊은 통찰을 발견하여 그것을 즐거이 누리게 될 것이다.

화종부 | 남서울교회 담임목사

생명을 얻고 더 풍성히 얻는 삶, 은혜 위에 은혜를 누리는 삶을 살기 원한다면 지난 세기 가장 위대한 설교자 로이드 존스의 이 책 『요한복음 3장 강해』를 꼭 읽으라. 그의 이 설교는 내 영혼 가득히 울려 퍼지고 있다.

정근두 | 울산교회 담임목사

설교란 "불붙은 논리"라고 설파한 20세기 최고의 강해설교자 로이드 존스는 『요한복음 3장 강해』에서 거듭남을 철저히 탐구한다. 그는 특유의 분석력을 바탕으로 성경과 교회사의 지평에서 새로운 피조물로 거듭난 하나님의 자녀가 드러내는 구체적인 모습들을 탁월하게 제시한다. 이를 통해 신자가 스스로 자신이 참된 신자인지 아닌지 점검하도록 이끈다. 이 책을 읽노라면, 마치 18세기 조나단 에드워즈의 『신앙감정론』 The Religious Affections 을 현대판으로 읽는 듯한 착각에 빠지게 된다. 그는 이 책에서 독실한 '종교인'으로 머물지 말고 성령으로 말미암아 내적 생명력이 넘치는 '그리스도인'이 되기를 촉구한다. 로이드 존스의 이 메시지는 오늘날 외형적인 종교 행위에 만족하는 이름뿐인 종교인들에게 큰 경종을 울리고 있다. "새사람을 입으라"고 외치는 복음이 그 어느 때보다 그리운 오늘날 그의 메시지는 큰 울림으로 다가온다.

박태현 | 총신대학교 신학대학원 설교학 교수

요한복음 3장 강해

D. Martyn Lloyd-Jones | **Experiencing the New Birth**

거듭남과 충만함

요한복음 3장 강해

마틴 로이드 존스

정상윤 옮김

요한복음 3장 강해

2016년 5월 13일 초판 1쇄 발행
2021년 12월 10일 초판 2쇄 발행

지은이 마틴 로이드 존스
옮긴이 정상윤
펴낸이 박종현

㈜ 복 있는 사람
주소 서울특별시 마포구 연남동 246-21 (성미산로23길 26-6)
전화 02-723-7183(편집), 7734(영업·마케팅) 팩스 02-723-7184
이메일 hismessage@naver.com
등록 1998년 1월 19일 제1-2280호

ISBN 978-89-6360-180-9 03230

이 도서의 국립중앙도서관 출판예정도서목록(CIP)은
서지정보유통지원시스템 홈페이지(http://seoji.nl.go.kr)와 국가자료공동목록시스템(http://www.nl.go.kr/kolisnet)에서 이용하실 수 있습니다. (CIP 제어번호: 2016007689)

Experiencing the New Birth
by D. Martyn Lloyd-Jones

Copyright © 2015 by Elizabeth Catherwood and Ann Beatt
Originally published in English as *Experiencing the New Birth*
by Crossway, 1300 Crescent Street, Wheaton, Illinois 60187
All rights reserved.

This Korean translation edition © 2016 by The Blessed People Publishing Co., Seoul, Republic of Korea.
This Korean edition is published by arrangement of Crossway through rMaeng2, Seoul, Republic of Korea.

이 한국어판의 저작권은 알맹2 에이전시를 통하여 Crossway와 독점 계약한 ㈜ 복 있는 사람에 있습니다. 신저작권법에 의하여 한국 내에서 보호받는 저작물이므로 무단 전재와 무단 복제를 금합니다.

차례

1. 니고데모 — 9
2. 핵심 토대 — 33
3. 새 출생의 특징 — 53
4. 새 출생의 표지 — 75
5. 영적 생명의 징표 — 99
6. 그리스도인과 세상 — 123
7. 의 — 145
8. 형제 사랑 — 169
9. 하나님을 아는 지식 — 191
10. 성부와 성자를 인격적으로 아는 지식 — 213
11. 성령의 교제 — 239
12. 하늘의 일 — 263
13. 확신 — 287
14. 그리스도 안에서 살아 있는 자 — 309
15. 인간의 구원에 나타난 하나님의 사랑 — 335
16. 어둠과 빛 — 359
17. 신랑의 친구 — 385
18. 성령 세례 — 409
19. 나는 없고 당신만 있나이다 — 435
20. 가련한 자아는 점점 작아지게 하소서 — 459
21. 그는 흥하여야 하리라 — 483
22. 그가 전부이신가? — 507
23. 선지자, 제사장, 왕 — 531
24. 경탄하고 사랑하며 찬양하리라 — 553

1.
니고데모

그런데 바리새인 중에 니고데모라 하는 사람이 있으니 유대인의 지도자라. | 요한복음 3:1

이제부터 요한복음 3장 서두에 나오는 니고데모라는 사람과 관련된 사건에 주의를 환기시키고자 합니다. 지금 우리는 요한복음을 연구하는 중입니다. 그런데 요한복음 전체를 체계적으로 살펴보며 모든 부분을 샅샅이 다루는 것이 아니라, 제가 이 복음서의 주된 목표와 목적이라고 생각하는 중대한 주제를 선별해서 다룬다는 점을 아주 분명히 밝히고 싶습니다. 이미 말했듯이, 요한복음을 이해하는 실질적인 열쇠는 "우리가 다 그의 충만한 데서 받으니 은혜 위에 은혜러라"라는 1:16 말씀입니다.

우리가 이 특정 주제에 집중하는 것은 결국 여기에 '그리스도인이 되는 일'의 의미가 담겨 있기 때문입니다. 점점 더 느끼는 바지만, 16절은 이 시대에 가장 필요한 구절입니다. 그리스도인이 실제로 어떤 존재이며 어떤 존재여야 하는지 우리 모두 알아야 하는데, 16절보다 더 좋은 그리스도인의 정의는 없기 때문입니다. 그리스도인이 되려면 당연히 일정 사실을 믿어야 합니다. 교의^{教義}의 요소가 있고, 그 요소가 반드시 필요합니다. 그러나 기독교는 일차적으로 그의 충만한 데서 받는 **생명**입니다. 이 점을 잊으면 기독교 전체의 위대함과 영광스러움과 찬란함을 놓치게 됩니다. 그리스도인이면서도 이 생명—영원한 생명—을 단순한 하나의 관점이나 가르침, 철학, 신학 등으로 축소할 위험이 늘 있습니다. 절대 그래서는 안 됩니다. 기독교의 핵심은 생명, 즉 그의 충만한 데서 받는 데 있습니다. 이 생명이야말로 세상에서 가장 중대한 것, 우리가 알 수 있는 가장 중대한 것입니다.

그러므로 이 연구의 개요를 밝히면서 새해 벽두부터 이런 질문을 던지는 것에 대해 굳이 양해를 구하지 않겠습니다. 여러분은 자신이 이 충만함을 받은 자임을 알고 있습니까? "은혜 위에 은혜"를 받고 있습니까? 계속, 더 많이 받고 있습니까? 혹시 과거의 경험이나 결단에만 기대어 사는 것은 아닙니까? 여러분이 머리에 연결되어 있다는 것, 그 위대한 머리로부터 생명이 흘러내려 여러분의 존재 전체에 스며들고 있다는 것을 **아는** 자리에 있습니까? 강조하건대, 이것이 기독교입니다. 이 생명과 충만함을 나타낼 때만 교회는 실제로 제 역할을 하게 되며 세상에서 중요한 곳이 됩니다.

아, 오늘날 교회가 거의 중요치 않은 곳이 되었고 점점 더 중요치 않은 곳이 되어 간다는 사실을 굳이 시간 들여 일깨울 필요는 없을 것입니다. 그 모든 원인이 결국 여기 있습니다. 교회는 활동이나 노력이나 조직에 기대어 사는 곳이 아닙니다. 계속 그런 시도를 해왔지만 통하지 않았습니다. 교회 밖 세상이 무지와 어둠과 죽음 속에서도 알아보는 유일한 한 가지가 이 생명이라는 것이야말로 놀라운 사실이자 여러모로 믿음의 역설이라 할 만합니다. 사도행전, 아니 신약성경 전체가 이에 대해 이야기하고 있습니다. 거듭 말하건대, 우리 모두 관심을 가져야 할 중대한 질문이 바로 이것입니다. 나는 그의 충만한 데서 받고 있습니까? 그의 충만함을 더 많이 받는 것이 나의 가장 큰 열망이요 야망입니까?

요한복음의 큰 목적은 바로 이 중대한 주제를 가르치려는 데 있다고 말하고 싶습니다. 물론 세세한 역사적 사실도 기록해 놓았는데, 이 또한 하나님께 감사드릴 일입니다. 여기에는 실례를 제시함으로 우리를 도우려는 의도가 있는 것이 확실합니다. 제가 던진 질문과 관련하여 발생하는 어려움들이 있는데, 그 어려움들은 우리가 자초하는 것입니다. 우리는 충분히 어린아이 같지 못하며 단순하지 못합니다. 너무 복잡하고 똑똑하고 철학적입니다. 이것이 늘 가장 큰 장애물로 작용합니다. 주님은 "너희가 돌이켜 어린아이들과 같이 되지 아니하면 결단코 천국에 들어가지 못하리라"(마 18:3)라고 하셨습니다. 우리 스스로 어려움들을 창출해 내고 만들어 냅니다. 그래서 성경이 우리와 비슷한 사람들의 기록과 이야기를ㅡ그들이 어떻게 실수하고, 길을 잃고, 잘못된 개념과 생각에 빠졌는지ㅡ전해 주는 것입니다. 이것은 감사할 일입니다. 다른 이들이 어떤 함정과 오류에 빠졌는지 살펴보고 알아봄으로 경고와 교훈을 받고, 좀 더 적극적인 차원에서 이 주제 전체를 다시 볼 수 있기 때문입니다.

요한은 특별히 1:1-18에서 중대한 교리를 제시하고 연이어 세례 요한의 증언을 기록한 다음, 스스로 주님께 나아오거나 다른 이를 통해 나아온 일련의 인물들을 소개합니다. 후에 사도가 된 그 인물들에게서 우리는 중대한 교훈을 얻었습니다. 그리고 2장에서 주님은 여러 가지로 더 많은 교훈을 주십니다. 갈릴리 가나의 혼인 잔치에서 물로 포도주를 만든 기적과 관련해서도 교훈을 주시고, 예루살렘에 올라가 성전의 상황을 목격하신 일과 관련해서도 교훈을 주시며, 예루살렘에 계신 동안 사람들이 찾아온 일과 관련해서도 교훈을 주십니다. "많은 사람이 그의 행하시는 표적을 보고 그의 이름을 믿었으나 예수는 그의 몸을 그들에게 의탁하지 아니하셨으니"(요 2:23-24). 이 기록을 통해 요한은 주님께 나아가는 다양한 방식의 특정한 오류와 잘못이 무엇인지, 그것이 우리에게 전하는 메시지가 무엇인지 알려 줍니다. 각 사례별로 사도가 부각하여 제시하는 특정한 강조점 내지 진리의 측면이 있기에, 그 관점에서 요한복음 연구를 계속해 보겠습니다.

제가 이 점을 애써 강조하는 것은 단순히 신학적이고 학문적인 흥미 때문이 아닙니다. 요한복음을 단순히 해설할 생각은 처음부터 없었습니다. 생명, 인간의 영혼 안에 들어온 하나님의 생명, 인간 최고의 필요, 그리스도인의 삶에서 누릴 수 있는 최고의 영광에 대한 중대한 질문이 저를 찾아와 사로잡았습니다. 이 모든 구절은 그 자리에 이르도록 우리를 돕기 위해 기록된 것입니다. 성경을 단순히 알아야 할 교과서로 여기고 접근하는 것만큼 치명적인 잘못은 없습니다. 성경의 본분은 거기 있지 않습니다. 성경의 전적인 목적은 인간에게 필요한 이 모든 충만함을 가진 분께 여러분을 인도하려는 것입니다.

이제 3장의 특정 관심사를 다룰 차례입니다. 3장은 이 주제와 관련된 어려움들을 보여주는 아주 기초적이고 기본적인 질문을 제기하고 제시합니다. 지금부터 그것을 살펴보겠습니다. 니고데모 이야기는 흔히 전도 이야기로 간주됩니다. 곧 살펴보겠지만, 어떤 의미에서는 당연히 그렇다고 할 수 있습니다. 그러나 동시에 다수의 그리스도인에게 많은 교훈을 주는 이야기이기도 합니다. 니고데모의 사례를 분석해 보면 주님의 충만함을 경험치 못하게 가로막는 어려움들, 더 많이 받지 못하게 가로막는 어려움들이 무엇인지 구체적으로 알게 되리라 확신합니다.

이제 니고데모를 살펴봅시다. 가장 먼저 발견하는 사실은 그의 사례가 앞서 나온 것들과 다른 사례, 다른 문제라는 것입니다. 2장으로 돌아가면, 유대 지도자들이 성전을 오용한 이야기와 또 다른 유대인들이 주님을 찾아와 "네가 이런 일을 행하니 무슨 표적을 우리에게 보이겠느냐?"(요 2:18)라고 말하는 장면이 나옵니다. 기적의 의미를 모른 채, 눈에 띄는 놀라운 기현상을 일으켜 보라고 요구한 것입니다. 그리고 2장 말미에는 쉽게 믿어 버린 자들, 주님이 행하신 극적인 일에 잠시 혹해서 성급히 나아온 자들이 등장합니다.

그런데 니고데모의 사례는 그중 어디에도 해당되지 않습니다. 그는 아주 다른 유형, 구분되는 유형의 인물입니다. 제가 그를 여러분 앞에 제시하는 것은, 오늘날 아주 확연히 나타나는 유형을 대변해 준다고 생각하기 때문입니다. 요한이 이 일을 기록한 전적인 목적은 니고데모가 완전히 잘못되었음을 밝히려는 데 있으므로, 그 특징을 찾아내는 것이 중요합니다. 놀라운 점이 이것입니다. 그는 여타의 유대인들과 다른 방식, 그만의 특정한 방식으로 잘못을 범했습니다.

그렇다면 니고데모의 특징은 무엇일까요? 첫째로, 그는 아주 독실한 사람이었던 것이 분명합니다. 더 나아가 아주 유능한 이스라엘의 선생이자 스승이었습니다. 독실한 종교생활을 하면서 성경을 연구하고 다른 이들을 가르치며 교훈하는 것이 그의 평생의 업이요 일이었습니다. 그가 이런 인물이었음을 기억하는 것이 아주 중요합니다. 2장 말미에 나오는 유대인들은 경솔하고 몰지각한 자들로, 놀라운 일만 생기면 우르르 몰려가 아무 말이나 믿고 새 운동에 가담하던 예루살렘 군중의 일부였던 것으로 보입니다.

그러나 니고데모는 전혀 달랐습니다. 여러 가지 면에서 훌륭한 인물이자 아주 독실하고 지적인 선생이었습니다. 이에 덧붙여야 할 또 한 가지 특징은 편견에서도 분명 자유로웠다는 것입니다. 우리는 그 당시 종교 지도자들이 주님께 편견을 가졌다는 증거를 가지고 있습니다. 그래서 표적을 요구한 것입니다. "바리새인도 아닌 주제에 갑자기 나타나 성전에서 이런 짓을 하다니, 대체 무슨 권리로 이런 짓을 하고 이런 말을 하는 거야?" 복음서에 나오듯이, 바리새인들이 주님께 편견—일종의 본능적인 편견—을 가졌던 것은 지극히 명백한 사실입니다. 그들은 편협했으며, 늘 주님의 말씀과 가르침에서 흠을 잡고 잘못을 입증할 틈을 노렸습니다.

그러나 니고데모는 완전히 달랐던 것으로 보입니다. 이 점이 놀랍습니다. 편견의 해악은 지대한 것으로, 물론 그 토대는 항상 불명확한 사고와 무지에 있습니다. 편견은 심각하고 감정적이며 큰 해를 끼칠 수 있다는 점에서 무서운 것입니다. 그런데 니고데모는 분명 편견에서 자유로웠습니다. 주님을 대하는 그의 태도는 대다수 바리새인들의 태도와 달랐습니다. 요한복음 뒷부분에 나오는 니고데모 관련 구절들을 보아도 같은 특징이 유지되는 것을 알 수 있습니다. 이 점에서는 그에게 모든 경의를 표할 만합니다.

말하자면 이것이 니고데모의 천성이자 일반적인 특징이었습니다. 그런데 제가 강조하지 않을 수 없는 그만의 특별한 미덕이 또 있습니다. 그는 한 사람이 이토록 올바르면서 또한 이토록 잘못될 수 있다는 것을 아주 완벽하게 보여주는 예입니다. 그런 이들이 많습니다. 제 지인들 중에도 진심으로 정직하게 하나님의 복을 구하는데도 이 특정 유형에 속한 탓에 그 복을 얻지 못하는 이들이 많았고, 지금도 역시 그런 이들이 많다고 말하고 싶습니다.

그렇다면 그만의 특별한 미덕이란 무엇일까요? 우리가 강조해야 할 첫 번째 미덕은 니고데모 자신의 말에서 찾아볼 수 있습니다. 성경은 그가 밤에 예수를 찾아와 "랍비여, 우리가 당신은 하나님께로부터 오신 선생인 줄 아나이다. 하나님이 함께하시지 아니하시면 당신이 행하시는 이 표적을 아무도 할 수 없음이니이다"(요 3:2)라고 말했다고 기록합니다. 다시 말해서 그는 기적의 진정한 의미를 아는 사람이었습니다. 기적의 의미를 몰랐던 2장의 유대인들과 차이점이 보일 것입니다. 기적의 의미를 아예 모르는 자들이 있었는가 하면, 그 의미를 얄팍하게 알고 쉽게 믿는 자들이 있었습니다. 그런데 이 사람은 달랐습니다. 단순히 볼거리에 관심을 두지 않았습니다. 더 깊은 의미가 있음을 알아챘습니다. 그는 주님의 기적을 지켜보며 생각했습니다. '이런 기적들을 행하는 걸 보면 평범한 사람이 아닌 게 분명해. 유일무이하게 죄 없는 사람, 하나님께 쓰임받는 사람, 복 받은 사람인 게 분명해. 저 사람에게는 무언가 특별한 것이 있어.'

다시 말해서 그는 기적을 제대로 평가했습니다. 주님을 단순히 기적을 행하는 놀랍고 기이한 인물로 취급하지 않았습니다. 그래서 주님께 "당신은 하나님께로부터 오신 선생인 줄 아나이다"라고 한 것입니다. 자신은 이 사실을 안다는 것입니다. 반박할 여지가 없다는 것입니다. "하나님이 함께하시지 아니하시면 당신이 행하시는 이 표적을 아무도 할 수 없음이니이다." 다시 말해서 그는 생각하는 사람, 이

면까지 생각하는 사람이었습니다. 주님이 행하신 기적의 실제 의미를 파악할 만큼 영적으로 충분히 밝은 사람이었습니다.

더 나아가 주님의 인격과 성품에서도 무언가 발견했던 것이 분명합니다. 그는 주님을 "랍비"라고 불렀습니다. 목수에 불과한 예수를 선생이자 스승이라고 부른 것입니다. 그가 이런 호칭을 쓴 것을 보면 주님에게서 아주 비범하고 예외적인 무언가를 감지했음을—얼마나 깊이 감지했는지는 모르겠지만—알 수 있습니다.

이것은 아주 중요한 특징입니다. 3장이 이후 내내 강조하며 다루는 이 특징은 우리 신분 전체의 토대를 이루는 요소이기도 합니다. 주님의 유일무이하심을 알아보지 못하는 자는 그리스도인이 아닙니다. 주님을 다른 종교의 위대한 스승들과 같은 범주로 분류하는 자는 아예 출발조차 하지 못한 것으로, 그의 충만함을 받을 가능성이 전혀 없습니다. 그런데 이 사람은 주님을 "랍비"라고, 스승이라고 불렀습니다. 그는 자신이 아직 접하지 못한 낯선 것이 주님께 있음을 인식했습니다.

더 나아가 이 특징은 우리를 문제의 핵심으로 이끌고 갑니다. 니고데모는 자신에게 없는 것이 주님께는 있음을 아주 분명하게 인식했습니다. 저는 이것이 니고데모의 훌륭한 점이라고 생각합니다. 그는 높은 지위를 가진 대단한 인물이었음에도 예수를 주시했습니다. 같은 지위에 있던 다른 자들은 전부 편견에 사로잡혀 있었지만, 그는 동경의 눈길로 바라보았습니다. 제가 볼 때 그는 '주님이 이런 기적을 행하시는 것은 단순히 능력이 있기 때문이 아니라 평범한 수준을 훨씬 뛰어넘는 특별하고도 유일무이한 관계를 하나님과 맺고 있기 때문'이라고 확신했고, 그 점에 끌렸던 것 같습니다.

제가 이 특징을 강조하는 것은, 이것이야말로 영적인 삶의 중대한 열쇠이기 때문입니다. 주님의 충만함을 받는 데 필요한 열쇠, 주님을 아는 지식과 은혜에서 자라 가며 그의 충만함을 받는 데 필요한 중대한 열쇠이기 때문입니다. 이 열쇠가 있어야 이 땅에서부터 천국을 알고 영원한 영광을 미리 맛보는 무리에 속할 수 있습니다.

소극적으로 말하자면, 니고데모는 자기만족에 빠지거나 자기 상태에 안주하지 않았습니다. 이것은 중대하고도 기초적인 원리입니다. 그는 더 큰 것을 바랐습니다. 많은 사람의 문제점은 자기만족에 빠져 이미 도달했고 다 가졌다고 생각하는 것입니다! 자신들은 이미 회심했다는 것입니다. 결단했으니 다 된 것 아니냐는 것입니다. 자, 그래서 이를테면 자유분방하게 지내며 남은 평생을 그렇게 살아갑니다. 그러나 니고데모는 달랐습니다. 실제로 그는 다른 유대인처럼 생각할 모든 이유를 갖추고 있었습니다. 대단한 지위를 가진 이스라엘의 당국자요 선생이었습니다. 그런데도 영적인 영역에 민감했고, 비상한 기적을 행하는 새롭고 낯선 인물을 발견한 즉시 '저 사람한테는 나한테 없는 것이 있다'는 것을 알아챘습니다. 그가 하나님을 알고 하나님과 친밀한 분임을 알아챘습니다. "우리가 당신은 하나님께로부터 오신 선생인 줄 아나이다." 니고데모는 이 새 선생에게 흥미와 호기심을 느꼈을 뿐 아니라 어떤 의미에서 확신을 가졌고, 이 새 선생이 분명히 가지고 있는 별도의 것, 더 깊은 것을 알고 싶다는 열망을 품었습니다.

제가 여러분에게 던지고 싶은 중요한 질문이 이것입니다. 여러분은 지금 상태에 만족합니까? 자기 자신에게 만족합니까? 아니면 부족함과 불만을 느낍니까? 여러분에게는 의에 주리고 목마른 마음이 있습니까? 더 크고 위대하고 깊은 것을 갈망하는 마음이 있습니까? 니고데모의 가장 큰 장점이 이것이었습니다. 그가 주님을 찾아온 것은 자기 속에 이런 필요가 있고 결핍이 있다는 사실, 더 충만해지고 싶은 갈망이 있다는 사실, 하나님께 더 큰 충만함을 받고 싶은 열망이 있다는 사실을 알고 인식하며 인정하는 행동이었습니다.

이 열망을 모르는 그리스도인의 삶에는 소망이 없습니다. 우리 모두에게 가장 중요한 질문이 이것입니다. 우리에게는 의에 주리고 목마른 마음이 있습니까? "사슴이 시냇물을 찾기에 갈급함같이"(시 42:1) 살아계신 하나님을 갈망하며 그를 알길 갈망하는 마음이 있습니까? 오, 일정 지점에 도달한 후 지난 세월을 돌아보며 자기 경력에 만족해 버릴 수 있습니다. 혹시 그 수준에 멈추어 만족감을 느끼며 그것만으로도 훌륭하다고 느끼는 것은 아닙니까? 늘 자신보다 못한 것이 분명한 이들과 비교하는 것은 아닙니까? 요즘 진리를 부인하는 이단들이 많은데, 혹시 그들을 규탄하며 명백하게 드러난 잘못을 입증하는 데 시간을 다 쓰는 것은 아닙니까? 현 세상의 요란한 비웃음과 신성모독적인 불경함을 살펴보는 데 시간을 다 쓰는 것은 아닙니까?

물론 그것도 괜찮지만, 그것을 평가의 기준으로 삼으면 안 됩니다. 신약성경을 읽고 주님을 바라볼 때 깊이 주리고 목마른 마음과 결핍감을 느낍니까? 지금 누리지 못하는 충만함, 이제껏 몰랐지만 꼭 누려야 할 충만함이 있음을 느낍니까? 우리 앞서 세상에 살며 교회의 삶을 아름답게 장식했던 성도들의 생애를 읽을 때 그 필요를 느낍니까? 반복하건대, 니고데모의 가장 훌륭한 점이 이것이었습니다. 그는 자기 필요를 인식하고 주님을 찾아왔습니다.

니고데모와 관련하여 주목해야 할 그다음 특징은 이처럼 그가 자기 필요를 충분히 인식했을 뿐 아니라 주님을 찾아와 대화를 청하고 교훈을 구할 만큼 겸손했다는 것입니다. 니고데모 같은 인물이 이런 행동을 했다는 것이 무엇을 의미하는지 우리가 제대로 파악하기란 매우 어렵습니다. 그래도 한번 설명해 보겠습니다. 그가 "유대인의 지도자"였음을 기억하십시오. 그런데도 무명의 주님을 찾아와 대화를 청할 만큼 겸손했습니다. 그 겸손의 열쇠는 제가 이미 강조한 사실, 즉 자기 필요를 인식한 데 있었습니다. 그는 주님과 하나님 사이의 유대감, 경험의 깊이, 삶의 질이 자신이나 동료 이스라엘 선생들의 수준을 훨씬 뛰어넘는다는 것을 알았습니다. 우리는 스스로 겸손해질 수 없습니다. 완벽한 대상을 보고 그와 대조되는 자기 실상을 보아야 비로소 진정으로 겸손해질 수 있습니다. 그럴 때 우리는 항상 겸손해집니다. "의에 주리고 목마"르기에 "심령이 가난"해집니다(마 5:3, 6). 이처럼 팔복은 서로 보완해 주며 어떤 의미에서 서로 설명해 줍니다.

　어떤 이는 물을 것입니다. "니고데모를 과찬하는군요. 그는 밤중에 주님을 찾아왔습니다. 왜 대낮에 당당히 찾아오지 못한 거지요? 왜 어둠을 틈타 슬그머니 대화를 청한 겁니까?" 저는 그 비판을 용인할 수 없습니다. 오히려 그렇게 한 것이 니고데모의 미덕이었다고 생각합니다. 그는 아주 현명한 인물로, 앞서 말한 모든 필요를 인식했습니다. 그럼에도 무명의 선생을 찾아오는 일에 신중을 기한 것은 잘못이 아닙니다. 오히려 조심하는 것이 옳습니다. 신약성경도 우리에게 분별할 것을 가르칩니다. "시험"하고 "확증"하고 검증할 것을 가르칩니다(고후 13:5). 요한복음 2장 말미에 나오는 유대인들은 최신의 기현상에 이끌려 덥석 좇아왔지만, 주님은 받아 주지 않으셨습니다. 니고데모가 밤에 주님을 찾아온 것은 좋은 일이요 잘한 일입니다. 그는 책임이 따르는 위치에 있는 사람이었습니다. 그런 위치에 있는 사람이 생각 없이 아무 데나 덥석 뛰어들면 안 됩니다. 그에게는 이 두 요소가 균형을 이루고 있었습니다. 자신이 받은 교육과 배경과 동료들의 편견에도 불구하고 필요를 인식했고 '좀 더 알아봐야겠다'고 생각했습니다. 그러면서도 자기 위치를 고려했습니다. 이것은 아주 좋은 태도이며, 그가 실제로 훌륭한 인물이었다는 표지입니다. 자기 책임에 대한 인식과 큰 충만함—주님께 받아야 한다고 생각했던 충만함—을 향한 열망이 놀랍게 조화를 이루고 있었습니다. 그래서 밤에 대화를 청한 것입니다. 이처럼 저는 그에게 두 요소가 같이 있었다고 봅니다.

그러므로 이 모든 일에서 알 수 있는 사실, 첫 번째로 배우게 되는 중대한 교훈은 다음과 같습니다. 니고데모는 자신의 감정을 행동으로 옮겼습니다. 제가 이 점을 강조하는 이유가 무엇일까요? 저 자신의 경험 때문이며, 여러분도 저와 다를 바가 없음을 알기 때문입니다. 우리가 빠지기 쉬운 가장 큰 위험이 이것입니다. 집회에 참석하거나 책을 읽거나 어떤 일을 겪을 때 무언가 우리에게 작용하여 영향을 끼치면, 갑자기 동요가 일어나면서 제가 말한 갈망이 조금 생깁니다. 마음이 흔들리면서 이대로 살면 안 될 것 같은 느낌이 들고, 더 좋고 높은 것이 있다는 깨달음이 찾아오며, 그것을 얻고 싶은 갈망이 생깁니다. 그런데 그것으로 끝입니다. 왜 그럴까요? 그 감정에 대해 아무런 조처도 취하지 않기 때문입니다. 갈망이 잠시 찾아왔다가 사라집니다. 잔물결이 잠시 영혼의 표면에 일었다가 가라앉습니다. 돌풍이 잠시 불어 마음을 흔들다가 이내 잔잔해집니다. 결국 모든 것을 잊고 예전으로 돌아가 버립니다.

니고데모라는 훌륭한 인물이 우리에게 가르쳐 주는 중대한 교훈이 이것입니다. 그는 감정이 스쳐 지나가게 두지 않았습니다. "아주 흥미롭군. 물론 이런 건 일시적 현상에 불과해. 새 선생? 그래, 전에도 새 선생을 많이 봤지만 별다를 건 없었지"라고 하지 않았습니다. 이 논리는 후에 자세히 나옵니다. 이것이 그 당시 사람들의 논리 전개 방식이었습니다. 그러나 니고데모는 주님께 전에 보지 못한 무언가가 있음을 알아챘고 '이대로 넘길 수 없어. 꼭 알아봐야겠어'라고 생각했습니다. 그래서 위험과 대가를 감수하더라도 갑자기 등장한 새 선생에게 대화를 청하기로 결심했습니다. 큰 관심을 가지고 감정을 행동으로 옮겼습니다.

아주 간단하고 기본적인 말처럼 들리지 않습니까? 그런데 그리스도인의 삶과 생활 전체를 여는 열쇠가 여기 있습니다. 적용하고 행동하는 일, 자신의 선한 충동과 생각을 따르는 일, 자신을 찾아온 깊은 확신에 귀를 기울이는 일, 마침내 비결을 찾기까지 쉬거나 안주하지 않는 일이 반드시 필요합니다.

모든 시대 성도들의 삶에서 무한히 많은 예를 찾아볼 수 있습니다. 그들의 특징도 이것이었습니다. 그들은 감정이 사라질 때까지 가만히 앉아 있지 않았습니다. 벌떡 일어나 "반드시 알아봐야겠어. 가만히 있을 수 없어"라고 했습니다. 단호하게 결심했습니다. 신약성경도 이렇게 가르칩니다. "구하라, 그리하면 너희에게 주실 것이요 찾으라, 그리하면 찾아낼 것이요 문을 두드리라, 그리하면 너희에게 열릴 것이니"(마 7:7). 주님도 이렇게 강청할 것을 내내 가르치셨고, 기독교회 역사 전체와 가장 위대한 인물들도 그 본보기를 계속 보여주었습니다. 니고데모는 벌떡 일어나 말했습니다. "난 확실히 이걸 얻어야 해. 내게는 없고 그에게는 있는 것, 그게 대체 뭘까? 꼭 알아봐야겠어! 가서 만나 봐야겠어." 그는 그 결심대로 했습니다.

여러분도 제 말을 들으면서 불만스러운 자기 상태를 극복하고 싶은 마음이 생겼으리라 믿습니다. 단순히 그 감정을 느끼는 데서 그치지 마십시오. 그 감정을 느꼈다는 사실에 만족하며 "어쨌든 나한테 필요가 있다는 건 아니까"라고 말하는 데서 그치지 마십시오. 거기서 그치지 마십시오. 문제는 결국 충만함을 받았느냐 하는 것입니다. 충만함을 받으려면 어떻게 해야 합니까? 니고데모처럼 해야 합니다. 주님께 나아가야 합니다. 이것이 우리가 해야 할 한 가지 일입니다.

여기까지 니고데모가 한 일은 칭찬밖에 할 말이 없을 정도로 다 옳습니다. 그런데 이 이야기의 전적인 핵심은 아주 근본적인 점에서 그가 잘못되었음을 보여주려는 데 있습니다. 혹시 여러분도 이런 유형에 속한 것은 아닙니까? 저는 이런 유형에 속한 이들을 많이 알고 있습니다. 아마도 여러분은 자신에게 없거나 있어도 충분치 못하다고 느끼는 '무언가'를 진심으로 열망할 것입니다. 단순히 의무적으로 살아가는 삶에 만족하지 못할 것입니다. 여러분은 회심했고 수행할 과업을 부여받았습니다. 그래서 매해 연초부터 연말까지 그 과업을 수행하며 살지만, 50년이 지나도 아무 변화 없이 처음 모습 그대로입니다. 여러분은 그런 삶에 만족하지 못합니다. 그것이 충만한 기독교가 아님을 압니다. 기독교는 기독교지만, 신약성경에 나오는 기독교가 아님을 압니다. 여러분의 삶에는 이 심오한 특성, 가슴을 두근거리게 만드는 특성이 나타나지 않습니다. 그러니 이 사람의 본을 따르라는 것입니다. 행동하십시오! 그리스도께 나아가십시오! 왜 그래야 합니까? 그가 여러분을 다루어 주실 것이기 때문입니다.

이제 두 번째 중대한 주제, 즉 본문에 나타난 우리 주와 구주 되신 복되신 분의 모습을 살펴보겠습니다. 이것은 지금까지 살펴본 주님의 여러 가지 모습 중에서도 아주 놀라운 모습입니다. 세상에서 변하지 않는 분은 오직 한 분, 그리스도뿐입니다. 사람은 각기 다릅니다. 기질과 심리와 관점이 다르고, 체질과 재능과 개별 경험이 다르며, 출신 배경이 다릅니다. 그러나 그리스도께 나아갈 때 발견하는 사실은 그가 항상 동일하시다는 것입니다. 그는 독보적인 분입니다. 성경에 나타나는 주님은 항상 모든 것 위에 우뚝 솟아 계십니다. 늘 상황을 장악하십니다. 갈릴리 가나 혼인잔치에 단순한 손님으로 참석하셨을 때도 상황을 지배하셨습니다. 그는 숨으려야 숨을 수 없는 분이었습니다. 유월절을 맞아 예루살렘에 올라가셨을 때도 성전의 주도권을 잡으셨습니다. 힘들이지 않고 쉽게 주도권을 잡으셨습니다. 그보다 더 자연스러울 수 없게 주도권을 잡으셨습니다. 그는 성전의 주인이셨습니다. 유대 지도자들이 나아와 함부로 묻고 부당한 말을 할 때도 똑같이 위엄 있게 다루셨습니다. 주님이 일으키신 기현상에 혹한 이들이 성급히 좇아와 합류하려 했을 때도 그들에게 자신을 의탁하지 않으셨습니다. 그리고 이제 이스라엘의 훌륭한 선생이자 스승이며 대단한 권력자였던 니고데모가 찾아왔습니다. 혹시 여러분 중에도 주님에 대해 "한낱 목수일 뿐이야. 교육도 받지 못했지. 무명인이었다가 갑자기 유명해진 인물에 불과해"라고 말하는 사람이 있을지 모르겠습니다. 오, 그러나 그는 언제나 동일하십니다. 언제나 상황을 장악하시고 주도권을 잡으십니다. 이것이 주님에 대해 늘 알아야 할 첫 번째 중대한 사실입니다. 그는 주님이십니다.

2장 말미에서 상기시키듯이, 이 사건의 배경과 맥락은 "예수는 그의 몸을 그들에게 의탁하지 아니하셨으니 이는 친히 모든 사람을 아심이요 또 사람에 대하여 누구의 증언도 받으실 필요가 없었으니 이는 그가 친히 사람의 속에 있는 것을 아셨"다는 데 있습니다. 주님은 "아, 지금 찾아온 사람은 이스라엘의 선생이에요. 대단한 인물이지요"라고 귓가에 속삭이거나 메모를 전해 줄 비서와 보좌관을 거느리실 필요가 없습니다. 그는 모든 사람을 알고 계십니다. 속에 있는 것까지 다 알고 계십니다. 주님은 니고데모가 찾아오기 전부터 그의 모든 것을 알고 계셨습니다. 나다나엘의 사례가 이 점을 보여줍니다. "예수께서 나다나엘이 자기에게 오는 것을 보시고 그를 가리켜 이르시되 보라, 이는 참으로 이스라엘 사람이라. 그 속에 간사한 것이 없도다"(요 1:47).

이것이 주님에 대해 우리가 알아야 할 첫 번째 요점입니다. 그는 우리의 모든 것을 알고 계십니다. 어떤 의미에서는 무서운 사실이지만, 또 다른 의미에서는 세상에서 가장 큰 위로이기도 합니다. 이 순간 결핍된 모습 그대로 나아갈 때, 우리 필요를 정확히 아시리라 확신할 수 있기 때문입니다. 우리는 우리 필요를 안다고 생각하지만 사실은 알지 못합니다. 니고데모도 안다고 생각했지만 착각이었습니다. 그렇게 뛰어난 사람도 착각했습니다. 자기 자신을 제대로 몰랐습니다. 우리 중 누구도 자신을 제대로 모릅니다. 우리는 선악 간의 균형을 맞추며 대차대조표를 작성할 준비를 늘 하고 있습니다. 자기 죄를 합리화할 준비를 늘 하고 있습니다. 우리는 스스로 무엇을 원하는지 안다고 생각합니다. 그러나 영적인 삶을 조금이라도 아는 사람이라면 "내 최선의 감정조차 믿을 수 없다"는 말에 동의할 것입니다.

> 가장 감미로운 기분조차 믿지 않고
> 오직 예수의 이름에만 기대노라.*
>
> —에드워드 모트 Edward Mote

이것은 아주 놀랍고도 영광스러운 사실입니다. 주님께 나아간다는 것은 여러분의 모든 것을 아시는 분께 나아간다는 뜻입니다. 주님은 여러분에게 정말 기본적으로 필요한 것이 무엇인지 알고 계십니다. 여러분이 가지고 있는 문제의 핵심을 바로 지적해 주십니다. 주님께는 도움이나 보조가 필요치 않습니다. 반복하지만, 이 점을 생각하면 큰 위로와 격려가 됩니다. 주님은 우리가 사방에 걸어 놓고 세워 놓은 방어막을 뚫고 문제를 들추어 눈앞에 보여주십니다. 실제로 그렇게 하십니다. 항상 그렇게 하십니다. 니고데모에게도 그렇게 하셨습니다. 그의 말을 끊고 바로 요점을 지적하셨습니다.

그다음으로 강조할 점은 이것입니다. 니고데모의 경우에 주님은 거의 매정하게 들릴 정도로 아주 날카롭게 문제를 지적하셨습니다. 이 구절을 보십시오. "그가 밤에 예수께 와서 이르되 랍비여, 우리가

* 새찬송가 488장 1절 다시 옮김.

당신은 하나님께로부터 오신 선생인 줄 아나이다. 하나님이 함께하시지 아니하시면 당신이 행하시는 이 표적을 아무도 할 수 없음이니이다"(요 3:2). 니고데모가 어떤 어조와 감정으로 이 말을 했을지 느껴지지 않습니까? 그런데 주님의 대답을 들어 보십시오. "예수께서 대답하여 이르시되 진실로 진실로 네게 이르노니 사람이 거듭나지 아니하면 하나님의 나라를 볼 수 없느니라"(요 3:3). 주님은 니고데모의 말을 가로채고 끊으셨습니다. 날카롭다고 할 수밖에 없을 만큼 매정하게 끊으셨습니다.

왜 그러셨을까요? 니고데모를 아셨기 때문입니다. 그것만이 그가 그토록 추구하는 축복의 자리로 이끄는 길임을 아셨기 때문입니다. 그의 추구는 옳았습니다. 그를 주님께 나아오게 만든 추구는 전적으로 옳았습니다. 잘못은 이 문제에 접근하는 그의 태도와 해결 방식에 있었습니다. 주님은 그를 알고 사랑하셨기에 자기의 중심 문제와 필요를 직면하게 하셨습니다. 사랑하는 여러분, 주님은 우리에게도 이렇게 하십니다.

우리 모두 이런 상황에 대비해야 한다는 점을 지적해야겠습니다. 자기 생각을 가지고 주님께 나아가 주님의 어머니 마리아처럼 지시하려 들 때가 많지 않습니까? 우리는 축복이 이런저런 방식으로 오리라고 예상합니다. 그러나 그런 예상은 애초에 치워 버려야 합니다. 우리가 치워 버리지 않으면 주님이 치워 버리십니다. 다른 많은 이들처럼 우리도 처음 자기 필요를 느끼고 행동으로 옮겨 주님을 찾을 때, 오히려 공격받는 것처럼 느낄 수 있습니다. 주님께 거절당한 것처럼, 일이 더 악화된 것처럼 느끼며 차라리 주님을 찾지 말 걸 그랬다고 후회할 수 있습니다. 우리는 이런 상황에 대비해야 하며, 무엇보다 이런 상황이 벌어지는 이유를 알아야 합니다.

다시 말해서 이 또한 중대한 원리입니다. 주님께 완전히, 전적으로 승복해야 합니다. 자발적으로 승복하지 않으면 주님이 승복시키십니다. 밀어붙이십니다. 주님은 항상 주도권을 잡으십니다. 모든 것을 아시기에 어떤 것도 숨긴 채 나아갈 수 없습니다. 주님은 모든 것을 아시며, 항상 밝히 드러내십니다. 그의 충만한 데서 받지 못하게 가로막는 장애물, 은혜 위에 은혜를 받지 못하게 가로막는 큰 장애물을 직시하게 하십니다.

니고데모에게 그 장애물은 무엇이었을까요? 아주 많은 장애물이 여기 나옵니다. 지금 다 다룰 수는 없지만, 주님이 니고데모를 대하신 태도와 서로 오간 대화에서 전부 찾아볼 수 있습니다. 첫 번째 장애물은 니고데모가 여전히 주도권을 잡고 있었다는 것입니다. "그게 무슨 말입니까? 사람은 누구나 그래야 하지 않습니까?"라고 물을지 모르겠습니다. 맞습니다. 주님을 대면하기 전에는 누구나 스스로 주도권을 잡습니다. 그러나 주님 앞에서는 어린아이가 되어야 합니다. 니고데모는 이스라엘의 선생입니다! 맞습니다. 예수께 대화를 청할 만큼 겸손하기도 합니다. 아주 훌륭합니다. 그러나 주님을 만난 순간부터는 더 이상 선생이 아닙니다. 아주 어린 학생이요 걸인일 뿐입니다. 이제 더 이상 자신이 주도권을 잡으면 안 됩니다.

이 점이 특이합니다. 여러분은 물을 것입니다. "그렇게 니고데모의 겸손을 강조하다가 이제 와서 *그가 여전히 주도권을 잡은 게* 문제라니, 서로 모순되는 것 아닙니까?" 놀랍게도 모순되지 않습니다. 한 사람이 이 두 가지 모습을 다 가진 경우가 많습니다. 참으로 위대한 학자는 늘 겸손하면서도 자신에게 큰 지식이 있다는 것을 압니다. 자신이 무엇을 아는지, 참으로 무엇을 아는지 알기에 일종의 자신감을 느낍니다. 학자로서 자신감을 느낍니다. 자신이 정말 무엇을 아는지 알기에 자신이 무엇을 모르는지도 잘 압니다. 이처럼 한 사람에게 두 가지 모습이 다 나타날 수 있습니다. 이것이 이 유형에 속한 자들의 특이한 점입니다. 니고데모는 겸손히 주님께 나아왔습니다. 그런데 충분히 겸손치 못했던 것이 문제였습니다. 그는 주님께 나아오는 겸손을 보일 만큼 대단하고 훌륭한 사람이었습니다. 주님을 거의 몰랐던 다른 자들과 구별되는 사람이었습니다. 그러나 어린아이가 되지는 못했습니다. 이것이 차이점입니다. 이런 유형에 속한 수천 수백만 명의 사람들과 주님을 진정으로 아는 자들을 갈라놓는 차이점입니다. 여러분도 이런 유형에 속한 자들을 만나 본 적이 있지 않습니까? 그들은 훌륭하면서도 참으로 겸손합니다. 오만함을 찾아볼 수가 없습니다. 그러나 그리스도인이 되지는 않습니다. 왜 그럴까요? 어린아이가 된 적이 없기 때문이며, 거듭날 필요성을 느낀 적이 없기 때문입니다. 사실상 그들은 거듭나야 한다는 말에 반발합니다. 이처럼 지식의 교만에는 그리스도 앞에 겸손히 나아오는 자를 끝까지 따라와 결국 가장 큰 장애물로 작용하는 특성이 있습니다.

다음과 같이 설명해 보겠습니다. 니고데모는 자신의 결핍과 필요를 인식했고 자신에게 없는 것이 주님께 있음을 알았기에 주님께 나아왔지만, 어떤 의미에서 동등한 자격으로 나아왔습니다. 주님을 또 다른 학자, 어쩌면 자신보다 훌륭한 선생으로 인정하면서도 자신 또한 여전히 같은 범주와 계층에 속한 선생이라고 생각한 것입니다. 그는 겸손했지만 어린아이가 되지는 못했습니다.

달리 설명해 보겠습니다. 그는 그리스도를 여전히 선생으로 여기며 나아왔고, "랍비"라고 불렀습니다. 그는 구주 앞에 나아온 것이 아니었습니다. 어떤 의미에서 기꺼이 배울 준비가 된 자로 나아왔을 뿐, 회개하는 자로 나아오지 않았습니다. 그는 도움의 필요성, 좀 더 많은 가르침의 필요성을 느꼈습니다. 그것을 위해 기꺼이 자신을 낮추고 무명의 선생 앞에 나아왔습니다. 오, 그렇습니다. 그는 도움의 필요성은 느꼈지만, 자신의 무력함까지는 느끼지 못했습니다.

여러분에게도 이것이 긴요한 차이점으로 보입니까? 결국 주님의 충만한 데서 받는 자는 자신이 아무 소망 없는 완전히 무력한 존재임을 아는 자입니다. 가끔 생각하는 바지만, 영적인 삶 전체에서 이보다 더 미묘한 문제는 없습니다. 도움의 필요성은 느낍니다. 그러나 자신의 무력함과 소망 없음도 느껴야 합니다. 도움의 필요성만 느끼는 사람은 여전히 제 발로 서 있는 것이며 자신이 주도권을 잡고 있는 것입니다. '주님은 더 높은 단계에 계신다. 나는 이 단계에서 그 단계로 올라가야 한다'고 생각하는 것입니다. 이 주제와 관련된 치명적 문제가 이것입니다. 그래서 주님이 니고데모를 이처럼 매정하게 대하신 것입니다. 그는 주님에게 있는 '무언가'를 자신이 이미 가진 것에 더할 수 있다고 생각했습니다. 이를테면 책의 부록 내지 별책이 필요하다고 생각했습니다. 그러나 그에게 필요한 것은 부록이 아니었습니다. 책 자체가 아예 잘못되어 있었습니다. 처음부터 다시 써야 했습니다. 그것이 문제였습니다. 그러나 그는 당연히 무언가 더하면 된다고 생각했기에 "자, 당신을 지켜보니 유일무이하신 분임을 알겠습니다. 저는 이스라엘의 선생입니다. 당신이 가진 별도의 것이 무엇입니까? 어떻게 해야 그것을 얻을 수 있습니까? 제가 할 일을 알려 주십시오"라고 했습니다. 그것은 치명적인 착각이었습니다!

마지막으로 주목할 점은 이것입니다. 그는 간절히 알고 싶었기에 계속 물었습니다. "사람이 늙으면 어떻게 날 수 있사옵나이까?……어찌 그러한 일이 있을 수 있나이까?"(요 3:4, 9) 우리는 이 문제를 앞으로 계속 다룰 것입니다. 그렇습니다. 이와 같은 것들이 니고데모의 태도 전반에 나타난 주된 문제점이었습니다. 그의 뛰어난 자질을 손상시키는 문제점이었습니다. 니고데모는 자신이 얻고자 하는 것이 **생명**임을 깨닫지 못했습니다. 사람이 취할 수 있고 더할 수 있는 가르침, 따라서 실천할 수 있는 가르침인 줄만 알았습니다. 오, 그렇지 않습니다! 그에게 필요한 것은 생명이었습니다. 이 위대한 머리, 위대한 인격의 일부가 되는 것이었습니다. 그리스도의 몸을 이루는 지체와 구성원이 되는 것이었습니다. 하나님의 생명이 영혼 안에 들어오는 것이었습니다. "신성한 성품에 참여하는 자"(벧후 1:4)가 되는 것이었습니다. 우리가 무엇을 가졌든, 종교나 도덕이나 철학이나 다른 무엇을 가졌든, 전부 무가치한 이유가 여기 있습니다. 주님은 말씀하십니다. "잠깐! 너는 거듭나야 한다. 물과 성령으로 거듭나야 한다. 이 문제에 대한 너의 관점은 전부 잘못되었다. 거듭나지 않으면 아무것도 받을 수 없다."

2.
핵심 토대

그런데 바리새인 중에 니고데모라 하는 사람이 있으니 유대인의 지도자라. 그가 밤에 예수께 와서 이르되 "랍비여, 우리가 당신은 하나님께로부터 오신 선생인 줄 아나이다. 하나님이 함께하시지 아니하시면 당신이 행하시는 이 표적을 아무도 할 수 없음이니이다." 예수께서 대답하여 이르시되 "진실로 진실로 네게 이르노니 사람이 거듭나지 아니하면 하나님의 나라를 볼 수 없느니라." 니고데모가 이르되 "사람이 늙으면 어떻게 날 수 있사옵나이까? 두 번째 모태에 들어갔다가 날 수 있사옵나이까?" 예수께서 대답하시되 "진실로 진실로 네게 이르노니 사람이 물과 성령으로 나지 아니하면 하나님의 나라에 들어갈 수 없느니라. 육으로 난 것은 육이요 영으로 난 것은 영이니 내가 네게 거듭나야 하겠다 하는 말을 놀랍게 여기지 말라. 바람이 임의로 불매 네가 그 소리는 들어도 어디서 와서 어디로 가는지 알지 못하나니 성령으로 난 사람도 다 그러하니라." | 요한복음 3:1–8

니고데모 이야기라는 특정 사례에 대한 고찰을 시작하면서, 우리 역시 특정 각도에서 접근하고 있다는 사실을 상기시키고 싶습니다. 우리는 충만함—우리 주와 구주 되신 복되신 분 안에 있는 충만함—을 추구하는 자들의 상태에 관심을 가지고, 그 충만함을 받는 방법을 찾아보고 있습니다. 그러려면 과거 다른 이들과 현재 우리가 충만함을 받고자 노력하는 과정에서 범하는 오류와 잘못부터 살펴보아야 합니다. 우리는 지금 그 관점에서 니고데모의 사례에 접근하고 있습니다. 니고데모는 이 주제의 좋은 본보기인 것이 분명합니다. 우리는 그가 어떤 점에서 잘못 접근했는지 살펴보았습니다. 일반적인 차원에서 여러 가지 요점을 고찰했는데, 실제로 이것은 매우 중요한 문제이므로 더 자세히 살펴보고 적용할 필요가 있습니다. 니고데모처럼 독실한 자들, 더 크고 깊고 긴요한 것에 진정으로 관심을 갖는 자들이 특별히 배우고 적용해야 할 교훈들이 있습니다.

좀 더 영적인 형태로 설명해 보겠습니다. 가장 먼저 한 가지 원리로 제시하고 싶은 교훈은—이렇게 표현해도 될지 모르겠지만—출발도 하지 않은 채 전진하려 드는 위험을 조심하라는 것입니다. 이것은 역설적인 표현이 아닙니다. 문자 그대로 사실입니다. 니고데모는 출발도 하지 않은 채 전진하려 들었습니다.

이 점에서 마귀가 이 특정 유형의 사람들, 종교적인 분위기에서 자란 자들을 오도하는 경우가 아주 많습니다. 희한하게도 우리 모두 도달한 지점은 같지만 경로는 아주 다르다는 사실을 자기 경험을 통해, 또는 다른 사람들을 대하거나 그들과 이야기를 나눈 경험을 통해 알고 있을 것입니다. 저마다 가진 어려움과 문제가 다릅니다. 예컨대 평생 한 번도 예배당에 가 본 적이 없는 사람이 있습니다. 기독교 가정에서 자라지도 않았고, 교회에 가 본 적도 없으며, 주일학교에 다녀 본 적도 없습니다. 완전히 세속적이고 물질적인 삶을 살았습니다. 그러다가 갑자기 신비한 방식으로 붙잡히고 붙들려서 그리스도인이 됩니다. 그런가 하면 기독교 가정에서 이런 이야기를 들으며 자란 사람, 성경도 알고 예배도 참석하고 주일학교도 다닌 사람, 완전히 종교적인 배경을 가진 사람도 있습니다. 자, 이 두 부류는 자연스럽게 서로 다른 문제와 어려움에 봉착하며 서로 다른 함정에 직면합니다. 우리와 우리의 성장 배경을 전부 아는 영리한 마귀는 각각의 경우 어떤 덫을 쳐야 잡을 수 있는지 정확히 알고 있습니다.

우리가 니고데모를 통해 살펴보고 있는 유형은 이처럼 종교적인 환경에서 자란 자들, 전형적으로 독실한 종교인들입니다. 그들은 사람을 만나거나 전기를 읽거나 오랜 교회 역사를 읽으면서 자기 지식과 경험을 훌쩍 뛰어넘는 기독교적 삶의 유형이나 체계를 접할 때, 즉시 그 진가를 알아봅니다. 종교적 배경을 가진 독실한 자로서 자신도 그런 삶을 살고 싶어 하고, 그 충만함을 얻을 방법을 찾고 싶어 하며, 즉시 그 방법을 찾아 나섭니다.

그런 이들이 상당수 있습니다. 아주 많은 경우 그들은 추구하고 탐사하면서, 다양한 단서를 추적하거나 관심사를 살펴보면서, 일정 분야의 책을 찾아 읽거나 일정 유형의 집회에 참석하면서 평생을 보냅니다. 그들의 동기는 니고데모처럼 훌륭합니다. 무언가 다른 것, 더 높고 좋은 것을 알아보고, 그것을 간절히 얻고 싶어 합니다. 그러나 실제로 얻는 것 같지는 않습니다. 그들은 늘 추구하나 얻지 못한 채 평생 살 수 있다는 것을 보여줍니다.

그들의 문제가 대체 무엇일까요? 자, 확실한 사실은 니고데모의 기록이 첫 번째 문제를 명백히 가르쳐 준다는 것입니다. 그 문제란 자신에게 꼭 있어야 할 것이 정말 있는지 확인하지 않은 채 있다고 가정해 버리는 것입니다. 니고데모의 주된 문제도 이것이었던 것이 분명합니다. 그는 가정에 근거하여 행동했습니다. 주님께 접근한 방식을 보면 알 수 있습니다. 이것을 아주 간단하고 명확하게 표현하면 '사실상 그리스도인이 아닌데도 그리스도인이라고 가정하는 위험'이라고 할 수 있습니다. 이런 일이 가능함을 인정치 않는 사람은 분명 이런 상태에 빠져 있는 것입니다. 우리 중에도 이런 상태가 어떤 것인지 경험으로 아는 이들이 많습니다. 아마 여러분도 스스로 그리스도인이라고 가정할 것입니다. 제가 앞서 말한 이유들 때문에 그렇게 가정할 것입니다. "난 항상 그리스도인이었습니다. 그리스도인이 아닌 적이 없었지요. 난 그리스도인으로 자랐어요"라고 말할 수 있습니다. 자신은 이미 그리스도인이기 때문에 기존의 것에 조금만 더하고 바꾸면 된다고 생각합니다. 우리가 범할 수 있는 가장 치명적인 오류가 이것입니다.

좀 더 신학적으로 표현해 보겠습니다. 이것은 칭의를 얻기 전에 성화를 추구하는 위험입니다. 독실한 자들에게 이보다 큰 위험은 없다고 생각합니다. 오, 기독교회의 긴 역사와 이야기에 그 예가 얼마나 많이 나오는지 모릅니다. 칭의를 얻지 못한 상태에서 성화로 나아가 버립니다.

니고데모의 사례에 좀 더 부합하게 표현해 보겠습니다. 이것은 중생을 전혀 모르면서 성화를 추구하는 위험입니다. 더 쉽게 말하자면 출생하기 전에 성장하려 드는 잘못입니다. 우스운 말로 들리겠지만 그런 이들이 아주 많습니다. 아직 생명도 생기지 않았는데 발전하고 성장하며 확장하려 듭니다. 니고데모의 명백한 문제가 이것이었습니다. 그는 주님께 나아와 말했습니다. "랍비여, 우리가 당신은 하나님께로부터 오신 선생인 줄 아나이다. 하나님이 함께하시지 아니하시면 당신이 행하시는 이 표적을 아무도 할 수 없음이니이다." 그가 연이어 하려 했던 말은 분명 이것이었을 것입니다. "자, 당신이 가진 그 별도의 것이 무엇입니까? 전 그걸 얻고 싶습니다. 그걸 얻으려면 어떻게 해야 하는지 알려 주십시오." 그런데 주님은 그의 말을 가로채셨습니다. "네게 이르노니 사람이 거듭나지 아니하면 하나님의 나라를 볼 수 없느니라." 하나님 나라에 들어가는 것은 고사하고 보지도 못한다는 것입니다. 생명의 씨가 속에 없으면 성장이 시작될 수 없고, 성장과 발전과 확장을 촉진하는 데 필요한 것들을 발견할 수도 없습니다. 이것은 우리가 흔히 범하는 오류이자 기본적이고 기초적인 오류인 것이 분명합니다. 이처럼 그리스도인의 생명이 생겼다는 확실한 증거가 없는 상태에서 기독교의 진리를 적용하는 일에 관심을 가질 위험이 있습니다.

이 특정 오류를 범하도록 부추기는 여러 경향이 있는데, 특히 위험한 경향을 고르라면 신비주의로 분류되는 가르침을 고르겠습니다. 신비주의는 많은 사람, 특히 독실한 유형에 속한 자들이 큰 매력을 느끼는 가르침입니다. 자기 삶에 불만을 느끼고 자신과 교회의 상태에 만족하지 못했던 이들—하나님을 간절히 알고 싶어 했던 과거의 수도사나 은둔자나 은자隱者들—의 이야기를 여러분도 읽었을 것입니다. 그들은 하나님을 알려면 전력을 다해야 하는데, 그러기 위해서는 세상을 떠나야 한다고 생각했습니다. 아주 엄격한 삶과 생활—금식하고 기도하며 때로 낙타털옷을 입는 등 육체를 죽이는 모든 일, 영적인 이해와 삶을 발전시키는 데 도움이 되는 모든 일—을 해야 한다고 생각했습니다. 그들의 가르침은 수백 년의 세월을 거치며 체계화되었습니다. 경건한 삶의 지침서와 마땅히 해야 할 일을 가르치는 교본들이 나왔습니다. 영적인 삶을 함양하고 육성하기 위해 만들어진 책들—『하나님의 임재 연습』^{The} $_{Practice\ of\ the\ Presence\ of\ God}$을 비롯한 신비주의자들의 책과 그들을 다룬 다양한 책들—은 지금도 시중에서 항시 구할 수 있습니다.

독실한 종교인은 그런 책에 큰 매력을 느낍니다. 궁극적으로 하나님을 온전히 아는 경지, 하나님을 보는 최고선$^{summum\ bonum}$의 경지에 이르기 위해 해야 할 일을 알려 주는 듯 보이기 때문입니다. 그들은 '영혼의 어두운 밤'이나 자기 부정 등의 여러 과정을 거쳐야 마침내 빛을 받는 자리에 이를 수 있다고 생각합니다.

이런 가르침을 진지하게 받아들이고 자신의 현 상태에 불만을 느끼는 그리스도인들, 대부분 양심적이고 지적인 그리스도인들—적어도 교회의 품 안에서 자란 이들—이 수천 명은(그 이상은 아니더라도) 될 것입니다. 그런 이들은 신비주의의 가르침을 접하는 즉시 받아들여 공부하고 실천하려 애씁니다. 그런데 그렇게 계속 노력함에도 만족은 얻지 못하는 것 같습니다. 그런 이들의 전적인 문제가 이 니고데모 이야기에 나옵니다. 그들은 성화를 추구하지만 칭의는 알지 못합니다. 이미 하나님과 바른 관계를 맺고 있다고 가정한 채 그리스도인의 삶을 발전시키려 듭니다. 그런데 문제는 그들에게 정말 그리스도인의 생명이 있느냐 하는 것입니다.

이것은 가장 면밀한 주의를 요하는 주제임이 분명합니다. 제 말이 무슨 뜻인지 알려 줄 예를 들어 보겠습니다. 마르틴 루터$^{\text{Martin Luther}}$가 인생 최고의 위기를 맞기 전에 가지고 있던 문제가 바로 이것 아니었습니까? 그는 스스로 하나님과 바른 관계를 맺고 있다고 생각했지만 만족은 찾지 못했습니다. 그래서 수도사가 되어 자신이 할 수 있는 모든 일을 했습니다. 그러다가 그 과정 전체가 잘못되었다는 깨달음, 자신이 받은 가르침이 전부 잘못되었다는 결정적인 깨달음을 얻게 되었습니다. 갑자기 눈이 열리면서 "오직 의인은 믿음으로 말미암아 살리라"(롬 1:17)라는 중대한 예비적 진리를 보게 되었습니다. 믿음으로 살아나지 않는 한, 믿음으로 살아나기 전까지, 그리스도인의 삶은 시작되지 않는다는 것을 알게 되었습니다. 그의 중대한 문제는 칭의에 있었습니다. 그는 성화에 있는 줄 알았습니다. 그래서 성화에 이르는 길에 집중했는데, 그 접근은 완전히 잘못된 것이었습니다. 칭의에 관한 이 중대한 가르침을 이해하면서 비로소 그는 바른 자리를 찾아 성장과 발전을 시작할 수 있었고 거룩해질 수 있었습니다.

이처럼 루터가 오류에 빠진 특정한 이유는 로마 가톨릭의 가르침을 받으며 성장한 데 있었습니다. 그는 세례를 받으면 새 생명을 받고 중생한다고 믿었고, 그래서 필연적으로 기본 자격을 갖추었다고 생각했습니다. 그런데 그렇지 않음을 깨달은 것입니다. 그 후에도 루터는 세례와 중생의 관계에 대해 약간의 혼동을 겪었는데, 이런 종류의 가르침이 가진 문제가 여기 있습니다. 이런 가르침은 칭의 위에 성화를 두는 것이 아니라 성화 위에 칭의를 두는 경향이 있습니다.

이것은 잘 알려진 예지만, 다른 예들도 있습니다. 옥스퍼드 홀리 클럽Holy Club, 웨슬리Wesley 형제, 조지 윗필드George Whitefield 같은 이들도 같은 오류를 범했습니다. 그들, 특히 웨슬리 형제는 기독교를 아주 진지하게 받아들이는 유난히 독실한 분위기에서 자랐음에도 만족을 찾지 못했습니다. 그래서 일단의 옥스퍼드 재학생 및 졸업생들과 모임을 만들었습니다. 그들의 관심은 거룩한 삶을 발전시키는 데 있었습니다. 그들은 거룩한 훈련—금식, 죄수 방문, 자아를 죽이는 일, 조지아 이교도 선교를 비롯한 모든 일—에 힘썼습니다. 무엇을 위해 그렇게 힘썼을까요? 더 성화되기 위해서, 별도의 '무언가'를 얻기 위해서였습니다. 그들은 니고데모 같았습니다. "우리는 독실한 신자지만 그 이상의 무언가, 더 좋은 무언가가 있다"고 하면서, 그것을 찾고 추구했습니다.

그런데 루터처럼 그들에게도 자신들에게 토대가 없다는 깨달음, 그간의 모든 노력이 잘못되었다는 갑작스러운 깨달음이 찾아왔습니다. 윗필드는 분명 지나친 금식 등으로 건강을 해칠 만큼 독실하게 훈련했습니다. 그런데 자신에게 이미 생명이 있다고 가정한 것이 문제였습니다. 그들은 자신들에게 생명이 없음을 깨달았습니다. 그것을 깨달으면서, 칭의가 중심적이고 일차적인 교리임을 깨달으면서, 비로소 이전에 찾지 못했던 바른 자리를 찾았습니다. 그것을 깨닫지 못했다면 그들도 오늘날 수많은 사람들처럼 '일반 신자'와 구분되는 이른바 '독실한 신자'로 여생을 보냈을 것입니다. 이런 가르침은 니고데모가 그랬듯이 스스로 꼭 필요한 요소를 갖추었다고 가정하게 함으로써 길을 잃도록 부추깁니다.

다른 예도 많습니다. 양해해 주신다면 제가 직접 겪은 예를 들어 보겠습니다. 1932년 캐나다 토론토에서 설교했던 일이 기억납니다. 첫 주일을 맞아 그곳 목사님의 환영 인사를 받은 후, 저나 회중이나 서로 잘 알지 못하는 만큼 크게 두 영역으로 나누어 설교하는 제 습관을 미리 알려야겠다는 생각이 들었습니다. 그래서 주일 오전에는 '믿음 안에서 견고하게 세워져야 할 그리스도인들에게 설교한다'는 가정 하에 이른바 성도들에게 설교하고, 주일 저녁에는 불신자들의 회심을 위해 복음을 전하겠다고 했습니다. 그날 예배를 마치고 목사님과 함께 입구에 서서 귀가하는 교인들을 배웅하는데, 목사님이 잘 알 뿐 아니라 교회의 기둥으로 여길 만큼 아주 중요한 위치에 있는 한 노부인이 "오늘 저녁에도 와야겠어요"라는 말로 목사님을 경악시켰습니다. 그런 교인들이 대개 그러하듯 그 부인도 오전예배만 참석했을 뿐 저녁예배는 한 번도 참석한 적이 없었습니다. 그런데 저녁예배에 오겠다고 하니 목사님이 놀란 것입니다. 부인은 "오, 오전에 하신 말씀을 들으니 저녁예배에도 참석해야겠더라고요"라고 했습니다. 오전예배 때 제 말을 듣고, 자신이 믿음으로 세워져야 할 사람인지 사실상 거듭나야 할 사람인지 의문을 품게 된 것이 분명했습니다.

이것은 제가 자주 듣는 말입니다. 교인들이 저를 찾아와 "아시다시피 처음 이 교회에 왔을 때는 제가 그리스도인인 줄 알았습니다. 그 전에도 늘 그리스도인이라고 생각하며 살았지요. 그런데 사실은 그렇지 않다는 걸 여기 와서 처음 알았습니다"라고 말합니다. 처음에는 제 말이 너무 듣기 싫었다고 인정하기도 합니다. 일종의 정죄를 받는 것 같아 화가 났다는 것입니다. 그런데 제 말이 사실임을 깨달으면서 오히려 하나님께 감사하게 되었고, 그 후에 중생을 경험하고 참된 그리스도인이 되었다고 고백합니다. 이것은 아주 실제적인 위험입니다. 스스로 그리스도인이라고 가정하며 이제 세워지기만 하면 된다고 생각하는데, 그렇지 않습니다. 출발하지 않으면 전진할 수 없습니다. 출생하지 않으면 성장할 수 없습니다. 이것은 참으로 치명적인 오류입니다!

달리 설명해 봅시다. 기독교를 삶이 아닌 사상—적용해야 할 사상—의 측면에서 바라볼 위험이 있습니다. 이 또한 참으로 기본적인 오류입니다. 이런 오류를 범할 때가 얼마나 많은지 모릅니다. 사상과 관점과 개념의 측면에서 기독교를 바라보며, 기독교의 내용을 알고 이해하고 파악한 후 실천하는 것을 자기 임무로 여깁니다. 오해받고 싶지 않지만, 그래도 이 말은 해야겠습니다. 우리 중에도 그런 사고방식에 치우친 이들이 너무나 많습니다.

사상과 관점과 개념으로서 기독교에 막 관심을 갖게 된 어떤 남성 덕분에 이 점을 아주 절감할 기회가 지난주에 있었습니다. 그는 신앙과 무관한 집안 출신이었습니다. 어릴 때 한 번도 예배당에 간 적이 없었는데, 학생이 되어 사람들과 어울리면서 기독교에 관심을 갖게 되었습니다. 그런데 그가 아주 흥미로우면서도 의미심장한 말을 했습니다. 최근에 휴식기를 가지면서 교회에 너무 꼬박꼬박 출석하지 않는다는 것입니다. 제가 이유를 물었더니 "글쎄요, 아시겠지만 사람이 소화할 수 있는 분량에는 한계가 있으니까요."라고 했습니다. 그것은 그의 현 위치를 그대로 드러내는 말이었습니다.

그의 태도를 설명하면 이렇습니다. 그에게 기독교는 하나의 과목입니다. 다수의 가르침이요 사상입니다. 그래서 다른 과목을 듣는 학생들처럼 내용을 듣고 필기합니다. 처음에는 당연히 아주 어렵습니다. 한 번도 접해 보지 않은 새 과목을 공부하는 것이기 때문입니다. 아는 바가 하나도 없기 때문에 소화하는 데 한계가 있습니다. 그것은 아주 당연한 일입니다. 몸도 지치고 머리도 피곤합니다. 이처럼 일정량만 소화할 수 있는 탓에 계속 공부하고 발전해 나가려면 분량을 조절할 필요가 있습니다.

그러나 기독교의 영역에서는 그러면 안 된다는 것이 제 주장입니다. 바로 이 지점에서 오류가 발생합니다. 스스로 기독교를 공부해야 한다고 가정하는 오류, 스스로 개념을 파악하고 이를테면 씹어 먹어서 자기 것으로 만든 후 실천해야 한다고 가정하는 오류가 발생합니다. 물론 기독교에 가르침이 수반되는 것은 맞지만, 그 방식은 다릅니다. 기독교에는 세상이 모르는 다른 것, 별도의 것—성령과 성령의 활동 및 역사—이 있습니다. 그런 이들에게 제가 자주 하는 말은 "최대한 꼬박꼬박 교회에 나가십시오"라는 것입니다. "소화할 수가 없는 걸요"라고 하면 "그 점은 걱정하지 마십시오"라고 합니다. 제가 경험으로 배운 바는—설교와 목회사역에서 경험하게 되는 가장 놀라운 일이 이것인데—오히려 부수적으로 한 말을 성령이 사용하여 진리를 깨우치시는 경우가 종종 있다는 것입니다. 물론 목사는 설교를 준비해야 합니다. 설교의 순서와 논리와 전개 방식을 미리 준비해야 합니다. 그런데 그것을 설교의 전부로 여길 위험이 있습니다. 그렇지 않습니다. 준비는 발판에 불과합니다. 정작 일하시는 분은 성령입니다. 부수적으로 한 말을 하나님이 사용하시는 것을 보고 겸손해지며 자세를 바로잡을 때가 많습니다.

다시 말해서 하나님은 우리를 혼자 두지 않으십니다. 기독교는 단순한 하나의 과목이나 사상이 아닙니다. 기독교에서 무엇보다 중요한 것은 이 다른 요소, 영적인 요소입니다. 저는 가끔 예배 시간에 필기하는 분들을 볼 때 지적하고 싶은 유혹을 받곤 합니다. 제 말뜻은 이것입니다. 어떤 점에서는 필기가 유익합니다. 저도 압니다. 필기는 설교 내용을 되새기고 이해하는 데 도움을 줍니다. 그런데 경고할 점이 있습니다. 필기하느라 바빠서 성령을 놓치거나 성령이 하시는 말씀을 놓치지 않도록 조심하십시오. 저의 단순한 강조점은 설교자가 전달하는 지식보다 성령이 더 중요하다는 것입니다. 기독교는 다른 모든 영역과 완전히 다른 영역입니다.

다음과 같이 설명해 봅시다. 독실한 종교인이 빠지기 쉬운 위험은 성경 지식과 성경 공부에 취미를 붙이는 것입니다. 그러면 실제로 전문 지식은 얻어도 그 의미나 가르침은 전혀 깨닫지 못할 수 있습니다. 문자적인 성경 지식은 거의 완벽한데 그 메시지는 하나도 모르는 이들이 있습니다. 성경학교나 성경교실, 성경대학에 다니면서 순전히 지적인 지식과 정보는 얻지만 정작 그 메시지는 하나도 모르는 것입니다. 이것은 아주 무서운 위험입니다. 니고데모가 별도의 개념, 부가적인 지식에 대해 가지고 있었던 생각도 분명 이런 것이었습니다. 이처럼 마음, 전인全人, 감정과 느낌의 요소를 배제한 채 순전히 지적으로만 접근할 위험이 있습니다.

또는 다음과 같이 설명해 보겠습니다. 상당수 사람들이 빠지는 동일한 위험은 결단으로 중생을 대체하는 것입니다. 취미를 갖듯이 종교를 갖기로, 자신이 기독교라고 여기는 종교를 갖기로 결단할 수 있습니다. 설교를 듣거나 책과 유인물을 읽거나 사람들과 이야기합니다. 거기에서 제시되는 진리를 듣고 지적인 확신이 들어 받아들이기로 결단합니다. 그에 따라 생활 방식도 바꿉니다. 같은 관심을 가진 이들의 단체에 가입하여 일원이 됩니다. 이런 일이 가능하며, 실제로 이렇게 하는 이들이 많습니다. 전도 집회뿐 아니라 평범한 교회 예배에 참석했다가 결단하거나 사적인 대화를 나누다가 결단합니다. 종교생활을 시작합니다. 그러면서 기독교를 믿는다고 생각합니다.

제가 이 말을 하는 것은 중생하지 않고서도 이렇게 할 수 있다는 것이 제 주장이기 때문입니다. 전부 자기 행동으로 이루어집니다. 영혼에 일어나야 할 긴요한 역사가 일어나지 않습니다. 새 생명의 씨가 그 속에 없습니다.

제 말은 수년간의 관찰에 근거한 것입니다. 저는 이 문제를 깊이 우려하는 여러 모임에 참석해 왔습니다. 일정 계층 사이에서 활동하며 다수의 결신자를 얻은 단체들, 이런 현상을 필히 조사해야 했던 단체들도 관심 있게 지켜보았습니다. 겉보기에는 회심하여 참된 그리스도인이 된 것 같습니다. 기독교의 대의에도 적극성과 열의를 보입니다. 그러다가 종류가 다른 생활을 해야 할 시기를 맞이합니다. 그동안 익숙했던 분위기를 떠나 세상으로 들어가서 여러 부류의 사람들과 어울려 일하게 됩니다. 그러면서 이전 습관을 버릴 뿐 아니라 이전에 믿던 모든 것을 부인하고 경멸하며 비웃습니다. 버리는 데서 더 나아가

적대시합니다.

이것은 명백한 사실이요 현상입니다. 대학 기독 연합 단체들에 발생하는 이른바 '누수 현상'이 이것입니다. 전도 집회 관련 통계도 정확히 같은 사실을 보여줍니다. 일정 수의 신앙고백 사례를 1년 후, 5년 후에 살펴보면 놀라운 결과가 나타납니다. 회심 유지 비율이 10퍼센트를 넘으리라 기대치 않는다고 말하는 전도자들도 있습니다. 대체 어찌 된 일일까요? 아주 중대하고 실제적인 가능성에 주목할 필요가 있습니다. 잠시 설득당해 일종의 지적인 확신을 가진 것일 수 있습니다. 다수가 신앙생활을 시작하기로 하니 자신도 따라한 것일 수 있습니다.

사람들이 사교邪敎를 믿는 방식도 똑같습니다. 오늘날 주변의 많은 사교들도 우리처럼 회심자 내지 가담자 통계를 제시할 수 있습니다. 여러분이 익히 아는 사교들이 많을 텐데 그들도 집집마다 돌아다니며 책 등을 팔면서 사실과 수치를 제시할 수 있고, 자기네 종교에 홀연히 사로잡혔다고 고백하는 신자들의 간증을 전할 수 있습니다. 사교를 접한 자들도 취미처럼 거기 빠져 아주 열성적이고 적극적으로 참여합니다.

기독교회의 영역에서도 그럴 수 있습니다. 기독교가 가르치는 내용을 믿는다고 말할 수 있으며, 훌륭한 교회 일꾼이 될 수 있습니다. 그러나 그것이 곧 참 그리스도인이 되었다는 증거는 아닙니다. 니고데모처럼 기독교를 받아들기로 결단함으로써 기존의 것에 신앙을 더하려 할 수 있습니다. 제가 볼 때 많은 이들이 단순히 과거의 결단에 의존하고 있습니다. 결단했으니 어쨌든 바른 자리에 있다고 생각합니다. 그러나 제가 말하고 싶은 바는 중생하지 않고서도 결단할 수 있다는 것, 그리고 중생하지 않았다면 그리스도인이 아니라는 것입니다.

저는 이것이 니고데모 이야기의 표면에 나타나는 요점이라고 생각합니다. 이것은 아주 실제적이면서도 위험한 문제입니다. 종교개혁자들과 그 후 등장한 청교도들도 이 문제를 크게 염려했습니다. 그들은 '거짓 고백'의 문제를 다루었고, 열 처녀의 비유를 즐겨 설교했습니다. 미련한 다섯 처녀가 자신들도 지혜로운 다섯 처녀처럼 아무 문제가 없다고 생각하며 만족했다는 사실을 잊으면 안 됩니다. 그들은 문이 닫힌 것을 보고 놀라며 경악했습니다. 주님은 이처럼 마지막 심판 날 큰 충격을 받을 이들이 있다고 가르치십니다. 그들은 "주여, 주여, 우리가 이런저런 일을 하지 않았습니까?"라고 말할 것입니다. 그러나 주님은 "너희를 도무지 알지 못하니 내게서 떠나가라"고 하실 것입니다. 자기 속에 생명이 있다는 절대적인 확신 없이 그리스도인의 삶을 계속하려 드는 것보다 위험한 일은 없습니다.

이것은 마지막 요점으로 연결됩니다. 이런 위험에 빠지는 것은 이 선물이 새롭고 신성한 생명, 종류가 완전히 다른 생명임을 깨닫지 못한 탓이라고 요약할 수 있습니다. 사람들은 많은 문제의 원인이 여기 있음을 알지 못합니다. 주님은 6절의 중대한 진술에서 말씀하십니다. "육으로 난 것은 육이요 영으로 난 것은 영이니." 그만큼 이 생명은 종류가 다릅니다. 우리의 출발점이 되었던 육에 속한 생각은 전부 치워 버려야 합니다. 기독교는 여러분이 취미처럼 채택할 대상이 아닙니다. 원리를 이해하고 파악해서 적용할 대상도 아닙니다. 이렇게 생각하는 것이야말로 중대한 문제 아닙니까?

펠라기우스주의[Pelagianism]라는 이름으로 통하는 고대 이단의 문제도 이것이었습니다. 펠라기우스주의는 그리스도인이 아닌 자에게 그리스도인다운 행동을 기대하는 것으로서, 오늘날에도 아주 흔히 볼 수 있습니다. 이들은 기독교를 누구나 적용할 수 있는 일단의 가르침으로 간주합니다. 기독교의 원리가 참되다는 것을 인정하고 실천에 옮기고자 노력함으로, 다른 이들을 설득하여 기독교에 동참시킴으로 그리스도인이 된다고 말합니다. 이런 식으로 기독교의 원리를 적용하는 상태에 이르고자 애씁니다. 그러나 그것은 기독교적인 상태가 아닙니다. 여러분은 교인들이 그리스도인답게 행동하길 바라지만, 먼저 그리스도인이 되지 않으면 그리스도인답게 행동할 수 없습니다. 타고난 모습 그대로 산상 설교의 삶을 살 수 있는 사람은 아무도 없습니다. 그것은 불가능한 일입니다. 주님은 이 점을 가르치시려고 산상 설교를 하신 것이 확실합니다. 그리스도인다운 삶을 살려면 먼저 그리스도인이 되어야 합니다. 이 점을 인정하지 않는 사람은 옛 이단 펠라기우스주의에 빠진 것입니다.

그렇다면 그리스도인의 생명이란 무엇일까요? 자, 주님이 니고데모에게 분명하고 확실하게 밝히시듯, 이 생명의 영광은 '우리에게 일어나는 일'이라는 데 있습니다. '우리가 하는 일'이 아닙니다. '우리에게 이루어지는 일'입니다. "바람이 임의로 불매 네가 그 소리는 들어도 어디서 와서 어디로 가는지 알지 못하나니 성령으로 난 사람도 다 그러하니라." 사람은 스스로 태어날 수 없습니다. 그리스도인이 되는 일도 마찬가지입니다. 새 출생은 곧 새 창조입니다. 새 창조에 비견할 정도로 무에서 유가 생겨나고 발생하는 것입니다. 이것은 인간이 아닌 하나님이 하시는 일입니다! 거듭나는 것입니다. 위로부터 태어나는 것입니다. 성령으로 태어나는 것입니다. "사람이 물과 성령으로 나지 아니하면 하나님의 나라에 들어갈 수 없느니라." 이것은 완전히 우리 소관 밖에서 일어나는 일입니다.

여러분은 결단으로 거듭날 수 없습니다. 그런 인상을 주는 이들이 있습니다. 그들은 "그리스도를 믿기로 결단하면 거듭난다"고 말합니다. 그러나 그것은 순서가 뒤집힌 말입니다. 여러분은 그리스도를 믿기로 결단할 수 없습니다. 그것은 불가능합니다. 그리스도를 믿기로 결단할 수 있는 사람은 다시 거듭날 필요가 없습니다. 성경은 "육에 속한 사람은 하나님의 성령의 일들을 받지 아니하나니 이는 그것들이 그에게는 어리석게 보임이요, 또 그는 그것들을 알 수도 없나니 그러한 일은 영적으로 분별되기 때문이라"(고전 2:14)라고 말합니다. "이 세대의 통치자들"(고전 2:8)은 그리스도를 알아보지 못했습니다. "모든 것 곧 하나님의 깊은 것까지도 통달하시"는(고전 2:10) 성령의 계시를 받는 사람만 그리스도를 믿을 수 있습니다. 먼저 거듭나야 합니다. 그렇지 않으면 결단할 수 없습니다. 이미 말했듯이, 믿기로 결단할 수 있다는 것은 이미 영적인 지각이 있다는 뜻이기 때문입니다. 이 사람 니고데모는 그런 지각이 전혀 없었습니다. 주님이 그에게 거듭나야 한다고 말씀하신 것은 그가 처음부터, 토대부터, 기초부터 다시 만들어져야 한다는 뜻이었습니다. 그에게는 무엇을 세울 기반 자체가 없었습니다. 그는 완전히 새로 창조되어야 했습니다.

이것은 근본적인 일입니다. 그렇기 때문에 당연히 아주 신비합니다. "내가 네게 거듭나야 하겠다 하는 말을 놀랍게 여기지 말라." 이 말씀은 "이상하게 생각지 말라. 놀라지 말라. 나는 지금 육체에 대해 말하는 것이 아니다"라는 뜻입니다. 니고데모는 자신이 똑똑한 사람으로서 똑똑한 논점을 제시했다고 생각했습니다. "사람이 늙으면 어떻게 날 수 있사옵나이까?" 그는 육체적인 관점에서 생각했습니다. 그것이 잘못이었습니다. 이것은 육체의 일이 아닌 성령의 일입니다. 완전히 다른 영역에 속한 일입니다. "놀랍게 여기지 말라."

주님은 연이어 특이한 비교를 하십니다. "바람이 임의로 불매 네가 그 소리는 들어도 어디서 와서 어디로 가는지 알지 못하나니 성령으로 난 사람도 다 그러하니라." 바람은 신비한 면이 있습니다. 그 영향과 결과는 눈에 보이는데, 머리로 이해되지는 않습니다. "성령으로 난 사람"이 바로 그렇습니다. 사랑하는 여러분, 여러분은 지금 이해의 영역 밖에 있습니다. 이해의 영역 위, 그 너머에 있습니다. 그렇다고 비이성적인 영역에 있는 것은 아닙니다. 이것은 이성을 초월한 영역, 신성한 영역입니다. 파스칼Blaise Pascal이 깨달았듯이 "이성의 한계 너머"에 있는 영역입니다. "이성의 최고 성취는 이성에 한계가 있음을 보여 주는 것"이라고 그는 말했습니다. 이 일에서 우리는 이성의 한계에 이르며 그 너머로 넘어갑니다. 이것은 신비하고 초자연적이며 신성한 영역, 하나님이 행동하시는 영역입니다. 그러므로 이해하려 들면 안 됩니다. 그저 놀라고 경탄하면 됩니다. 이해하려 드는 것 자체가 심히 어리석은 일이요 여전히 우리가 가진 것을 주장하는 태도임을 알아야 합니다. 이해할 수도 없고 이해하려 들어서도 안 됩니다. 우리는 지성의 영역 밖에 있습니다. 감사하게도 그 영역 밖에 있습니다.

그렇지 않다면 기독교는 특정인만 누리는 특권이 되어 버린다는 사실을 모르겠습니까? 지적이고 유능한 자만 누리는 남다른 특권이 되어 버립니다. 기독교가 사상과 이해와 철학적 개념을 받아들이며 그것으로 남을 설득할 수 있는 능력에 달린 것이라면, 누구보다 그 능력을 가진 자들이 크게 유리할 것입니다. 그러나 기독교는 능력에 달린 것이 아닙니다. 지적인 자 못지않게 지적이지 못한 자에게도 소망을 주는 것입니다. 모든 사람에게 똑같이 소망을 주는 것입니다. 기독 신앙의 영광이 여기 있습니다. 기독교는 모든 계층, 모든 유형, 모든 부류를 포괄합니다. 왜 그럴까요? 사람의 행동이 아니라 하나님의 행동으로 이루어지기 때문입니다. 기독교는 우리에게 '길을 잃은 무력하고 절망적인 자' 이상을 기대하지 않습니다. 기독교는 전부 하나님의 행동으로 이루어집니다. 성령은 바람처럼 역사하시는 분입니다. 단순히 사상을 듣고 필기해서 파악하고 실천하면 되는 것이 아닙니다. 절대 아닙니다! 무언가 나를 사로잡으며, 하나님이 내 영혼을 다루어 새사람으로 만드신 것을 내가 인식하게 됩니다.

저와 여러분이 알 수 있는 유일한 사실은 '내가 참 그리스도인이 아니라면 반드시 있어야 할 무언가가 없는 것'이라는 점입니다. 그리고 그 필요를 깨달을 때 우리가 할 수 있는 유일한 일은 니고데모처럼 주님께 나아가 기다리고 듣는 것입니다. 앞서 말했듯이, 주님께 나아가야 합니다. 그 이상 할 수 있는 일이 없습니다. 혹여 주님께 나아간 동기와 접근 방식이 잘못된 것을 발견하더라도 걱정하지 마십시오. 주님이 바로잡아 주실 것입니다. 주님은 항상 바로잡아 주십니다. 그때 우리가 할 수 있는 일은 무언가 그 자리에 있음을 느끼는 것입니다. 이해하지는 못합니다. 그것이 무엇인지 모릅니다. 그러나 더 이상 논쟁하거나 똑똑하게 따지려 들지 않습니다. 자신의 파산 상태와 필요를 인식하고, 귀 기울이며 기다릴 뿐입니다.

그다음 단계는 자신에게 그 일이 일어났음을 아는 것입니다. 어떻게 알까요? 이 주제는 나중에 다루도록 하겠습니다. 어쨌든 그 일이 일어나면 스스로 그 사실을 알게 되고, 그때부터 성장이 시작됩니다. "믿음으로 의롭다 하심을 받았"기에(롬 5:1) 이제는 발전과 성화와 진보에 대해, 우리 주의 은혜와 그를 아는 지식에서 자라 가는 일에 대해 생각할 수 있습니다. 그러나 이 토대 없이 건물을 세우려 들면—다른 비유로 설명하자면—전부 무너져 아무것도 남지 않습니다. 출생해야 성장할 수 있습니다. 출발해야 길을 갈 수 있습니다.

이 중대한 말씀이 우리에게 주어져 있습니다. 질문의 형태로 주어져 있습니다. 우리는 거듭났습니까? 우리 영혼 안에 하나님의 생명을 받았습니까? 이 중대한 예비적 질문에 확실하고 분명하게 대답하지 못하는 한, 아무리 걸음을 앞으로 내딛어 봐야 소용이 없습니다. 성장하려고 애쓰는 여러분을 오히려 주님이 가로막으시며 이렇게 말씀하실 것입니다. "진실로 진실로 네게 이르노니 사람이 거듭나지 아니하면 하나님의 나라를(들어가지 못하는 것은 물론이요) 볼 수 없느니라."

3.
새 출생의 특징

바람이 임의로 불매 네가 그 소리는 들어도 어디서 와서 어디로 가는지 알지 못하나니 성령으로 난 사람도 다 그러하니라. | 요한복음 3:8

지난번에는 그리스도인의 생명 안에 있지 않으면서 그리스도인의 삶을 계속 살려 하는 오류를 함께 살펴보았습니다. 그렇게 세월을 낭비할 수 있습니다. 니고데모 이야기가 그토록 중요하고 결정적인 이유가 여기 있습니다. 주님이 그런 자에게 하시는 말씀은 "거듭나야 하겠다"(요 3:7)라는 것입니다. 그리스도인의 생명을 가졌다는 확신, 거듭났다는 절대적인 확신 없이 그 삶의 깊이나 더 높은 경지를—이런 말을 써도 될지 모르겠지만—살펴봐야 아무 소용이 없습니다. 거듭나는 일이 꼭 필요합니다. 일정 국가에 태어났다고 절로 그리스도인이 되거나 교인이 되는 것이 아닙니다. 이 말은 '새 출생, 위로부터 나는 것, 성령으로 나는 것, 성령 하나님이 바람처럼 신비하게 인간의 영혼에 기적적으로 역사하시는 것은 우리가 이해할 수 없는 일'이라는 뜻입니다. 가련한 니고데모는 계속 이해하려 들었습니다. "어찌 그러한 일이 있을 수 있나이까?"라고 물었습니다. "사람이 늙으면 어떻게 날 수 있사옵나이까?"라고 물었습니다. 모든 것을 이해하려 드는 자에게 나타나는 심히 미련한 모습이 이것입니다. 새 출생은 인간의 영혼에 행하시는 하나님의 기적적이고 신비하고 초자연적인 일이기에, 그 정의상 인간의 지각을 뛰어넘게 되어 있습니다.

이것은 신약성경이 매우 크게 부각하는 교리요 진리임이 분명합니다. 얼마나 다양한 말로 이 일을 표현하는지 보면 무엇보다 그 중요성을 잘 알 수 있습니다. 본문에서는 **거듭남**born again이라고 하고, 다른 곳에서는 **중생**regeneration이라고 합니다. 이보다 더 근본적인 일은 없습니다. 그렇습니다. 이것은 **발생**generation입니다. 생명이 생기는 것입니다. 그것도 다시 생기는 것입니다. 단순히 개선되는 것이 아니라 새롭게 태어나고 만들어지고 발생함으로 새 생명을 얻는 것입니다.

이 일은 **새 창조**로도 묘사됩니다. 이것은 신약성경이 자주 사용하는 표현입니다. "누구든지 그리스도 안에 있으면 새로운 피조물이라"(고후 5:17). 새 출생은 새롭게 창조되는 것입니다. "어두운 데에 빛이 비치라 말씀하셨던 그 하나님께서 예수 그리스도의 얼굴에 있는 하나님의 영광을 아는 빛을 우리 마음에 비추셨느니라"(고후 4:6). 첫 창조 때처럼 빛을 비추시는 것입니다. 첫 창조에 비견될 만큼 무에서 유를 만들어 내시는 것입니다. 새 출생은 창조입니다. 또한 성경은 **새로운 마음**, **깨끗한 마음**이 생기는 일로도 묘사합니다. 마음은 아주 근본적인 기관입니다. 베드로는 "신성한 성품에 참여하는 자"(벧후 1:4)가 된다고 하며, 야고보는 하나님이 "말씀으로 우리를 낳으셨"다고 합니다(약 1:18). 같은 개념을 이렇게 다양하게 표현하는 것을 보면 흥미롭습니다. 요한은 첫 번째 서신에서 이 일을 계속 생명의 "씨"와 연관시킵니다. 우리 본성과 마음에 뿌려진 씨, 새롭고 신성한 생명의 씨와 연관시킵니다. "하나님의 씨가 그의 속에 거"한다고(요일 3:9)—또는 머문다고—말합니다.

성경은 실제로 이 일을 **부활**에 비견하며 그렇게 묘사하기도 합니다. 바울은 에베소서 2:1에서 "허물과 죄로 죽었던 너희를 살리셨도다"라고 합니다. 그리고 연이어 우리를 "그리스도와 함께 살리셨"다고 합니다. 그와 함께 죽은 자 가운데서 부활시키셨다는 것입니다. 로마서 6장에서도 같은 진리를 설명합니다. "만일 우리가 그의 죽으심과 같은 모양으로 연합한 자가 되었으면 또한 그의 부활과 같은 모양으로 연합한 자도 되리라"(롬 6:5). 우리는 주님과 함께 못 박혔고, 주님과 함께 장사되었으며, 주님과 함께 살아났습니다. 성경이 이런 용어들을 사용하는 것은 중생의 문제가 얼마나 중대한지 절감시키기 위해서입니다. 우리는 새 출생을 통해 그리스도인이 됩니다. 우리가 한 일이 아니라 우리에게 일어난 일을 통해 그리스도인이 됩니다. 새 출생은 그만큼 심오한 일입니다. 단순히 개선되는 것이 아닙니다. 다듬어지는 것이 아닙니다. 다시 만들어지고 다시 구성되는 것입니다. 새로운 성향, 신성한 새 생명의 원리가 속에 심기는 것입니다.

우리는 새 출생으로 그리스도인이 됩니다. 이미 독실했고, 이미 도덕적이었으며, 이미 유능했고, 이미 성경에 정통했던 니고데모에게 주님이 하신 말씀이 이것이었습니다. 다른 일로는 그리스도인이 되지 못합니다. 오직 새 출생으로만 그리스도인이 됩니다. 그래서 결단을 강조하는 성향을 우려하는 이들이 있는 것입니다. 물론 결단도 하지만, 이 일이 먼저 일어나야 결단할 수 있습니다. 육에 속한 자는 결단하길 원치 않습니다. 그에게는 이런 것들이 "어리석게 보"이기 때문입니다(고전 2:14). 여러분이 그리스도를 믿기로 결단하는 것이 아니며, 그렇게 결단함으로 거듭나는 것이 아닙니다. 이미 말했듯이 그렇게 결단할 수 있는 사람은 다시 거듭날 필요가 없는 사람, 이미 지각이 생긴 사람입니다. 중생이 먼저입니다. 여러분이 할 수 있는 일은 성령이 여러분을 다루실 때 스스로 죽은 상태에 있음을 인정하고 살려 달라고 부르짖는 것뿐입니다. 새 출생이 첫 번째 필수 요소입니다. 이 일이 일어나야 그리스도인이 됩니다. 우리가 하는 일이 아니라 하나님이 우리에게 하시는 일을 통해 그리스도인이 됩니다.

지극히 당연하게도, 이 점을 아주 명확히 확인해 보고 자신에게 정말 이 일이 일어났는지 알아보는 것이 꼭 필요합니다. "거듭나야 하겠다." 우리는 거듭났습니까? 이것이 우리가 던져야 할 질문입니다. "더 높은 경지의 체험을 하고 싶다. 신앙생활을 잘하고 싶다. 책에서 읽은 성도들이 누렸던 것을 나도 누리고 싶다. 나도 그들처럼 되고 싶다"라고 해봐야 소용이 없습니다. 그렇게 앞으로 나가기 전에 먼저 이 질문부터 던져야 합니다. 여러분은 거듭났습니까? 살아 있습니까? 태어나지 못한 사람은 이런 것들을 알 수 없습니다.

주님은 8절에서 이렇게 설명하십니다. "바람이 임의로 불매 네가 그 소리는 들어도 어디서 와서 어디로 가는지 알지 못하나니—그와 비슷하고 유사하게—성령으로 난 사람도 다 그러하니라." 여기 "그러하니라"라는 말에 우리가 살펴볼 내용이 전부 담겨 있습니다. 그런데 그 전에 잠시 "다"라는 말부터 강조해야겠습니다. "성령으로 난 사람도 다 그러하니라."

여기에서 명확히 짚고 넘어가고 싶은 점이 있습니다. 사람들은 종종 구원에 대해 특정한 진술을 하지 못한다는 이유로 혼동에 빠지곤 하는데, 그것은 양 측면에서 잘못된 가르침입니다. "그러하니라"가 '모든 사람이 세세한 부분까지 똑같은 경험을 해야 한다'는 뜻이라고 가르치는 자들이 있습니다.

그러나 자연스러운 출생 과정은 사람마다 다르게 마련입니다. 갑작스럽게, 극적으로, 알아볼 수 있게 태어나는 경우도 간혹 있지만, 모든 사람이 늘 그렇게 태어나는 것은 아닙니다. 사실 중생은 하나님이 행하시는 일이기 때문에 인간의 인식 범위 밖에 있습니다. 그래서 주님이 드신 예가 매우 중요합니다. 주님의 요지는 "너희는 바람을 보지 못하며 궁극적인 의미에서 이해하지 못한다. 그러나 바람이 끼친 영향과 결과는 본다"는 것입니다. 주님은 이 점을 강조하십니다. "네가 그 소리는 들어도." 나뭇가지나 나뭇잎이나 빨랫줄에 걸린 옷을 보면 바람이 부는 것을 알 수 있습니다. 바람 자체는 보이지 않지만 바람의 작용은 보이는 것입니다. 새 출생도 마찬가지입니다.

우리가 집중해야 할 중요한 점은 이처럼 생명이 나타나느냐 하는 것입니다. 이 유비類比를 좀 더 확장하면—위험하기는 하지만, 성경이 쓰는 용어들을 보면 이렇게 확장해서 이해해도 되는 것이 확실합니다—새 출생은 빨리 이루어질 수도 있고, 아주 오랜 기간에 걸쳐 천천히 이루어질 수도 있습니다. 그 과정이 고통스러울 수도 있고, 상대적으로 고통스럽지 않을 수도 있습니다. 온갖 경우가 다 있습니다. 그래서 저는 몇 시 몇 분 몇 초에 어느 예배, 어느 성경 본문을 통해 거듭났는지 묻지 않습니다. 그것은 중요한 점이 아닙니다. 중요한 점은 여러분 안에 있는 생명이 나타나느냐 하는 것입니다. 자신이 태어난 과정을 일일이 설명하느라 많은 시간을 쓸 필요는 없습니다. 그러나 자신이 정말 태어났는지, 거듭났는지는 확인해야 합니다.

저는 이 점을 아주 명확히 밝혔다고 믿습니다. 마귀는 항상 혼동을 일으키려 듭니다. 극적으로 회심했든 평범하게 회심했든 회심한 것은 사실입니다. 중요한 점은 이 큰일이 우리 속에 일어났음을 아느냐 하는 것입니다. 이제부터 다룰 문제가 그것입니다.

그렇다면 이 생명의 특징은 무엇일까요? 자신이 거듭났는지 아닌지 어떻게 판단할 수 있을까요? 강조해야 할 일반적인 특징이 많은데, 그것들이 아주 중요합니다. 앞으로 다룰 구체적인 특징보다 중요치 않나 하는 생각이 가끔 들 정도입니다. 제가 일반적이라고 말하는 첫 번째 특징은 한 가족으로서 유사성이 있다는 것입니다. 성경이 겸손하고 친절하게 가족의 예를 들고 있기에 우리도 이렇게 말할 수 있습니다. 한 부모 밑에 태어난 가족은 많은 면에서 크게 다르면서도 일반적으로는 유사성이 있다는 것, 남이 알아볼 만한 공통 요소를 지녔다는 것을 우리 모두 익히 알고 있습니다. 그리스도인의 생명도 마찬가지입니다. 저는 이것이 가장 중요한 시금석 중 하나라고 생각합니다.

사람이 거듭날 때 가장 명백하게 나타나는 특징 또한 이것이라고 할 수 있습니다. 한 쪽에는 중생치 못한 인류가 있고, 또 한 쪽에는 과거의 성도들처럼 중생한 자들이 있습니다. 그들 속에는 신성한 생명의 씨가 있기에, 이제 그들은 신성한 성품에 참여하는 자가 되었기에, 반드시 그 생명이 주요한 특징으로 나타나게 되어 있다는 것이 저의 변함없는 주장입니다. 옛 생명보다 훨씬 더 크고 위대하고 강력한 새 생명이 지배적인 특징으로 나타나기 시작합니다. 그 생명의 특성이 나타나고 드러나기 시작합니다. 같은 생명을 가진 자들은 전부 그렇습니다.

여기에서 추론할 수 있는 사실은 '참된 그리스도인이 되면 인종, 국적, 출신 학교보다 이 생명이 더 두드러진 특징으로 드러난다'는 것입니다. 직업이나 재능을 비롯한 온갖 특징보다 이 생명이 더 확연하게 나타납니다. 여러분이 직접 이 유비를 적용해 볼 수 있습니다. 육신의 차원에서 보십시오. 체격, 피부색, 머리카락 색, 재능 등 서로 다른 요소가 많은데도 한 가족임을 알 수 있는 무형의 특징이 있습니다. 이처럼 한 가족의 유사성은 여러 면에서 그리스도인의 가장 큰 첫 번째 특징이 됩니다.

좀 더 자세히 설명해 보겠습니다. 이것은 말로 표현하기는 어려워도 쉽게 늘 의식할 수 있는 특징입니다. 사람이 주는 일반적인 인상이라는 것이 있는데, 지금 다루는 특징이 바로 그것입니다. 그리스도인이 주는 일반적인 인상은 그들이 그리스도인이며 그들 안에 새 생명이 있다는 것입니다. 어떻게 그런 인상을 줄까요? 자, 아주 일반적으로 말하자면 영적인 정신을 나타냄으로 그런 인상을 줍니다. 영적인 정신! 그리스도인은 당연히 영적인 정신을 가지고 있습니다. 사도 바울은 로마서 8:5에서 "육신을 따르는 자는 육신의 일을, 영을 따르는 자는 영의 일을 생각"한다고 말합니다. 이 핵심적이고 기본적인 차이가 모든 것을 좌우한다고 주장합니다. 이 일반적인 인상보다 더 우리가 그리스도인임을 알리는 특징은 없습니다.

다음과 같은 특정한 방식으로 제가 말한 특징을 발견할 때가 종종 있습니다(이런 말 하는 것을 용서해 주시기 바랍니다. 저도 말하고 싶지 않지만 부득불 말해야겠습니다). 저는 설교를 논평하길 좋아하는 설교자들을 알고 있습니다. 아, 전에도 그런 이들이 있었고, 지금도 그런 이들이 있습니다. 그들은 설교와 기독교와 교회에 대해 논평합니다. 늘 그런 주제에 대해 토론하고 질문할 준비가 되어 있습니다. 그러나 제가 매번 발견하는 사실은 일종의 세속적인 정신으로 그렇게 한다는 것입니다. 설교나 교회 일에 관심을 갖는다고 곧 그리스도인인 것은 아닙니다. 성경에 관심을 갖는다고 곧 그리스도인인 것도 아닙니다. 하나님이 아시지만, 저도 한때 같은 잘못을 범했습니다. 저도 그런 주제에 대해 논쟁을 벌였는데, 그것은 순전히 지적인 활동에 불과했습니다. 성령의 일이 아니었습니다. 제게는 영적인 정신이 없었습니다. 그렇습니다. 육신적이고 세속적인 정신만 있었습니다.

여기에서 이 문제는 아무 미묘해집니다. 말하는 내용이 아니라 말하는 방식이 중요합니다. 어떤 의미에서 성경 강해자나 교사라고 할 수 있지만, 행동을 보면 영적인 특징이 전혀 느껴지지 않는 자들이 있습니다. 문자는 전달되는데 성령이 전달되지 않습니다. 그 속에 메시지가 없습니다. 태도가 기계적이고 피상적이며 형식적입니다. 아주 매력적이기는 한데―너무 미묘해서 말로 표현하기 어렵지만―그가 말하는 내용보다 말하는 태도와 행동이 훨씬 더 중요하다는 것을 알게 됩니다. 정통 신앙을 옹호하지만 정신은 세속적인 경우가 있습니다. 저도 그런 이들을 많이 압니다. 한 가족의 유사성은 성령의 역사를 통해 나타나는 것으로, 거의 모든 행동에 드러나게 되어 있습니다.

일반적인 측면을 살펴보았으니, 몇 가지 다른 특성과 특징들도 살펴봅시다. 비교적 주관적인 것도 있고, 방금 언급한 특징처럼 비교적 객관적인 것도 있습니다. 본인은 늘 알아차리지 못해도 남들은 잘 알아차립니다. 여러분 자신도 다른 그리스도인에게서 한 가족의 특징을 알아보고 감지할 수 있습니다. 이것은 여러분이 참 그리스도인이라는 아주 좋은 증거입니다.

이제 또 다른 특징을 살펴봅시다. 제가 볼 때 새 출생을 검증하는 아주 귀하고 철저한 시금석은 성령의 다루심을 스스로 인식하느냐 하는 것입니다. 그 다루심을 인식하지 못하면서, 자기 속에 일어나고 있는 일을 의식하지 못하면서 거듭날 수는 없습니다. 거듭난 자는 누군가 자신의 삶에 개입하고 있다는 사실, 자신이 무슨 일을 하는 것이 아니라 자신에게 무슨 일이 일어나고 있다는 사실을 인식합니다. "오, 사랑이 날 내버려 두질 않네"라고 한 찬송시인은 노래했습니다. 프랜시스 톰프슨Francis Thompson의 「하늘의 사냥개」The Hound of Heaven도 읽어 보기 바랍니다. "난 그에게서 도망쳤다, 밤으로 낮으로……난 그에게서 도망쳤다, 내 마음의 미로로." 그렇습니다. 이런 생각이 듭니다. 다른 존재가 나를 다루고 있다는 생각이 듭니다.

이 주제 전체와 관련하여 꼭 알아야 할 점이 이것입니다. 자기 행동은 크게 의식되지 않습니다. 다른 존재가 나를 다루고 계신다는 이 사실, 내 삶에 들어와 흔드신다는 이 사실이 크게 의식됩니다. 이와 관련하여 사도 바울이 빌립보서 3장에서 아주 매력적으로 표현한 위대한 진술을 살펴보는 것보다 유익한 일은 없습니다. "내가 그리스도와 그 부활의 권능과 그 고난에 참여함을 알고자 하여 그의 죽으심을 본받아 어떻게 해서든지 죽은 자 가운데서 부활에 이르려 하노니 내가 이미 얻었다 함도 아니요 온전히 이루었다 함도 아니라. 오직 내가 그리스도 예수께 잡힌 바 된 그것을 잡으려고 달려가노라"(빌 3:10-12). 바울은 이것이 자신의 큰 열망이라고 말합니다. "이미 도달했다는 것이 아니다. 난 지금도 잡힌 바 된 그것을 잡고자 애쓰고 있다. 날 붙잡은 그것을 나도 붙잡고자 애쓰고 있다"는 것입니다.

이것은 우리의 요점을 완벽하게 표현해 주는 말입니다. 바울은 "과거 어느 때 기독교를 받아들이고 그리스도를 믿기로 결단했다"고 말하지 않습니다. 오히려 "그리스도가 날 위해, 날 받아 주기로 결단하셨다. 모태에서부터 날 택해 주셨다. 날 붙잡아 주셨다. 난 지금도 그가 내게 행하신 그 놀라운 일을 붙잡고자 애쓰고 있다"고 말합니다. 바로 이것입니다.

그 정의상 이것은 당연한 반응입니다. 알다시피 사도 바울은 아무리 강조해도 지나치지 않을 만큼 극적인 요소를 두루 갖춘 인물이었습니다. 특별한 일을 맡은 특별한 인물이었습니다. 그러나 중생의 측면에서는 남들과 다를 바가 없었습니다. 그의 소명에는 특정한 요소가 있었습니다. 사도가 되어 부활을 증언해야 했기에 부활하신 주님을 직접 보아야 했습니다. 그러나 그는 지금 소명에 대해 말하는 것이 아닙니다. "그가 나를 잡아 주셨다. 붙잡아 주셨다. 그래서 나도 그를 붙잡고자, 그가 내게 주신 것과 내게 해주신 일을 붙잡고자 애쓰고 있다"는 것입니다. 이것은 자신이 답해야 할 문제입니다. 스스로 책임지면서 자립적으로 살아가든지, 계속 동요하고 간섭받으면서 무슨 일이 자신에게 일어나고 있다는 사실과 하나님이 자신을 다루고 계신다는 사실을 의식하든지 둘 중에 하나입니다. 물론 늘 처음부터 하나님을 알아보는 것은 아닙니다. 막연히 의식할 뿐입니다. 그 다루심에 맞서 싸울 수도 있고, 그 다루심을 싫어할 수도 있습니다. 다소의 사울처럼 "가시채를 뒷발질"할 수도 있습니다(행 26:14). 어떻게 반응하든 중요치 않습니다. 요점은 "오, 사랑이 날 내버려 두질" 않는다는 것입니다. 여러분이 내버려 두지 않는 것이 아니라, 사랑이 내버려 두질 않습니다. 반복하건대, 이것은 기본적으로 일어나는 일입니다. 절대 피할 수 없는 일입니다. 창조주가 친히 여러분을 다루십니다. 여러분을 만드십니다. 여러분 속에 새 피조물을 만드십니다. 여러분은 그 일이 일어나는 것을 인식합니다. 하나님이 자신을 다루시는 것을 인식합니다.

어찌 된 일인지 복음주의적인 사고를 가진 이들조차 이 점을 잊은 채, 인간과 인간의 결단을 강조하고 있습니다. 그러나 성경의 입장으로 돌아가야 합니다. 하나님이 사람을 다루시면 본인 자신이 그 사실을 알게 되며, 거기에 반응해야 함을 알게 됩니다. "오, 사랑이 날 내버려 두질 않"습니다. 결국 그 앞에 나아가 "내 지친 영혼 당신 안에 쉬나이다"라고 고백하게 됩니다. 제가 강요하거나 다른 누가 강요한 것도 아닌데, 몇 달이나 몇 년 후 저를 찾아와 언제 어떻게 자신에게 이 일이 일어났는지 이야기하는 사람들을 보는 것보다 더 매혹적이고 낭만적인 경험은 없습니다. 이것은 하나님이 하시는 일입니다. 이 일이 일어나면 본인 자신이 그 사실을 알게 되어 있습니다. 이것이 새 출생의 첫 번째 구체적인 특징입니다.

실제로 더 중요한 시금석이 있는데, 그것은 겸손해지지 않으면 거듭날 수 없다는 것입니다. 주님은 니고데모를 겸손히 낮추셨습니다. 선생, "유대인의 지도자", 유능하고 경건하고 도덕적이고 독실한 인물이 주님을 찾아왔습니다. "선생님, 저는 알고 싶습니다"라고 자신 있게 나섰습니다. 그런데 예수는 "진실로 진실로 네게 이르노니 사람이 물과 성령으로 나지 아니하면 하나님의 나라에 들어갈 수 없느니라"(요 3:5)라고 하셨습니다. 니고데모는 겸손해졌습니다. 이 또한 그 정의상 반드시 수반되는 일입니다. 새로워지고 거듭나는 것 외에 아무 대책이 없는 상태와 형편에 있다고 생각하는 사람, 지금 죽어 있기에 중생이 필요하다고 생각하는 사람은 당연히 겸손해질 수밖에 없습니다. 그렇지 않습니까? 그런 사람은 아주 겸손해집니다!

사람들이 중생의 교리를 싫어하는 이유가 여기 있습니다. 독실한 종교인이 무엇보다 싫어하는 두 가지가 바로 참된 대속의 방법으로 제시되는 그리스도의 십자가와 중생입니다. 왜 그럴까요? 그 두 가지야말로 참을 수 없는 일이라고 생각하기 때문입니다. 그들은 말합니다. "믿을 수 없어. 도저히 있을 수 없는 일이야. 하나님이 값 주고 사야 할 만큼 내가 비참하고 소망 없고 악한 존재라고? 이건 모욕이야!" 이처럼 그들이 중생의 교리를 싫어하고 대속 또한 그만큼 싫어하는 것은 스스로 무언가 할 수 있다고, 일종의 속죄를 할 수 있다고 생각하는 탓입니다. 이처럼 중생의 교리는 우리를 겸손하게 만듭니다. 자신이 기독교를 붙잡았다고 생각하는 자와 기독교에 붙잡힌 자의 가장 큰 차이점이 이것이라고 저는 말하고 싶습니다. 붙잡힌 자는 항상 겸손합니다.

이 말의 정의를 분명히 알아야 합니다. 겸손해진다는 것은 병에 걸리거나 어려운 수술을 받을 때, 사랑하는 이가 죽거나 장례식에 참석할 때, 조금 겁을 먹는다는 뜻이 아닙니다. 아, 육에 속한 자는 그런 일이 생길 때 겁을 먹고 동요합니다. 저는 그런 모습을 많이 보았습니다. 그러나 그 순간이 지나면 당연히 다 잊어버립니다. 제가 지금 말하는 상태는 그런 것이 아닙니다. 가끔 느끼는 두려움이 아닙니다. 거듭난 자는 어떤 의미에서든 자신이 완전히 쓰러져 일어날 수 없다는 것을 압니다. 다메섹으로 가던 사도 바울은 이 점에서도 모든 극적인 요소를 갖춘 전형적인 예가 됩니다. 그는 문자 그대로 땅에 쓰러졌고 길에 엎어졌습니다. 꼭 그렇게 물리적으로 쓰러질 필요는 없지만, 쓰러지고 겸손히 낮아지는 일은 항상 따라오게 되어 있습니다.

사도는 로마서 7장의 자전적 서술에서 이 일이 어떻게 일어났는지 대략 알려 줍니다. 그는 전에 율법을 깨닫지 못했을 때는 자신이 살아 있었다고 말합니다. 빌립보서 3장에서도 자신은 율법의 요구에 대해 의롭고 흠이 없는 사람이었다고 이야기합니다. 그는 행복하고 자립적이며 자신에게 만족하는 사람으로서, 스스로 율법을 지킨다고 생각했습니다. 그런데 성령이 홀연히 그를 다루기 시작하시면서 율법—"탐내지 말라"는 율법—의 진정한 의미를 정신과 마음과 영혼에 밝혀 주셨습니다. "계명이 이르매 죄는 살아나고 나는 죽었도다"(롬 7:9). 이처럼 그는 먼저 죽어야 했습니다. 누구나 먼저 죽어야 합니다. 그렇지 않으면 거듭날 수 없습니다. 물론 이것은 영적으로 죽어야 한다는 뜻입니다. 자아의 죽음을 겪어야 합니다. 완전히 쓰러져 끝장이 나야 합니다. 스스로 아무것도 아닌 존재임을 깨달아야 합니다.

이것은 피할 수 없는 일, 논쟁과 논박의 여지가 없는 일입니다. 새 생명이 자기 속에 들어온 것을 의식하는 사람은 거듭난 자입니다. 그는 필연적으로 자신의 예전 모습을 보고 인식하게 되어 있습니다. 새 생명을 얻었는데도 옛사람의 실상을 모를 수는 없습니다. 이처럼 자기 의존과 자기 확신에서 벗어나 거듭난 자는 더 이상 예전처럼 건강하게 지낼 수 없습니다. 전에 율법을 깨닫지 못했을 때에는 내가 살아 있었습니다. 그런데 이제는 영원히 그 상태로 돌아갈 수 없습니다.

달리 설명해 보겠습니다. 거듭난 자는 여호와를 경외한다는 것이 무엇인지 알기에 항상 겸손합니다. 그런데 오늘날 우리는 경외감을 잃지 않았습니까? 어찌 된 일인지 다 잃고 말았습니다. 구약성경은 경외감으로 가득 차 있습니다. "여호와를 경외하는 것이 지혜의 근본이요"(잠 9:10). 신구약성경에 나오는 위대한 믿음의 영웅들을 보면 경외감만큼 크고 강하게 다가오는 특징이 없습니다. 아브라함 같은 인물을 보십시오. 얼마나 여호와를 경외했는지 느껴집니다. 경외감이야말로 그의 두드러진 특징이었습니다. 다른 많은 면에서도 위대한 인물이지만, 늘 무엇보다 크게 다가오는 특징은 여호와를 향한 경외감, 경건한 두려움입니다.

모세도 마찬가지입니다. 모세는 여러 차례에 걸쳐 경외감을 배워야 했고, 그것이 그의 가장 큰 특징이 되었습니다. 그는 불타는 떨기나무를 구경하려다가 이 중대한 교훈을 배웠습니다. 한 음성이 "이리로 가까이 오지 말라. 네가 선 곳은 거룩한 땅이니 네 발에서 신을 벗으라"(출 3:5)라고 했습니다. 거듭난 자는 이 "거룩한 땅"에 대해 알게 됩니다. 모르려야 모를 수가 없습니다. 모세도 항상 그것을 인식했습니다. 그렇다고 그가 완벽했다는 말은 아닙니다. 그도 죄를 지어 가나안에 들어가지 못했습니다. 그러나 여호와를 경외하는 마음을 평생 가지고 있었습니다.

다윗 같은 인물도 보십시오. 다윗은 큰 죄를 지은 죄인이었다고 할 수 있습니다. 그럼에도 그의 가장 큰 특징은 하나님을 경외하고 공경하는 것이었습니다. 이사야가 부르심을 받는 장면에서도 같은 특징을 볼 수 있습니다. 그는 "화로다, 나여!"라고 외치지 않을 수 없었습니다. 왜 그랬을까요? 하나님을 보았기 때문입니다. 우리 영혼에 신성한 생명을 심어 주실 때도 같은 일이 일어납니다. 히스기야가 몇 가지 사건을 겪은 후 한 말을 읽어 보면 아주 흥미로운 표현이 나옵니다. "내가 종신토록 삼가리이다$^{go\,softly}$"(사 38:15).* 이 말은 남은 평생 삼가 행하겠다는 뜻입니다.

거듭난 자, 성령으로 태어난 자의 특징이 바로 이것입니다. 그는 겸손해집니다. 그런데 현대 복음주의에서는 이 특징을 찾아보기가 힘든 것 같습니다. 겸손한 기색이 없습니다. 그러나 이 가르침에 따르면 필히 겸손해져야 합니다. 과거 성도들의 생애를 읽어 보아도 겸손이 항상 그들의 특징이었던 것을 알게 됩니다. 그들은 겸손했습니다. 부흥을 경험한 자들, 하나님의 성령이 능력으로 나타나신 현장에 있었던 자들을 만나 보아도 언제나 겸손이 그 두드러진 특징임을 알 수 있습니다. 그들 또한 겸손합니다. "경건한 두려움"—"경건함과 두려움"(히 12:28)—을 가지고 있습니다. 그래서 삼가 행합니다. 그들은 영원한 세계의 손길을 느낀 자들입니다. 사복음서에 나오는 주님의 기적 이야기에서도 같은 특징을 볼 수 있습니다. 믿지 않는 자들도 잠시 두려움의 영에 사로잡혔습니다. 물론 제자들은 항상 그 영에 사로잡혀 있었습니다. 베드로와 동료들이 주님의 기적으로 물고기를 많이 잡은 적이 있습니다. 그때 베드로는 주님께 나아가 말했습니다. "주여, 나를 떠나소서. 나는 죄인이로소이다"(눅 5:8). 주님이 그를 꾸짖으셨기 때문이 아닙니다. 주님은 아무 말씀도 하지 않으셨습니다. 그런데 그 기적, 신성의 나타남, 기사^{奇事}, 영원한 능력 때문에 겸손해지지 않을 수

• 개역개정판은 "내가 종신토록 방황하리이다"라고 번역했다.

없었습니다. 전능자의 손길, 재창조의 행위는 사람을 겸손하게 낮춥니다. 자신이 하나님의 손안에 있었고 지금도 손안에 있음을 인식케 합니다. 이처럼 겸손은 거듭난 자에게 항상 나타나는 특징입니다.

이것은 다음 요점으로 연결됩니다. 거듭난 자는 항상 진짜 회개를 합니다. 제가 **진짜 회개**를 강조한다는 사실을 여러분도 알아챘을 것입니다. 때로 우리가 회한이라고 부르는 가짜 회개, 진짜 회개로 착각하는 가짜 회개가 있습니다. 사도는 고린도후서 7:8-11에서 이 문제를 언급합니다. 그는 어떤 일 때문에 편지를 써서 고린도 교인들을 책망해야 했습니다. "그러므로 내가 편지로 너희를 근심하게 한 것을 후회하였으나 지금은 후회하지 아니함은 그 편지가 너희로 잠시만 근심하게 한 줄을 앎이라. 내가 지금 기뻐함은 너희로 근심하게 한 까닭이 아니요 도리어 너희가 근심함으로 회개함에 이른 까닭이라. 너희가 하나님의 뜻대로 근심하게 된 것은 우리에게서 아무 해도 받지 않게 하려 함이라. 하나님의 뜻대로 하는 [경건한] 근심은 후회할 것이 없는 구원에 이르게 하는 회개를 이루는 것이요 세상 근심은 사망을 이루는 것이니라. 보라, 하나님의 뜻대로 하게 된 이 근심이 너희로 얼마나 간절하게 하며 얼마나 변증하게 하며 얼마나 분하게 하며 얼마나 두렵게 하며 얼마나 사모하게 하며 얼마나 열심 있게 하며 얼마나 벌하게 하였는가! 너희가 그 일에 대하여 일체 너희 자신의 깨끗함을 나타내었느니라." 이것이 제가 말하는 진짜 회개입니다.

다시 말해서 거듭난 자는 이 "경건한 근심" 때문에 참으로 회개하게 되어 있습니다. 단순히 잘못을 저질렀기 때문에 근심하는 것이 아닙니다. 그런 짓을 하고 싶게 만든 본성이 자기 속에 있다는 사실 때문에 훨씬 더 근심합니다. "경건한 근심"은 단순히 자신이 잘못을 저질렀다는 것을 아는 데서 비롯된 근심이 아닙니다. 단순히 양심의 가책을 느끼거나 그 결과로 인해 괴로워하거나 불편해 하는 것이 아닙니다. 그런 것이 아닙니다. 거듭난 자의 근심은 자기 마음의 악과 죄를 발견한 데서 비롯된 근심입니다. 그들은 사도 바울처럼 "내 속 곧 내 육신에 선한 것이 거하지 아니하는 줄을" 안다고 고백합니다(롬 7:18). 새로워지고 거듭나지 않으면 안 될 만큼 자신이 부패했다는 사실 때문에—자기 죄의 악함 때문에, 자기 마음의 재앙 때문에—슬퍼합니다. 거듭난 자는 그럴 수밖에 없습니다.

이번에도 분명히 짚고 넘어갈 점이 있습니다. 저는 지금 강렬한 감정을 느껴야 한다고 말하는 것이 아닙니다. 감정의 강도는 사람마다 다를 수 있습니다. 다만 자기 마음의 악함을 발견치 못한 사람은 여전히 악한 마음을 가지고 있는 것이며 새롭고 깨끗한 마음이 없는 것이라는 점, 거듭나지 못한 것이라는 점을 밝히고 싶습니다. 거듭난 자는 자기 마음이 천성적으로 악하다는 사실을 알 뿐 아니라 그 때문에 슬퍼하고 탄식합니다. 자기 마음의 악함을 미워하며 다윗처럼 "하나님이여, 내 속에 정한 마음을 창조하시고 내 안에 정직한 영을 새롭게 하소서"(시 51:10)라고 간구합니다. 그런 사람은 그리스도인입니다. 이처럼 자기 마음의 악함을 발견한 그리스도인은 이후 잘못을 저지를 때마다 윌리엄 쿠퍼 William Cowper 처럼 고백합니다. "주를 슬프시게 하고 제 가슴에서 몰아낸 그 일을 미워하나이다." 이것이 진짜 회개입니다. 다시 말해서 그리스도인은 자신이 중생해야 하는 이유, 중생 외에 다른 대책으로는 부족한 이유, 중생이 참으로 귀중한 이유를 아는 사람들입니다.

이것은 첫 번째 요점처럼 좀 더 일반적인 마지막 요점으로 이어집니다. 저는 의도적으로 일반적인 요점에서 시작해서 일반적인 요점으로 끝내고 있습니다. 이 요점 또한 말로 설명하기가 좀 어렵습니다. 그러나 나이가 들고 이와 관련된 경험을 많이 할수록 이 일반적인 요점을 더더욱 중시하게 됩니다. 거듭난 자에게는 항상 기본적으로 진지한 태도가 있습니다. 제 말뜻을 설명해 보겠습니다. 거듭난 자는 절대 경솔하거나 경박하거나 피상적이지 않습니다. 피상적인 사람을 본 적이 있습니까? 그런 사람에게 말을 걸면 전형적인 반응이 나타납니다. 종교적이고 신앙적인 주제를 꺼내거나 어떤 집회에 대해 언급하면 갑자기 긴장하는 것입니다. 마치 다른 세계에 들어선 것처럼 자세를 바로잡고 태도를 바꿉니다. 얼마나 돌변하는지 마치 전혀 다른 두 사람을 보는 것 같습니다.

그것은 중생에 어울리는 모습이 아닙니다. 신앙적인 주제가 나오면 일종의 가면을 쓰듯 태도를 바꾸는 사람은 그 속에 생명이 없는 것입니다. 그것은 기독교로 가장하는 일종의 변신술에 가깝습니다. 그런 사람을 흔히 볼 수 있습니다. 신앙적인 주제로 이야기하는 모습이 자연스럽지 못합니다. 이처럼 신앙의 영역에서 자연스럽지 못한 사람은 그리스도인이 아닙니다. 새 본성이 없는 것입니다. 참 그리스도인에게는 신앙적인 분위기가 자연스럽게 풍겨납니다. 그래서 제가 그리스도인은 기본적으로 진지한 사람들이라고 말하는 것입니다.

그렇다고 엄숙하거나 젠체한다는 말은 아니라는 점을 서둘러 밝혀야겠습니다. 제 말을 그렇게 받아들이는 분이 아무도 없길 바랍니다! 그렇습니다. 그리스도인은 행복합니다. 유머가 있습니다. 그러나

지나치지 않습니다. 그들의 유머는 그 속에 있는 생명의 표출이요 새 출생으로 얻은 속성의 표현입니다. 그들에게는 항상 통제력이 있고 진지함이 있습니다. 그들의 모든 행동을 통제하는 요소, 중대한 원리는 "신성한 성품에 참여하는 자"답다는 것입니다.

복되신 주님이 그 완벽한 예를 보여주십니다. 그는 세상 누구도 모르는 기쁨을 아시며 하나님과 친밀한 관계를 누리신 하나님의 아들이면서도 "간고를 많이 겪었으며 질고를" 아셨습니다(사 53:3). 주님은 분명히 기쁨을 발산하셨습니다. 유머의 흔적도 여기저기 확실히 나타납니다. 주님께는 엄숙하거나 젠체하거나 칙칙하거나 따분한 데가 전혀 없었습니다. 그렇습니다. 주님은 그와 정반대되는 분이었습니다. 영원히 정반대되는 분이었습니다. 그럼에도 간고를 많이 겪었으며 질고를 아셨습니다. 그 이유가 무엇일까요? 하나님의 아들이셨기 때문입니다. 이 세상처럼 죄와 악이 가득한 곳에서 온전히 거룩하게 사셨기 때문입니다. 성령으로 거듭나 "신성한 성품에 참여하는 자"가 된 모든 그리스도인에게도 필히 이런 요소가 나타난다는 것이 제 주장입니다. 거듭난 자는 경솔하거나 피상적이거나 말만 그럴 듯하게 할 수 없습니다.

경솔함과 경박함과 우스꽝스러움이 신성한 영역 안으로 들어오면 훨씬 더 끔찍해집니다. 그런데 그런 경우가 많습니다. 그리스도인은 진지한 사람들입니다. 사도 바울처럼 "그뿐 아니라 또한 우리 곧 성령의 처음 익은 열매를 받은 우리까지도 속으로 탄식하여 양자 될 것 곧 우리 몸의 속량을 기다리느니라"(롬 8:23)라고 고백하는 사람들입니다. 고린도후서 5장도 보십시오. "만일 땅에 있는 우리의 장막 집이 무너지면 하나님께서 지으신 집 곧 손으로 지은 것이 아니요 하늘에 있는 영원한 집이 우리에게 있는 줄 아느니라. 참으로 우리가 여기 있어 탄식하며 하늘로부터 오는 우리 처소로 덧입기를 간절히 사모하노라"(고후 5:1-2). 사도 바울보다 더 매력적인 인물을 떠올릴 수 있습니까? 그가 따분하고 젠체했던 사람으로 보입니까? 절대 아닙니다. 그에게는 따뜻함과 사랑스러움과 다정함이 있었습니다. 그러면서도 기본적으로 진지했습니다. 거듭난 자는 그럴 수밖에 없습니다. 반복하건대 자신이 천성적으로 개선 불가능한 존재라는 것, "거듭나야" 할 존재라는 것을 알기에 그럴 수밖에 없습니다. 죄와 악을 알기에, 세상과 세상의 모든 문제를 알기에, 장차 임할 일을 알기에 기본적으로 진지하지 않을 수 없습니다. 오, 사랑하는 여러분, 이 점을 똑바로 알아야 합니다. 그리스도인은 진지하되, 따분하거나 젠체하거나 무겁거나 단조롭지 않습니다. 그것은 사탄이 위조해 낸 모습으로, 이제껏 아주 큰 해악을 끼쳐 왔습니다. 기쁨과 진지함은 모순된 것이 아닙니다. 앞으로 살펴볼 다른 특징들이 그렇듯이, 그리스도인의 기쁨 또한 거룩하며 순결한 것입니다.

4.
새 출생의 표지

바람이 임의로 불매 네가 그 소리는 들어도 어디서 와서 어디로 가는지 알지 못하나니 성령으로 난 사람도 다 그러하니라. | 요한복음 3:8

우리는 지금 "그러하니라"라는 단어를 특별히 다루는 중입니다. "[그와 비슷하고 유사하게] 성령으로 난 사람도 다 그러하니라." 다시 말해서 우리는 "성령으로 난 사람"의 특징을 함께 살펴보고 있습니다. 주님이 니고데모에게 거듭나지 않으면 하나님 나라에 들어가지 못하는 것은 물론이요 볼 수도 없다고 하셨기 때문입니다. 허다한 이들이 그리스도 안에 있는 새 생명을 경험하지 못한다는 점에서 이것은 아주 중대한 문제입니다. 그들이 그리스도 안에 있는 충만함을 받지 못하는 것은, 밤에 주님을 찾아와 "랍비여, 우리가 당신은 하나님께로부터 오신 선생인 줄 아나이다"(요 3:2)라고 했던 이스라엘의 훌륭한 선생 니고데모가 처음에 범한 실수를 똑같이 범하고 있는 탓입니다. 우리는 그의 접근 방식과 애초의 태도 자체가 잘못되었다는 점을 살펴보았고, 그것이 잘못된 이유 또한 살펴보았습니다.

그는 오늘날 많은 이들처럼 출발도 하지 않은 채 나아가려 했고, 주님께 "거듭나야 하겠다"(요 3:7)라는 말씀을 들었습니다. 그래서 지금 우리가 거듭난 자, 물과 성령으로 태어난 자의 특징을 살펴보는 것입니다. 우리는 주님이 말씀하신 예에 비추어 그 특징을 살펴보고 있습니다. 주님은 거듭나는 일이 바람과 같다고 하셨습니다. 니고데모는 그 말을 이해하려 애쓰며 "어찌 그러한 일이 있을 수 있나이까?"(요 3:9)라고 물었습니다. 이것은 중대한 구절이요 중대한 질문입니다. 그는 육신과 성령을 혼동했기에 주님의 말씀을 놀랍게 여겼습니다. 그래서 주님이 "내가 네게 거듭나야 하겠다 하는 말을 놀랍게 여기지 말라"고 하신 것입니다. 거듭남을 이해하려는 시도, 우리의 이해 범위 안에 끌어들이려는 모든 시도를 포기해야 합니다. 그런데 오늘날 흔히 이런 시도를 하지 않습니까? 사람들은 "이해가 안 된다"고 하며, 이해가 안 되는 가르침은 틀렸다고 생각합니다. 기꺼이 믿고 승복하지 않습니다. 물론 그 생각은 심히 모순된 것입니다. 여러분은 전기를 이해하지 못하지만 활용합니다. 바람도 이해하지 못하지만 활용하며, 그 영향과 결과를 눈으로 봅니다. 그런데 지극히 중요한 이 문제에는 굳이 자기 이해력을 끌어들여 "이해되지 않으면 믿지 않겠다"고 하는 것입니다.

이런 태도만큼 치명적인 것이 없습니다. 그래서 지금 이 문제를 자세히 검토하는 중입니다. 이것은 아주 긴요한 문제입니다. 우리 모두 "거듭나야" 하며, 그렇기 때문에 가장 먼저 자신이 거듭났는지 아닌지부터 확인해야 합니다. 바로 그 일을 위해 그리스도 안에 있는 새 생명의 특징을 살펴보고 있으며, 그중 몇 가지는 이미 찾아보았습니다. 우리는 사람이 거듭나면 그것이 가장 명백한 특징으로 드러난다고 했습니다. 그 속에 하나님의 생명이 있기 때문에 드러날 수밖에 없습니다. 그는 하나님이 자신을 다루시며 겸손히 낮추시는 것을 의식합니다. 진심으로 회개하며, 기본적으로 진지한 태도를 보입니다.

계속해서 새 생명의 특징들을 살펴봅시다. 그다음 특징은—저는 일종의 순서에 따라 제시하고자 애쓰고 있습니다—자기 안에 새 생명과 새 본성이 생긴 것을 인식하며 의식한다는 것입니다. 이 또한 굳이 논증하거나 입증할 필요가 없는 사실입니다. 성경의 가르침에 따르면 필연적으로 그럴 수밖에 없습니다. 우리는 모두 성경이 말하는 "육에 속한 사람"(고전 2:14)으로 태어납니다. 그런데 이미 살펴본 대로, 새롭게 태어나면 새 생명의 원리가 속에 들어옵니다. 제 주장은 본인 자신이 그 사실을 필연적으로 인식한다는 것입니다. 무슨 일이 일어났다는 것, 누군가 자신을 다루셨다는 사실뿐 아니라 무슨 일이 실제로 일어났다는 사실을 안다는 것입니다. 전에 없던 요소, 여러 말로 표현 가능한 요소가 속에 생겨납니다. 저는 사도 바울이 갈라디아서 5:17에서 이 점을 특히 명확히 설명해 준다고 생각합니다. "육체의 소욕은 성령을 거스르고 성령은 육체를 거스르나니 이 둘이 서로 대적함으로……."

제가 설명하는 바가 바로 이것입니다. 말하자면 한 인격이 속에 있는 두 존재의 반발과 충돌을 인식하게 됩니다. 지금 단계에서 이 주제와 관련하여 한 가지 명확히 짚고 넘어갈 점이 있습니다. "그런 인식과 육에 속한 자의 양심은 어떻게 다르지요?"라는 질문이 나올 수 있습니다. 양심은 누구나 가진 것입니다. 육에 속한 자도 하지 말아야 할 일을 하면 양심의 소리를 듣습니다. 자신의 생각과 별개로 들리는 그 소리를 막지 못합니다. 막고 싶어 하고 막으려 애쓰지만 막지 못합니다. 이처럼 양심이 우리와 상관없이 독자적으로 존재하면서 우리가 하는 일을 판단합니다. 그렇기 때문에 지금 제가 설명하는 인식과 육에 속한 자 속에서 활동하는 양심이 어떻게 다르냐는 질문이 나올 수 있는 것입니다. 결국 제가 설명하는 것도 강화된 양심이 아니냐는 질문,

왜 그것을 새 생명의 원리로 강조하느냐는 질문이 나올 수 있습니다.

제가 볼 때 그 대답은 다음과 같습니다. 이 주제와 관련된 매우 중요한 요점이 이것입니다. 양심은 언제나 완전히 소극적으로 작용합니다. 결코 적극적으로 작용하지 않습니다. 우리의 행동이나 생각에 판결을 내릴 뿐, 결코 주도하지 않습니다. 무언가 하도록 자극하지 않습니다. 그것은 양심의 역할이 아닙니다. 양심은 소송을 심리하는 일종의 법정입니다. 우리의 행동과 잘못에 판결을 내리는 것 이상의 일을 하지 않습니다. 그런데 우리 안에 생긴 이 새 원리의 중요한 특징은 적극적이고 살아 있으며 능동적이라는 것입니다. 항상 우리를 주도한다는 것입니다. 따라서 우리 속에 있는 새 생명과 새 본성을 의식한다는 것은 단순히 하지 말아야 할 일을 했을 때 정죄감을 느낀다는 뜻이 아닙니다. 물론 그것도 포함하지만, 그보다 훨씬 더 많은 의미를 포함합니다. 막연하게 표현하자면, 거듭난 자는 무언가 더 좋은 일, 더 고상한 일을 하도록 재촉하고 부르며 자극하는 것이 있음을 인식합니다. 이를테면 그 원리가 자신 속에서, 자신과 상관없이 작용하는 것을 인식합니다.

이번에도 사도 바울의 말로 설명해 봅시다. 빌립보서 2:12-13을 보십시오. "그러므로 나의 사랑하는 자들아, 너희가 나 있을 때뿐 아니라 더욱 지금 나 없을 때에도 항상 복종하여 두렵고 떨림으로 너희 구원을 이루라. 너희 안에서 행하시는 이는 하나님이시니 자기의 기쁘신 뜻을 위하여 너희에게 소원을 두고 행하게 하시나니." 이것은 '하나님이 새 본성을 통해 성령으로 우리 안에서 일하신다'는 이 원리에 대한 아주 훌륭한 진술입니다. 다시 말해서 우리는 성령의 일하심을 인식합니다. 오직 거듭난 자만 그것을 인식할 수 있습니다.

거의 이단의 혐의를 받을 수도 있는 만큼 표현에 신중을 기해야겠지만, 처음에는 마치 두 인격이 속에서 활동하는 것처럼 보입니다. 성경은 그것을 "옛사람"과 "새사람"이라고 부르는데, 사실은 옛 본성과 새 본성입니다. 내가 싫어하는 방식으로 행동하는 옛 본성도 인식하고, 내가 아는 내 천성보다 훌륭하게 행동해서 나를 놀라게 만드는 새 본성도 인식합니다. 나를 놀라게 만드는 그것이 바로 내 속에 생긴 새 생명입니다. 오직 거듭난 자만 그에 대해 알 수 있습니다. 육에 속한 자가 생활하고 행동하며 생각하다가 잘못을 저지르면 양심의 정죄를 받습니다. 그가 인식하는 것은 그 양심의 정죄뿐입니다. 그래서 더 잘 살아 보겠다는 결심으로 이런저런 책도 읽고 다른 주장들도 받아들입니다. "그래, 저게 좋겠다. 저 말대로 해야겠다"고 합니다.

저는 지금 그런 자들에 대해 말하는 것이 아니라, 이를테면 자기 속에 있는 다른 존재 때문에 동요하는 자들에 대해 이야기하는 것입니다. 그들은 누군가 다른 존재가 자신을 불러 움직이게 하는 것을 느끼며, 무언가 다른 원리에 따라 자신이 행동하게 되는 것을 발견합니다. 그것이 바로 새 생명의 원리입니다. '이러한 새 생명과 새 본성을 인식하고 의식하느냐'는 거듭남을 확인하는 아주 좋은 시금석입니다. 단순히 자기 혼자 성공하거나 실패하는 것이 아닙니다. 그 속에 두 본성—옛 본성과 새 본성—이 있습니다. 자신의 천성으로 알고 있었고 지금도 그렇게 알고 있는 자아를 지배하고 대적하며 넘어서는 신성한 생명이 있습니다.

논리적 필연성에 따라 이 시금석은 당연히 다음 시금석으로 연결됩니다. 거듭난 자는 자기 자신을 보고 놀랍니다. 전에도 가끔 말했듯이, 이것은 아주 미묘한 시금석입니다. 그리스도인은 자기 자신을 보고 놀라며 경탄합니다.

증거가 필요합니까? 신성한 본성이 우리 안에 들어오면, 베드로의 말처럼 우리가 "신성한 성품에 참여하는 자"(벧후 1:4)가 되면, 요한의 말처럼 신성한 생명의 "씨"(요일 3:9)가 우리 안에 심기면, 제가 설명한 방식대로 새 원리가 우리 안에 심겨서 작용하기 시작하면, 필연적으로 자기 모습을 보고 놀라게 되어 있습니다. 새 생명은 옛 생명과 너무나 다르기 때문에, 원래 타고난 모습과 너무나 대조되기 때문에 놀랄 수밖에 없습니다. 그보다 더 대조되는 것을 상상할 수 없을 정도입니다. 하나님의 본성은 타락한 인간의 본성과 대조됩니다. 바로 이것입니다.

이것이 신약성경이 말하는 변화입니다. 신약성경에 따르면 인간은 죄로 가득 찬 존재일 뿐 아니라 타락한 존재입니다. 우리 본성은 비틀리고 왜곡되고 오염되어 있습니다. 이것이 우리 모두 타고난 모습입니다. 그런데 신성한 생명의 씨가 우리 안에 들어와 작용하기 시작합니다. 이 점은 따로 논증할 필요가 없을 것입니다. 이런 일이 우리 안에서 일어나는 것을 인식할 때 놀라움과 경이감에 사로잡히지 않을 수 없습니다. 원래 모습과 달라진 모습이 이루 말할 수 없이 대조됩니다. 성경은 이에 대해 자주 언급하는데, 그중에서도 가장 훌륭한 진술은 갈라디아서 2:20입니다. "내가 그리스도와 함께 십자가에 못 박혔나니 그런즉 이제는 내가 사는 것이 아니요 오직 내 안에 그리스도께서 사시는 것이라. 이제 내가 육체 가운데 사는 것은 나를 사랑하사 나를 위하여 자기 자신을 버리신 하나님의 아들을 믿는 믿음 안에서 사는 것이라." 그렇습니다. 이제는 내가 사는 것이 아닙니다. 정말 그렇습니다.

바울은 자기 자신에게 수수께끼 같은 존재, 퍼즐 같은 존재가 되었습니다. 그는 어떤 의미에서 자신을 이해할 수가 없었습니다. 자신은 여전히 다소의 사울이었습니다. 당연히 그랬습니다. 그럼에도 다소의 사울이라고만 하는 것은 말도 안 되는 일이었습니다. 다소의 사울은 "비방자요 박해자요 폭행자"(딤전 1:13)였는데 이제는 "그리스도 예수의 사도"(딤전 1:1)가 되었기 때문입니다. 물론 여전히 같은 사람입니다. "나다! 그런데 내가 아니다!"라는 것입니다. 그렇습니다. 이것은 필연적 결과입니다. 논박의 여지 없는 사실입니다. 생명은 논박할 수 없습니다. 견해는 논박할 수 있어도 생명은 논박할 수 없습니다. 이처럼 다른 생명을 인식하고 그 생명이 자기 속에서 나타나는 것을 인식하면서도 거의 믿지 못합니다. 자신이 아는 과거의 모습과 현재의 모습이 어떻게 이렇게도 다를 수 있단 말입니까?

그렇다면 거듭난 자는 어떻게 달라질까요? 무엇보다 먼저 **영적인 흥미와 관심**이 생깁니다. 이것은 놀라운 일입니다. 오늘날 그리스도와 교회 밖에 있는 중생치 못한 세상은 영적인 관심이 전혀 없습니다. 정치적 관심, 예술과 음악과 연극에 대한 관심 등 다른 관심은 많습니다. 오늘치 신문에 실린 책과 연극과 오페라와 공연에 대한 비평—"놀랍다"거나 "지적"이라는 비평—은 읽습니다! 좋습니다. 그런 관심도 가질 수 있습니다. 그러나 그것은 영적인 관심이 아닙니다. 중생치 못한 자는 자기 영혼에 관심이 없습니다. 자기 자신에 대해 한 번도 생각해 보지 않습니다. 아니, 자기 자신을 의식조차 하지 않습니다. 종교 논쟁의 화젯거리로 하나님이 등장할 때나 이른바 TV 토론 등—오늘날 토론으로 통하는 오락물—을 시청할 때 하나님에 대해 언급하는 경우는 있습니다. 잠시 하나님에 대해 생각하고 말하는 경우는 있습니다.

그러나 정작 하나님에 대해 아는 바는 하나도 없습니다. 사실상 관심조차 없습니다. 자기 인생에 대한 생각도 하지 않습니다. 삶의 여러 활동에 대한 생각은 해도, 가만히 앉아 "인생이란 무엇일까? 인간이란 어떤 존재일까? 나는 어떤 사람일까? 나는 왜 여기 있는 걸까? 어디로 가는 걸까? 죽음이란 무엇일까? 죽음 너머에는 무엇이 있을까?"는 묻지 않습니다. 이런 문제를 생각하지 않을 뿐 아니라 이런 문제를 생각하게 되는 것조차 싫어합니다. 이것은 아주 좋은 시금석입니다. 죽음에 대해 생각하기 싫어하는 사람, 매일 똑같은 삶을 반복하는 사람은 스스로 영적인 자가 아님을 알리는 것입니다. 그들은 복음이나 교회 등에 관심이 없습니다. 교회를 조롱하는 일에는 관심이 있어도, 교회가 진정 어떤 곳인지, 어떻게 생겨났고 무엇을 위해 존재하는 곳인지에는 관심이 없습니다. 기도에도 관심이 없고 성경에도 관심이 없습니다.

이것이 육에 속한 자의 모습입니다. 그러나 거듭난 자는 다릅니다. 영적인 일에 관심이 있습니다. 본인도 그런 자신을 보고 놀라며 경탄합니다. 이것은 아주 주목할 만한 특징입니다. 여러분, 정말 영적인 일에 관심이 생겼다면, 장담컨대 여러분은 거듭난 것입니다.

여러분과 남들의 차이점이 무엇입니까? 가장 좋은 방법은 이런 변화에 놀라며 경탄하는지 살펴보는 것입니다. 이런 일, 영적인 일이 삶의 중대사가 되었습니까? 저는 지금 일정표의 한 항목으로 포함시켰느냐고 묻는 것이 아닙니다. 일주일에 닷새는 직장이나 사업장에 가고, 토요일은 운동 경기를 보고, 일요일은 예배당에 가느냐고 묻는 것이 아닙니다. 그런 것을 묻는 것이 아닙니다. 영적인 일은 가끔 하면 되는 일, 바쁘면 빼먹어도 되는 일이 아닙니다. 그렇게 여기는 자들이 있습니다. 그것은 종교입니다. 교회 회원권을 가진 것에 불과합니다. 그들에게 영적인 일은 쉽게 삭제해도 되는 일정표의 한 항목, 대부분의 다른 일보다 기꺼이 삭제해 버리는 한 항목에 불과합니다.

그러나 영적인 일은 그런 것이 아닙니다. 이제 묻겠습니다. 여러분에게 영적인 일은 삶의 중대사입니까? 큰일이자 주요 관심사입니까? 그렇다면 거듭난 것입니다. 의문의 여지가 없습니다. 이처럼 영적인 일이 삶의 중대사가 된 것을 발견할 때 누구보다 본인이 먼저 놀라고 기이히 여기게 됩니다. 찰스 웨슬리$^{\text{Charles Wesley}}$처럼 고백하게 됩니다.

> 나 감히 구주 흘리신
> 보혈의 은덕을 입다니 어찌 이런 일이?
> 고통 드린 날 위해,
> 자신을 죽게 한 날 위해 죽으시다니 어찌 이런 일이?
> 놀라운 사랑이로다!
> 내 하나님 날 위해 죽으시다니 어찌 이런 일이?

이런 놀라움에 대해 아는 바가 있습니까? 하나님의 생명이 속에 있는 자는 이렇게 놀랄 수밖에 없습니다. 자기 모습을 보고 놀랄 수밖에 없습니다. 다름 아닌 자신이 이렇게 되었다는 사실, 육에 속한 자의 삶에 완전히 낯선 영적인 일을 즐거워하고 있다는 사실이 도무지 믿기지 않습니다.

서둘러 그다음 시금석, 바로 뒤따르는 시금석을 추가해야겠습니다. 때로 우리는 **남들을 통해** 자신이 거듭났음을 실제로 알게 됩니다. 어떻게 알게 될까요? 두 가지 방법으로 알게 됩니다. 한 가지는 우리 눈에 남들이 달라 보이는 것입니다. 그리고 제가 가끔 더 중요하다고 생각하는 또 한 가지는 남들 눈에 우리가 달라 보이는 것입니다. 남들이 분개하며 우리에게 그 사실을 알려 줍니다. 주님은 이런 상황에 미리 대비시켜 주셨습니다. 직속 제자들뿐 아니라 이후 모든 그리스도인도 대비시켜 주셨습니다. 마태복음 10장에는 제자들을 파송하시면서 만인에게 기쁘고 즐거운 대접을 받지 못할 것을 경고하시는 이야기가 나옵니다. "사람들을 삼가라. 그들이 너희를 공회에 넘겨주겠고 그들의 회당에서 채찍질하리라. 또 너희가 나로 말미암아 총독들과 임금들 앞에 끌려가리니 이는 그들과 이방인들에게 증거가 되게 하려 하심이라"(마 10:17-18). 주님은 연이어 말씀하십니다.

> 말하는 이는 너희가 아니라 너희 속에서 말씀하시는 이 곧 너희 아버지의 성령이시니라. 장차 형제가 형제를, 아버지가 자식을 죽는 데에 내주며 자식들이 부모를 대적하여 죽게 하리라. 또 너희가 내 이름으로 말미암아 모든 사람에게 미움을 받을 것이나 끝까지 견디는 자는 구원을 얻으리라(20-22절).

주님은 계속해서 아주 인상적인 구절로 이 점을 설명해 주십니다.

> 내가 세상에 화평을 주러 온 줄로 생각하지 말라. 화평이 아니요 검을 주러 왔노라. 내가 온 것은 사람이 그 아버지와, 딸이 어머니와, 며느리가 시어머니와 불화하게 하려 함이니 사람의 원수가 자기 집안 식구리라. 아버지나 어머니를 나보다 더 사랑하는 자는 내게 합당하지 아니하고 아들이나 딸을 나보다 더 사랑하는 자도 내게 합당하지 아니하며 또 자기 십자가를 지고 나를 따르지 않는 자도 내게 합당하지 아니하니라(34-38절).

이것이 원리입니다. 오, 이 원리가 현실에서 입증될 때가 얼마나 많은지 모릅니다. 사도 바울도 자신만의 방식으로 같은 요점을 지적했습니다. "신령한 자는 모든 것을 판단하나"(고전 2:15). 이제부터 설명하겠지만, 이것은 영적인 일에 대한 지각이 생긴다는 뜻입니다. 바울은 "자기는 아무에게도 판단을 받지 아니하느니라"라는 말을 급히 덧붙입니다. 신령한 자는 영적인 일을 이해하지만, 신령치 못한 자는 신령한 자를 이해하지 못한다는 것입니다. 저는 이 점을 확실히 하고 싶습니다.

다른 요점들처럼 이 요점도 따로 증명하거나 논증할 필요가 없는 것이 분명합니다. 두 남자, 두 형제가 있다고 합시다. 그들은 한 부모 밑에 태어났습니다. 본질적으로 성격도 같고 본성도 같습니다. 같은 일을 늘 함께해 왔습니다. 그런데 한 사람은 거듭났고, 다른 한 사람은 거듭나지 못했습니다. 한 사람에게는 신성한 생명이 있고, 다른 한 사람에게는 없습니다. 제가 지적하고 싶은 점은 거듭난 자도 변화가 일어난 것을 인식하고, 거듭나지 못한 자도 그것을 인식한다는 점입니다. 자기 형제가 어딘지 모르게 달라진 것을 인식합니다. 일부러 달라지려고 애써서 그런 것이 아닙니다. 실제로 달라진 것입니다. 달라졌기 때문에 당연히 전과 달리 생각하고 전과 달리 행동합니다. 일부러 이상하게 굴며 불쾌감을 주려 하는 것이 아니며, 회심치 않은 형제를 정죄하는 것도 아닙니다. 여전히 그를 사랑하고, 전보다 더 염려하며, 그를 위해 무엇이든 하려 듭니다. 그런데도 중생치 못한 형제는 무언가가 끼어들어 이른바 '둘 사이의 장벽'으로 작용하는 것을 압니다. "넌 변했어. 그 일 때문에 다 엉망이 되어 버렸다고. 우리 관계는 변했어"라고 말합니다.

이런 일이 지속적으로 일어납니다. 형제간에만 일어나는 것이 아닙니다. 주님이 성경 다른 곳에서 가르치시듯이, 부자간이나 모녀간이나 부부간에도 일어납니다. 저도 수년 전 목회 생활 중 가장 인상적인 사례를 접한 적이 있습니다. 독실한 부부가 있었는데(실제로 저는 그들의 결혼 예배를 인도하는 특권을 누렸는데, 당시에는 둘 다 제가 지금 묘사하는 것 같은 그리스도인이 아니었습니다) 니고데모 같은 명목상의 기독교인으로 거듭나지 못한 상태에 있었습니다. 그런데 몇 달 후 남편이 참으로 중생하여 새사람이 되었고, 그 결과 우리가 새사람의 특징으로 묘사한 방식대로 행동하기 시작했습니다. 주일에 두 번 교회에 나와 오후 주일학교 사역을 도왔을 뿐 아니라 월요일 밤 기도회와 수요일 밤 교제 모임, 토요일 밤 남성 신학 토론 모임에도 참석했습니다. 한 번도 빠지지 않고 매번 참석했습니다. 물론 그는 아내를 여전히 사랑했고, 사실상 전보다 더욱 사랑했습니다. 어떤 의미에서 부부는 행복했습니다. 그런데 문제는 남편에게 일어난 일이 아내에게는 일어나지 않았다는 것이었습니다.

어느 날 밤, 기도회에서 하나님의 임재를 특별히 경험한 후 집에 갔는데 아내가 불같이 화를 터뜨렸습니다. 말할 틈도 없이 "난 당신이 그딴 예배당이 아니라 노동자 클럽에 다녔으면 좋겠어요. 밤마다 기도회나 교제 모임에 다녀오는 꼴을 보느니 차라리 고주망태가 되어 업혀 오는 꼴을 보는 게 낫겠다고요"라고 퍼부었습니다. 물론 후에 아내는 이 일을 아주 미안해했습니다. 감사하게도 그 뒷이야기는 아내도 얼마 후 같은 생명의 선물을 받았다는 것입니다. 그렇게 화를 터뜨렸던 것이 오히려 자기 필요를 발견하는 하나의 계기가 되었습니다. 아내는 그렇게 심한 말을 할 정도로 악한 본성이 자기 속에 있다는 것에 놀랐습니다.

제가 지적하려는 요점이 이것입니다. 남편이 전보다 더 좋은 사람이 되었는데도, 중생치 못한 아내는 그의 삶 속에 있는 무언가가—하나님과 주 예수 그리스도와 성령이—계속 자기 앞에 나타나는 것을 알았고, 그 사실에 분개했습니다. 아내는 그 점을 분명히 인식했습니다. 이러한 아내의 인식과 적개심은 남편의 거듭남을 증명하는 가장 훌륭한 증거였습니다. 이처럼 거듭나면 그 특징이 다른 모든 특징보다 크게 나타나게 되어 있습니다. 본인뿐 아니라 중생치 못한 주변 사람도 인식하게 되어 있습니다. "신령한 자는 모든 것을 판단하나 자기는 아무에게도 판단을 받지 아니하느니라."

이것이 독실한 종교인과 거듭난 자의 차이점입니다. 독실한 종교인은 남들의 문젯거리가 되지 않습니다. 남들도 독실한 종교인일 수 있기 때문입니다. 어떤 경우든 세상은 그런 식으로 독실한 종교인을 반대하지 않습니다. 형식적인 종교인을 박해하지 않습니다. 가끔 교회 가는 신자, 주일예배만 참석하는 신자로 알려진 사람은 절대 박해받을 일이 없습니다. 오히려 아주 고상하고 훌륭한 일을 하는 사람으로 대접받습니다. 그러나 신앙이 삶의 가장 큰 중대사로 내 인격 전체에 영향을 끼치고 있다는 인상을 풍기는 즉시, 상황이 돌변하면서 일종의 박해가 시작됩니다. 세상은 종교를 박해하지 않습니다. 그리스도를 닮은 사람만 박해합니다. 주님도 그렇게 말씀하셨습니다. 우리가 주님을 닮아갈수록 세상이 주님을 대하듯 우리를 대할 것이라고 하셨습니다. 바울도 디모데에게 말합니다. "무릇 그리스도 예수 안에서 경건하게 살고자 하는 자는 박해를 받으리라"(딤후 3:12). "세상이 너희를 미워하면 너희보다 먼저 나를 미워한 줄을 알라"(요 15:18).

　이것은 참으로 놀라운 시금석입니다. 친구나 친지나 동료들이 여러분의 거듭남을 증명해 주고 있습니까? 혈연이나 출생이나 다른 어떤 것보다 크고 중하고 긴요한 요소가 여러분 속에 생겨난 것을 인식하고 있습니까? 공공연히 선포하거나 과시하지 않았는데도 여러분이 달라진 것을 인식하고 있습니까? 그렇다면 여러분은 하나님의 생명을 받았다는 절대적 증거를 가진 것입니다.

　이것은 다음 특징으로 이어지는데, 사도 바울은 이 특징들을 서로 연관시키고 있습니다. 거듭난 자에게 영적인 관심이 생긴다는 사실은 이미 밝힌 바 있습니다. 더 나아가 **영적인 지각**이 생긴다는 것, 이 또한 우리 속에 하나님의 생명이 있는지 알아보는 가장 좋은 시금석이라는 점을 지적해야겠습니다. 영적인 관심만 생기는 것이 아니라 지각도 생깁니다. 이것은 아주 중요한 시금석입니다. 참 기독교와 거짓 기독교—또는 기독교와 종교—를 구분하는 방법이자, 자신이 거듭났음을 아는 참 지식과 마귀가 그럴 듯하게 위조해 낸 가짜 체험을 구분하는 가장 좋은 방법입니다. 마귀는 항상 기독교를 위조하려 듭니다. 거듭난 자, 거듭남의 결과를 체험하는 자를 발견하는 즉시, 비슷한 체험을 위조해 냅니다. 종교는 위조하지 않아도 되지만 기독교는 위조해야 합니다. 사람들이 참으로 거듭나면 그의 왕국이 위험해지기 때문입니다.

그렇다면 이상한 체험, 사교나 강신술 등의 결과로 나타나는 체험과 참된 중생의 체험을 어떻게 구별해야 할까요? 가장 좋은 한 가지 구분법이 바로 이것이라고 저는 생각합니다. 참된 영적 지각은 중생한 자에게만 생겨납니다. 거듭난 자는 진리를 믿고 받아들입니다. 여기에서 진리란 성경의 핵심 메시지를 가리킵니다. 이 점을 분명히 합시다. 진리를 믿는다는 것은 진리를 명확히 안다는 뜻입니다. 진리를 이해하고 파악한다는 뜻입니다. 제 말을 오해하지 마십시오. 거듭난 자는 누구나 기독교 진리를 전부 이해한다는 뜻이 아닙니다. 당연히 그런 뜻이 아닙니다. 그것은 우스운 생각입니다. 거듭난 자는 평생 진리를 배워 나갑니다. 신학 책도 읽고 교리 책도 읽으면서 점점 더 많이 배워 나갑니다. 제 말은 모든 진리를 구체적으로 이해한다는 뜻이 아니라, 성경의 진리를 일반적으로 이해하는 본능적 지각이 생긴다는 뜻입니다. 전부 이해하지는 못합니다. 그러나 중생치 못한 자들에게 없는 통찰력이 생깁니다.

그렇다고 신자의 지각이 완벽하거나 온전한 것은 아니라는 점을 다시 강조해야겠습니다. 때로 그리스도인은 이 점을 확인하고 크게 낙담하며, 마귀도 이 점에서 그리스도인을 괴롭힙니다. 어느 시대에나 교회가 목회자와 교인의 자격을 구분한 이유가 여기 있습니다. 목회의 소명을 받고 설교자로 임명받은 자는 평범한 교인보다 훨씬 큰 지각이 있어야 합니다. 교사와 설교자와 강해자가 될 사람이니 당연히 그래야 합니다. 그러나 최소한의 기본적인 지각과 이해력은 거듭난 자 누구에게나 필히 생기게 되어 있습니다.

물론 이 또한 육에 속한 자와 신령한 자의 차이점입니다. 성경이 곳곳에서 다루는 이 요점을 가장 잘 설명해 주는 본문은 고린도전서 2장입니다. 현 세상을 볼 때, 특히 교회를 볼 때, 2장이야말로 지금 이 시점에 가장 중요한 성경 본문이 아닐까 하는 생각을 가끔 한다는 사실을 밝혀야겠습니다. 이것은 육에 속한 자와 신령한 자 간의 결정적으로 중요한 차이점입니다.

이 말이 무슨 뜻일까요? 자, 고린도전서 2:14에 핵심 의미가 나옵니다. "육에 속한 사람은 하나님의 성령의 일들을 받지 아니하나니 이는 그것들이 그에게는 어리석게 보임이요, 또 그는 그것들을 알 수도 없나니 그러한 일은 영적으로 분별되기 때문이라." 바로 이것입니다. "육에 속한 사람"은 어떤 사람입니까? 타고난 천성 그대로 사는 사람입니다. "신령한 자"는 어떤 사람입니까? 거듭난 사람, 성령으로 태어난 사람, 하나님의 성령이 안에 거하시는 사람입니다. 육에 속한 자는 성령의 일들이 어리석게 보이기 때문에 받아들이지 않고 거부한다고 성경은 말합니다. 그것들은 오직 영적으로 분별되고 이해되기 때문에 육에 속한 자는 알 수 없다는 것입니다. 이 주제 전체의 핵심이 여기 있습니다.

사도가 이 점을 어떻게 설명하는지 보십시오. "이 지혜는 이 세대의 통치자들이 한 사람도 알지 못하였나니 만일 알았더라면 영광의 주를 십자가에 못 박지 아니하였으리라"(고전 2:8). 여기에서 "이 세대의 통치자들"은 왕족이나 귀족뿐 아니라 학문이나 학식이나 철학의 영역에서 세상 꼭대기에 있는 자들, 지도적 위치에 있는 자들을 가리킵니다. 바울은 그들이 예수 그리스도를 몰랐다고, 그를 알아보지 못하고 한낱 인간으로 생각했다고 말합니다. "만일 알았더라면 영광의 주를 십자가에 못 박지 아니하였으리라."

그들의 문제가 무엇이었습니까? 학식이 없는 것이 아니었습니다. 영적 지각, 영적 통찰력, 영적 분별력이 없는 것이었습니다. 육에 속한 자는 영적인 지각을 얻지 못할 뿐 아니라 만들어 낼 수도 없습니다. 세상 모든 대학을 돌아다녀도 이 점에서는 도움을 받을 수 없습니다. 전혀 받을 수 없습니다. 오히려 지적인 자부심만 커져서 영적인 지각을 얻는 데 방해가 될 뿐입니다. 머리에서 출발하여 이해하려는 시도는 성공할 수 없습니다. 그들에게 하나님의 일은 어리석게 보일 뿐입니다.

이것이 독실한 종교인과 거듭난 자를 구분하는 참으로 완벽한 시금석임을 알겠습니까? 어떤 의미에서 종교는 이해 가능한 것입니다. 거듭 말하지만 독실한 종교인 때문에 고민할 일은 없습니다. 저는 지금 그런 종교생활에 대해 말하는 것이 아닙니다. 영적인 지각을 주는 영적인 생명에 대해 말하는 것입니다. 거듭나지 못한 자에게는 영적인 지각이 없습니다. 이 세대의 통치자들은 그것을 몰랐습니다. "기록된바 하나님이 자기를 사랑하는 자들을 위하여 예비하신 모든 것은 눈으로 보지 못하고 귀로 듣지 못하고 사람의 마음으로 생각하지도 못하였다"(고전 2:9). 바울은 연이어 10절에서 말합니다. "오직 하나님이 성령으로 이것을 우리에게[즉, 거듭난 참된 그리스도인에게] 보이셨으니 성령은 모든 것 곧 하나님의 깊은 것까지도 통달하시느니라." 12절에서도 "우리가 세상의 영을 받지 아니하고 오직 하나님으로부터 온 영을 받았으니 이는 우리로 하여금 하나님께서 우리에게 은혜로 주신 것들을 알게 하려 하심이라"라고 하며, 16절의 엄청난 진술로 모든 논의를 마무리 짓습니다. "누가 주의 마음을 알아서 주를 가르치겠느냐? 그러나 우리가 그리스도의 마음을 가졌느니라." 이처럼 영적인 지각을 가진 자만 영적인 일을 이해합니다.

이것은 사도와 지도자뿐 아니라 그리스도인 한 사람 한 사람에게 해당되는 말이요 주목할 만한 특징입니다. 오, 교회의 삶 속에서 이런 지각을 발견하고 기뻐할 때가 얼마나 많은지요! 영적인 직관은 타고난 재능과 아무 상관이 없습니다. 그 결과 지적이지 못한 자의 영적인 지각이 위대한 지성인보다 큰 경우가 생깁니다. 이것은 경이로운 일이자 각 사람이 참으로 거듭났는지 입증하는 가장 큰 증거입니다. 다시 말하건대, 거듭나면 일종의 직관적인 지식이 생깁니다. 거듭남의 일부로 반드시 생깁니다. 이것은 분명한 사실입니다. 영적인 지식이 생깁니다.

육에 속한 자는 가련하게도 영적인 일을 이해하지 못하고 더듬거립니다. 종교는 기꺼이 믿을 생각이 있습니다. 독실한 종교인이 되려는 생각이 있고, 그런 종교인이 될 수 있습니다. 그래서 종교 서적도 읽고 철학 토론 등도 즐겁니다. 그러나 거듭남에 대해, 그리스도와 속

죄의 본질에 대해 이야기하면 어리석은 헛소리로 치부합니다. 하나도 이해하지 못합니다. 오히려 비도덕적이라고 생각합니다. 우리 말을 전혀 알아듣지 못합니다. 그 말을 한 우리만 갑자기 광신자가 되어 버립니다. 육에 속한 자는 그런 말을 좋아하지 않습니다. 정연하고, 세련되고, 지적이고, 이성적이고, 합리적이고, 논리적인 종교를 좋아합니다. 그런 것은 자신들도 이해하고 처리하며 통달할 수 있기 때문입니다. 그러나 영적인 일에 대해서는 니고데모처럼 "이해가 안 된다"고 말합니다. 당연합니다. "신령한 자는 모든 것을 판단하나 아무에게도 판단을 받지 아니하느니라." 육에 속한 자는 거듭난 자가 상황을 너무 심각하게 받아들인다고 말하며, 마음이 약해졌다고 생각합니다. "종교 콤플렉스가 좀 있군. 심리적인 방향으로 기울었어. 상황을 너무 심각하게 받아들이면 안 되는데. 저건 우스운 일이야." 이런 태도가 어떤 것인지 여러분도 알고 있지 않습니까? 남들에게 이런 말을 듣는 것은 여러분이 거듭났다는 좋은 증거입니다.

좀 더 살펴봅시다. 거듭난 자는 단순한 철학 논쟁이나 과학 논쟁 등에 더 이상 시간을 쓰지 않습니다. 거듭난 자는 그 모든 단계를 넘어섭니다. 기독교의 예비적인 문제나 기초나 원리에 대해 아직도 논쟁하고 있는 사람은 거듭나지 못한 것입니다. 논쟁에도 유익이 있지 않느냐고 반박할 수 있습니다. 맞습니다. 유익이 있습니다. 아주 많은 경우 상대방의 주장이 아무 성과 없이 늘 똑같은 막다른 벽에 부딪친다는 점을 알려 줄 수 있으며, 이런 추론과 논쟁으로는 한 걸음도 더 나아갈 수 없다는 사실을 그가 깨닫고 승복하는 은혜를 주시도록 기도할 수 있습니다.

그러나 거듭난 자는 그 모든 단계를 넘어섭니다. 예비적인 문제를 놓고 옥신각신하지 않습니다. 입장 전체가 변화됩니다. 계시의 절대적인 필요성을 압니다. 옛 본성의 실상을 압니다. 죄와 이 세상 신이 자기 눈을 가렸다는 것, 그 상태에서는 믿을 수 없었다는 것, 따라서 영적인 일이 전부 어리석게 보였다는 것을 압니다. 그런데 이제 하나님의 역사가 자기 영혼에 일어났다는 것을 압니다. 그는 더 이상 기적에 대해 논쟁하지 않습니다. 본인 자신에게 기적이 일어난 것을 알기 때문입니다. 기적은 명백한 사실입니다. 초자연적인 일, 기적적인 일은 명백한 사실입니다. 거듭난 자는 그에 대해 논쟁하지 않습니다. 기적이 정말 일어난다는 사실을 압니다. 본인 자신이 기적의 영역에서 살고 있습니다. 초자연적인 영역으로 넘어와 살고 있습니다. 그렇기 때문에 논쟁하지 않습니다. 옛 찬송시인처럼 "주여, 전엔 눈멀어 볼 수 없었나이다.……생명 없는 제 영혼을 움직여 주께 나아갈 수 없었나이다"라고* 고백할 뿐입니다. 거듭난 자는 오직 하나님의 계시로만 필요한 지식을 얻을 수 있음을 압니다.

이것은 아주 좋은 시금석입니다. 여러분이 여전히 논쟁하고 있다면, '어디 보자. 이건 절대 아닌데.……성경이 인간의 생각과 사상을 뛰어넘는다고?'라고 여러분이 생각한다면, 장담컨대 여러분은 거듭나지 못한 것입니다. 계시의 절대적인 필요성을 모르는 사람은 거듭나지 못한 것입니다. 거듭난 자는 계시와 기적과 초자연적인 일을 받아들이는 데 어려움을 겪지 않습니다. 오히려 그것을 의지한다고 말합

* 윌리엄 T. 맷슨William T. Matson

니다. 존 웨슬리$^{John\ Wesley}$는 자신이 오직 한 책의 사람이 되었다고 했습니다. 어떤 의미에서 거듭난 그리스도인은 전부 그렇습니다.

이것은 가장 주목할 만한 특징입니다. 그리스도인은 성경을 믿도록 자신과 논쟁을 벌여 설득할 필요가 없습니다. 자신이 이미 성경을 믿고 있음을 알기 때문입니다. 남은 문제와 난관과 반대 주장만 처리하면 됩니다. 이것은 칼뱅$^{Jean\ Calvin}$을 비롯한 여러 사람이 '성령의 내적 증거'$^{testimonium\ spiritus\ internus}$라고 부른 것을 제 나름대로 설명한 것입니다. 우리는 내적 증거를 통해 성경이 하나님의 말씀이라는 것을 믿습니다. 성령은 외적 증거와 내적 증거를 주시는 이 두 가지 일을 다 하십니다.

제 말뜻은 다음과 같습니다. 여러분이 성경을 직접 살펴보는 수고를 마다치 않는다면, 서로 다른 부류의 사람들이 서로 다른 시기에 그토록 긴 간격을 두고 66권이나 되는 책을 썼음에도 불구하고 그 메시지에 일관성이 있다는 사실을 발견할 것이며, 초자연적인 저자가 성경을 썼다는 증거를 보게 될 것입니다. 성경 자체에 이처럼 엄청난 논거가 있습니다. 이것은 나의 외부에 있는 외적 증거입니다. 성경에 나타난 성령의 외적 증거라고 해도 좋습니다.

그런데 내 안, 나의 내부에 나타나는 성령의 내적 증거도 있습니다. 이 두 가지 증거가 함께 작용합니다. 다시 말해서 성경을 믿도록 자신과 논쟁을 벌여 설득하는 것이 결코 아닙니다. 성경을 믿게 하시는 분은 성령입니다. 여러분이 할 수 있는 일은 이 모든 논거를 정리하는 것뿐입니다. 성경을 믿는 자에게는 그 논거들이 아주 강력하고 놀라운 힘을 발휘합니다. 그러나 중생치 못한 자는 결코 그 논거들을 받아들이지 않습니다.

거듭난 자에게 가장 먼저 일어나는 일이 이것입니다. 그 속에 영적인 원리가 있기 때문에 성경이 열립니다. 성경을 믿지 않을 수가 없습니다. 오직 성경만 참된 하나님의 말씀임을 알게 됩니다. 이것이 성령의 내적 증거입니다.

이처럼 거듭난 자는 구원의 방대한 교리를 받아들이는 데 어떤 어려움도 겪지 않습니다. 완벽하고 온전하게 이해하지는 못하지만 죄에 대한 성경의 교리가 참된 것을 알며, 그 교리가 자기 자신을 비롯한 모든 사람에게 해당되는 것을 압니다. 정죄와 지옥 교리를 믿는 데도 곤란을 겪지 않습니다. 정죄의 교리와 율법의 심판 교리를 여전히 싫어하는 사람은 거듭났다고 할 수 없습니다. 그것은 육에 속한 자의 사고이기 때문입니다. 참으로 거듭난 자는 찰스 웨슬리처럼 말합니다.

나 감히 구주 흘리신
보혈의 은덕을 입다니 어찌 이런 일이?
고통 드린 날 위해,
자신을 죽게 한 날 위해 죽으시다니 어찌 이런 일이?

거듭난 자는 이렇게 말합니다. 하나님의 구원 계획을 믿는 것도 어려워하지 않습니다. 오히려 그로 인해 즐거워합니다. 아무도 날 구원해 줄 수 없었습니다. 어떤 선생도 구원해 줄 수 없었습니다. 내게는 신적인 일이 필요했습니다. 성육신이 필요했습니다. 그리고 마침내 그 일이 일어났습니다. 주님이 오셔서 율법에 온전히 순종하셨고, 내가 받을 형벌을 친히 담당하시고 자기 몸에 지셨습니다. 거듭난 자는 이런 일을 받아들이는 데 곤란을 겪지 않습니다. 이런 일의 필연성을 알 뿐 아니라 이런 일로 인해 즐거워합니다. 성령과 중생 및 구원의 방법과 관련된 모든 기본 원리, 주님과 주님이 하신 일, 중생이라는 이 엄청난 행동과 사건으로 인해 즐거워합니다.

이것이 거듭남의 시금석이요 표지입니다. 여러분 안에 이처럼 새로운 무언가가 있음을 인식하고 있습니까? 자기 자신을 보면서 놀라고 있습니까? 남들을 놀라게 만들고 있습니까? 성령의 일을 알아보는 본질적이고 새롭고 직관적인 지각을 가지고 있습니까? "오직 하나님이 성령으로 이것을 우리에게 보이셨으니 성령은 모든 것 곧 하나님의 깊은 것까지도 통달하시느니라." 여러분은 영적인 일에 대한 이야기를 즐겁게 듣는 자기 모습에 놀라고 있습니까? 영적인 일로 인해 기뻐하고 있습니까? 자신이 그렇게 기뻐한다는 사실에 놀라고 있습니까? 그렇다면 여러분은 거듭난 하나님의 자녀입니다. 더 이상 육에 속한 자가 아닙니다. 신령한 남자요 신령한 여자입니다. 이 모든 일을 하신 분께 모든 찬송과 존귀와 영광을 돌리십시오!

5.
영적 생명의 징표

바람이 임의로 불매 네가 그 소리는 들어도 어디서 와서 어디로 가는지 알지 못하나니 성령으로 난 사람도 다 그러하니라. | 요한복음 3:8

이 아침에 주의를 환기시키고 싶은 말씀은 요한복음 3:8입니다.

> 바람이 임의로 불매 네가 그 소리는 들어도 어디서 와서 어디로 가는지 알지 못하나니 성령으로 난 사람도 다 그러하니라.

이 중에서도 우리가 특별히 다루고 있는 말은 "그러하니라"로서, 여기에는 성령으로 태어난 자는 누구나 비슷하고 유사하다는 뜻이 담겨 있습니다. 다시 말해서 지금 우리가 다루는 것은 그리스도 예수 안에 있는 새 생명, 거듭난 사람에게 주어지는 새 생명의 징표 내지 특징입니다. 이것이야말로 그리스도인의 삶과 관련된 기초적인 원리이기에, 이 원리를 이해하지 못하면 필연적으로 혼란에 빠질 뿐 아니라 결국 재앙을 초래하게 되기에, 지금 이 주제를 고찰하는 중입니다. 이제껏 살펴보았듯이 이것은 밤중에 주님을 찾아와 대화를 청한 유대인 지도자 니고데모의 유명한 이야기가 중점적으로 보여주는 중대한 원리입니다. 그는 자신에게 분명 없는 무언가가 주님께 있는 것을 발견하고 간절히 주님을 만나고 싶어 했으며, 그 무언가를 얻고 싶어 했습니다. 그러나 이야기 전체를 보면 알 수 있듯이, 그의 위치를 정확히 파악하시고 2장 말미의 표현대로 "사람의 속에 있는 것"을 아시며 모든 인간의 실상을 아시는 주님은 그의 말을 끊으시고 사람이 거듭나지 않으면 하나님의 나라에 들어가지 못하는 것은 물론이요 볼 수도 없음을 지적하셨습니다. 그는 거듭나야 했습니다. 물과 성령으로 다시 태어나야 했습니다.

이것이 니고데모의 문제점이었습니다. 저는 이것이 지금도 여전히 많은 사람의 문제점이라고 했으며, 특히 기독교적인 환경—가정, 교회, 주일학교 등—에서 자란 사람의 문제점이라고 했습니다. 이처럼 스스로 그리스도인이라고 가정하는 것은 치명적인 오류입니다. 그러면 당연히 태어나기도 전에 성장하길 바라게 되며, 바른 길에 들어서기도 전에 전진하길 바라게 됩니다. 이것이 니고데모 이야기가 주는 중대한 교훈으로서, 이에 대한 우리의 해석은 무엇보다 먼저 자신이 거듭났는지 아닌지부터 알아보아야 한다는 것입니다. 하나님과 천국에 이르는 길을 알려 주는 이 중대한 말씀이 보여주는 바가 이것입니다. 이 말씀은 우리가 거듭나지 못할 때 하나님의 생명에 들어가거나 참여하지 못한다는 사실을 알려 줍니다. 그러므로 이것은 사람이 고찰할 수 있는 주제 중에서도 가장 심각한 주제입니다.

우리는 이 생명의 몇 가지 특징을 살펴보았습니다. 참으로 거듭난 자는 이 생명이 드러난다고 했습니다. 이 생명이 가장 명백한 특징으로 나타난다고 했습니다. 복음서는 주님이 숨어 계실 수 없었다고 말합니다(막 7:24 참조). 그리스도인도 숨어 있을 수 없습니다. 사람의 영혼 안에 있는 하나님의 생명은 드러나게 되어 있습니다. 가장 명백한 특징으로 나타나게 되어 있습니다. 다른 특징들도 여전히 남아 있지만, 새 생명이 가장 명백하고 두드러진 특징으로 부각됩니다. 다른 어떤 특징보다 더 우리를 나타내는 특징으로 부각됩니다. 또한 거듭난 자는 하나님이 자신을 다루신다는 사실을 인식한다는 사실도 알았습니다. 그는 겸손합니다. 진정으로 회개합니다. 기본적으로 진지합니다. 거드름을 피우거나 짐짓 엄숙한 척하는 것이 아니라, 주님처럼 기본적으로 진지합니다. 성경은 주님을 "간고를 많이 겪었으며 질고를 아는 자"(사 53:3)로 묘사합니다. 이런 세상에 오셨기에 그렇게 되실 수밖에 없었습니다. 우리도 마찬가지입니다. 또한 거듭난 자는 자기 안에 새 생명과 새 본성이 생긴 것을 인식하며, 그런 자기 모습에 놀라게 되어 있습니다. 그리스도인이 되었는데도 자기 모습에 놀라지 않는 사람을 저는 상상할 수 없습니다. 자기 모습과 모든 행동이 이해 가능한 범위 안에 있는 것은 그리스도인이 아니라는 표지라고 말하고 싶습니다. 자기 같은 사람이 새 생명을 얻어 신성한 성품에 참여하게 되었다는 것은 쉽게 믿을 수 없는 일입니다. 너무나도 놀라운 일이요 특별한 일입니다. 이 일이 일어나면 남들도 그 변화를 알아본다는 점 또한 살펴보았습니다. 우리 속에 들어온 생명은 검처럼 관계를 갈라놓습니다. 주님이 말씀하셨듯이 가족도 갈라놓습니다. 새 생명이 생기면 본인뿐 아니라 주변 모든 사람이 그것을 감지합니다. 새 생명이 없는 자들까지 무언가 새롭고 다른 요소가 생긴 것을 인식합니다.

마지막으로 우리는 거듭남과 영적인 지각의 필연적인 연관성을 지적하며 지난 설교를 마쳤습니다. 불쌍한 니고데모는 그 지각이 없었습니다. 그래서 주님의 말씀을 이해하지 못하고 "사람이 늙으면 어떻게 날 수 있사옵나이까?"라고 물었습니다. 그의 모습은 곧 이성주의자의 모습입니다. 자기 능력을 의지하는 육에 속한 자의 모습입니다. "어찌 그러한 일이 있을 수 있나이까?" 그러나 이 생명을 받은 자는 이해합니다. 사도 바울은 자기 자신뿐 아니라 거듭난 모든 사람은 "그리스도의 마음"(고전 2:16)을 가지고 있다고 했습니다. 맞습니다. 그러나 그것이 전부가 아닙니다. 제가 주의를 환기시키고 싶은 그 다음 요점이 있습니다. 하나님과 유사성이 있는 자에게는 이 특징이 분명히, 필연적으로 나타나게 되어 있습니다. 이 생명이 생기면 영적인 이해력과 지각이 생기고, 더 많이 알고 이해하길 바라는 열망이 항상 생기게 되어 있습니다. 생명의 성장 원리가 그렇습니다. 씨를 보면 알 수 있습니다. 작은 씨를 땅에 심으면, 생명이 발아하여 확장되고 성장하고 뻗어 나가면서 점점 더 많은 것을 찾게 되어 있습니다. 이것이 생명의 중대한 특징입니다. 이 특징이 생물과 무생물을 갈라놓습니다. 거듭난 자도 마찬가지입니다. 성경은 우리가 이런 단계들을 거친다는 사실을 상기시킵니다. 먼저 태어납니다. 그리스도 안에서 갓난아기가 됩니다. 자라기 시작합니다. 아이가 됩니다. 청년이 됩니다. 요한이 첫째 서신에서 말하는 바가 이것입니다. 아이와 청년과 아비의 단계가 있다는 것입니다. 성장과 발전의 단계가 있다는 것입니다. 다른 모든 생명이 그러하듯, 이 생명의 본질도 똑같습니다. 따라서 거듭난 사람의 한 가지 징표는 더 많이 열망하는 것—더 많이 먹고 마시길 바라는 것, 정신적 양분을 더 많이 공급받아 더 많은 것을 더 잘 이해함으로 주를 아는 지식과 은혜에서 자라 가길 바라는 것—이라고 추론할 수 있습니다.

이 점을 명확히 짚고 넘어갑시다. 열망의 정도는 다양한 것이 분명합니다. 저는 모든 경우에 항상 열망해야 할 단 하나의 기준이 있다고 말하는 것이 아닙니다. 결코 아닙니다. 한 가족이라도 저마다 자라는 모습이 다르고 속도가 다른 것처럼 영적인 생명이 자라는 정도에도 저마다 차이가 있습니다. 그러나 더 많은 것을 열망하는 요소는 반드시 나타난다는 것이 제 주장입니다. 성경은 여러 가지 표현으로 이 점을 이야기하고 있습니다. 베드로전서 2장을 보십시오. "갓난아기들 같이 순전하고 신령한 젖을 사모하라. 이는 그로 말미암아 너희로 구원에 이르도록 자라게 하려 함이라. 너희가 주의 인자하심을 맛보았으면 그리하라"(벧전 2:2-3). 사도의 전제가 무엇인지 보일 것입니다. 주의 인자하심을 맛본 자는 아무것도 섞이지 않은 순전한 말씀을 열망한다는 것입니다. 권면의 형태를 띠고 있지만, 어떤 의미에서는 주장이라고도 할 수 있습니다. 사도는 거듭난 자를 갓 태어나 젖을 찾는 갓난아기에 비유하며, 우리도 그처럼 말씀의 신령한 젖을 열망하게 된다고 주장합니다. 사도 바울도 자기 경험에 비추어 이 점을 설명하는데, 저는 이것이야말로 우리가 항상 인지해야 할 기준이자 자신을 평가해야 할 기준이라고 생각합니다. 사도는 자신의 놀라운 체험과 이방인의 사도로 일하며 거둔 비상한 성과에도 불구하고 여전히 그리스도를 알고자 한다고, 그것이 자신의 열망이라고 말합니다. 그리고 과거에 자랑하고 자부했던 것들에 대해 다음과 같이 이야기합니다.

또한 모든 것을 해로 여김은 내 주 그리스도 예수를 아는 지식이 가장 고상하기 때문이라. 내가 그를 위하여 모든 것을 잃어버리고 배설물로 여김은 그리스도를 얻고─그리스도야말로 그가 추구한 대상이었습니다─그 안에서 발견되려 함이니 내가 가진 의는 율법에서 난 것이 아니요 오직 그리스도를 믿음으로 말미암은 것이니 곧 믿음으로 하나님께로부터 난

의라. 내가 그리스도와 그 부활의 권능과 그 고난에 참여함을 알고자 하여 그의 죽으심을 본받아 어떻게 해서든지 죽은 자 가운데서 부활에 이르려 하노니 내가 이미 얻었다 함도 아니요—그는 만족하지 않았습니다. 여전히 도착하지 못했고 목표에 이르지 못했다고 했습니다—온전히 이루었다 함도 아니라. 오직 내가 그리스도 예수께 잡힌 바 된 그것을 잡으려고 달려가노라. 형제들아, 나는 아직 내가 잡은 줄로 여기지 아니하고 오직 한 일 즉 뒤에 있는 것은 잊어버리고 앞에 있는 것을 잡으려고 푯대를 향하여 그리스도 예수 안에서 하나님이 위에서 부르신 부름의 상을 위하여 달려가노라. 그러므로 누구든지 우리 온전히 이룬 자들은 이렇게 생각할지니(빌 3:8-15).

그렇습니다. 보다시피 사도는 이미 가지고 있는 것에 만족하지 않았습니다. 그는 아주 많은 것을 가지고 있었고 아주 많은 것을 알고 있었습니다. 그래서 하나님께 감사드리면서도 결코 거기에 만족하지 않았습니다. 더 많은 것을 열망했고, 그것을 얻기 위해 달려갔습니다. 아무리 많이 얻어도 부족하게 여겼습니다.

우리 안에 있는 생명의 원리는 본질적으로 이런 열망을 불러일으키게 되어 있습니다. 달리 말하자면, 자기 무지를 인식하는 것이야말로 이 생명을 검증하는 아주 좋은 시금석입니다. 어떤 영역에서든 많이 알수록 자기 무지를 인식하는 법입니다. 이 영역에서는 특히 더 그렇습니다. 하나님의 생명을 얻고 영적인 이해력과 지식이 생길수록 자기 무지를 인식하게 됩니다. 예컨대 과거에 자신이 얼마나 무지했는지 깨닫고 놀라게 됩니다. 전에도 자주 말했듯이 이보다 더 목사의 마음을 기쁘게 하는 일이 없습니다. 저를 찾아와 "왜 이리 늦게 깨달 았는지 모르겠어요. 제가 지금 같은 모습이 되었다는 게 그저 놀라울 뿐입니다"라고 말하는 이들이 있습니다. 오랜 세월 무지한 상태에 있 다가 이제야 깨달았다는 것입니다. 물론 무지의 무서운 위험성도 깨 닫습니다. 불신자의 궁극적인 문제가 여기 있습니다. 그는 무지합니 다. 알다시피 예수의 복음은 진리이며, 진리는 정신과 지각에 빛과 교 훈과 지식을 줍니다. 거듭난 자는 자신이 무지의 어둠 속에 있었던 것 을 깨닫습니다. 사도 바울이 자기 자신에 대해 했던 말을 기억할 것 입니다. 그는 "비방자요 박해자요 폭행자"였던 자신에게 이런 은혜를 주시고 설교자로 삼아 주신 것에 놀라면서 "내가 믿지 아니할 때에 알 지 못하고 행하였"다고 고백합니다(딤전 1:13). 생명과 빛과 지식을 받 은 사람은 자신이 전에 얼마나 무지했는지 깨닫고 경악하며 몸서리를 칩니다. 그리스도를 박해하고 미워하며 모독하는 사람을 떠올려 보십 시오. 그런 사람이 이제 그 죄를 깨닫고 무지의 무서운 위험성에 경악 하는 것입니다. 물론 그 깨달음이 찾아오는 즉시, 더 많이 알고 싶은 열망이 생깁니다. 전에 무엇을 놓쳤는지 알기에 이제는 더 이상 놓치 고 싶어 하지 않습니다.

이 논리가 무의식중에 잠재의식 속에서 작동합니다. 확실히 작동 합니다. 그래서 점점 더 많이 알고 싶어 합니다. 그뿐 아니라 무지의 위험성을 깨닫기 시작합니다. 거듭난 자에게는 그리스도의 마음이 생 깁니다. 성령이 하나님의 깊은 것을 계시해 주십니다. 앞서 말했듯이, 구원의 기본 교리를 분명히 알게 됩니다. 전에는 인식하지 못했던 대 적, 원수, 고소자인 마귀도 인식하게 됩니다. 그가 얼마나 교묘한지 인식하게 됩니다. 전에는 하나도 몰랐습니다. 알다시피 불신자는 주 예수 그리스도뿐 아니라 마귀의 존재도 믿지 않습니다. 마귀를 믿는지 아닌지는 신자인지 아닌지를 가늠하는 아주 좋은 시금석입니다. 불신자는 구원 교리를 비웃습니다. 우리의 싸움이 혈과 육에 대한 것이 아니요 통치자들과 권세들과 대적 마귀에 대한 것임을 모르기에 구원 교리를 우습게 압니다. 그러나 신자는 그 지식을 가지고 있습니다. 새 생명을 가진 자, 영적인 이해력과 지각을 가진 자는 자신이 어떤 의미에서 위험한 위치에 있다는 것을 압니다. 마귀의 특별한 공격 대상이 된 것을 압니다.

그렇다면 마귀는 어떻게 신자를 공격할까요? 자, 그는 기독교 전체를 조롱하려 들지 않습니다. 그 대신 이단을 만들어 내거나, 오류에 빠뜨리거나, 특정 문제에 대한 의심과 의문을 일으키려 듭니다. 신약성경에 나오듯이 초대교회 시대에 한 일도 그것이었고, 그 후 내내 해 온 일도 그것이었습니다. 현재 마귀는 복음주의자들 사이에서 아주 적극적으로 활동하고 있습니다. 창세기 첫 몇 장을 재조명하며 그 동안 잘못 생각한 것은 아닌지 의심케 하고 있습니다. 진화론 같은 문제나 초자연적인 사건들을 새롭게 바라보게 하고 있습니다. 마귀는 이렇게 교묘합니다.

참으로 신령한 자는 단순히 성경만 아는 것이 아니라 이런 교묘한 위험을 알아챕니다. 길을 잃고 오류나 이단이나 잘못된 개념에 빠지게 될까 봐 두려워합니다. 신약성경에서 초대교회 그리스도인들이 이런 위험에 빠졌던 사례를 살펴봅니다. 교회 역사에서 그 위험을 확인하며, 자기 앞에 이런 무서운 위험이 있음을 인식합니다. 그래서 본능적으로 더 많은 지식을 얻고자 합니다.

사랑하는 여러분, 제가 하고 싶은 말이 무엇인지 알 것입니다. "오, 그래요. 난 결단했고 그 후 내내 그리스도인으로 살았지요" 하면서 그 이상을 원치 않는다고 말하는 사람에 대해 우리는 여러가지 사실들을 알 수 있습니다. 그렇게 이미 다 가졌고 이미 다 도달했다고 여기는 자는 사실상 가지지 못한 것이며 도달하지 못한 것입니다. 우리는 그가 50년 전과 똑같다는 사실을 발견합니다. 그때보다 더 알게 된 것이나 더 이해하게 된 것이나 더 깊이 체험한 것이 없습니다. 갓난아기로 시작해서 갓난아기로 인생을 마칩니다. 나이가 들어도 영적으로는 여전히 갓난아기입니다. 그런 영적 아이들은 많은 경우 쉽게 짜증을 내며 배우길 싫어합니다. 지식을 싫어합니다. 더 이상 이해하려 들지 않습니다. 실제로 그들이 온전치 못하다는 사실을 넌지시 암시만 해도 아주 싫어합니다. 아이들은 종종 학교에 가기 싫어합니다. 자, 영적인 영역에서도 그럴 수 있습니다. 그러나 참 생명을 가진 자는 그 위험성을 깨닫습니다. 여러 가지 오류와 위험을 피할 수 있도록 영적인 문제에 더 많은 빛을 비추어 주시길 열망하며, 더 많은 지식과 교훈을 주시길 열망합니다.

이 점을 적극적인 측면에서 살펴보면 훨씬 더 놀랍습니다. 그러니 한번 적극적으로 설명해 보겠습니다. 실제로 이 생명을 가진 자, 영적인 지각을 가진 자는 자신이 마치 길거리에서 자라다가 큰 성에 들어간 사람과 같음을 깨닫습니다. 전에는 먹을 것도 없고 진정한 즐거움이나 만족도 없이 길거리 진창 속에서 비를 맞으며 살았습니다. 그런데 갑자기 누군가 자신을 붙잡아 데려가더니 새 옷을 입혀 줍니다. 현

관에서 깨끗이 씻겨 큰 성 안으로 안내해 줍니다. 거기에는 음식이 있고, 예술과 지식을 비롯한 온갖 좋은 보화가 있습니다. 그리스도인은 자신이 마치 그런 사람과 같음을 압니다. 단순히 죄 사함 받았다는 사실만 알고 그것을 전부로 여기지 않습니다. 절대 그러지 않습니다. 죄 사함은 시작에 불과합니다. 그리스도인은 거대한 보고寶庫 안으로 안내받습니다. 그 보고 안에 무엇이 있습니까? 자, 사도 바울이 에베소서 3장에서 알려 줍니다. 그는 자신이 "측량할 수 없는 그리스도의 풍성함을 이방인에게 전"하는(엡 3:8) 사명을 받았다고 말합니다. 그리고 더 뒷부분에서는 "지식에 넘치는 그리스도의 사랑을 알고 그 너비와 길이와 높이와 깊이가 어떠함을 깨달아 하나님의 모든 충만하신 것으로 너희에게 충만하게"(18-19절) 하는 것이 자기가 할 일이라고 말합니다. 그 충만함을 조금이라도 맛본 사람은 깨어 온 정신을 기울입니다. 그 충만함을 소원하고 추구합니다. 그 충만함에 참여하길 갈망합니다.

이런 갈망에 대해 아는 바가 있습니까? 이런 굶주림과 목마름에 대해 아는 바가 있습니까? 이 위대한 말씀의 비밀, 그 깊은 곳을 캐고 있습니까? 여러분은 지금 온갖 보화가 있음을 알고 찾아가는 중입니다. 푯대를 보고 달려가는데, 잡았는가 싶으면 저만치 앞에 있어 잡을 수가 없습니다. 여러분은 만족하지 못합니다. 어떻게 만족하겠습니까? 물론 이미 찾은 보화도 엄청납니다. 당연히 엄청납니다. 그러나 거기에 만족하고 멈출 수는 없습니다. 또는 큰 잔치에 참석한 사람에 비유할 수도 있습니다. 전채 요리가 나오지만, 단순히 식욕을 자극하려고 나온 음식에 불과합니다. 사랑하는 여러분, 메뉴를 한번 훑어보십시오. 처음부터 끝까지 훑어보십시오. 줄줄이 나올 음식들이 기다리고 있습니다. 점점 더 엄청난 음식들이 나올 것입니다. 거듭난 자는 이것을 압니다. 순전한 말씀의 젖을 더 많이 먹고 싶은 열망, 주를 아는 지식과 은혜에서 더 자라고 싶은 깊은 열망을 느낍니다.

이 문제를 아주 실제적으로 다루고 싶은 만큼, 좀 더 구체적으로 설명해 보겠습니다. 제가 점점 더 확신하게 되는 바는 이것이야말로 귀하고 정교한 시금석이라는 것입니다. 이 시금석으로 우리 자신을 검증해 봅시다. 참된 영적 생명을 가진 자는 예비적인 수준에 만족하지 못합니다. 제 말이 무슨 뜻일까요? 자, 이제껏 보여 드렸듯이 진리에는 단계와 수준이 있습니다. 일단 토대가 되는 진리들이 있습니다. 이것은 제 용어가 아니라 사도의 용어입니다. "이 닦아 둔 것 외에 능히 다른 터[토대]를 닦아 둘 자가 없으니 이 터는 곧 예수 그리스도라"(고전 3:11). 알다시피 이 토대 위에 계속해서 건물을 세워 나가야 합니다. 히브리서 기자가 사용하는 표현을 빌리자면 "그리스도의 도의 초보"라고도 할 수 있습니다. "그러므로 우리가 그리스도의 도의 초보를 버리고……완전한 데로 나아갈지니라"(히 6:1-2). 여기에서 "도"란 무엇일까요? 우선적인 원리와 요소, 출발점이 되는 기초적이고 간단한 진리들입니다. 이 진리들은 도입부에 불과합니다. 당연히 다른 진리들로 나아가야 합니다. 더 깊고 어려운 진리들이 있기 때문입니다. 그런 식으로 계속해서 훨씬 더 깊고 어려운 진리들로 나아가야 합니다. 그러려면 정신을 더 많이 사용해야 하고, 노력을 더 많이 기울여야 합니다. 자, 이 말에는 모두가 동의할 것이 확실합니다. 어떤 과목이든 공부해 본 사람은 알 것입니다. 예비적인 수업을 받으면서 교과서 앞부분을 읽는 일은 아주 쉽고 간단합니다. 그런데 내용이 점점 복잡하고 어려워지면서 더 많은 노력이 요구됩니다. 그렇습니다. 그렇게 계속 공부해 나가는 가운데 점점 더 많은 것을 알게 됩니다. 결국 여러분이 바라는 바는 가장 깊은 곳에 도달하는 것입니다. 영적인 삶에서도 마찬가지입니다.

자, 이것은 아주 중요한 시금석입니다. 성경 읽기에 대해 한번 생각해 보십시오. 아이들은 매일 몇 절씩만 읽어도 된다고 저는 생각합니다. 아이들은 아이들 수준에 맞게 읽으면 됩니다. 그런데 인생 후반부에 그리스도인이 된 어른이 수년이 지나도록 적은 분량만 읽는 것은 확실히 잘못된 일입니다. 성경을 이해하도록 돕는 책들도 보십시오. 아이들은 내용이 짧은 책을 원합니다. 『어린이 성경 이야기』시리즈가 나와 있는데, 아이들이 쉽게 읽을 수 있도록 성경 이야기를 간추려 놓은 책입니다. 그런 책을 읽히는 것은 건전한 방법론이며 좋은 교수법입니다. 물론 더 자라면 『어린이 성경 이야기』가 아닌 성경 자체를 읽어야 합니다. 아무 재미가 없어 보이는 상당수 본문도 읽어야 합니다. 그렇게 읽어 나가면서 점점 더 음미하고 즐기게 됩니다.

그런데 내내 『어린이 성경 이야기』와 그 속에 실린 짧은 설명만 읽는 사람이 있다면 무언가 잘못된 것입니다. 시간이 지날수록 점점 더 말씀의 깊이를 인식해야 합니다. 말씀을 붙잡기 위해 씨름한다는 것이 무엇인지 알아야 합니다. 더 크고 깊은 것, 훨씬 더 어려운 것을 이해하길 열망하며 기꺼이 노력을 기울여야 합니다. 히브리서 기자가 이 점을 어떻게 지적하는지 찾아보겠습니다. 알다시피 그는 환난의 때를 겪는 히브리인들을 위로하고 격려하기 위해 이 편지를 썼습니다. 그는 중대한 진리, 특히 주 예수 그리스도의 위격에 대한 중대한 진리를 밝히고자 했습니다. 애초에 그들의 문제점과 중심적인 오류가 여기 있었습니다. 그는 선지자, 천사, 모세, 아론과 그리스도를 여러모로 비교하고 대조하며 설명한 후, 멜기세덱의 반차를 따르는 우리의 큰 대제사장이신 주 예수 그리스도에 관한 중대한 진리를 다룹니다. 이것이야말로 가장 놀라운 진리라고 말합니다. 그리고 5:11부터 이렇게 이야기합니다.

> 멜기세덱에 관하여는 우리가 할 말이 많으나 너희가 듣는 것이 둔하므로 설명하기 어려우니라. 때가 오래되었으므로 너희가 마땅히 선생이 되었을 터인데 너희가 다시 하나님의 말씀의 초보에 대하여 누구에게서 가르침을 받아야 할 처지이니 단단한 음식은 못 먹고 젖이나 먹어야 할 자가 되었도다. 이는 젖을 먹는 자마다 어린아이니 의의 말씀을 경험하지 못한 자요 단단한 음식은 장성한 자의 것이니 그들은 지각을 사용함으로 연단을 받아 선악을 분별하는 자들이니라(히 5:11-14).

이것이 우리가 도달해야 할 위치입니다. 참으로 하나님의 생명을 가진 자, 더 깊은 진리를 이해할 힘을 받은 자는 간절히 그 진리를 얻고 싶어 하며 따라서 애써 노력한다는 것이 제 주장입니다. 그는 계속 진리를 이해하고 싶어 합니다. 어린아이 같은 상태, 거의 갓난아기 같은 상태에 머물지 않습니다.

그리스도인들이여, 아직도 기독교 진리를 타블로이드판에 담으려 듭니까? 아니면, 더 깊은 차원에서 진리와 마주하며 씨름하고 있습니까? 물론 우리는 모든 것을 타블로이드판에 담으려 드는 시대에 살고 있습니다. 현대는 요약의 시대입니다. 이제는 전기(傳記)도 본격적으로 쓰지 않습니다. 일종의 습작처럼, 그림 그리듯 간단하게 씁니다. 이것이야말로 작금의 비극이라고 저는 생각합니다. 모든 것을 짧고 간단하고 명쾌하게 요약해서 타블로이드판에 담으려 듭니다. 그런 식으로 출발해서 그런 식으로 인생 전체를 살아갑니다. 그러나 교부들의 생애를 읽어 보면, 그들이 말씀과 씨름했던 것을 알게 됩니다. 그들은 엄청난 양의 주석을 읽고 씨름했습니다. 교리와 신학 책을 읽으면서 지각을 더 깊이 심화시키고 발전시켰으며, 그 결과 더 큰 인물이 되었습니다. 영적인 삶의 더 높은 경지를 알았고, 은혜로운 삶의 가능성을 찾았습니다. 그런데 여러분은 그 경지에 이르지 못한 채 평생 같은 상태에 머물고 있는 것입니다. 앞으로 나아가야 합니다. 깊은 데로 들어가야 합니다. 푯대를 향해, 그리스도 예수 안에서 하나님이 위에서 부르신 부름의 상을 향해 달려가야 합니다.

여러분, 여러분의 삶에는 성장과 발전과 확장의 증거가 있습니까? 노력하기 싫습니까, 노력하고 있습니까? 혹시 "아, 그래요. 원하는 건 이미 다 있어요. 이걸로 충분합니다. 더 얻기 위해 노력할 시간이 없네요"라고 말하는 것은 아닙니까? 그렇다면 이 보고가 어떤 곳인지 모르는 것입니다. 마치 문 안에 고개만 쑥 집어넣고 "괜찮네. 이 정도 봤으면 됐어" 하는 사람과 같습니다. 자, 그러지 말고 보화들을 하나하나 살펴보십시오. 뒤로 물러나 전체적으로 보십시오. 한 번 더 살펴보십시오. 가까이 다가가 자세히 조사해 보십시오. 여기 안내서도 있습니다. 진열된 보화들을 둘러보십시오. 알다시피 시간이 그리 넉넉하지 않습니다. 지금도 계속 흘러가고 있습니다. 쏜살같이 날아가고 있습니다. 보화―"측량할 수 없는 그리스도의 풍성함", 하나님의 진리, 그리스도의 마음, 그리스도 안에 있는 하나님의 사랑, 지각에 뛰어난 사랑―가 여기 여러분 앞에 있습니다.

혹시 초보적인 원리와 입문 과정과 기본 진술과 어린아이의 위치에 만족하는 것은 아닙니까? 자, 그렇다면 다시 한 번 자신을 철저히 점검해 보는 편이 좋습니다. 생명이 있는 자는 본능적으로 더 많은 것을 원하게 되어 있기 때문입니다. 생명의 참맛을 본 자는 더 많이 먹고 싶어 합니다. 현 상태에 만족하지 못합니다.

이 항목의 마지막 주장은, 참으로 하나님의 생명을 가진 자는 이 지식과 진리를 더 많이 알아 남을 돕길 열망한다는 것입니다. 알다시피 그는 더 이상 자신을 위해 살지 않습니다. 자신이 가진 지각으로 남을 돕고 싶어 합니다. 진리를 모르거나 설명하지 못하면서 어떻게 남을 도울 수 있겠습니까? 사도 베드로는 첫째 서신 3장에서 말합니다. "너희 속에 있는 소망에 관한 이유를 묻는 자에게는 대답할 것을 항상 준비하되"(15절). 한 찬송은 이 점을 다음과 같이 표현하고 있습니다.

> 사람들 그대 곁 어둠 속에서
> 기쁘게 죽음을 맞이할 소망도 없이 죽어 가고 있네.
> 가장 짙은 시간의 어둠을 밝힐
> 횃불을 높이 들고 힘껏 흔들라.
>
> ―호레이셔스 보나 Horatius Bonar

사도 바울은 빌립보서 2장에서 우리가 하늘의 빛과 같다고, 어두운 밤을 밝히는 광채와 같다고 말합니다. 세상은 어둠 속에 잠겨 있습니다. 그런데 우리는 거듭나 예수께 속함으로 세상의 빛이 되었습니다. 우리가 "어그러지고 거스르는 세대 가운데서……생명의 말씀을 밝"힐 때(빌 2:15-16) 예수의 빛이 우리에게 반사되어 세상을 비춥니다. 영적인 지각과 이해력을 가진 사람은 이것을 느낍니다. 그래서 "어떻게 하면 사람들을 도울 수 있을까?" 하고 묻습니다. 자, 자기 자신이 진리를 모르면서 남을 도울 수는 없습니다. 체험도 반드시 필요하지만, 단순한 체험 이야기로는 사람들의 질문에 답할 수 없습니다.

이처럼 거듭난 자는 자신이 진리를 알고 이해함으로 남에게 설명해 주고 해석해 주며 대답해 주고 싶은 열망, 가능한 모든 방법으로 돕고 싶은 열망을 느낍니다. 이런 이유 때문에 하나님께 선물로 받은 영적 이해력이 점점 커지길 더욱 열망하게 됩니다.

좀 더 자세히 설명해 보겠습니다. 저는 이것을 하나의 독립된 원리, 즉 그리스도 예수 안에 있는 새 생명의 열 번째 시금석으로 제시하는 바입니다. 중생한 자는 중생치 못한 자를 염려합니다. 이 염려가 확실히 뒤따르게 되어 있습니다. 이 점을 따로 입증할 필요는 없을 것입니다. 주님이 처음 부르신 제자들에 대해 짧게 기록하고 있는 요한복음 1장이 그 중대한 증거를 제공하고 있습니다. 어느 날, 두 제자와 함께 있던 세례 요한이 예수를 가리키며 "보라, 하나님의 어린양이로다"라고 했습니다. 그러자 두 제자는 예수를 따라가 이야기를 나누었고, 예수는 그들을 자신의 거처로 데려가셨습니다. "그들이 가서 계신 데를 보고 그날 함께 거하니 때가 열 시쯤 되었더라." 성경은 이렇게 요한의 말을 듣고 예수를 따라간 두 제자 중 한 사람이 시몬 베드로의 형제 안드레였다고 밝힙니다. "그가 먼저 자기의 형제 시몬을 찾아 말하되 우리가 메시아를 만났다 하고(메시아는 번역하면 그리스도라) 데리고 예수께로 오니." 빌립도 똑같이 했습니다. "빌립이 나다나엘을 찾아 이르되 모세가 율법에 기록하였고 여러 선지자가 기록한 그이를 우리가 만났으니 요셉의 아들 나사렛 예수니라"(요 1:36-45).

이것은 하나님의 생명에 특징적으로 나타나는 일종의 본능입니다. 계속해서 성경을 읽어 보면 예루살렘의 평범한 그리스도인들에 대한 흥미로운 기록이 나옵니다. 초대교회가 출범했을 때 큰 박해가 일어났습니다. 사도행전 8장은 "사울[바울의 예전 이름]이 교회를 잔멸할새 각 집에 들어가 남녀를 끌어다가 옥에 넘기니라. 그 흩어진 사람들이 두루 다니며 복음의 말씀을 전할새"(행 8:3-4)라고 기록하고 있습니다. 여기에서 "전할새"^{preaching}라고 번역된 단어가 아주 흥미롭습니다. 어떤 이들은 "그 흩어진 사람들이 두루 다니며 복음의 말씀을 소문낼새^{gossiping}"라고 번역하는 편이 더 좋다고 했습니다. 말씀의 소문을 냈다는 것입니다. 그다음에 나오는 구절은 이것입니다. "빌립이 사마리아 성에 내려가 그리스도를 백성에게 전파하니"(5절). 빌립은 전도자요 설교자였습니다. 그는 복음을 선포했습니다. 그런데 흩어진 사람들은 그런 의미에서 복음의 말씀을 전한 것이 아니었습니다. 두 단어는 각기 다릅니다. 그들은 대화 중에 복음을 이야기하고, 설명하고, 이해시켰습니다. "우리가 박해받은 이유는 이것입니다" 하면서 가는 곳마다 진리를 이야기했습니다. 박해로 사도들만 예루살렘에 남고 다른 이들은 유대와 사마리아 온 땅에 흩어졌는데, 그렇게 흩어진 평범한 그리스도인들이 사람들에게 복음을 이야기한 것입니다. 왜 그랬을까요? 그들을 염려했기 때문입니다.

이 또한 아주 미묘한 시금석이라는 점을 밝히고 싶습니다. 이것은 독실한 종교인과 참된 그리스도인을 구별하기에 좋은 시금석입니다. 독실한 종교인은 중생치 못한 자를 염려하지 않습니다. 대개의 경우 자기 신앙에 만족하면서, 자기만족에 빠져 독실하게 살 뿐입니다. 그러나 영적인 정신을 가진 그리스도인은 그렇지 않습니다. 알다시피, 독실한 종교인은 남을 염려치 않을 뿐 아니라 남에게 줄 것 또한 가지고 있지 못합니다. 물론 본인은 좋은 사람입니다. 도덕적인 삶을 살며 남들이 그렇게 살지 않는 것에 놀랍니다. 그런 자들을 경멸의 눈으로 바라봅니다. 마치 바리새인 같습니다. 도덕성은 남에게 줄 수 있는 것이 아닙니다. 청렴성도 마찬가지입니다. 이런 사람은 밑바닥 인생을 보며 끔찍하게 여길 뿐 도와주지 못합니다. 그러나 그리스도인은 밑바닥 인생을 그런 식으로 바라보지 않습니다. 선한 사마리아인의 비유를 생각해 보십시오.

이것은 아주 좋은 시금석입니다. 새 생명이 있는 자는 없는 자를 염려합니다. 그런데 여기에서 제기되는 문제가 한 가지 있습니다. 저는 이 문제가 중요하다고 생각합니다. 제가 볼 때 이것은 정말 중요하지만 조금은 미묘한 구분법입니다. 어떤 이는 말할 것입니다. "하지만 그 말은 옳지 못한데요. 나도 그런 사람들을 많이 아는데, 그렇다고 그들을 그리스도인으로 보지는 않거든요. 전도의 열심이 크다고 거듭난 그리스도인으로 볼 수는 없잖아요. 당신이나 나처럼 복음을 믿지 않는데도, 토요일 오후를 포기한 채 집집마다 찾아다니며 인쇄물을 팔고 전단과 소책자를 나누어 주는 사람들이 있다고요." 많은 이들이 이처럼 기독교 진리에서 벗어난 사교들의 엄청난 열심에 놀라움을 금치 못합니다. "오, 그러니까 당신의 논점은 확실히 무너질 수밖에 없어요. 당신은 남을 염려하는 마음 때문에 무언가를 하는 것이 하나님의 새 생명이 있다는 사실을 입증하는 한 가지 시금석과 표지라고 하는데, 그런 사람들은 대체 어떻게 봐야 하지요?" 그 점이 아주 중요하다는 것은 저도 인정합니다. 저는 그 질문의 대답이 하나님께로부터 오는 영적인 생명의 참된 본질을 보여준다고 생각합니다. 현재 우리 주변의 사교와 거짓 종교들이 육체적인 열심을 보여주듯이, 기독교 안에도 육체적인 열심이라고 할 만한 것이 있습니다.

그렇다면 어떻게 이 두 가지를 구분할 수 있을까요? 몇 가지 시금석을 제시해 보겠습니다. 육체적인 거짓 열심의 특징은 다음과 같습니다. 육체적인 열심은 항상 권위로 눌러서 무엇을 하게 만듭니다. 본인이 하고 싶어서 하는 것이 아니라 명령을 받았기 때문에 하는 것입니다. 육체적인 열심은 그 체제 안에 있는 자에게 밖에 나가 회심자를 데려오라고 명령하고, 그는 즉시 그 명령을 실행합니다. 말하자면 그것은 본인 스스로 생각해 낸 일이나 본인의 마음에서 우러나온 일이 아닙니다. 외부에서 부과된 일이요 그 체제의 일부가 된 구성원이 반드시 해야 할 일일 뿐입니다. 그렇게 체제 안에 편입되는 즉시 활동과 사역이 시작됩니다. 저는 사람들이 어떻게 말하고 일하는지 보면 바로 정체를 알 수 있다고 생각합니다. 육체적인 열심의 특징은 가볍고, 말을 잘하고, 어느 정도 기계적이라는 것입니다. 그뿐 아니라 대개는 자극적인 요소가 포함되어 있습니다. 이런 방식으로 조직하고 조장하며 수행하는 일에는 항상 자극적인 요소가 포함되기 마련입니다. 항상 육체적인 욕심을 자극해서 이런 활동을 하게 만듭니다.

달리 표현하면 기교적인 면이 항상 두드러지게 나타난다고도 할 수 있습니다. 이런 자들은 거의 같은 방식으로 행동합니다. 겉모습도 거의 같고 말하는 방식도 거의 같습니다. 상투적인 문구와 애호하는 관용구 및 표현으로 특징지어지는 기교를 사용합니다. 그들이 실제로 관심을 갖는 것은 조직의 성공이라는 인상을 늘 받게 됩니다. 그들의 관심은 항상 숫자에 있습니다. 그것은 육체적인 열심의 표지입니다. 사람을 가만두지 못하고 어떻게든 접근하려 듭니다. 그렇게 다수의 회심자를 얻으려 듭니다. 얼마나 많은 회심자를 얻었는지 알리고 싶어 합니다. 이것이 그들의 전체적인 태도입니다. 기계적입니다. 육체적입니다. 세속적입니다. 이것은 대기업의 방식이지 우리가 지금 다루는 방식이 아닙니다. 여기에는 조바심의 요소가 개입됩니다.

그렇다면 제가 이야기하는 방식은 어떤 것일까요? 말로 설명하려니 훨씬 더 어려운데, 이것은 아주 실제적인 방식이자 아주 판이한 방식입니다. 마치 생물과 기계가 다르고, 나무에서 자라는 열매와 공장에서 제조되는 모조품이 다른 것과 같습니다. 오, 그 차이가 얼마나 미묘한지 모릅니다. 아, 제가 이 점을 강조하는 것은 오랜 목회 생활과 경험을 통해 육체적인 열심을 내는 이들을 많이 보았기 때문입니다. 여러분도 그런 이들을 보았을 것입니다. 그리스도인의 삶을 시작하자마자 어찌나 적극적으로 바쁘게 활동하는지 여러분처럼 가만히 있는 사람은 마치 그리스도인도 아닌 것처럼 느껴질 정도입니다. 그런데 지금은 다 어디로 갔습니까? 대체 그들에게 무슨 일이 일어난 것입니까? 전부 교회와 그리스도인의 삶을 떠나 버리고 없습니다. 그런 열심은 육체적인 것에 불과합니다. 마귀는 그리스도인의 삶도 이런 육체적인 열심으로 살도록, 자신이 만들어 낸 모조품으로 살도록 설득합니다. 이런 엄청난 열심, 전도의 열심은 가짜입니다. 진짜를 가장한 가짜입니다. 참된 열심의 특징은 자발성에 있습니다. 속에서 우러나오는 데 있습니다. "나가서 이런저런 것을 하라"는 명령에 따라 움직이는 것이 아닙니다. 절대 아닙니다. 자기 영혼 안에 있는 하나님의 생명과 영적인 이해력을 의식하면서 남을 생각하고 관찰합니다. 그들이 어둠 속에 있음을 깨닫고 그들에 대한 염려가 생기는 것을 의식합니다.

저는 대부분의 경우 처음부터 아주 쉽게 사람을 데려오는 그리스도인보다 이 일을 두려워하는 그리스도인을 더 선호합니다. 이 일에는 민감성이 필요합니다. 그리고 민감성의 좋은 표지는 상대방의 인격을 존중하는 것입니다. 제가 볼 때 처음에 느꼈던 어려움을 극복하고 다른 이들에게 나아가는 사람이야말로 그 속에 참된 영적 생명이 있는 사람입니다. 그는 진리를 이해하기에 다른 이들을 깊이 염려하기 시작합니다. 단순히 회심자를 얻으려는 것이 아니라 진심으로 안타까워합니다. 그들을 걱정합니다. 그들 때문에 영혼의 비통함을 느낍니다. 바울은 그리스도의 남은 고난을 자기 육체에 채운다는 표현을 쓰기도 했습니다(골 1:24 참조). 예수는 잃어버린 우리 영혼에 대한 비통함 때문에 세상에 오셨습니다. 나사로의 무덤 앞에서도 비통해하셨고, 겟세마네 동산에서도 비통해하셨습니다. 이 예수의 생명을 가진 자는 기계적으로 행동하지 못합니다. 사람을 데려오는 일은 마귀도 허용할 수 있고, 인간도 준비하며 조직할 수 있습니다. 그러나 예수의 생명을 가진 자는 다른 영혼으로 인한 비통함이 무엇인지 압니다. 주님이 느끼신 긍휼을 느낍니다.

성경은 주님이 큰 무리를 보시고 "그 목자 없는 양 같음으로 인하여 불쌍히 여기"셨다고 말합니다(막 6:34). 예수의 생명을 가진 자는 그 긍휼이 무엇인지 압니다. 가벼운 마음으로 새 회심자를 구하러 나서지 못합니다. 그에게는 깊은 진지함이 있습니다. 참으로 거듭난 자의 삶을 관통하는 특징이 바로 이 진지함입니다. 그는 자신이 하려는 일이 어떤 것인지 압니다. 말만 잘하면 되는 가볍고 쉬운 일이 아님을 압니다. 사람의 영혼을 다루는 일이요 영원한 운명이 달린 일이며 성령이 관여하시는 일임을 압니다. 그래서 아주 진지합니다.

영혼을 다루는 일에 대해 쉽게 말하는 소리를 저도 듣곤 합니다. 영혼 다루는 일을 마치 생선 다루는 일처럼 말하던 한 가련한 사람도 생각납니다. 그러나 하나님의 생명을 가진 자는 이것이 심각하고 심오한 일임을 압니다. 영원한 운명이 달린 문제임을 압니다. 그래서 이 일을 위해 기도합니다. 자기 마음을 짓누르는 그 사람의 영혼 때문에 하나님께 기도합니다. 그리고 무엇보다 오래 참습니다. 주님이 참아 주지 않으셨다면 자신도 이런 사람이 되지 못했을 것을 알기에, 상대방이 자신의 증언을 즉시 받아들이지 않더라도 진저리를 치며 다음 사람에게로 옮겨 가지 않습니다. 인내합니다. 오래 견딥니다. 기꺼이 참아 줍니다. 그 사람의 영혼을 염려하기에 포기하지 않습니다. 자신의 주인이신 주님이 자신을 포기하지 않으셨기에 자신도 그 사람을 포기하지 않습니다. 이런 삶과 태도로 중생치 못한 자를 대함으로써 복되신 주와 구주 되신 주님의 생명을 재생산해 냅니다. 더 정확히 말하면 주님의 생명이 그 사람 안에서 재생산됩니다.

여러분, 다른 영혼을 향한 이런 염려, 깊고 진정한 염려에 대해 얼마나 알고 있습니까? 이런 염려에 짓눌리고 있습니까? 이런 부담에 대해 알고 있습니까? 이런 염려 때문에 비통해하고 있습니까? 걱정하고 있습니까? 기도하고 있습니까? 이런 일을 다루려면 오직 성령의 큰 부으심이 있어야 한다는 것을 알고 있습니까? 아직도 조직의 영역에 머물러 있는 것은 아닙니까? 이와 관련해서 우리가 할 수 있는 일이 무엇이라고 생각합니까? 이것이 시금석입니다. 영적인 시각을 가진 자는 이 문제의 깊이와 심각성을 알 뿐 아니라 하나님이 주시는 은혜의 높이와 무한함 또한 압니다.

자, 하나님이 허락하시면 다음에도 계속해서 이 점을 점검해 보겠습니다. 하나님이 이런 생각들에 비추어 우리 자신을 점검하는 은혜를 주시길 바랍니다.

> 은혜로우신 주, 자비하고 참되신 우리 구주를
> 찬송하고 송축하나이다.
> 옛것은 전부 지나갔나이다.
> 주께서 전부 새롭게 하셨나이다.
>
> ―칼 요한 필립 스피타 Karl Johann Philipp Spitta

6.
그리스도인과 세상

바람이 임의로 불매 네가 그 소리는 들어도 어디서 와서 어디로 가는지 알지 못하나니 성령으로 난 사람도 다 그러하니라. | 요한복음 3:8

이 중요한 구절, 매우 긴요하고 중대한 진술에 대한 연구를 계속해 보겠습니다. 우리는 이 구절의 핵심 가르침을 고찰해 왔습니다. 여기에서 중요한 일은 "그러하니라"라는 짧은 단어의 의미를 제대로 이해하는 것입니다. "성령으로 난 사람도[모든 거듭난 자가 비슷하게] 다 그러하니라." 중생과 거듭남 자체는 이해하지 못해도 나타나는 결과와 영향은 알 수 있습니다. 우리는 지금 그 점을 살펴보는 중입니다.

제가 제시하는 기본 명제는 '그리스도인으로 사는 사람은 누구나 자신이 거듭났는지 확인하는 일이 무엇보다 중요하다'는 것입니다. 이보다 더 중요한 일이 없습니다. 독실한 종교인과 참된 그리스도인을 구분하는 기준선이 바로 이것입니다. 참 그리스도인은 거듭난 자, "성령으로 난 사람"입니다. 하나님이 그의 영혼 안에서 능한 일을 하신 자입니다. 주님이 말씀하신 바람의 예에 따르면, 우리도 그 일이 일어난 것을 알 수 있습니다. 나타나는 결과와 영향을 보고 알 수 있습니다. 지금 고찰하는 주제가 그것입니다. 우리는 하나님의 생명이 인간의 영혼에 나타나는 양상에 대해 가르치는 성경 말씀에 비추어 우리 자신을 점검해 보고 있습니다.

그중 상당수는 이미 살펴보았습니다. 우리는 사람이 거듭나면 그것이 가장 명백한 특징으로 나타난다고 했습니다. 즉시 알아볼 수 있는 삶의 가장 큰 특징이 된다고 했습니다. 그 사람의 됨됨이에 많은 영향을 끼친다고 했습니다. 하나님의 생명은 분명히 확연한 특징으로 나타나게 되어 있습니다. 또 다른 징표는 겸손해지는 것입니다. 겸손해지지 않으면 그리스도인이 될 수 없습니다. 그리스도인이 된다는 것은 자신이 아무 소망 없는 존재로 태어났다는 사실, 새로 태어나지 않는 한 고침받을 길이 없다는 사실을 깨닫는다는 뜻입니다. 이처럼 자신은 개선될 수 없다는 것, 거듭나야 한다는 것을 알기에 겸손해집니다. 그는 참된 회개가 무엇인지, 이런 세상에서 기본적으로 진지하게 산다는 것이 무엇인지 압니다. 자기 안에 새 생명이 있음을 분명히 의식합니다.

또한 거듭난 자는 자신을 보고 놀라며 경탄합니다. "어떻게 이렇게 바뀔 수가 있지? 이게 정말 내 모습이 맞나? 대체 나한테 무슨 일이 일어난 거지?"라고 묻습니다. 그리스도인이 되었는데도 자신을 보고 놀라지 않는 사람은 없습니다. 새로운 요소가 삶에 들어옵니다. 하나님의 새 생명이 삶에 들어옵니다. 그런데도 경탄하지 않을 수는 없습니다. 이미 말했듯이 비그리스도인도 그것을 알고 놀랍니다. 비그리스도인이 우리를 보고 놀라지 않는다면 어딘가 잘못된 것입니다. 우리가 하나님의 생명을 받으면, 생명이 없는 사람도 그것을 알아보게 되어 있습니다. 우리와 그들 사이에 새로운 요소, 일종의 구분선이 생긴 것을 의식하게 되어 있습니다. 이것은 필연적인 결과입니다. 주님도 그렇게 말씀하셨습니다. 자신이 아버지와 아들, 어머니와 딸을 갈라놓는 검을 주러 오셨다고 했습니다(마 10:34-36 참조). 이처럼 새 생명은 우리를 구별시키며, 모든 사람이 그 사실을 인식합니다. 우리

뿐 아니라 남들도 인식합니다.

또한 거듭난 자에게는 영적인 지각이 생기며, 그 지각이 더욱더 커지길 바라는 열망이 생긴다는 것도 알았습니다. 마치 갓난아기가 젖을 찾듯이 "구원에 이르도록" 자라기 위해 "갓난아기들같이 순전하고 신령한 젖을 사모"하게 됩니다(벧전 2:2).

더 나아가 새 생명을 얻은 자는 예외 없이, 필연적으로 남들도 같은 생명을 얻길 열망하게 되어 있습니다. 하나님의 새 생명을 받았는데도 자신이 알고 지내는 모든 사람, 특히 가장 가깝고 소중한 사람들이 같은 생명을 받길 열망하는 마음이 즉시 생기지 않을 수는 없습니다. 하나님의 생명이 찾아오는 것은 너무나 경이롭고 놀라운 일이기 때문에 필연적인 본능에 따라 남들을 염려하게 되어 있습니다.

그다음 요점을 살펴봅시다. 저는 일종의 영적인 순서, 논리적인 순서에 따라 시금석을 제시하고자 애쓰고 있습니다. 그다음으로 우리 영혼에 나타나는 새 생명의 결과는―우리 자신에게 적용해야 할 시금석은―이것입니다. 거듭난 자는 태어나서 처음으로 세상을 간파하기 시작합니다. 자신이 살고 있는 세상이 어떤 곳인지 파악하기 시작합니다.

이 또한 아주 중요한 시금석이자, 독실한 종교인과 새 생명 얻은 자를 구별 짓는 특징입니다. 완벽한 실례인 니고데모 이야기로 우리 자신을 점검해 볼 수 있습니다. 이 이야기는 우리 중에서도 특히 종교적인 분위기에서 자란 이들에게 아주 유용합니다. 우리는 일상적인 사회생활의 일환으로 관례와 습관에 따라 교회에 다니면서 스스로 그리스도인이라고 생각했습니다. 그러나 사실은 그리스도인이 아니었습니다. 우리는 자신이 그리스도인이 아니었다는 사실, 독실한 종교인에 불과했다는 사실을 발견했습니다.

물론 독실한 종교인에게도 도덕성이 있습니다. 그들도 자기 잘못을 인지하고 정죄합니다. 잘못을 피하고자 노력하며, 잘못된 행동이나 생각을 하면 근심합니다. 그러나 그 이상 나아가지 못합니다. 신약성경이 "세상"이라고 부르는 것의 실상을 전혀 인식하지 못합니다.

거듭나지 못한 자, 단순히 선량하고 도덕적이며 독실한 종교인은 신약성경이 말하는 세상에 대해 아무것도 알지 못합니다. 이 말의 의미를 이해하도록 도와줄 예로, 특히 요한일서에서 이 문제를 다루는 부분을 읽어 보겠습니다. 요한이 초대교회 그리스도인들에게 뭐라고 썼는지 보십시오.

> 이 세상이나 세상에 있는 것들을 사랑하지 말라. 누구든지 세상을 사랑하면 아버지의 사랑이 그 안에 있지 아니하니 이는 세상에 있는 모든 것이 육신의 정욕과 안목의 정욕과 이생의 자랑이니 다 아버지께로부터 온 것이 아니요 세상으로부터 온 것이라. 이 세상도, 그 정욕도 지나가되 오직 하나님의 뜻을 행하는 자는 영원히 거하느니라(요일 2:15-17).

같은 서신 5장 서두에도 세상에 대한 진술이 나옵니다. "무릇 하나님께로부터 난 자마다 세상을 이기느니라. 세상을 이기는 승리는 이것이니 우리의 믿음이니라"(요일 5:4). 제가 말하는 세상은 이런 것입니다. 거듭나지 못한 자는 세상에 대해 아무것도 알지 못합니다. 독실한 종교인은 잘못된 몇 가지 일만 알 뿐 그 이상은 알지 못합니다. 거듭나서 영적인 통찰력과 지각을 얻은 자만 성경이 말하는 "세상"을 인지합니다.

그렇다면 성경이 말하는 "세상"이란 무엇일까요? 물론 요한은 지금 물리적인 우주를 말하는 것이 아닙니다. 성경이 말하는 "세상"은 하나님 없이 삶을 바라보는 인간의 시각 전체를 가리킵니다. 하나님 없는 모든 것을 가리킵니다. 거기에는 선한 것도 포함될 수 있고, 독실한 것도 포함될 수 있습니다. 그런 이들이 많이 있습니다. 한 가지 차원에서는 아주 선량합니다. 그러나 하나님이 실제로 그들의 사고나 생활에 개입된 적은 한 번도 없습니다. 철저히 인간의 사고, 인간의 철학, 인간의 지각만 가지고 있을 뿐입니다. 그들은 하나님의 관점에서, 보이지 않는 것과 영적인 것과 영원한 것의 관점에서 인생을 바라본 적이 한 번도 없습니다.

이것이 성경이 말하는 "세상"입니다. "세상"은 하나님을 떠난 인간의 사고를 가리키는 말이며, 하나님 없이 세상을 조직하는 방식을 가리키는 말입니다. 이처럼 "세상"은 매우 포괄적인 말입니다. 사람들이 "악"이라고 부르는 것뿐 아니라 "선"이라고 부르는 것도 포함된 말입니다. "세상"은 극심하고 노골적이고 명백하게 악한 죄에 국한된 말이 아닙니다. 물론 그것도 포함되지만, 하나님 없이 미와 예술과 상당수 자선 사업에 관심을 갖는 일, 아주 문화적인 일도 포함됩니다. "세상"에는 그 모든 것이 포함됩니다. 세속성은 하나님 없이 자기 자신과 자신의 삶과 세상의 삶 전체를 생각하는 태도입니다.

더 나아가 세상의 정신, 세상의 시각, 세속성은 전적으로 마귀의 영향을 받아 생깁니다. 성경은 마귀를 "이 세상의 신"(고후 4:4), "공중의 권세 잡은 자", "불순종의 아들들 가운데서 역사하는 영"(엡 2:2)

이라고 부릅니다. 사도 바울은 에베소서에서 "그는 허물과 죄로 죽었던 너희를 살리셨도다"(엡 2:1)라고 말하며, 연이어 "그때에 너희는 그 가운데서 행하여 이 세상 풍조를 따랐"다고 부연합니다(2절). 그렇습니다. 여기에도 같은 생각이 담겨 있습니다. 전에는 세상의 방식, 세상의 정신, 세상의 시각을 가지고 세상을 따라 행했다는 것입니다. 여기에는 악한 일뿐 아니라 선한 일도 포함됩니다. 사도의 가르침에 따르면, 하나님의 지배를 받지 않고 오로지 마귀의 지배를 받는 모든 사고가 포함됩니다. 마귀는 그리스도를 떠나게만 할 수 있다면 얼마든지 사람을 선하게 만들 의향이 있습니다. 얼마나 교묘한지 광명의 천사로까지 가장합니다. 사도 바울을 보십시오. 그는 항상 선량한 사람으로 살았습니다. 도덕적이고 독실한 바리새인이자 열성적인 율법 선생으로 살았습니다. 그러나 그리스도를 미워했습니다. 자신은 하나님을 기쁘시게 한다고 생각했지만 사실은 대적했습니다. 마귀는 그렇게 되도록 우리를 부추깁니다.

이것은 가장 훌륭한 차이점입니다. 단순히 선량하고 도덕적이고 독실한 종교인은 자신이 세상과 마귀의 지배를 받고 있다는 사실을 절대 깨닫지 못합니다. 그의 정신과 시각은 세상의 것에 불과합니다. 그러나 거듭난 새사람은 그 모든 사실에 눈을 뜹니다. 요한이 "무릇 하나님께로부터 난 자마다 세상을 이기느니라"(요일 5:4)라고 말한 이유가 여기 있습니다. 우리는 태어날 때부터 세상에 압도당합니다. 세상에 태어나 세상의 가르침을 받고 세상의 전통을 물려받습니다. 온통 세상의 것뿐입니다. 그렇게 세상의 희생자가 되고 노예가 됩니다. 자유롭게 사고하지 못합니다. 마귀가 그것을 허용치 않습니다. 세상의 정신이 책과 문학을 비롯한 모든 것을 사용하여 우리를 사로잡고 압도합니다. 이처럼 우리는 사탄의 지배를 받는 노예로 살면서도 그 사실을 인식하지 못합니다. 그러나 거듭나면 눈이 뜨입니다. 우리가 거듭났는지 확인하는 가장 정교한 시금석 한 가지가 바로 이것입니다. 거듭난 자는 세상의 실상을 보기 시작합니다. 새로운 눈으로 보기 시작합니다.

제가 자주 인용하는 옛 인용문, 두 죄수에 대한 인용문이 있습니다. "두 사람이 창살 밖을 내다보았다. 한 사람은 진창을, 다른 사람은 별을 보았다." 이처럼 아름다움은 보는 이의 눈에 달려 있습니다. 거듭나면 새로운 눈과 새로운 지각이 생깁니다. 늘 보던 것을 보는데 전과 다르게 봅니다. 더 이상 남들이 보듯이 보지 않습니다. 새로운 시각, 새로운 지각으로 봅니다. "그런즉 누구든지 그리스도 안에 있으면 새로운 피조물이라. 이전 것은 지나갔으니 보라, 새것이 되었도다"(고후 5:17). 여기에서 지나갔다는 것은 사라져 없어졌다는 뜻이 아니라 이전처럼 보지 않는다는 뜻입니다. 바로 이것입니다. 이것이 거듭났다는 절대적인 증거입니다. 하나님의 성령이 우리 안에 임하시면 이런 일이 일어납니다. 이렇게 새로운 관점이 생기지 않았다면 자신이 과연 거듭났는지 자문해 보아야 합니다.

그리스도인은 모든 것을 간파합니다. 이 말은 더 이상 겉모습에 현혹되거나 겉모습으로 판단하지 않는다는 뜻입니다. 주님도 그렇게 말씀하셨습니다. "외모로 판단하지 말고 공의롭게 판단하라"(요 7:24). 새로운 눈이 생긴 그리스도인은 전에 굉장하게 여기던 모든 것이 허영에 불과함을 봅니다. 존 버니언^{John Bunyan}은 『천로역정』^{The Pilgrim's Progress}

에서 성경이 말하는 "세상"과 세속성을 "허영의 시장"으로 묘사했습니다. 그렇습니다. 아주 아름답고 매력적으로 보여도 사실은 "허영의 시장"입니다. 왜 그럴까요? 하나님을 대적하기 때문입니다. 세상에는 우리에게 제공할 견고하고 실제적이며 항구적인 것이 없습니다. 겉보기에는 굉장하지만, 가장 필요한 순간에 보면 사금파리에 불과함을 알게 됩니다. 세상에는 아무것도 없습니다. 전부 사라져 버릴 허울이요 겉치레뿐입니다.

요한은 이 점도 아주 확실하고 분명하게 지적합니다. "이 세상도, 그 정욕도 지나가되"(요일 2:17). 세상은 지나갑니다. 세상의 전성기는 지속되지 못합니다. 옛 찬송에 나오듯이 천지 만물은 다 변하고 쇠합니다.* 임종의 자리에 찾아오는 깨달음이 이것입니다. 가져갈 것이 하나도 없습니다. 전부 사라지고 없습니다. 다 일시적인 것에 불과합니다. 굉장한 것을 가진 줄 알았는데 가장 위급한 순간에 보면 사라지고 없습니다. 하나도 없습니다. 거품에 불과합니다. 아름답고 영롱하지만 거품에 불과합니다. 터지면 그만입니다.

그리스도인은 이런 세상의 실상을 보기 시작합니다. 그 결과 나타나는 다음 특징은 세상에 흥미를 잃는 것입니다. 이것이 얼마나 정교한 시금석인지 보십시오. 말로 설명하기 아주 어렵지만, 이 영이 있는지 확인하면 자신이 거듭났는지 알 수 있습니다. 도덕적인 사람은 "이건 잘못이야. 저것도 잘못이야"라고 합니다. 그리스도인이 아니면서도 오늘날 공동체의 삶에 수치가 되는 행동을 규탄하는 도덕적인 사

* 새찬송가 481장 2절 참조.

람들을 여러분도 알고 있을 것입니다. 그럼에도 그들은 여전히 세상에 속해 있고, 그 사실을 깨닫지 못합니다. 그들에게 세상은 아주 고상한 곳이 될 수도 있고 저속한 곳이 될 수도 있습니다. 세상의 실상을 알고 흥미를 잃는 사람은 그리스도인뿐입니다. 단순히 세상을 객관적으로 보는 것이 아닙니다. 실제로 그들 속에 무슨 일이 일어납니다. 그래서 세상에 흥미를 잃습니다.

낙심하는 분이 없도록 조심스럽게 말씀드리겠습니다. 세상에 흥미를 잃는다는 것은 세상의 유혹을 전혀 받지 않는다는 뜻이 아닙니다. 유혹과 싸울 때도 있습니다. 제가 하고 싶은 말은, 그렇다 하더라도 기본적으로는 전과 달리 세상에 흥미를 잃는다는 것입니다. 전에는 세상의 일원이었지만, 이제는 세상 밖으로 나왔습니다. 물론 세상은 다시 우리 안에 들어오려 듭니다. 이것은 아주 중요하고 정교한 시금석입니다.

다음과 같이 설명해 보겠습니다. 거듭난 자는 실제로 세상에 속하지 않기 위해 억지로 애쓸 필요가 없습니다. 도덕적인 사람은 늘 그렇게 애써야 합니다. 엄청난 의지력을 발휘해야 합니다. 늘 자신을 억제하고 강제해야 합니다. 그러나 그리스도인은 성향 자체가 바뀌기 때문에, 취향 자체가 바뀌기 때문에 그럴 필요가 없습니다. 새롭게 생긴 원리가 다른 방향으로 이끌고 갑니다. 세상의 실상을 간파하기에 흥미를 잃습니다. 세상을 피하려고 억지로 애쓸 필요가 없습니다. 그들은 결국 예외 없이 세상을 미워하게 됩니다. 그러면서 은혜에서 자라가기 시작합니다. 물리적인 세상을 미워하는 것이 아닙니다. 세상이 표방하는 바를 미워하는 것이며, 죄를 미워하는 것입니다.

그리스도인이 아니면서 세상을 미워할 수 있는 사람은 없습니다. 오직 주를 아는 지식과 은혜에서 자라 가는 그리스도인만 하나님을 대적하는 이 거대한 조직, 인간의 무리를 노예로 붙잡아 압제하고 지배하는 마귀의 조직을 미워한다는 것이 무엇인지 압니다. 윌리엄 쿠퍼가 말한 그대로입니다.

주님을 탄식하시게 한 죄,
내 가슴에서 몰아낸 죄를 미워하나이다.

이런 사람은 거듭난 자입니다. 거듭난 자는 악한 세력을 미워합니다. "모든 일에 우리와 똑같이 시험을 받으신 이로되 죄는 없으"신(히 4:15) 주님을 시험했듯이 자신을 에워싸고 시험하는 악한 세력을 미워합니다. 그 세력이 하나님을 대적하고 영혼의 유익을 가로막기에 미워합니다. 세상을 간파합니다. 오, 그토록 놀랍고 황홀해 보이는 세상의 겉모습을 간파합니다. 그 추함을 보고, 겉치레 속 누더기를 봅니다. 그토록 아름다워 보이는 사과의 썩은 알맹이를 봅니다. 세상이 기본적으로 전부 악한 것을 알고, 하나님이 미워하시듯 세상을 미워합니다.

이에 덧붙여 그리스도인이 기뻐하고 자랑하는 적극적인 측면을 밝혀야겠습니다. 거듭난 자는 세상의 모든 실상을 보고 느낄 뿐 아니라 자신이 그 세상에서 건짐받았다는 사실을 압니다. 이것은 놀라운 일입니다. 여전히 세상 **속에** 있지만, 더 이상 세상에 **속해** 있지 않습니다.

이 또한 신약성경이 여러 말로 표현하고 있습니다. 사도 바울이 갈라디아서 서두에서 하는 말을 보십시오.

> 우리 하나님 아버지와 주 예수 그리스도로부터 은혜와 평강이 있기를 원
> 하노라. 그리스도께서 하나님 곧 우리 아버지의 뜻을 따라 이 악한 세대
> 에서 우리를 건지시려고 우리 죄를 대속하기 위하여 자기 몸을 주셨으니
> (갈 1:3-4).

예수는 율법의 정죄와 형벌뿐 아니라 "이 악한 세대에서" 우리를 건져 주셨습니다. 골로새서 1장의 영광스러운 진술이 이 점을 어떻게 제시하는지도 보십시오.

> 우리로 하여금 빛 가운데서 성도의 기업의 부분을 얻기에 합당하게 하신
> 아버지께 감사하게 하시기를 원하노라. 그가 우리를 흑암의 권세에서 건
> 져 내사 그의 사랑의 아들의 나라로 옮기셨으니(골 1:12-13).

여러분, 이것이 시금석입니다. 여러분은 이렇게 건짐받은 것을 인식하고 있습니까? 사탄의 나라, 흑암의 나라에서 하나님이 사랑하시는 아들의 나라로 옮겨진 것을 알고 있습니까? 이 사실을 인식하고 있습니까? 거듭난 자라면 인식하지 못할 수가 없습니다. 반드시 인식하게 되어 있습니다. 전에는 세상과 그 정신과 시각과 영향의 전적인 지배를 받았지만 이제는 그렇지 않음을 알게 되어 있습니다. 거듭난 자는 자신이 더 이상 세상에 속해 있지 않은 것을 압니다. 똑같은 세상 속에서 똑같은 사람들과 어울려 살지만 전과 달라진 것을 압니다. 더 이상 세상에 속해 있지 않은 것을 압니다. 그들은 세상에서 분리되었습니다. 하나님이 사랑하시는 아들의 나라로 옮겨졌습니다. 다른 나라

에 소속되었습니다. 그들은 이 사실을 마음 깊은 곳, 존재의 심연에서부터 압니다. 똑같은 환경에서 일하고 사업하고 전문직에 종사하지만, 거기 속해 있지 않은 것을 압니다. 전에는 속해 있었습니다. 그 자체가 자신의 인생이요 전부였습니다. 거기 붙잡혀 지배받았습니다. 그러나 이제는 아닙니다! 이제는 떨어져 나왔습니다. 완전히 벗어났습니다.

이 말 또한 거듭나서 그 영혼에 하나님의 생명이 있는 자는 세상에 전혀 매력을 느끼지 않는다는 뜻이 아님을 강조해야겠습니다. 거듭난 자도 당연히 유혹을 받습니다. 그러나 유혹과 죄는 동일한 것이 아닙니다. 유혹받는다고 다 죄를 짓는 것이 아닙니다. 이 점을 분명히 하고 침체된 이들을 위로하기 위해—'정말 거듭났다면 확실히 나처럼 유혹받지는 않을 거야'라고 생각할 수 있기에—한 가지 질문을 드리겠습니다. 독실한 세상 사람과 타락한 그리스도인의 차이가 무엇일까요? 그리스도인도 죄를 짓고 타락할 수 있습니다. 타락한 성도, 타락한 하나님의 자녀가 분명히 있습니다. 그런 그리스도인과 제가 말하는 '독실한 세상 사람'의 차이는 무엇일까요?

단순히 행동의 차원에서만 보면 독실한 세상 사람이 훨씬 더 낫다는 결론에 도달할 수도 있습니다. 사람들이 종종 사용하는 논리가 그것입니다. "결국 기독교라고 나을 게 전혀 없어요. 그리스도인이 아닌데도 강직함이나 도덕성이나 정의감에서 이른바 그리스도인보다 훨씬 훌륭한 사람이 얼마나 많은데요. 당신네 그리스도인들이 오히려 나쁜 일을 하고 실패하던걸요." 그들은 이렇게 말하며 문제를 처리했다고 생각합니다! 그러나 바로 이런 태도가 그들이 거듭남의 교리와 성령에 대해 전혀 모르고 있다는 사실, 사실상 세상조차 전혀 모르고 있다는 사실을 폭로하는 것입니다. 행동의 관점이 아니라 기본적인 관계의 관점, 기본적으로 성령이 그 안에 계시느냐 하는 관점에서 판단해야 합니다.

다음과 같이 설명해 보겠습니다. 우리가 하나님의 자녀인지 아닌지 결정짓는 기준은 우리의 행동이 아니라 우리 안에 있는 영과 생명입니다. 역사가 종종 확인해 주듯이, 평민이 왕족보다 능력도 출중하고 더 훌륭한 삶을 사는 경우가 있습니다. 그렇다고 그것을 기준으로 왕족이냐 아니냐를 판단할 수는 없습니다. 왕족이냐 아니냐는 혈통과 태생에 달린 문제입니다. 독실한 세상 사람과 타락하고 실패한 성도 간의 중대한 구분점도 이것입니다. 겉보기에는 성도가 더 형편없을 수 있습니다. 그러나 그것은 시금석이 되지 못합니다. 시금석은 안에 있습니다. 안에 어떤 영이 있느냐 하는 데 있습니다.

그러므로 다음과 같이 설명해 보겠습니다. 성도는 타락할 때 항상 비참함을 느낍니다. 모순처럼 들리지만 사실입니다. 경험으로 확인되는 사실입니다. 성도도 죄를 지을 수 있습니다. 그러나 죄를 지으면 비참함을 느낍니다. 항상 그 속에 비참한 마음이 있습니다. 그 마음을 도저히 떨쳐 내지 못합니다. 성도는 자신이 잘못한 것을 압니다. 그 옛날 탕자가 그랬듯이 무언가 마음속에서 계속 아버지와 아버지 집에 죄를 지었다고 속삭입니다. 이처럼 성도는 타락할 때 항상 비참함을 느낍니다.

여기에서 제가 강조하고 싶은 전적인 요점은 이것입니다. 성도는 죄를 지을 때 자신이 율법이 아닌 사랑을 거스른 것을 압니다. 선량하고 독실했던 종교인 니고데모를 생각해 보십시오. 종교인은 잘못을 범할 때 율법을 어긴 것 때문에 근심합니다. 자기 위신을 잃은 것, 자기 규범을 지키지 못한 것 때문에 근심합니다. 이처럼 항상 법적인 차원에서 생각합니다. 법적으로 악한 일, 잘못된 일을 했다고 생각합니다. 그 한계에서 벗어나지 못합니다. 그러나 자녀의 특징은 자신의 비행이 단순히 아버지가 금한 짓을 한 것 그 이상임을 항상 안다는 데 있습니다. 단순히 율법을 거스른 것이 아닙니다. 사랑을 거스른 것입니다. 그래서 가슴이 무너집니다. 스스로 비열한 인간이라고 생각합니다. 자신은 사랑을 모욕했습니다! 이처럼 자녀에게 죄는 기계적으로 법을 어기는 문제가 아니라 관계를 깨뜨리는 문제입니다.

또한 거듭난 자는 단순히 이 사실을 알고 느끼는 데 그치지 않습니다. 이것이 후회와 회개의 차이점입니다. 선량하고 도덕적이고 독실한 종교인은 죄를 짓고 후회하지만 회개는 할 줄 모릅니다. 회개에는 감정이 수반됩니다. 죄를 미워하는 마음이 수반됩니다. 성도는 자신이 사랑하는 분, 자신을 낳아 주시고 자신에게 생명을 주신 분께 상처를 입힌 것을 압니다. 그래서 가슴이 아프고 슬프고 무너집니다. 이것이 회개입니다. 오직 거듭난 성도만 이런 회개가 무엇인지 압니다.

거듭나면 기존에 세상과 맺었던 관계가 완전히 바뀝니다. 속에서부터 바뀝니다. 원리부터 바뀝니다. 물론 행동의 영역과 구체적인 영역에 그 변화가 나타나기까지는 시간이 걸릴 수 있습니다. 그러나 중요한 점은 자신이 더 이상 세상에 속해 있지 않음을 인식한다는 것입니다. 자신이 세상에서 벗어났음을 안다는 것입니다. 세상 속에 살지만 세상의 일원이 아님을 안다는 것입니다. 이것이 핵심적인 구분점입니다.

한 단계 더 나아가 그다음 시금석을 살펴보겠습니다. 거듭난 자는 세상을 미워할 뿐 아니라 자기 자신과 세상의 삶도 미워합니다. 이 또한 아주 중요한 시금석이자, 오해의 소지가 있기에 신중히 다루어야 할 시금석입니다. 종종 이 시금석을 오해하여 수도사나 은자가 된 자들이 과거에 있었습니다. 일종의 거짓 금욕주의나 이른바 '육체를 죽이는 일'에 빠진 자들이 있었습니다. 그러나 사실상 그것은 성경의 가르침과 무관합니다. 성경은 오히려 그런 일을 정죄합니다. 복되신 주님이 친히 하신 말씀을 들어 보십시오. "자기의 생명을 사랑하는 자는 잃어버릴 것이요 이 세상에서 자기의 생명을 미워하는 자는 영생하도록 보전하리라"(요 12:25). 제가 말하는 바가 바로 이것입니다. 여기에서 "자기의 생명을 사랑"한다는 말은 세상의 인생관, 세상의 삶을 사랑한다는 뜻입니다. 그런 사람은 오히려 생명을 잃어버립니다. 물론 이것은 거듭나지 못한 모든 사람의 비극입니다. 그들은 그리스도를 거부하고 세상의 삶을 붙잡으면서 남는 거래를 했다고 생각합니다. 그러나 머잖아 자신이 모든 것을 잃어버렸다는 사실, 결국 하나도 남지 않았다는 사실을 발견합니다. "사람이 만일 온 천하를 얻고도 제 목숨을 잃으면 무엇이 유익하리요? 사람이 무엇을 주고 제 목숨과 바꾸겠느냐?"(마 16:26) 그들은 자신들이 누리고 있다고 착각했던 "목숨"을 잃고 빈손이 될 것입니다. 반면에, "이 세상에서 자기의 생명을 미워하는 자는 영생하도록 보전"할 것입니다. 이것이 자아를 미워하고 세상의 삶을 미워한다는 말의 의미입니다.

바울이 쓴 로마서 7장에도 같은 논리가 나옵니다. 거듭난 자는 어느 때든 로마서 7장의 경험을 거치게 되어 있습니다. 이것은 굉장한 분석이자 바울 자신의 자전적 기록입니다.

> 그런즉 선한 것이 내게 사망이 되었느냐? 그럴 수 없느니라. 오직 죄가 죄로 드러나기 위하여 선한 그것으로 말미암아 나를 죽게 만들었으니 이는 계명으로 말미암아 죄로 심히 죄 되게 하려 함이라. 우리가 율법은 신령한 줄 알거니와 나는 육신에 속하여 죄 아래에 팔렸도다. 내가 행하는 것을 내가 알지 못하노니 곧 내가 원하는 것은 행하지 아니하고 도리어 미워하는 것을 행함이라. 만일 내가 원하지 아니하는 그것을 행하면 내가 이로써 율법이 선한 것을 시인하노니(롬 7:13-16).

사도는 연이어 말합니다.

> 이제는 그것을 행하는 자가 내가 아니요 내 속에 거하는 죄니라. 내 속 곧 내 육신에 선한 것이 거하지 아니하는 줄을 아노니 원함은 내게 있으나 선을 행하는 것은 없노라. 내가 원하는바 선은 행하지 아니하고 도리어 원하지 아니하는바 악을 행하는도다.······내 속사람으로는 하나님의 법을 즐거워하되 내 지체 속에서 한 다른 법이 내 마음의 법과 싸워 내 지체 속에 있는 죄의 법으로 나를 사로잡는 것을 보는도다. 오호라, 나는 곤고한 사람이로다! 이 사망의 몸에서 누가 나를 건져 내랴?(17-19, 22-24절)

제가 말하는 바가 바로 이것입니다. 거듭난 자는 자기 실상을 봅니다.

결국 자기 본질을 알고 미워합니다.

　실제로 삶 속에서 성령의 다루심을 받지 못한 자는 이런 경험을 하지 못합니다. 저는 이것이 회심의 시작이라고 생각합니다. 정신이 밝아져 율법을 깨달은 자는 필연적으로 이런 경험을 하게 됩니다. 자신이 계속 죄를 지을 수 있다는 사실에 경악한다는 의미에서, 신앙생활을 해 나갈수록 이 경험을 하게 됩니다. 그는 자기 속에 죄를 원하는 마음이 있다는 사실에 더더욱 경악합니다. 그러나 그것이 현실임을 압니다. 다시 말해서 옛 본성이 여전히 속에 남아 있음을 인식하는 것입니다. 더 이상 옛사람은 아니지만, 옛 본성은 남아 있습니다. 이처럼 옛 본성의 존재를 느끼고 그 본성이 내 속에 있는 것을 느끼지만—저는 이 또한 경이롭고 놀라운 일이라고 생각합니다—그렇다고 그것이 진짜 내 속성은 아닙니다. 나는 내 안에 새 생명이 있음을 압니다. 그 새 생명이 진짜 나입니다. 그 새 생명, 새사람, 새 존재가 진짜 나입니다. 다른 존재, 나를 끌어당기는 힘, 그래서 여전히 유혹에 반응하게 만들고 때로 넘어지게 만드는 힘을 의식하지만, 반복하건대 그것이 더 이상 내 속성은 아니라는 이상한 느낌을 받습니다.

　죄가 성가시고 골치 아프게 느껴진 적이 있습니까? 제가 볼 때 사도가 로마서 6:14에서 가르치는 바가 이것입니다. "죄가 너희를 주장하지 못하리니 이는 너희가 법 아래에 있지 아니하고 은혜 아래에 있음이라." 거듭난 자에게는 일종의 거룩한 초조함이 있습니다. 중생해서 새 생명을 얻은 자만 그 느낌이 어떤 것인지 압니다. 이것은 하나님의 사람들에게만 고유하게 나타나는 특징입니다. 그들에게는 과거의 자신감이 없습니다. 중생치 못한 종교인의 자신감, 선량하고 독실하고 도덕적이며 늘 자신에게 만족하는 종교인의 자신감이 없습니다. 사도 바울이 되기 전, 다소의 사울은 자신에게 크게 만족하던 사람이었습니다. 독실한 종교인은 항상 자신에게 만족합니다. 독실치 못한 자들이 그렇게 많은데 자신은 독실하다는 것입니다! 남들은 교회 가지 않는데 자신은 간다는 것입니다! 훌륭하다는 것입니다!

아, 그러나 거듭나면 그런 태도와 영원히 작별하게 됩니다. "내가 나 된 것은 하나님의 은혜로 된 것"(고전 15:10)이라는 사도 바울의 말이 참으로 사실임을 알고, 그렇게 고백하게 됩니다. 하나님의 은혜가 없었다면 지금 같은 모습이 되지 못했을 것입니다. 지금처럼 새로운 시각과 감정을 얻지 못했을 것이며, 세상을 간파하지 못했을 것입니다. 이렇게 달라지고 옮겨지는 일에 대해 몰랐을 것입니다. 이것은 전부 하나님의 은혜로 된 일입니다. 우리 자신이 자랑할 것은 하나도 없습니다. 자랑 자체가 사라져 버립니다. 오히려 자신을 미워하게 됩니다. 말하자면 "이 세상에서 자기의 생명"을 미워하게 됩니다. 옛 본성은 계속 그 생명을 상기시킵니다. 하나님의 은혜가 없었다면 지금까지 남아 있었을 예전의 모습을 상기시키며, 나를 끌어내 새 생명을 주시고 다른 사람으로 만들어 주신 은혜의 행동을 상기시킵니다. "내가 나 된 것은 하나님의 은혜로 된 것이니."

거듭난 자는 다음과 같이 말합니다. 저는 이것이 거듭난 자의 또 다른 시금석이라고 생각합니다.

가장 감미로운 기분조차 믿지 않고
오직 예수의 이름에만 기대노라.

다시 말해서 거듭난 그리스도인, 거듭난 성도는 자기 감정조차 신뢰할 수 없음을 압니다. 감정은 아주 기만적이라는 것, 마귀는 감정까지 위조해 낼 만큼 교묘하다는 것을 압니다. 그래서 "가장 감미로운 기분조차 믿지 않고 오직 예수의 이름에만" 기댑니다.

>굳건한 반석 그리스도 위에 서리라.
>다른 땅은 다 위태한 모래밭이니.•
>
>―에드워드 모트

모든 것은 빼앗기게 되어 있습니다. 전에 의지하거나 자랑하던 모든 것은 사라지게 되어 있습니다. 유일하게 굳건한 토대이신 예수 그리스도만 남습니다. 같은 경험을 한 스위스의 성도 라바터^{Johann Kaspar Lavater}가 노래한 그대로입니다.

>나는 아무것도 아니요 주가 전부이심을
>날마다 배우리이다.

그리스도인은 이렇게 말하는 사람입니다.

>오, 예수 그리스도여, 내 안에서 점점 더 커지사
>다른 것은 다 물러가게 하소서.

• 새찬송가 488장 후렴 다시 옮김.

이것이 그리스도인의 마음에 있는 열망입니다. 그는 자기 속에 있는 감정이 자신감과 자랑과 자기 의를 심어 주는 것을 알기에 미워합니다. 감정이 얼마나 기만적이고 잘 속이는 것인지 압니다. 예레미야의 말처럼 "만물보다 거짓되고 심히 부패한 것"(렘 17:9)임을 압니다. 자기 밖에 있는 세상뿐 아니라 자기 안에 있는 세상, 악한 원리, 마음과 정신과 혼과 영에 들어와 있는 세상을 보고 미워합니다. "나는 아무것도 아니요 주가 전부이심을 날마다 배우리이다."

사랑하는 여러분, 이것이 시금석입니다. "거듭났는가?"라는 중대한 질문보다 더 중요한 질문이 있습니까? "사람이 거듭나지 아니하면 하나님의 나라를 볼 수 없느니라." "사람이 물과 성령으로 나지 아니하면 하나님의 나라에 들어갈 수 없느니라." 하나님의 성령이 여러분 안에서 이 능한 일을 하셨습니까? 여러분을 새롭게 창조해 주셨습니까? 그 영향과 결과가 나타나고 있습니까? "성령으로 난 사람도 다 그러하니라." 자신을 살펴보십시오(고전 11:28 참조).

7.
의

바람이 임의로 불매 네가 그 소리는 들어도 어디서 와서 어디로 가는지 알지 못하나니 성령으로 난 사람도 다 그러하니라. | 요한복음 3:8

우리는 요한복음 3장에서 니고데모가 배운 사실, 하나님의 아들이 세상에 가져오신 생명은 참으로 완전히 새로운 것임을 알아야 한다는 사실을 살펴보고 있습니다. 그 생명을 얻는 것이 곧 성령으로 태어나는 것이며, "신성한 성품에 참여하는"(벧후 1:4) 것입니다.

이것은 모든 사람, 특히 니고데모처럼 종교적인 환경에서 자란 사람들에게 중대한 교훈입니다. 신약성경과 이후 교회 역사가 공히 이 교훈을 계시해 준다는 것은 의문의 여지 없는 사실입니다. 그리고 오늘날보다 더 밝히 이 교훈이 계시된 시대는 없습니다. 결국 기독 신앙의 가장 큰 원수는 종교입니다. 바리새인과 서기관보다 세리와 창녀가 먼저 하나님 나라에 들어갔던 주님의 시대에도 그랬습니다. 사복음서는 이 무서운 사실을 묘사하고 있으며, 저는 이후 시대도 마찬가지였다고 주장하는 바입니다. 따라서 이 사실을 깨닫는 것보다 긴요한 일은 없습니다. 우리가 기존의 것에 그리스도인의 생명과 믿음을 더하는 것이 아닙니다. 그 생명과 믿음이 우리에게 주어지는 것입니다. 우리는 거듭나야 합니다. 거듭남은 성령의 강력한 역사입니다. 그 야말로 새로운 생명과 새로운 성향, 새로운 본질, 새로운 마음이 생기는 일입니다. 이것들은 성경이 사용하는 용어입니다. 거듭남은 새 창조가 일어나 "새로운 피조물"(고후 5:17)이 되는 일입니다. 이것이 기독교입니다. 바로 이것이 기독교입니다. 그래서 지금 우리는 자신이 거듭났는지 알아보기 위해 애쓰는 중입니다. 그러려면 당연히 그리스도 예수 안에 있는 새 생명의 특징부터 알아보아야 합니다. 이것은 아주 긴요한 문제이자 촌각을 다투는 중요한 문제이기에 시간이 나는 대로 살펴보면서 각기 다른 측면들을 찾아보고자 합니다.

그중 상당수는 이미 찾아보았습니다. 이 생명을 받으면 명백히 그것이 가장 확연한 특징으로 나타난다는 것을 알았습니다. 하나님의 생명을 받았는데도 그 생명이 드러나지 않는 경우는 없습니다. 하나님의 생명이 영혼 안에 들어오면 다른 어떤 특징보다 그 특징이 명백히 드러나게 되어 있습니다. 우리는 그 밖의 특징들도 많이 찾아보았습니다.

지난번에는 새 생명을 받으면 세상을 대하는 태도가 완전히 바뀐다는 점을 특별히 다루었습니다. 거듭난 자는 더 이상 세상을 사랑하지 않습니다. 특정한 때, 특정한 측면에 여전히 끌릴 수 있지만 사랑하지는 않습니다. "이 세상이나 세상에 있는 것들을 사랑하지 말라.……이는 세상에 있는 모든 것이 육신의 정욕과 안목의 정욕과 이생의 자랑이니"(요일 2:15-16). 이 세 가지는 하나님이 아닌 세상에 속한 것입니다. 사도 바울이 로마 교인들에게 썼듯이 "육신을 따르는 자는 육신의 일을, 영을 따르는 자는 영의 일을 생각"하게(롬 8:5)—마음이 끌리고 흥미를 느끼며 몰두하게—마련입니다. 이것은 굉장한 시금석으로, 우리는 그 시금석이 실생활에서 어떻게 작용하는지 알아보았습니다. 여러분 자신이 의무적으로 그렇게 하는 것이 아닙니다. 자연스럽게 그렇게 되는 것입니다. 이처럼 새 본성이 거듭난 자를 변화시킵니다. 그래서 본능적으로 다른 반응을 보이게 만듭니다. 우리는 거듭남이 자기 자신과 세상의 삶을 바라보는 관점을 어떻게 변화시키는지 짚어 보며 지난 설교를 마쳤습니다. 새 생명을 얻으면 예전과 다른 눈으로 자기 자신을 보며 미워하게 됩니다. 더 이상 자기 자신과 세상의 삶을 사랑하지 않게 됩니다.

이것은 다소 소극적인 측면으로, 연이어 적극적인 측면을 살펴볼 필요가 있습니다. 이 시금석은 포괄적으로 이해하는 것이 중요하기 때문입니다. 그렇다고 이런 새 생명의 징후들이 전부 완벽하고 온전하게 나타나야 한다고 말하는 것은 아니라는 점을 상기시켜야겠습니다. 새 생명의 징후들이 전부 나타나는 사람은 없습니다. 그것이 기준이라면 당연히 그리스도인은 한 명도 없다는 결론을 내려야 할 것입니다! 다만 제가 밝히려는 바는 '이런 종류의 증거가 나타나면 본질적으로 새 생명이 있는 것'이라는 점입니다. 생명의 씨 안에 이 모든 요소들이 들어 있습니다. 물론 이 요소들은 우리가 연구하고 이해하며 "우리 주 곧 구주 예수 그리스도의 은혜와 그를 아는 지식에서 자라" 갈수록(벧후 3:18) 더 성장하고 발전하며 확장됩니다.

이번에는 그다음 시금석인 의를 사랑하는 마음에 대해 살펴봅시다. 이 또한 사교 및 그 가르침―또한 다른 종교들의 가르침―과 참 기독교를 아주 명확하게 갈라놓는 시금석이자, 중대하고 긴요한 대조점입니다. 독실한 종교인조차 많지 않은 시대에 종교에 대해 이런 말을 하는 것이 이상하게 들릴지 모르겠습니다. 그러나 '오늘날 교회 밖에 있는 사람들을 가로막는 주된 장애물은 대부분 교회 안에 있는 사람들'이라는 무서운 생각이 점점 더 많이 듭니다. 이것은 말하기 무섭지만 직면해야 할 사실입니다. 성경과 이후 역사는 교회 안에 있는 가짜 그리스도인이 문제임을 아주 분명하게 보여줍니다. 주님이 성전을 정결케 하신 요한복음 2장에서도 그 이야기를 볼 수 있고, 종교개혁과 부흥의 역사에서도 그 실례를 찾아볼 수 있습니다. 교회 자체가 문젯거리가 되었습니다. 왜 그럴까요? 기독교의 본질을 잃고 단순한 종교 기관으로 전락해 버렸기 때문입니다.

오늘날도 기독교와 종교를 명확히 구별해야 한다는 것을 입증하는 증거들이 많이 있습니다. 참된 기독 신앙, 하나님이 영혼에 주시는 새 생명을 떠난 종교는 아무 가치가 없습니다. 그래서 의를 사랑하는 마음이 특히 귀한 시금석이 되는 것입니다. 종교의 관심은 항상 도덕에 국한됩니다. 물론 도덕에도 관심을 가져야 하지만, 도덕에만 관심을 갖는 것이 문제입니다. 종교는 행동에 관심을 갖습니다. 그 사람 자신보다 그의 행동에 훨씬 더 관심을 갖습니다. 종교가 결국 무익한 이유가 여기 있습니다. 종교는 사람의 외면을 봅니다. 보기에 괜찮고 깨끗하고 훌륭하면 흔쾌히 받아들입니다. 내면을 보지 않습니다. 주님은 어느 날 바리새인들에게 말씀하셨습니다. "잔과 대접의 겉은 깨끗이 하나 너희 속에는 탐욕과 악독이 가득하도다"(눅 11:39). 종교는 훌륭한 겉모습은 높이 사되, 그 사람 자신에게는 사실상 그만큼 관심을 갖지 않으며 그 사람 속에 있는 인격의 결을 속속들이 살피는 일에도 관심을 갖지 않습니다. 늘 느껴온 바지만, 도덕에 대한 최종적인 비판은 행동에만 관심을 갖고 사람의 됨됨이보다 행동을 중시함으로 우리를 모욕한다는 것입니다. 이것은 지독한 모욕입니다.

종교만 그런 것이 아닙니다. 이런 태도가 우리의 삶과 행동도 상당 부분 지배하고 있지 않습니까? 겉치레나 겉모습은 그럴듯한데 속은 형편없습니다. 그런데 사교나 종교나 사회적 합의나 규범은 거기에 아무 관심이 없습니다. 겉모습과 "어떻게 보일까?"에만 신경을 씁니다. 그 사람 자신은 거의 잊고 지나갑니다.

다시 말해서 도덕은 완전히 소극적인 것입니다. 도덕이나 종교는 주정뱅이나 살인자나 오입쟁이만 아니면 흔쾌히 받아들이며, 아주 잘 하고 있는 것으로 간주합니다. 이처럼 겉모습만 보는 것은 특정 잘못을 범하지 않는 데만 관심을 갖는 완전히 소극적인 태도입니다. 이 점에서 종교는 진리의 원수입니다. 신약성경이 가르치는 영광스러운 진리는 본질적으로 적극적인 것이기 때문입니다. 진리의 영광이 여기 있습니다.

주님은 이것을 팔복의 하나로 제시하셨습니다. "의에 주리고 목마른 자는 복이 있나니"(마 5:6). 진리의 적극적인 특징을 알겠습니까? 복 있는 사람은 단순히 이런저런 일을 하는 데 관심이 없습니다. 바리새인은 거기 관심이 있었습니다. "너희가 박하와 회향과 근채의 십일조는 드리되 율법의 더 중한바 정의와 긍휼과 믿음은 버렸도다"(마 23:23). 이것이 대조점입니다. 참으로 복 있는 그리스도인은 "의에 주리고 목마른 자"입니다. 그들은 적극적으로 의를 원합니다.

사도 바울도 로마서 14:17에서 같은 말을 했습니다. "하나님의 나라는 먹는 것과 마시는 것이 아니요 오직 성령 안에 있는 의와 평강과 희락이라." 로마 교회는 일부 교인이 마귀의 시험에 빠지는 어려움을 겪었습니다. 교회에 들어온 거짓 가르침에 넘어가 율법적인 성향이 생겨난 것입니다. 안식일 같은 특정한 날을 지켜야 하는지, 첫째 날이

나 일곱째 날을 지켜야 하는지를 놓고 큰 논쟁이 벌어졌습니다. 어떤 고기를 먹어야 하는지 등을 놓고도 같은 일이 벌어졌습니다. 마치 로마 교회 전체가 논쟁에 휘말린 것처럼 보였습니다. 사도가 그 문제를 다루며 최종적으로 한 말이 바로 이것입니다. "하나님의 나라는 먹는 것과 마시는 것이 아니요." 어떤 고기를 먹지 않느냐, 어떤 음료를 마시지 않느냐가 그리스도인이냐 아니냐를 결정짓지 않는다는 것입니다. 그런 것으로 그리스도인이 되지 않는다는 것입니다. 그런 것으로 독실한 종교인이나 도덕적인 종교인은 될 수 있습니다. 그들은 스스로 술도 마시지 않고 이런저런 잘못도 범하지 않기 때문에 아무 문제가 없다고 말하는데, 그렇지 않습니다! 하나님의 나라는 먹는 것과 마시는 것이 아닙니다. 겉으로 드러나는 문제와 행동과 행위만 교정하면 되는 것이 아닙니다. 물론 그런 일도 포함되지만, 그것은 이를테면 도입부에 불과합니다. 하나님의 나라는 "성령 안에 있는 의—적극적인 의—와 희락과 평강"입니다.

주님과 사도의 말에서 볼 수 있듯이, 단순히 독실한 종교인은 특정 잘못을 범하지 않는 데 관심을 두며 거기 만족하는 자들이라고 요약할 수 있습니다. 그러나 하나님의 생명을 얻은 참 그리스도인은 거룩해지고 싶은 열망, 적극적으로 거룩해지고 싶은 큰 열망과 갈망을 느낍니다.

이 시금석은 어떻게 작용할까요? 구체적으로 어떻게 자신을 검증해 볼 수 있을까요? 원리는 알았는데, 이 원리를 실제로 활용하려면 어떻게 우리 자신과 상황에 적용해야 할까요? 성경은 이에 대해 많은 것을 알려 줍니다. 사도 요한이 첫째 서신에서 한 말부터 찾아보겠습니다.

예수께서 그리스도이심을 믿는 자마다 하나님께로부터 난 자니 또한 낳으신 이를 사랑하는 자마다 그에게서 난 자를 사랑하느니라. 우리가 하나님을 사랑하고 그의 계명들을 지킬 때에 이로써 우리가 하나님의 자녀를 사랑하는 줄을 아느니라. 하나님을 사랑하는 것은 이것이니 우리가 그의 계명들을 지키는 것이라. 그의 계명들은 무거운 것이 아니로다(요일 5:1-3).

그렇습니다. 이것이 첫 번째 시금석입니다.

요한은 하나님께로부터 난 자에 대해 묘사하면서 그들에게 계명은 무거운 것이 아니라고 말합니다. 이 말의 요점은 다른 자들에게는 무겁다는 것입니다. 이것으로 자신을 검증해 볼 수 있습니다. 우리는 중대한 교리를 배웁니다. 실생활에서 그 교리를 실천하라는 요청을 받으며, 실제로 그렇게 살았던 그리스도인들의 모습과 초상背像을 봅니다. 그들이 무슨 일을 하지 않았는지도 보지만, 무엇보다 그들이 어떤 사람으로서 무슨 일을 하고 어떤 삶을 살았는지 봅니다. 주님 자신에게서 완벽한 예를 보며, 사도들과 초대교회 그리스도인들과 성도들에게서도 그 예를 봅니다.

그들의 삶에는 몇 가지 특징이 있습니다. 이제 우리가 던질 질문은 그런 삶이 어떻게 느껴지느냐 하는 것입니다. 반복하건대, 그리스도인에게는 하지 말아야 할 일과 기꺼이 해야 할 일이 있습니다. 그러므로 온전한 시금석은 이것입니다. 그런 삶에 대한 우리의 반응은 무엇입니까? 그런 삶이 편협하게 느껴집니까? 기질에 맞지 않습니까? 그리스도인의 삶이 그런 것이 아니었으면 좋겠습니까? 그렇다면 우리에게 하나님의 계명은 "무거운 것"입니다. 하나님의 계명을 접할 때

이를테면 주춤하며 약간 짜증스러워하거나 편협하다는 표현을 쓰는 것은 아주 좋지 않은 표지입니다. 그런 표현을 쓰는 것을 보면 그가 어떤 사람인지 짐작할 수 있지 않습니까? 이것이 요점입니다. 그들에게 계명은 "무거운 것"입니다. 많은 사람, 특히 독실한 종교인은 항상 하나님의 계명을 무겁게 느낍니다. 그래서 종종 계명을 재조정하여 자신들에게 편하게 맞추려 듭니다. 그들에게 중요한 것은 내면이 아닌 외면입니다. 그래서 계명을 항상 무겁게 느낍니다. 사도행전 15장의 예루살렘 회의에서 사도 베드로가 말했던 것처럼, 그들에게 계명은 일종의 "멍에"(행 15:10)입니다. 사도는 "유대인의 옛 율법 체제는 멍에였고 메기 힘든 무거운 것이었다. 조상들도 그것을 알았고 우리도 그것을 안다"고 했습니다.

그리스도인의 삶도 그런 멍에로 여기는 자들이 있습니다. 거리끼는 것으로 여기는 자들이 있습니다. 그들은 그리스도인이기 때문에 주일이나 다른 날 하고 싶은 많은 일을 하지 못한다고 생각합니다. 그들에게 그리스도인의 삶은 일종의 장애물이자 율법입니다. 그러나 그것은 기독교가 아닙니다. 율법은 항상 무겁지만, 그리스도인의 삶은 율법이 아닌 생명이기 때문에 무겁지 않습니다. 저는 이것이 굉장한 시금석이라고 생각합니다. 그리스도인의 삶에 반발심이 느껴진다면, 그리스도인의 삶이 이런 것이 아니길 바라는 마음이 있다면, 이런저런 일들이 허용되길 바라는 마음이 있다면, 항상 이 문제에 부딪치게 된다면, 아직도 그리스도인의 삶이 무거운 것입니다. 요한은 하나님께로부터 나서 그의 생명을 얻은 자에게 "하나님의 계명은 무거운 것이 아니로다"라고 말합니다. 당연히 아닙니다. 그는 "여호와의 율법을 즐거워하"기 때문에(시 1:2), "의에 주리고 목마"르기 때문에 무거울 수가 없습니다.

또는 다음과 같이 설명해 보겠습니다. 하나님의 생명을 얻은 자, 하나님께로부터 난 하나님의 자녀는 본능적으로 아버지를 기쁘시게 하고 싶어 합니다. 아버지와 자신의 관계를 인식하며, "그 앞에 즐거운 것"(히 13:21)이 되고 싶은 열망을 느낍니다. 다른 시금석들을 살펴보면서 알았듯이, 이 삶의 영광은 항상 인격적이라는 데 있습니다. 거듭난 자는 하나님을 단순한 입법자가 아닌 아버지로 여깁니다. "우리 아버지여"라고 기도하며, 그 즉시 새로운 영역에 들어섭니다. 규칙과 율법과 규범이 아닌 인격적인 관계의 지배를 받습니다. 하나님을 기쁘시게 하고 싶은 열망을 품습니다. 이것은 필연적이면서도 자연스러운 결과입니다. 이 진리가 그토록 중요한 이유가 여기 있습니다. 기독 신앙은 단순히 하나의 관점을 받아들이거나 새로운 규범을 채택하거나 종교를 갖는 것이 아닙니다. **생명**입니다. 우리 안에 생기는 생명으로서, 반드시 이런 결과를 낳게 되어 있습니다.

달리 설명해 보겠습니다. 여기 성경의 매력이 있습니다. 얼마나 다양한 방식으로 설명해 주는지 모릅니다. 성경이 결국 제시하는 요점은 이것입니다. 하나님께로부터 난 참 그리스도인은 구원의 전적인 목적이 결국 우리를 의롭게 하려는 데 있음을 압니다. 기독교 진리를 처음 접할 때는 구원을 거의 죄 사함으로만, 죄책과 정죄와 형벌에서 건져 주시는 일로만—아마도 일부 책임은 흔히 진리를 제시하기 위해 사용하는 전도 방식에 있을 것입니다—이해하기 쉽습니다. 죄 사함을 받았으니 이제 다 되었다는 것입니다. 구원받았다는 것입니다.

물론 우리는 죄 사함을 받습니다. 그러나 그것이 구원의 실제 목적은 아닙니다. 그렇다면 실제 목적은 무엇일까요? 사도 바울이 디도서에서 아주 인상적인 말로 알려 주고 있습니다.

> 모든 사람에게 구원을 주시는 하나님의 은혜가 나타나 우리를 양육하시되―어떻게 양육하십니까?―경건하지 않은 것과 이 세상 정욕을 다 버리고―지난 설교에서 다룬 소극적인 측면이 이것입니다. 이것이 출발점입니다―신중함과 의로움과 경건함으로 이 세상에 살고 복스러운 소망과 우리의 크신 하나님 구주 예수 그리스도의 영광이 나타나심을 기다리게 하셨으니 그가 우리를 대신하여 자신을 주심은―무엇 때문에 주셨다고 합니까?―모든 불법에서 우리를 속량하시고 우리를 깨끗하게 하사 선한 일을 열심히 하는 자기 백성이 되게 하려 하심이라(딛 2:11-14).

그렇습니다. 이것이 하나님의 백성, 하나님이 소유하신 백성의 특징입니다. 그들은 죄책과 형벌뿐 아니라 "모든 불법에서" 속량받고 깨끗해져서 "선한 일을 열심히" 하게 됩니다.

사도의 말처럼―물론 사도만 이렇게 말한 것은 아닙니다―이것이 구원의 궁극적인 목적입니다. 이것이 목적일 수밖에 없는 이유를 알려 드리겠습니다. 하나님은 자신의 형상에 따라 인간을 만드셨습니다. 그것은 인간이 원래 의로웠다는 뜻입니다. 우리는 전에 동물이었다가 오랜 단계를 거쳐 인간이 되었고 점차 도덕의식을 발전시켜 왔다는 해로운 가르침―진화론 등의 가르침―을 무의식적으로 쉽게 받아들이고 있습니다. 이런 가르침이 우리 사고에 교묘히 영향을 끼치고 있습니다. 그러나 그것은 전부 잘못된 가르침이요 성경과 완전히 반대되는 가르침입니다. 인간은 완벽하게―의롭게―창조되었습니다. 하나님은 의로우신 분입니다. 그런 분이 자신의 형상을 일부 주셨다면―하나님은 실제로 자신의 형상을 주셨습니다. 인간은 그의 형상과 모습에 따라 창조되었습니다―당연히 원의^{原義}도 주신 것입니다. 구원은 인간을 그 상태로 회복시키는 일입니다.

반역하여 불순종한 인간은 계명만 어긴 것이 아니라 의를 잃어버렸고 의를 사랑하는 마음도 잃어버렸습니다. 그리하여 태어날 때부터 죄와 악을 사랑하게 되었습니다. 태어날 때부터 천성적으로 무법한 자가 되었습니다. 이것은 의문의 여지 없는 사실입니다. 모든 사람은 하나님과 그의 거룩한 법을 대적합니다. 그래서 새로 태어나야 하는 것입니다. 새 생명을 받은 자는 죄 사함으로만 만족할 수 없음을 바로 깨닫습니다. "이제 안전하니까 뭐든지 할 수 있어. 그리스도의 피만 의지하면 아무 문제 없어"라고 하지 않습니다. 그러려야 그럴 수가 없습니다. 히브리서 10:29에 나오듯이, 그런 자는 그리스도의 피를 가벼이 여기는 것입니다. 그리스도인은 그렇게 하지 않습니다. 참 그리스도인은 그리스도 안에서 그 모든 일을 하신 목적이 우리를 적극적으로 의롭게 만드시기 위함이라는 것을 압니다. "선한 일을 열심히 하는 자기 백성"을 만드시기 위함이라는 것을 압니다.

고린도후서 5:21에 나오는 사도 바울의 말도 들어 보십시오. "하나님이 죄를 알지도 못하신 이를 우리를 대신하여 죄로 삼으신 것은―무엇을 위해 그렇게 하셨습니까? 그 대답이 이제 나옵니다―우리로 하여금 그 안에서 하나님의 의가 되게 하려 하심이라." 사도는 로마서

8:3-4에서도 같은 말을 합니다. "율법이 육신으로 말미암아 연약하여 할 수 없는 그것을 하나님은 하시나니 곧 죄로 말미암아 자기 아들을 죄 있는 육신의 모양으로 보내어 육신에 죄를 정하사─왜 그렇게 하셨습니까?─육신을 따르지 않고 그 영을 따라 행하는 우리에게 율법의 요구가 이루어지게 하려 하심이니라." 이것이 신약성경 전체의 가르침입니다. 그리스도는 왜 죽으셨습니까? 우리를 의롭게 하고자 죽으셨습니다. 세실 프랜시스 알렉산더^{Cecil Frances Alexander}가 「저 멀리 푸른 언덕 있네」에서 노래한 그대로입니다.

> 우리 죄 사하고자 그가 죽으셨네.
> 우리 선하게 만들고자 그가 죽으셨네.

이것을 모르는 자는 이 위대하고 영광스러운 구원의 목적과 목표를 사실상 이해하지 못하는 것입니다.

한 단계 더 나아가 봅시다. 확실한 사실은 이 새로운 생명 안에 거한 지 오래되었는데도, 이 생명을 가지고 있는데도, 의가 하나님과 교통하는 분명한 기초라는 사실을 모를 수는 없다는 것입니다. 이것은 긴요하고 중요한 사실입니다. 그리스도인은 하나님과 나의 인격적인 관계가 참으로 중요하다는 것을 압니다. 다시 말해서 하나님이 나에게 새 생명을 주시는 목적은 단순히 지옥에서 건져 내는 데 있지 않습니다. 단순히 나를 의롭게 하는 데 있지도 않습니다. 내가 의로워져야 하는 이유가 무엇입니까? 그 대답은 오직 하나, 하나님과 교통하기 위해서라는 것입니다. 처음 창조되었을 때 인간은 계속 하나님과 교통했습니다. 하나님의 동반자가 될 수 있는 존재로 지음받았습니다. 하나님과 인간 사이에 교제가 이루어졌고, 그 기초는 의에 있었습니다. 그런데 죄를 지음으로 그 의를 잃고 말았습니다. 인간이 자기 본성으로 하나님을 알지 못하는 이유가 여기 있습니다. 그들이 믿는다고 여기는 하나님은 진짜 하나님이 아니라 자신들이 지어 낸 피조물에 불과합니다. 참 그리스도인이 되면 구원의 궁극적인 목적이 하나님과 다시 교통하게 하려는 데 있음을 깨닫습니다.

신약성경이 계속 가르치는 바가 이것입니다. 그런데 우리의 시각이 율법적으로 기울면서, 구원을 단순히 죄 사함을 받고 율법적으로 바른 위치를 회복하는 일로만 생각하길 고집하며 그 이상 나아가지 못하게 되었습니다. 구원의 궁극적인 목적은 하나님과 다시 교제하고 교통하게 하려는 데 있습니다. 베드로의 말을 들어 보십시오. "그리스도께서도 단번에 죄를 위하여 죽으사 의인으로서 불의한 자를 대신하셨으니 이는 우리를 하나님 앞으로 인도하려 하심이라"(벧전 3:18). 이것이 **화목**이라는 말에 담긴 의미입니다. 단지 율법의 측면에서만 화목해지는 것이 아닙니다. 하나님을 다시 알고 교제하고 교통한다는 측면에서 화목해지는 것입니다. 율법적인 측면에 국한된 생각은 이제 그만 버려야 합니다. 그렇습니다. 거기서 출발하되 거기에 멈추면 안 됩니다. 구원이 의도하는 결과는 바로 이것입니다. 하나님을 아는 상태, 하나님을 아버지로 아는 상태와 관계를 회복시키는 것입니다. 예수는 요한복음 17:3에서 이렇게 기도하셨습니다. "영생은 곧 유일하신 참 하나님과 그가 보내신 자 예수 그리스도를 아는 것이니이다." 이 말의 의미는 하나님과 그리스도에 대한 사실들을 안다는 것이 아닙니다. 하나님과 그리스도 자신을 친밀하게 안다는 것입니다.

영혼 안에 하나님의 생명을 가진 자들은 분명히 이렇게 됩니다. 새로운 본성이 생깁니다. 의로운 본성, 하나님과 교통하길 추구하는 본성이 생깁니다. 구약성경에 나오는 아모스의 말처럼 "두 사람이 뜻이 같지 않은데 어찌 동행하겠"습니까?(암 3:3) 동행할 수 없습니다. 뜻이 같지 않으면 교제할 수도, 교통할 수도, 동행할 수도 없습니다.

더 논리적인 설명을 원한다면 고린도후서 6장에 나오는 사도 바울의 논증을 살펴보십시오. 사도는 고린도 교인들에게 이 문제 전체를 제기하며, "너희는 믿지 않는 자와 멍에를 함께 메지 말라"(고후 6:14)라는 말로 논증을 마무리합니다. 그 이유가 무엇일까요? 앞서 보았듯이, 믿는 자와 믿지 않는 자는 본질적으로 분리된 사람들이기 때문입니다. "검"이 나타나 믿는 자와 부모를 갈라놓고, 믿는 자와 믿지 않는 자를 갈라놓습니다. 구분해서 나누어 놓습니다. 그런데 육신의 약함 때문에, 마귀와 그의 유인 및 유혹 때문에 어리석게도 자기 자신과 자신이 떠나온 예전의 삶, 이미 분리된 예전의 삶과 계속 소통하려 들 때가 있습니다. 그래서 바울이 "너희는 믿지 않는 자와 멍에를 함께 메지 말라"라고 한 것입니다. 왜 그래야 할까요? 그가 말하는 요지는 이것입니다. "믿지 않는 자와 멍에를 함께 메는 자는 자신에게 일어난 구원의 역사를 부정하는 것이다. 하나님께 새 생명을 받은 의미를 이해하지 못하는 것이다." 의와 불법이 어찌 함께하겠습니까? 절대 함께할 수 없습니다. 의와 불법은 섞일 수 없습니다. 의와 불법은 그 정의상 영원히 반대되는 것입니다. 본질과 성격 자체가 아예 다른 것입니다.

또한 바울은 빛과 어둠이 어찌 사귀겠느냐고 묻습니다. 사귈 수 없습니다. 빛과 어둠은 완전히 다른 것, 분리된 것입니다. "그리스도와 벨리알이 어찌 조화되며 믿는 자와 믿지 않는 자가 어찌 상관하며 하나님의 성전과 우상이 어찌 일치가 되리요?"(고후 6:15-16) 이 모든 질문에 대한 대답은 절대 그럴 수 없다는 것입니다. 새 생명을 받은 자는 의가 하나님과 교통하는 기초임을 압니다. 무엇보다 하나님과 교통하길 열망하기에 그의 계명을 무겁게 느끼지 않습니다. 오히려 그와 교통하는 길을 알려 주는 수단, 자신이 그토록 열망하는 교제로 이끌어 주는 수단으로 여깁니다. 하나님과 교제하길 원한다고 하면서 과거와 똑같이 행동할 수는 없습니다.

그다음으로 요한이 놀랄 만큼 훌륭하게 표현해 놓은 구절에 주목해 봅시다.

> 우리가 그에게서 듣고 너희에게 전하는 소식은 이것이니 곧 하나님은 빛이시라. 그에게는 어둠이 조금도 없으시다는 것이니라. 만일 우리가 하나님과 사귐이 있다 하고 어둠에 행하면 거짓말을 하고 진리를 행하지 아니함이거니와 (요일 1:5-6).

2장에는 더 강한 표현이 나옵니다. "우리가 그의 계명을 지키면 이로써 우리가 그를 아는 줄로 알 것이요 그를 아노라 하고 그의 계명을 지키지 아니하는 자는 거짓말하는 자요 진리가 그 속에 있지 아니하되"(요일 2:3-4). 그런 사람에 대해 할 수 있는 말은 거짓말쟁이라는 것입니다. 그리스도인이라고 하면서 이 큰 구원의 성과를 완전히 뒤집는 행동을 하는 자는 거짓말쟁이에 불과합니다. 그는 자기가 한 말의 의미를 모르고 있습니다. 자기모순에 빠져 있으며, 남들을 오도하고 있습니다. 이것은 필연적인 결과입니다. 논증할 필요조차 없습니다. 하나님은 의로우신 분이므로 그와 교통하길 열망하는 자는 당연히 그 교제와 교통을 누리기 위해 의를 추구하게 되어 있습니다.

다음과 같이 설명해 보겠습니다. 우리가 받은 새 본성, 하나님의 새 생명, 하나님이 주신 새 생명은 하나님처럼 되고 싶은 열망을 불러일으킵니다. 하나님과 교통할 수 있다는 사실만 아는 것이 아니라 하나님의 본질이 의롭다는 것을 알기에, 자신도 그처럼 의로워지길 열망하게 됩니다. 이처럼 성경 여러 곳에 나오는 말씀의 요점은 "내가 거룩하니 너희도 거룩할지어다"(벧전 1:16)라는 것입니다. 거듭난 자는 새롭고 거룩한 본성이 속에 생긴 것을 느낍니다. 그것은 썩지 않는 씨입니다. 순전한 씨입니다. 베드로가 그리스도인들에게 구원을 상기시키며 다시 강조하는 점이 이것입니다.

> 너희가 진리를 순종함으로 너희 영혼을 깨끗하게 하여 거짓이 없이 형제를 사랑하기에 이르렀으니 마음으로 뜨겁게 서로 사랑하라. 너희가 거듭난 것은 썩어질 씨로 된 것이 아니요 썩지 아니할 씨로 된 것이니 살아 있고 항상 있는 하나님의 말씀으로 되었느니라(벧전 1:22-23).

이것은 썩지 않는 씨입니다. 이 씨가 자라고 성장하면서 썩지 않는 것을 얻고 싶은 열망, 의를 얻고 싶은 열망, 적극적으로 거룩해지고 싶은 열망, 하나님의 의도대로 그의 아들다워지고 싶은 열망, 그럼으로 하늘에 계신 아버지께 영광을 돌리고 싶은 열망이 생깁니다.

그러므로 마지막으로 묻고 싶은 점은 이것입니다(아마도 이것이 이 영역에서 적용할 궁극적인 시금석일 것입니다). 행복해지고 싶고 놀라운 체험을 하고 싶은 열망보다 의로워지고 거룩해지고 싶은 열망이 더 큽니까? 제가 이 질문을 던지는 것은 마귀가 워낙 교묘한 탓입니다. 이런 일들과 관련하여 아무 소득도 얻지 못할 때, 마귀는 자칭 친구이자 광명의 천사로 다가와 성경을 인용해 가며 "무엇보다 네가 원하는 건 당연히 행복이야"라고 속삭임으로 행복에 시선을 고정시킵니다. 그러나 행복에 시선을 고정하면 안 됩니다. 앞서 인용한 팔복을 기억하십시오. "복이 있나니." 오, 그렇습니다. 아주 행복한 자가 있습니다. 참으로 행복한 자는 그들뿐입니다. 그들이 어떤 사람들입니까? "행복에 주리고 목마른 자"입니까? 아닙니다! "의에 주리고 목마른 자"입니다. 여기에 전적인 비결이 있습니다. 이것은 아주 중요하고 정교한 시금석입니다. 여러분은 실제로 행복해지는 데 관심이 있습니까, 거룩해지는 데 관심이 있습니까? 행복을 추구하고 있습니까, 의를 추구하고 있습니까?

체험의 측면에서도 설명할 수 있습니다. 마귀가 다가와 "아, 그래, 네 생각이 당연히 옳아. 네 생각대로 해. 그러면 최고로 황홀하고 신기한 체험을 할 거야" 하면서, 체험과 황홀경과 감정과 흥분 등에 온 관심을 집중시킵니다. 맞습니다. 그리스도인의 삶에는 굉장한 체험이 있습니다. 그러나 제가 지적하고 싶은 요점은 이것입니다. 둘 중 무엇이 먼저입니까? 의와 거룩함입니까, 체험입니까? 이보다 더 시급하고 긴요하게 적용할 수 있는 시금석은 없습니다. 우리 영혼 안에 하나님의 생명이 있다는 증거는 "날 죽이실지라도 그를 사랑하리라"라고 말하는 것입니다. 자신에게 무슨 일이 일어나든 개의치 않는 것입니다. 모든 상황이 나빠져도 신경 쓰지 않는 것입니다. 여전히 하나님을 가장 열망하는 것입니다. 이것이 시금석입니다. 다른 어떤 시금석보다 중대한 시금석이요 다른 모든 시금석을 능가하는 시금석입니다. 이에 비하면 다른 시금석들은 다 부차적이라고 할 수 있습니다. 세상 어떤 것보다 의에 주리고 목마르다고 자신 있게 말할 수 있다면, 사랑하는 여러분, 여러분 속에는 하나님의 생명이 있는 것입니다. 거듭난 자, 성령으로 태어난 자, 하나님께로부터 난 자 외에는 누구도 그런 말을 할 수 없습니다.

다른 설명으로 이 시금석을 보완해 보겠습니다. 사실상 동일한 시금석이지만, 좀 더 적극적인 것이라고 할 수 있습니다. 이제 다룰 또 다른 시금석은, 하나님의 생명을 받으면 성령의 열매가 그 증거로 나타난다는 것입니다. 이 점에 주의를 집중하기 위해 갈라디아서 5장의 묘사를 읽어 보십시오. 고린도전서 13장에도 같은 말이 나옵니다. "내가 사람의 방언과 천사의 말을 할지라도 사랑이 없으면 소리 나는 구리와 울리는 꽹과리가 되고"(고전 13:1). 중요한 것은 이런 삶의 특질, 즉 "사랑"이 나타나느냐 하는 것입니다. 갈라디아서 5:22-23에서도 동일한 특질을 볼 수 있습니다.

우리에게 첫 번째로 중요한 것이 바로 이 원리입니다. 성경이 이것을 "성령의 **열매**"라고 부른다는 점에 주목하기 바랍니다. 열매는 제조할 수 없습니다. 열매와 아주 흡사한 것은 제조할 수 있습니다. 진짜 열매인지 인공 열매인지 확인하기 위해 잠시라도 들여다봐야 하는 것은 진짜 열매가 아닙니다. 오늘날 사람들이 아무리 똑똑해도―실제로 그들은 아주 똑똑합니다—생명은 만들어 낼 수 없고 열매도 만들어 낼 수 없습니다. 열매는 절대 제조할 수 없습니다. 덧붙일 수 없습니다. 나뭇가지에 덧붙일 수 없습니다. 열매는 절로 맺히는 것입니다. 생명의 표출이요 본질의 표출입니다. 속에서부터 맺히는 것입니다.

이것이 원리입니다. 종교와 기독교의 전적인 차이가 여기 있습니다. 독실한 종교인은 인공적인 크리스마스트리와 같습니다. 트리는 제조됩니다. 가지마다 장식물을 덧붙이고 색칠해서 원하는 대로 만들어 냅니다. 생명에 대한 이야기를 듣고 혼란에 빠졌던 니고데모 같은 사람은 그 트리와 비슷합니다. 그런 위치에 있는 자들이 많습니다. 이처럼 종교와 기독교는 같지 않습니다. 본질적으로 완전히 다릅니다. 영혼 안에 있는 신성한 생명과 기계가 다른 것만큼이나 다릅니다.

제가 말하고 싶은 점은 신성한 생명의 씨가 사람 속에 심기면 열매가 맺힌다는 것입니다. 반드시 맺힌다는 것입니다. 종교와 도덕에는 진짜 열매가 없습니다. 독실할 수 있고 정통 신앙은 지킬 수 있어도, 이를테면 다른 모든 것은 갖출 수 있어도, 열매는 맺을 수 없습니다. 영혼 안에 하나님의 생명이 없는 자에게는 열매가 맺히지 않습니다. 매튜 아널드 Matthew Arnold 는 기독교에 대해 "감정에 물든 도덕"이라는 잘못된 정의를 내렸는데, 그것은 기독교가 아닌 종교에 대한 정의입니다. 그는 종교와 기독교를 혼동했습니다. 기독교는 단순히 "감정에 물든 도덕"이 아니라 감정이 살아 움직이는 생명입니다. 감정을 포괄하는 생명입니다. 사도는 갈라디아서 5장에서 그 중대한 목록을 제시하는데, 지금 그것을 세세히 살펴볼 필요는 없을 것입니다. 단지 우리 자신을 검증해 볼 수 있는 만큼만 설명하고 넘어가겠습니다.

성령의 열매는 "사랑"입니다. 하나님을 향한 사랑, 사람을 향한 사랑입니다. 바리새인들은 하나님에 대해 많은 이야기를 했지만, 하나님을 사랑하는 마음에 대해서는 아무것도 알지 못했습니다. 오, 사랑하는 여러분, 우리가 던질 질문은 단순히 하나님을 믿느냐 하는 것이 아니라 하나님을 사랑하느냐 하는 것입니다. 하나님을 생각할 때 본능적으로 떠오르는 사실이 무엇입니까? 하나님은 사랑이시라는 것입니다. 그러므로 우리 안에 그의 생명이 있다면 당연히 사랑도 있어야 합니다. "네 마음을 다하며 목숨을 다하며 힘을 다하며 뜻을 다하여 주 너의 하나님을 사랑하고 또한 네 이웃을 네 자신같이 사랑하라"(눅 10:27). 이것이 성령의 한 가지 열매입니다.

두 번째 열매는 "희락[기쁨]"입니다. "사랑과 희락과······."이 또한 종교와 기독교를 구분하기에 가장 좋은 시금석입니다. 로마서 14:17에도 같은 열매가 나옵니다. "하나님의 나라는 먹는 것과 마시는 것이 아니요 오직 성령 안에 있는 의와 평강과 희락이라." 여러분 속에는 얼마나 많은 기쁨이 있습니까? 이 기쁨을 전혀 모르는 사람은 독실한 종교인에 불과합니다. 그리스도인이 아닙니다. 이 기쁨은 시련 속에서도 즐거워하게 합니다. 바울은 로마서 5:3에서 "우리가 환난 중에도 즐거워"한다고 했습니다. 요한복음 14장에 나오는 주님의 말씀처럼 이것은 세상이 줄 수도 없고 빼앗을 수도 없는 기쁨입니다. 주님의 기쁨입니다. 주님은 "나의 평안[기쁨]을 너희에게" 준다고 하셨습니다(요 14:27). 거듭난 자는 환경이나 형편과 상관없이 기뻐할 수 있습니다. 환경이나 형편에 좌우되는 기쁨은 쉽게 흔들리며, 조만간 다 말라 버립니다. 그런 것은 주님이 주시는 기쁨이 아닙니다. 기쁨은 거듭난 자 속에 있는 중대한 원리이자 말로 설명할 수 없는 영혼의 상태입니다. 거듭난 자는 "말할 수 없는 영광스러운 즐거움"(벧전 1:8)이 자기 속에 있음을 압니다. 독실한 종교인은 결코 이런 기쁨을 알지 못합니다. 오늘날 교회와 세상 대부분이 죽어 있는 것은 전적으로 종교—기쁨과 생명이 없는 차가운 종교—가 참 기독교를 밀어낸 탓이라고 저는 생각합니다. 제가 말하는 기쁨은 무엇보다 사람을 비참하게 만드는 인위적인 기쁨이나 기계적인 쾌활함이 아닙니다. 기쁨은 영혼의 내적 자질입니다. 오직 성령만 만들어 내실 수 있는 영혼의 빛입니다.

그다음 열매는 "화평"입니다! 강 같은 "평강"(사 66:12)입니다!

> 아무것도 염려[걱정]하지 말고 다만 모든 일에 기도와 간구로, 너희 구할 것을 감사함으로 하나님께 아뢰라. 그리하면 모든 지각에 뛰어난 하나님의 평강이 그리스도 예수 안에서 너희 마음과 생각을 지키시리라(빌 4:6-7).

여러분, 이 놀라운 평강에 대해 알고 있습니까? 자신이 이런 평강을 누린다는 데 놀라고 있습니까? 하나님의 생명을 얻으면 이런 평강이 생깁니다. 이 또한 성령의 한 가지 열매입니다.

"사랑과 희락과 화평" 다음에 나오는 열매는 "오래 참음"입니다. 오래 참음은 남을 대하는 태도에 나타나는 특질입니다. "자비"도 있습니다. 거듭난 자는 물렁한 것이 아니라 부드럽습니다. 강한 사람일수록 부드러운 법입니다. 자비하다고 해서 무골호인이라는 뜻은 아닙니다. 그것은 자비한 것이 아닙니다. 참으로 강한 사람만 참으로 자비할 수 있습니다. 사도 바울을 보십시오. 그는 얼마든지 엄하고 강하게 논리를 내세우며 정죄하고 책망할 수 있는 사람이었습니다. 그런데 사도처럼 자비한 영혼을 본 적이 있습니까? 자비는 우리 안에 계신 복되신 주님의 특징입니다.

그다음 열매는 "양선"입니다. 이것은 본질적으로 선한 것을 의미합니다. 단순히 잘못을 범하지 않는 데서 나아가 적극적으로 선을 행하는 것을 의미합니다. "충성"은 신실한 것, 믿고 신뢰할 만한 것을 가리킵니다. "온유"는 짐짓 겸손한 척하는 것이 아닙니다. 그것은 주님의 팔복에 배치되는 태도입니다. "절제"는 자기 통제, 자기 훈련을 가리키는 말입니다. 여기에서 강조할 점은 단순히 규칙과 규범의 준수에 기초한 훈련이 아니라 본능적으로 이루어지는 훈련이라는 것입니다.

한 가지 예를 들고 설교를 마치겠습니다. 진짜 신사와 신사처럼 행동하려고 애쓰는 자의 차이를 여러분도 알지 않습니까? 독실한 종교인은 자기 방식대로 훈련합니다. 그것은 내적인 훈련이나 본능적인 훈련이 아닙니다. 그리스도인은 본능적으로 자기를 통제합니다. 하나님을 알고 싶은 열망, 의로워지고 싶은 열망, 하나님처럼 되고 싶은 열망의 지배를 받습니다. 그래서 이 모든 일—먹고 마시는 일을 비롯한 모든 일—을 할 때 본능적으로 균형을 잡으며 자기를 훈련하고 통제합니다. 단순히 무언가 되려고 노력하는 것이 아닙니다. 그는 이미 무언가가 되었음을 압니다. 그래서 모든 면에서 자기를 통제하고 훈련합니다.

지금 우리가 다루는 것은 생명입니다. 그러니 율법이나 기술적인 방법들은 잊어버립시다. 참 생명은 오직 하나님만 주시는 것입니다. 기적적이고 초자연적인 것입니다. 우리 스스로 더할 수 있는 것이 아닙니다. 그러므로 주님께 나아가 "저는 이 생명을 더할 수 없음을 압니다"라고 고백해야 합니다. "주님이 해주셔야 합니다. 오직 주님이 해주셔야 합니다. 하나님, 하나님이 제 영혼에 이 일을 해주셔야 합니다. '네가 거듭나야 하겠다'라고 하시는데, 저는 스스로 태어날 수 없습니다. 주님의 복되신 성령을 보내어 이 일을 해주십시오"라고 구해야 합니다. 그렇습니다. 하나님의 생명이 들어오면, 여러분에게도 필연적으로 이런 증거들이 나타나기 시작할 것입니다.

8.
형제 사랑

바람이 임의로 불매 네가 그 소리는 들어도 어디서 와서 어디로 가는지 알지 못하나니 성령으로 난 사람도 다 그러하니라. | 요한복음 3:8

우리는 예수께서 그리스도인의 전체적인 상태와 위치에 대해 가르치신 기본적이고 기초적인 말씀을 계속 연구하고 있습니다. 주님이 유대인의 지도자 니고데모에게 가르치셨듯이 그리스도인은 거듭난 사람입니다. 그래서 참으로 거듭난 모든 사람 속에 들어온 하나님의 새 생명이 어떻게 다양하게 나타나는지 여러 가지 표지들을 살펴보는 중입니다. 우리는 그중에 소극적인 것과 적극적인 것이 있음을 알았고, 둘 다 중요하다는 사실 또한 알았습니다.

그렇다고 제가 설명한 표지들이 전부 온전히 나타나야 한다고 말하는 것은 아니라는 점을 다시금 일깨워야겠습니다. 그것은 공정치 못한 말이요 잘못된 말입니다. 완벽한 사람은 없습니다. 다만 제가 하고 싶은 말은 새 생명에 항상 이런 특징들이 나타난다는 것입니다. 이를테면 저는 징후의 분량에는 관심이 없습니다. 이런 징후가 나타난다는 사실, 반드시 나타난다는 사실 자체를 밝히고 싶을 뿐입니다.

이 또한 인간사에 비추어 살펴보면 도움이 됩니다. 한 가족이 가진 생명의 특징은 어떤 모양 어떤 형태로든 온 식구에게 나타난다는 것, 그러나 정도의 차이가 있어 더 많이 나타나는 식구도 있고 더 적게 나타나는 식구도 있다는 것을 우리는 알고 있습니다. 영적인 생명도 마찬가지입니다. 크기나 외모가 다르고 지력과 이해력 등도 다르지만,

어느 정도는 다 가지고 있습니다. 가장 무지한 자도 아는 것이 있고, 타고난 지적 능력이 부족한 자도 이해하는 머리가 있습니다. 어떤 부분들을 이해하는 머리가 있습니다. 제가 일종의 원리로 제시하는 점이 이것입니다. 기준을 100퍼센트 다 채우라는 말이 아닙니다. 그럴 수 있는 사람은 아무도 없습니다. 다만 제 말은 이런 특징들이 분명히 나타나야 한다는 것이며, 자신을 검증하고 점검할 때 이런 특징들을 분간해 낼 수 있어야 한다는 것입니다.

우리는 논리적인 순서에 따라 다양한 시금석을 살펴보는 중이며, 지난번에는 새 생명의 특징으로 항상 나타나는 '의에 주리고 목말라 하는 열망'에 대해 살펴보았습니다. 그러면서 그리스도 안에 있는 새 사람은 항상 행복보다 의를 우선시한다는 것, 행복해지는 일보다 거룩해지는 일에 관심을 갖는다는 것을 알았고, 마지막으로 "성령의 열매"가 어떻게 나타나는지 잠깐 살펴보았습니다. 주님이 본문에서 알려 주시듯이, 거듭난 자는 물과 성령으로 태어난 사람입니다. 사도 바울은 로마서 8:9에서 이 점을 상기시킵니다. "누구든지 그리스도의 영이 없으면 그리스도의 사람이 아니라." 성령이 없는 그리스도인은 없습니다. 모든 그리스도인 안에는 성령이 계십니다. 저는 지금 성령 세례에 대해 말하는 것이 아닙니다. 성령의 내주하심과 성령으로 태어나는 일에 대해 말하는 것입니다. 우리는 모든 그리스도인에게 성령의 열매가 있는지 찾아볼 권리가 있습니다.

이것은 "성령의 열매"에 나오는 그다음 단계의 시금석으로 이어집니다. "오직 성령의 열매는 사랑과 희락과 화평과 오래 참음과 자비와 양선과 충성과 온유와 절제니"(갈 5:22-23). 이 열매는 세 갈래로 나뉘는데, 그중 한 갈래—"오래 참음과 자비와 양선"—는 그리스도인 간의 관계와 관련되어 있음이 분명합니다. 그리스도인은 서로 관계를 맺으며, 그 관계에는 이런 특징이 나타난다고 신약성경은 가르칩니다. 예컨대 베드로후서 1장에 나오는 말을 들어 보십시오. "그러므로 너희가 더욱 힘써 너희 믿음에 덕을, 덕에 지식을, 지식에 절제를, 절제에 인내를, 인내에 경건을, 경건에 형제 우애를, 형제 우애에 사랑을 더하라"(벧후 1:5-7). 이처럼 우리 안에 새 생명이 있는지 검증하는 그다음 시금석은 그리스도인들 간의 관계입니다. 요한일서 3:14에서도 같은 말씀을 볼 수 있습니다. 요한은 "형제를 사랑함으로 사망에서 옮겨 생명으로 들어간 줄을 알거니와"라고 하면서, 본문 전체를 할애하여 이 말을 자세히 설명합니다.

"알거니와"는 단정적인 표현입니다. "사망에서 옮겨 생명으로 들어간" 절대적인 증거가 바로 이것입니다. 우리가 거듭났는지 어떻게 알까요? "형제를 사랑함으로"입니다. 이것은 교리적인 진술입니다. 좀 더 자연스러운 진술, 인간적이고 역사적인 진술을 원한다면 사도 베드로의 오순절 설교가 나오는 사도행전 2장 후반부를 보십시오. 그때까지 120명 남짓하던 그리스도인들의 수가 베드로의 예루살렘 설교 이후 3천 명이나 더 늘어났습니다. 그들의 특징이 무엇이었습니까?

> 그 말을 받은 사람들은 세례를 받으매 이날에 신도의 수가 삼천이나 더하더라. 그들이 사도의 가르침을 받아 서로 교제하고 떡을 떼며 오로지 기도하기를 힘쓰니라(행 2:41-42).

성경은 연이어 말합니다.

> 믿는 사람이 다 함께 있어 모든 물건을 서로 통용하고 또 재산과 소유를 팔아 각 사람의 필요를 따라 나눠 주며 날마다 마음을 같이하여 성전에 모이기를 힘쓰고 집에서 떡을 떼며 기쁨과 순전한 마음으로 음식을 먹고 하나님을 찬미하며 또 온 백성에게 칭송을 받으니 주께서 구원받는 사람을 날마다 더하게 하시니라(44-47절).

이것은 역사적인 진술입니다. 그리스도인은 본능적으로 즉시 이렇게 행동하기 시작합니다. 이 또한 논증이나 입증이 따로 필요 없는 사실임이 분명합니다. 필연적으로 이렇게 행동하게 되어 있습니다. 이것은 우리도 인간사를 통해 익히 아는 사실입니다. 가족은 늘 이렇게 행동합니다. "피는 물보다 진하다"라는 속담도 있듯이 핏줄이 같은 자들, 특정한 본성을 공유하는 자들은 한데 묶이게 되어 있습니다. 육신의 세계에서도 그렇습니다. 가족은 남들과 달리 본능적으로 한데 묶이게 되어 있습니다. 이 말은 영역인 영역에 그대로 해당됩니다. 아니, 영적인 영역에는 더더욱 해당된다고 할 수 있습니다. 공유하는 생명의 특질 자체가 더 크고 순전하며 강력하기 때문에 필연적으로 그럴 수밖에 없습니다.

제가 이 점을 제시하는 것은, 지금 우리가 다루는 주제 전체와 관련하여 살펴보아야 할 가장 중요한 원리 중 한 가지가 이것이기 때문입니다. 오늘날 교회의 연합 등에 대해 많은 말들을 하는데, 그 점에서 가장 중요한 원리가 이것입니다. 저는 허다한 문제의 원인이 여기 있다고 생각합니다. 모든 사람이 교회의 연합을 논하지만, 그 전에 먼저 교회가 어떤 곳이며 그리스도인이 어떤 사람인지부터 알아보아야 하는 것이 분명합니다. 그에 따라 연합에 대한 생각이 결정됩니다. 작금의 추세는 세상이나 대기업처럼 접근하는 것입니다. 현대는 소기업과 개인과 서민이 사라지는 시대입니다. 모든 것이 합병되고 있습니다. 그런데 교회도 상당히 비슷한 사고를 가지고 있는 것 같습니다. 정당들은 연립 정부를 세우지만, 영적인 영역에서 그렇게 하는 것은 완전히 잘못된 태도임을 밝히고 싶습니다. 기독교회를 그런 식으로 생각하는 것은 사안을 혼동하는 태도일 뿐 아니라 심각하게 빗나간 태도이며 심히 비성경적인 태도입니다.

이것은 우리와 절실히 관련된 문제입니다. 각 개인뿐 아니라 교회 전체의 상태와 형편을 볼 때도 중요한 문제입니다. 이제 이 말의 정의를 내려 봅시다. "우리는 형제를 사랑함으로 사망에서 옮겨 생명으로 들어간 줄을 알거니와." 여기에서 "형제를 사랑함으로"가 무슨 뜻일까요? 소극적인 정의부터 내릴 텐데, 저는 이 점이 아주 중요하다고 생각합니다. 이것은 전에도 자주 강조했던 차이점이지만, 이번에도 크게 강조할 필요가 있습니다. 사랑하는 것과 좋아하는 것은 다르다는 점을 기억하십시오. 성경은 "형제를 **좋아함으로** 사망에서 옮겨 생명으로 들어간 줄을" 안다고 말하지 않습니다. 절대 그렇게 말하지 않습니다. "형제를 **사랑함으로**" 안다고 말합니다.

그 차이점이 무엇일까요? 좋아하는 것은 자연스럽게 생기는 감정입니다. 누군가를 좋아할 수도 있고 좋아하지 않을 수도 있습니다. 누구나 같은 사람을 좋아하는 것은 아닙니다. 내가 특히 더 좋아하는 사람이 있습니다. 그것은 잘못이 아닙니다. 좋아하지 않는다고 해를 끼치는 것이 아닙니다. 좋고 싫은 것은 통제 불가능한 감정입니다. 타고난 기질에 따라 좌우되는 것입니다. 서로 끌리는 요소가 있고 쉽게 밀어내는 요소가 있습니다. 좋아하는 감정의 영역은 그런 것입니다. 인간의 영역에서 볼 수 있는 이런 모습을 동물의 세계에서도 분명하고 확실하게 볼 수 있습니다. 경우에 따라 매력을 느끼기도 하고 느끼지 못하기도 합니다. 그래서 성경은 서로 좋아하라고 말하지 않습니다. 서로 사랑하라고, 그것이 우리의 의무라고 말합니다. 여기에서 바로 차이점이 드러납니다.

그렇다면 형제를 사랑한다는 말의 의미는 무엇일까요? 가끔 생각하는 바지만, 가장 좋은 정의는 이것입니다. 형제를 사랑한다는 것은 실제로 좋아하지 않아도 좋아하는 사람처럼 대하는 것입니다. 이것이 사랑하는 것입니다. 좋고 싫은 감정의 지배를 받는 사람은 참 그리스도인답게 행동하지 못하는 것입니다. 그리스도인은 싫은 사람이라고 달리 대하지 않습니다. 좋은 사람처럼 대하려고 노력합니다. 나중에 설명하겠지만, 그와 나는 끈으로 엮인 형제이기 때문입니다.

이것이 사랑하는 것과 좋아하는 것의 차이점입니다. 좋아하라고 명령할 수는 없지만 사랑하라고 명령할 수는 있습니다. 모든 사람을—여기에서는 모든 그리스도인을 가리킵니다—똑같이 좋아해야 하는 것은 아닙니다. 그리스도인이라고 다 같지는 않기 때문입니다. 거듭나도 기질은 변하지 않습니다. 사람마다 개성의 기초와 토대를 이루는 요소들, 바뀌지 않을 뿐 아니라 바뀌지 않아도 되는 요소들이 있습니다. 말하는 방식을 비롯하여 모든 면이 똑같은 그리스도인들이 다수 있다면 오히려 위험한 것입니다. 그것은 잘못된 현상이요 심리적인 현상입니다. 기독교는 그렇지 않습니다. 제자들과 사도들도 저마다 달랐던 것을 볼 수 있습니다. 이 놀라운 현상이 이후 교회 역사에도 지속되었습니다. 하나님은 자연 만물을 다양하게 만들어 영광을 받으시듯, 그리스도인도 다양하게 만들어 영광을 받으십니다. 저마다 타고난 재능과 역량과 개성이 다르고, 새로 태어난 후에도 그 차이가 남아 다양성과 아름다움을 더해 줍니다. 그렇기 때문에 모든 사람을 똑같이 좋아할 필요가 없는 것입니다. 그러나 성경은 모든 사람을 똑같이 사랑하라고 말합니다.

이것이 거듭남의 한 가지 증거입니다. 거듭난 자는 좋아하는 것과 사랑하는 것의 차이를 발견합니다. 거듭나지 못한 "육에 속한 사람"은 좋고 싫은 감정의 전적인 지배를 받고, 그에 따라 행동합니다. 그러나 그리스도인이 되면 모든 것을 달리 보게 됩니다. 실제로 좋아하지 않는 사람을 사랑하게 됩니다. 더 좋아하는 이들이 있지만, 좋아하지 않는 이들도 그들과 똑같이 대하며 사랑합니다. 이것은 아주 중요한 요점입니다. 이 요점을 분명히 모르면 쓸데없이 자신을 정죄하게 됩니다.

사랑하는 것은 단순히 고갯짓으로 인사할 만큼 알고 지내는 것이 아닙니다. 현대인들이 말하는 "형제를 사랑한다"는 것은 그런 것이지만, 우리는 형제 사랑을 그런 제도적인 의미로 생각해서는 안 됩니다. 제도 중심주의는 기독교 역사상 항상 큰 저주가 되어 왔습니다. 큰 조직에서 사람은 거의 기호가 되어 버립니다. 그것은 신약성경에 나오는 교회의 모습이 아닙니다. 교회는 형제의 모임입니다. 형제를 사랑한다는 것은 단순히 사회적 교제를 나누거나 그런 식으로 일정한 사람들과 알고 지내는 일이 아닙니다. 단순히 한 교회 교인 명부에 이름을 올리는 것이 아닙니다. 신약성경에 나오는 교회의 모습은 절대 그런 것이 아닙니다. 교회에는 사랑이 있습니다. 더 깊은 것, 훨씬 더 적극적인 것이 있습니다. 아주 실제적이고 생생한 교제가 있습니다. 그러므로 다른 그리스도인, 다른 형제와 이런 관계를 맺고 있는지 분명히 확인할 필요가 있습니다. 이것은 새 출생을 검증하는 가장 정교하고 섬세한 시금석입니다.

제가 이처럼 거듭난 자들은 필히 서로 사랑한다고 말하는 이유가 무엇일까요? 여러 가지로 대답할 수 있습니다. 반복하건대 거듭난 자들은 기본적으로 같은 생명을 가지고 있으며, 그 생명은 항상 서로 끌리게 되어 있습니다. 그것은 불가피한 결과입니다. 가족에 비추어 다시 살펴보십시오. 이것은 말로 정의하기는 어려워도 모두가 인정하는 사실입니다. 콕 집어 설명할 수는 없어도 본능적으로 알고 느끼는 사실입니다. 한 가족은 같은 본성을 가지고 있다는 점이 드러나게 되어 있습니다. 거듭난 자들도 마찬가지입니다. 우리는 다 한 성령으로 거듭나 한 하나님의 자녀가 된 자들입니다. 이것은 당연히 삶을 바라보고 이해하는 관점이 같다는 뜻입니다. 이런 요소들이 우리를 한데 묶어 주고 서로 사랑하게 해줍니다. 같은 관심사를 가진 자들은 항상 서로 끌리게 되어 있습니다. "깃털이 같은 새는 한데 모이는 법"입니다. 당연합니다! 공통의 이해관계가 있을수록 더 친밀한 관계를 맺고 공동체를 형성하게 마련입니다. 서로 다른 요소가 많더라도 이 요소가 그들을 단단히 결속시킵니다.

영적인 영역에서는 더 그렇고, 요즘 같은 시대에는 특히 더 그렇습니다. 우리와 세상의 관계는 이미 살펴보았습니다. 거듭난 자는 세상에서 벗어납니다. "이 악한 세대에서"(갈 1:4) 벗어나 "사랑의 아들의 나라로"(골 1:13) 옮겨집니다. 거듭난 모든 자는 이 일을 경험합니다. 그래서 같은 인생관을 갖게 되는 것입니다. 거듭나는 즉시 세상 사람들과 분리되어 다른 거듭난 자들과 연합하며, 모든 것을 바라보고 이해하는 시각을 공유합니다.

그러므로 저는 감히 이렇게 말하고 싶습니다. 참으로 거듭난 자들은 서로 말이 통합니다. 저는 나이가 들수록 이 시금석을 더 중시하게 됩니다. 세상의 삶, 육신의 삶에서도 이런 표현을 쓰지 않습니까? 이 또한 공통의 이해관계와 관심사를 가진 자들의 특징입니다. 여러분은 "저 사람하고는 잘 지내. 서로 말이 통하거든"이라고 하며, 그 말이 무슨 뜻인지 정확히 이해합니다. 영적인 영역에서는 무한히 더 그렇습니다. 이 또한 속에 있는 생명에서 비롯된 특징입니다. 관점에 따라 사용하는 말이 달라지게 마련입니다.

사도 바울은 고린도전서 2장에서 흔히 사용하는 아주 명확한 표현으로 이 점을 설명합니다. "우리가 세상의 영을 받지 아니하고 오직 하나님으로부터 온 영을 받았으니 이는 우리로 하여금 하나님께서 우리에게 은혜로 주신 것들을 알게 하려 하심이라. 우리가 이것을 말하거니와 사람의 지혜가 가르친 말로 아니하고 오직 성령께서 가르치신 것으로 하니 영적인 일은 영적인 것으로 분별하느니라"(고전 2:12-13). 다시 말해서 거듭난 자는 특정한 말, 영적인 말을 쓰기 시작합니다. 사용하는 단어는 전과 똑같지만 사용하는 방식과 어법이 달라집니다. 일종의 새말이 생기는 것입니다. 한 성령으로 거듭난 자들은 그 말을 이해합니다.

너무 세세히 구별할 마음은 없지만, 이 점은 중요하다고 생각합니다. 거듭나서 이 말을 쓰는 사람과 거듭나지 않았는데 이 말을 쓰려고 애쓰는 사람의 차이에 주목한 적이 있습니까? 이것은 정말 의미심장한 시금석입니다! 저도 그런 이들을 알고 있습니다. 일정한 용어와 문구와 상투적 표현과 전문 용어를 쓰는데, 왠지 진짜 영적인 말을 한다는 느낌이 들지 않고 흉내 내는 것처럼 들립니다. 그러나 참으로 거듭난 하나님의 자녀는 영적인 말을 합니다. 자연스럽게 영적인 말을 합니다. 생명이 없는데 있는 척하며 특정한 말과 문구와 전문 용어를 쓰는 위선의 본질이 여기 있습니다. 제 관심은 그 언어가 과연 실제적이냐 하는 것입니다. 본능적으로 그것을 알아챌 수 있습니다. 거듭난 자들은 서로 말이 통합니다.

더 나아가 이해관계와 관심사와 열망도 같다는 점을 지적할 수 있습니다. 가족의 유사성에 비추어 보면 알 수 있습니다. 굳이 문서로 기록할 필요 없이 공유하는 가족의 이해관계가 있습니다. 누구나 알듯이 한 가족이라면 자동적으로 공유하는 이해관계가 있습니다. 이 기본 요소가 궁극적으로 가족을 하나로 만들어 주며, 그 이해관계가 위협받거나 어떤 면에서든 위험에 처할 때 힘을 합쳐 맞서게 해줍니다. 자녀는 필연적으로 당연히 가족의 안녕에 관심을 갖게 되어 있습니다. 가족이 어려움을 겪지 않고 잘되길 바라게 되어 있습니다. 그 모든 특징을 영적인 영역과 하나님의 자녀에게 그대로 옮겨 보십시오. 그들도 항상 가족의 관심사와 열망을 공유합니다. 아버지의 가문과 가문의 이름과 아버지의 나라가 잘되는 데 큰 관심을 갖습니다.

다시 말해서 다음과 같은 질문으로 자신을 검증해 볼 수 있습니다. 세상의 현 모습과 삶에 대한 여러분의 반응은 무엇입니까? 한 가지 반응은 영국을 비롯한 여러 나라에서 점증하는 문제를 보며 질겁하는 것입니다. 그러나 그것은 그리스도인의 자세가 아닙니다. 그리스도인은 사람의 영혼이라는 관점에서, 하나님의 나라와 영광이라는 관점에서 모든 문제를 바라보며 그 불경건한 모습에 비통함을 느끼게 되어 있습니다. 하나님의 자녀요 가족이기 때문에 그런 반응을 보이는 것입니다. 거듭난 자라면 반드시 연약하고 위험한 처지에 놓인 영국 교회의 현 상태에 비통함을 느끼게 되어 있습니다. 하나님의 자녀라면 당연히 비통해하고 깊이 염려하며 하나님의 나라가 잘되길 간절히 바라게 되어 있습니다.

또는 다음과 같이 생각해 보기 바랍니다. 우리가 형제를 사랑하는 것은 그들과 비밀을 공유하고 있기 때문입니다. 가족끼리만 알고 밖에서는 말하지 않는 일들이 있습니다. 여러분은 가족의 비밀, 밖에서 떠들면 안 되는 비밀을 지킵니다. 오, 영적인 영역에서는 더 그렇습니다! 비그리스도인들 앞에서 말할 수 없는 일들이 종종 있지 않습니까? 말해도 이해하지 못할 것을 우리는 압니다. 무슨 말을 하는지 알아듣지 못할 것을 압니다. 성경은 "너희 진주를 돼지 앞에 던지지 말라"(마 7:6)라고 합니다. 알다시피 말하면 오히려 오해받기 쉽습니다. 영적인 이야기는 가족들과 있을 때만, 형제들과 있을 때만 할 수 있습니다. 여러분은 그들과 비밀을 공유하고 있음을 압니다. 무슨 비밀인지 따로 듣지 않아도 됩니다. 이미 알고 있습니다. 이 모든 것을 요약해서 노래한 찬송들이 많습니다. 한 예를 들어 보겠습니다.

주 사랑 받은 사람만

그 사랑 알도다.*

가족 안에서는 얼마든지 자유롭게 영적인 이야기를 할 수 있지만, 다른 사람에게는 할 수 없습니다. 이 또한 우리를 한데 묶어 주는 특징입니다.

다른 이유 없이 이 한 가지 이유만으로도 형제를 사랑하기에 충분합니다. 우리 모두 같은 원수와 싸우고 있습니다. 성경을 보면 알 수 있습니다. 이후 교회 역사에도 하나님의 백성이 어느 때보다 박해의 시기에 굳게 뭉쳐 결속한 이야기들이 나옵니다. 하나님의 백성은 공동의 적과 싸우기에 한데 뭉칩니다. 영국의 그리스도인 수가 줄어들수록 우리도 그래야 합니다. 서로 알아보고 더 긴밀히 뭉쳐야 합니다. 상황이 열악할수록 더 사랑해야 합니다.

마지막으로, 그리스도인은 한 "영광의 소망"(골 1:27)을 가진 자들입니다. 한 영광을 고대하는 자들입니다. 우리는 거듭남으로 새 영역에 들어왔고 새 나라로 옮겨졌습니다. 이 세상은 일시적인 곳이요 불완전한 곳으로서, 우리는 최종적으로 이루어질 "영광의 소망"을 향해 나아가고 있습니다. 우리는 이 사실을 알지만 다른 사람은 모릅니다. 세상은 이것을 모르며 사실상 믿지도 않습니다. 죽고 나면 아무것도 없고 그것으로 끝이라는 말은 믿어도, 우리 주와 구주 되신 복되신 분과 그의 영원한 나라가 마지막 날 영광스럽게 나타난다는 말은 믿지

* 새찬송가 85장 4절.

않습니다. 그러나 거듭난 자는 믿습니다. 이것이 우리 믿음과 신앙의 일부를 이룹니다. 그렇기 때문에 자연히 세상에서는 "거류민과 나그네"(벧전 2:11)라는 의식을 갖습니다. 이 사실이 우리를 하나로 묶어 줍니다. 형제를 알아보고 사랑하게 해줍니다. 다시 말해서 한 공동체, 공통된 시각과 믿음, 한 열망과 소망과 두려움과 싸움과 문제가 전부 우리를 하나로 묶어 주며 결국 형제를 사랑하는 자리로 이끌어 줍니다.

형제를 사랑하는 이유가 이것이라면, 그 사랑이 실생활에서 나타나는 모습은 어떠할까요? 저는 이 문제를 아주 현실적으로 다루고 싶습니다. 우리의 어려움은 하나님의 자녀가 아닌데 자녀라고 착각하도록 마귀가 기만하고 현혹하는 데 있습니다. 이 또한 예리하게 구분해야 할 점으로서, 성경이 그 구분법을 가르쳐 줍니다. 내가 형제를 사랑하는지 아닌지 어떻게 알 수 있습니까? 우리는 형제를 사랑해야 한다는 것을 알았고, 참으로 거듭나면 필히 사랑하게 된다는 것도 알았습니다. 그런데 나는 과연 사랑하고 있습니까? 어떻게 그것을 검증할 수 있습니까?

자, 그 시금석을 알려 드리겠습니다. 이번에도 첫 번째로 제시할 시금석—인간사에서 도출되는 시금석—은 형제를 바로 알아보는 것입니다. 즉시 인지하는 것입니다. 이것은 직관적이고 본능적인 반응으로, 그리스도인의 삶에서 경험할 수 있는 가장 경이롭고 가슴 떨리는 일입니다. 하나님 앞에서 아주 정직하게 말하건대, 예배를 마친 후 집무실에서 종종 경험하는 이 일, 목회 생활 내내 경험해 온 이 일보다 더 가슴 떨리는 것은 없습니다. 낯선 이가 저를 만나러 옵니다. 저도 그를 본 적이 없고 그도 저를 본 적이 없습니다. 그럼에도 서로 형제임을 즉시 알아봅니다. 어떤 의미에서 소개가 따로 필요치 않습니다. 물론 이름이야 서로 알아야겠지만, 사실상 그것은 문제가 되지 않습니다. 그리스도인이요 하나님의 자녀임을 서로 알아보며, 그 즉시 친근감을 느낍니다.

이 점에서 미묘하게 다른 사례를 제시할 수 있습니다. 가끔 다른 나라에서 찾아오는 이들이 있는데, 그들은 저를 보자마자 "나는 이런 사람"이라며 자신을 소개하곤 합니다. 집무실에 들어서자마자 "회중교인"이라든지 "감리교인"이라고 밝히는 것입니다. 이처럼 교파를 강조하는 사람을 보면 저는 즉시 의심이 생깁니다. 하나님의 자녀는 그런 식으로 자신을 소개하지 않습니다. 그들에게 일차적으로 중요한 것은 소속 교파가 아닙니다. 하나님의 자녀라는 사실 그 자체입니다. 하나님의 자녀라면 교파보다 자신이 들은 진리에 더 큰 관심을 보일 것입니다. 이처럼 정체가 바로 드러나게 되어 있습니다. 하나님의 자녀는 본능적으로 서로 알아봅니다. 가족 관계가 바로 확인됩니다. 이 문제를 너무 깊이 다룰 마음은 없지만, 전에도 했던 이 말이 참되다는 것을 점점 더 절감하게 됩니다. 겉모습만 보아도, 특히 눈만 보아도 그리스도인임을 알 수 있습니다. 어떻게 알 수 있는지 규명해 보라고 하지 마십시오. 규명할 수는 없습니다. 그러나 여러분도 그렇게 생각하지 않습니까? 속에 있는 본성이 드러나게 되어 있지 않습니까? 나타나게 되어 있지 않습니까? 본성은 늘 나타나게 마련입니다. 하나님의 자녀에게는 말하자면 이런 표시와 징후와 징표들이 놀랍게 나타난다는 것, 그래서 자녀는 자녀를 알아본다는 것이 제 주장입니다.

이 형제 관계야말로 다른 어떤 관계보다 중요하며, 이 형제들과 만나는 것이야말로 다른 어떤 것보다 기쁜 일이라고 말하고 싶습니다. 이 시금석으로 자신을 점검해 봅시다. 다른 이들을 만날 때 주로 찾아보는 특징이 무엇입니까? 하나님의 자녀는 타고난 재능보다—외모나 매력적인 성격이나 기량이나 능력을 비롯한 어떤 특징보다—자녀의 표지를 더 찾아봅니다. 그리스도인의 미묘한 징표, 거의 규명하기 힘든 징표에 더 관심을 보입니다.

사도 바울도 이것을 알고 크게 자랑했습니다! 그는 유대인이었습니다. 편협한 민족주의에 사로잡혀 다른 민족을 개로 취급하며 멸시했습니다. 그런데 이방인의 사도임을 자랑하는 사람이 되었습니다. "중간에 막힌 담"(엡 2:14)이 무너져 유대인과 이방인이 한 형제가 된 것, 한 성령을 통해 한 몸이 되어 같은 주와 구주를 전하게 된 것을 무엇보다 기뻐하는 사람이 되었습니다. 이것은 바울에게 일어난 어떤 변화보다 큰 변화였습니다. 옛 편견이 사라졌습니다. 국적이 어디든 개의치 않았습니다. "거기에는 헬라인이나 유대인이나 할례파나 무할례파나 야만인이나 스구디아인이나 종이나 자유인이 차별이 있을 수 없나니"(골 3:11). 피부색은 중요치 않습니다. 다른 어떤 것도 중요치 않습니다. 억양이 중요합니까? 전혀 중요치 않습니다! 동료 그리스도인은 전부 형제입니다. 사랑하는 형제입니다. 이것이 무엇보다 우선적인 사실입니다.

특별히 국적을 예로 들었지만 다른 요소들도 마찬가지입니다. 우리 주와 구주 되신 복되신 분의 생명을 공유하고 있다는 이 사실에 비하면 계층, 인종, 재능을 비롯한 모든 요소는 퇴색하고 밀려나게 되어 있습니다.

한 단계 더 나아가야겠습니다. 거듭난 자는 거듭나지 못한 혈육보다 다른 거듭난 자들을 더 사랑합니다. 거기까지 이릅니다. 반드시 거기까지 이릅니다. 여러분과 가족을 엮어 주는 끈은 육신적인 의미의 혈육 관계입니다. 그런데 거듭난 자들을 엮어 주는 끈은 신성한 씨―하나님을 향한 사랑, 더 순전한 본성, 더 순전한 사랑, 더 순전한 씨―입니다. 이 신성한 씨가 다른 어떤 끈보다 중요한 것이 분명합니다. 신성한 씨는 다른 모든 끈에 우선합니다. 혈육으로 엮인 가족보다 물리적인 의미에서 아무 상관 없는 하나님의 자녀에게 더 깊은 유대감과 애착을 느끼는 것은 경험으로 알 수 있는 간단한 사실입니다. 이것은 그야말로 철저한 시금석이자 심오하고 참된 시금석으로, 다른 것 없이 이 시금석 하나만으로도 자신이 그리스도인인지 아닌지 정확히 알 수 있습니다.

이 모든 시금석에 따라오는 또 다른 시금석을 계속 살펴봅시다. 이제 살펴볼 것 또한 훌륭한 시금석입니다. 여러분은 그리스도인들과 함께 있기가 어색합니까? 그런 느낌이 어떤 것인지 알 것입니다. 성도들과 함께 있기가 어색합니까? 소속감이 느껴지지 않고 물 떠난 물고기처럼 불편합니까? 사랑하는 여러분, 그것은 거듭나지 못한 외인의 표지입니다. 어떤 영역에서든 외인임을 느끼는 것은 괴로운 일입니다. 영적인 영역에서도 자신이 외인인지 아닌지 즉시 알 수 있습니다. 거듭난 자는 다른 거듭난 자들과 함께 있을 때 영적인 의미에서 전혀 어색함을 느끼지 않습니다. 자신이 어리고 미숙한 것은 알지만, 다른 거듭난 자들처럼 되길 원하기에 그들과 함께하길 좋아합니다. 물론 겸손하고 온유하게 자신의 부족함을 느끼지만 어색함을 느끼지는 않습니다. 거듭난 자는 자신이 그 무리에 속한 것을 압니다. 충분히 이해하지는 못해도 영적인 일을 이해하는 지각을 가지고 있습니다.

계속해서 다음과 같이 설명해 보겠습니다. 세상이 제공하는 최고의 모임보다 형제의 모임을 더 좋아하는 사람은 하늘에 계신 왕의 자녀가 맞습니다. 하나님 나라에서 가장 작은 자가 세상에서 가장 큰 자보다 큽니다. 다윗이 이 점을 단번에 표현해 놓은 불멸의 구절이 시편 84편에 나옵니다. "악인의 장막에 사는 것보다 내 하나님의 성전 문지기로 있는 것이 좋사오니"(시 84:10). 당연합니다! 하나님의 자녀는 가장 크고 높고 훌륭한 비그리스도인의 모임보다 하나님 자녀의 모임을 더 좋아합니다. 배우지 못한 소박한 성도와 하루를 보내겠느냐, 가장 세련되고 명석한 세상 사람과 하루를 보내겠느냐고 할 때 한 치의 망설임도 없이 소박한 그리스도인을 선택합니다.

거듭난 자는 하나님의 자녀와 만나고 대화하길 즐깁니다. 말라기에는 이런 구절이 나옵니다. "그때에 여호와를 경외하는 자들이 피차에 말하매"(말 3:16). 여호와를 경외하는 자들은 함께 모이길 좋아합니다. 사도행전 2장에 나오듯이, 최초의 그리스도인들이 즉시 한 일도 이것이었습니다. "그들이 사도의 가르침을 받아 서로 교제하고 떡을 떼며 오로지 기도하기를 힘쓰니라." 그들은 매일 만났습니다. 굳이 만나라고 강요할 필요가 없었습니다. 그들은 예배가 너무 길지 않길 바라면서, 오로지 집에 가려는 목적으로 성전에 오지 않았습니다. 그것은 어딘가 잘못되었다는 표지입니다. 그리스도인은 영적인 일을 즐거워합니다. 그에 대해 말하고 싶어 하며 배우고 싶어 합니다. 서로 어울리고 교제하길 즐깁니다. 경험을 공유합니다. 교회 밖에서는 그럴 수 없습니다. 그러나 세상 사람은 그런 예배에 참석해도 제가 말하는 경험을 하지 못합니다.

여러분은 이 경험을 해보았습니까? 이것이 시금석입니다. 하나님의 자녀가 영적인 일을 이야기하기에 형제의 모임만큼 좋은 곳이 없습니다. 그들에게는 영적인 일이 목숨보다 소중합니다. 목숨은 언제 끊어질지 모르지만, 영적인 일은 영원히 계속되기 때문입니다. 우리는 아버지와 맏형에 대해 이야기합니다. 앞서간 성도들, 보좌 가까이에 있는 성도들을 생각합니다. 곧 함께하게 될 성도들을 생각합니다. 이에 비견할 일은 어디에도 없습니다. 여러분은 이런 방법들을 통해 자신에게 새 생명이 있는지 검증해 볼 수 있습니다.

설교를 마무리하며 다음과 같이 설명해 보겠습니다. 거듭난 자들은 서로 공감하며 염려합니다. 서로의 행복과 안녕을 염려합니다. 성경이 계속 그 예를 보여줍니다. 사도행전 12장에서 헤롯 왕은 사도 베드로를 체포했습니다. 요한의 형제 야고보를 잡아 아무 이유 없이 참수하더니 베드로까지 옥에 가둔 것입니다. 베드로도 참수하려 했지만 유월절 기간이라 바로 죽일 수가 없었습니다. 그래서 옥에 가두고 군인 네 패—각각 네 명으로 이루어진 네 패—에 맡겨 밤낮으로 지키게 하고 옥문도 전부 지키게 했습니다. "교회는 그를 위하여 간절히 하나님께 기도"했습니다(행 12:5). 옥에 갇힌 자는 베드로였지만, 온 교회가 영으로 그와 함께했습니다! 실제로 사슬에 매여 고난받는 자는 한 사람이었지만, 온 교회가 차꼬와 지하 감옥과 옥살이의 잔혹성을 느끼며 그를 위해 기도했습니다.

왜 그랬을까요? 형제가 갇혔기 때문입니다. 자신들에게 속한 자가 갇혔기 때문입니다. 바울은 고린도전서 12장에서 한 사람이 고통을 받으면 당연히 모든 사람이 함께 고통을 받는다고 했습니다. "만일 한 지체가 고통을 받으면 모든 지체가 함께 고통을 받고"(고전 12:26). 또한 "너희가 짐을 서로 지라"(갈 6:2)고도 했습니다. 이것은 우리의 위치를 검증하는 철저한 시금석입니다. 영국과 다른 나라에서 심히 박해받는 그리스도인 형제들이 많습니다. 여러분은 그 때문에 근심하고 있습니까? 걱정하고 있습니까? "글쎄, 나랑 상관없으니까 괜찮아" 하는 것은 아닙니까? 그것은 그리스도인의 영이 아닌 세상의 영입니다. 가족의 어려움을 염려치 않는 자는 가족에 합당한 사람이 아닙니다. 여러분은 하나님의 가족입니다. 그리고 지금 여러 가지 면에서 고통받는 하나님의 자녀들이 많습니다. 그것이 부담으로 다가옵니까? 그 문제를 놓고 기도하게 됩니까? 그들의 고통이 느껴집니까? 그들과 공감합니까? 우리 안에 한 생명이 있고 한 피가 흐른다면 필연적으로 그럴 수밖에 없다고 저는 말하고 싶습니다.

마지막으로, 요한이 강조한 요점을 살펴보고 설교를 마치겠습니다. "우리는 형제를 사랑함으로 사망에서 옮겨 생명으로 들어간 줄을 알거니와." 여러분이 형제를 사랑하는지 어떻게 알 수 있습니까? 여기 그 시금석이 있습니다. 여러분은 형제를 참아 줄 수 있습니까? 형제에 대해 오래 참고 인내할 수 있습니까? 정말 참기 힘들 때가 있지 않습니까? 우리는 다 쉽지 않은 사람들입니다. 타고난 천성으로는 도저히 참아 줄 수가 없습니다! 바울은 디도서 3장에서 우리가 다 전에는 "가증스러운 자요 피차 미워한 자"(딛 3:3)였다고 말합니다. 이것이 인간의 원래 모습에 대한 있는 그대로의 진실임을 여러분도 알 것입니다. 이처럼 우리는 너무나 비열한 자들이기에 서로 참아 주지 못합니다. 그러나 거듭나는 것은 "성령으로" 태어나는 것이며, 성령의 열매는 "사랑과 희락과 화평과 오래 참음과 자비와 양선과 충성과 온유와 절제"입니다. 그러므로 서로 알아보는 하나님의 자녀들은 기꺼이 참아 줍니다. 가족 간에도 참아 주지 않습니까? 밖에서는 참지 못하는 일도 가족 간에는 참아 주고 용서해 줍니다. 그것을 무한히 확대해 보십시오. 여러분은 하나님의 자녀, 거듭난 백성, 하나님의 가족입니다. 자녀는 서로 짐을 지며, 서로 참아 줍니다.

하나님께로부터 났다고 하면서 형제를 미워하는 자가 있다면, 그는 거짓말을 하는 것입니다. 그럴 수가 없습니다. 거듭난 자들은 서로 참아 주며 기꺼이 용서해 줍니다. 왜 그럴까요? 자기 자신이 아무 자격 없이 용서받았기 때문입니다. 그리스도인의 사고에는 이 새로운 논리가 들어옵니다. 세상에 속한 비그리스도인, 거듭나지 못한 자들은 자신에게 잘못이 없다고 말합니다. "왜 내가 용서해야 하지? 왜 내가 항상 지고 들어가야 해?" 하며 따집니다. 그러나 그리스도인은 그렇게 하지 않습니다. "내가 남들 대하듯 하나님이 날 대하시면 어쩌지?" 하며 즉시 자신을 겸손히 낮춥니다. "나는 반역자요 비열한 자요 죄인이요 하나님의 원수였을 때 용서받았다. 그럼에도 불구하고 하나님이 거저 날 용서해 주시고 우리를 용서해 주셨다면, 우리도 서로 용서하고 사랑하는 것이 마땅하다"라고 말합니다. 이렇게 형제를 대하는 태도가 있다면, 기꺼이 형제를 용서하며 오래 참음과 인내로 대할 준비가 되어 있다면, 여러분에게는 형제 사랑의 적극적인 증거가 있는 것입니다.

사랑하는 여러분, 하나님이 우리에게 이 모든 시금석을 적용하는 은혜를 주시길 바랍니다. "나는 하나님의 자녀"라고 말한다고 다 되는 것이 아닙니다. 우리의 관심사는 자신이 하나님의 자녀임을 **아느냐** 하는 것입니다. "우리는 형제를 사랑함으로 사망에서 옮겨 생명으로 들어간 줄을 알거니와." 형제를 사랑하는 것이야말로 틀림없는 자녀의 증거입니다!

9.
하나님을 아는 지식

바람이 임의로 불매 네가 그 소리는 들어도 어디서 와서 어디로 가는지 알지 못하나니 성령으로 난 사람도 다 그러하니라. | 요한복음 3:8

우리가 8절을 계속 연구하는 것은 이 구절이 결정적으로 중요한 문제를 다루기 때문입니다. 평생 축복을 구하며 그리스도인의 삶에서 진보를 이루고자 애쓰지만, 사실은 출발조차 하지 못한 탓에 항상 혼란에 빠지는 이들이 많습니다. 그들은 일정한 가정에 근거해서 행동하는데, 거기에는 종교와 기독 신앙을 치명적으로 혼동했던 니고데모의 가정이 거의 어김없이 포함되어 있습니다.

우리는 이 문제가 어떻게 다양하게 표출되는지 살펴보았고, 스스로 거듭났는지 확인하는 일이 가장 중요하다는 결론에 도달했습니다. 그렇다고 거듭남이 의미하는 바를 충분히 다 이해해야 하는 것은 아닙니다. 니고데모의 실수가 여기 있었습니다. 그는 계속해서 "어찌 그러한 일이 있을 수 있나이까?"(요 3:9)라고 물었습니다. 그렇게 묻는 단계를 넘어 '거듭남은 그 정의상 기적적이고 초자연적이며 신성한 영역에 속한 일'임을 알아야 합니다. 주님은 8절에서 이 점을 아주 완벽하게 요약해 주십니다. "바람이 임의로 불매 네가 그 소리는 들어도 어디서 와서 어디로 가는지 알지 못하나니 성령으로 난 사람도 다 그러하니라." 거듭남은 신비입니다. 이 신비를 풀거나 분석하여 어리석고 하찮은 이해력으로 감당해 보고자 시간을 낭비할 필요가 없습니다. 그렇다고 거듭남이 이치에 어긋나는 일이라는 말은 아닙니다. 거듭남이야말로 참으로 이치에 맞는 일입니다. 우리가 이치에 맞는다고 여기는 일이 사실은 이치에 어긋나고, 이치에 어긋난다고 여기는 일이 오히려 하나님의 이치에 맞습니다. 이 가르침의 핵심은 우리가 새 생명을 받고 거듭남으로 그리스도인이 된다는 데 있습니다.

교회 역사 전체가 이 구분의 중요성을 아주 분명하게 보여주고 있습니다. 어느 시대에나 종교는 기독교 진리와 신앙의 가장 큰 원수가 되어 왔습니다. 교회 안에도 종교가 침투할 수 있다는 것은 비극적인 일입니다. 기독교회도 단순한 종교의 한 형태로 전락할 수 있으며, 오로지 종교의 영역만 취급하는 기관으로 전락할 수 있습니다. 빌립보서 3장에는 이에 대한 완벽한 진술이 나옵니다. 사도 바울은 한때 기독 신앙을 격렬히 반대하던 사람이었습니다. 교회를 박해하고 주 예수 그리스도를 신성모독자로 취급하며 기독교회를 없애고자 전력을 다했습니다. 왜 그랬을까요? 순전히 독실했기 때문입니다. 그는 자신이 믿는 종교를 고수했고, 그것으로 충분하다고 생각했습니다. 하나님이 자신을 기뻐하신다고 확신해 마지않았습니다. 실제로 그는 자신이 "양심을 따라"(행 23:1) 행동했다고 말합니다. 종교와 종교를 의지하는 태도보다 더 참된 신앙과 참된 그리스도인의 위치에 해로운 것은 없습니다. 이 두 가지를 구분하는 일이 아주 중요합니다. 그것을 구분하기 위해 우리가 사용한 방법은 하나님이 주신 참 생명의 특징을 살펴보는 것이었습니다. 생명은 항상 표출되게 마련이므로, 그 특징으로 자신을 검증해 보면 종교와 참 신앙의 차이가 확연히 드러나게 되어 있습니다.

저는 실제 경험에서 출발하여 좀 더 객관적인 진리의 진술로 나아가는 실험적 순서에 따라 그 차이를 제시하고자 했습니다. 또한 점점 수준을 올리는 일종의 오름차순에 따라 그 차이를 제시하고자 했습니다. 저는 이것이 올바른 접근법이라고 생각합니다. 아주 일반적인 검토를 통해 전반적이고 명백하고 외적인 요소를 살펴보는 데서 출발하여 점점 더 범위를 좁혀 나가는 것입니다. 그러면 시금석들이 점점 더 정교해지고 정확해지며 면밀해집니다. 우리가 이렇게 하는 것은 그리스도 예수 안에서 우리가 받은 신성한 생명과 종교를 구별하기 위해서입니다. 베드로의 말처럼 그리스도인은 "신성한 성품에 참여하는 자"(벧후 1:4)이며, 요한의 표현대로 "씨"(요일 3:9), 생명의 씨, 신성한 생명의 일부를 가진 자입니다.

논의를 더 진전시키기 전에 다음과 같이 설명해 보겠습니다. 지금까지 우리는 다양한 시금석들을 살펴보았습니다. 참으로 놀라운 점은 그 차이를 즉시 알게 된다는 것입니다. 종교와 기독교가 어떻게 다른지 즉시 보게 된다는 것입니다. 그것을 보지 못하는 자는 거듭나지 못한 것입니다. 거듭나는 즉시 보게 되어 있습니다. 사도 바울은 이 점을 인상적으로 표현해 놓았습니다. 전에 유익하던 것, 자랑하던 것, 의지할 뿐 아니라 자랑하던 것들이 있었는데, 전부 쓸모없는 쓰레기임을 보게 되었다는 것입니다(빌 3:7-8 참조). 이것은 의문의 여지 없는 사실입니다. 새 생명을 받는 순간, 전에 기독교로 여기던 것과 새 생명의 차이를 보게 됩니다. 제가 그 차이를 구분하여 제시하는 것 자체가 생명이 있느냐 없느냐를 검증하는 시금석이 되는 이유가 여기 있습니다. 제 말이 전부 무의미하게 들리는 사람, 실제 차이가 없는데 굳이 구분한다고 느끼는 사람, 너무 사소한 것까지 구분한다고 느끼는 사람은 새 생명이 없는 것입니다. 새 생명을 받은 자는 그 차이를 압니다. "신령한 자는 모든 것을 판단하나 자기는 아무에게도 판단을 받지 아니하느니라"(고전 2:15).

계속해서 다음 시금석을 살펴봅시다. 앞서 살펴본 시금석은 "형제를 사랑함으로 사망에서 옮겨 생명으로 들어간 줄을"(요일 3:14) 안다는 것이었습니다. 그다음에 따라오는 시금석은 무엇일까요? 제가 볼 때 형제 사랑에 필연적으로 따라오는 시금석은 이것입니다. 우리는 하나님을 사랑함으로, 하나님—성부 하나님, 성자 하나님, 성령 하나님—을 알고 싶은 열망이 점점 커짐으로, 사망에서 옮겨 생명으로 들어간 줄을 알게 됩니다. 우리는 형제 사랑을 다루면서, 가족 의식이 있는 사람은 필연적으로 형제와 함께 있고 싶어 한다는 점을 살펴보았습니다. 형제를 더 알고 싶어 하고 사랑하고 싶어 하며 함께 시간을 보내고 싶어 한다는 점을 살펴보았습니다. 육신의 가족을 생각할 때 이것은 자연스럽고도 필연적인 일입니다. 영적인 영역에서도 마찬가지입니다.

제가 시금석을 제시하는 순서에 의문을 품는 분이 있을지도 모르겠습니다. 혹시 "하나님을 향한 사랑과 하나님을 알고 싶은 열망을 형제 사랑보다 앞세웠어야 하는 것 아닙니까?"라고 묻고 싶은 분이 있습니까? 여기 그 완벽한 대답이 나옵니다. 요한은 첫째 서신에서 말합니다. "누구든지 하나님을 사랑하노라 하고 그 형제를 미워하면 이는 거짓말하는 자니 보는바 그 형제를 사랑하지 아니하는 자는 보지 못하는바 하나님을 사랑할 수 없느니라"(요일 4:20). 여러분이 그런 이의를 제기하는 것은 이 문제를 경험이 아닌 이론의 관점에서 바라본 탓입니다. 경험의 관점에서 보면 요한이 말하는 순서가 맞습니다. "형제를 사랑하느냐?"가 첫 번째 시금석입니다. 형제를 사랑하지 않는다면 하나님을 사랑하는지 아닌지 따져 볼 필요조차 없습니다. 눈에 보이는 형제를 사랑하지 않는데 보이지 않는 하나님을 어떻게 사랑하겠습니까? 그래서 이 순서로—형제 사랑을 첫 번째로, 하나님 사랑을 그다음으로—제시하는 것입니다.

우리는 광범위하고 일반적이며 객관적인 시금석에서 출발하여 좀 더 내적이고 섬세하며 민감한 시금석으로 접근하는 중입니다. 오, 이 순서가 얼마나 중요한지 모릅니다! 결국 이런 시금석들이 거듭남의 최종 증거가 됩니다. 여기 해당되면 확실히 거듭났다고 믿어도 됩니다. 물론 다른 시금석들도 확신을 주지만, 계속 살펴 나갈수록 좀 더 섬세한 시금석이 등장하면서 훨씬 더 큰 확신을 줍니다. 제가 지금 말하는 시금석은 하나님을 인격적으로 알고 싶은 열망이 생긴다는 것이며, 그 열망이 점점 더 커진다는 것입니다. 이것은 하나님에 대해 더 알고 싶은 열망이 생긴다는 뜻이 아닙니다. 물론 그 열망도 좋은 것이지만, 단순히 독실한 종교인도 하나님에 대해 아는 일에는 관심을 보입니다. 그래서 독실하다는 것입니다. 그런데 저는 **하나님에 대한 사실**을 알고 싶은 열망과 **하나님 자신**을 알고 싶은 열망을 구분하고 싶습니다.

기독교와 종교만 다른 것이 아닙니다. 참 기독교와 철학도 다릅니다. 저는 종교야말로 기독교의 가장 큰 원수라고 했습니다. 그다음 원수로 확실히 지목할 것은 철학입니다. 철학은 어느 시대에나 기독 신앙의 큰 원수가 되어 왔고, 우리가 살고 있는 이 시대에는 아예 저주가 되고 있습니다. 많은 종교 서적이 대담하고 특이한 내용으로 큰 인기와 명성을 누리며 널리 홍보되고 있는데, 그들의 진정한 문제점은 지적이고 철학적인 차원에서만 하나님께 관심을 갖는다는 것입니다. 사용하는 용어를 보면 바로 알 수 있습니다. 그 책들의 가르침은 성경의 가르침과 정반대됩니다. 그들은 '절대자', '원인 없는 원인', '궁극적 실재', '존재 기반'에 대해 이야기합니다. 이처럼 늘 비인격적인 용어를 사용합니다. 반면에, 기독교적 입장의 본질적 핵심은 인격적인 데 있습니다.

인생사에 비추어 생각할수록, 거듭남이란 자녀로 태어나 가족이 되는 일이라는 사실을 생각할수록, 이 점을 더욱 강조하게 됩니다. 이 시금석이 그토록 중요한 이유가 여기 있습니다. 그래서 우리가 외적인 면이 아닌 내적인 면을 다루는 것입니다. 이 점에 주의해야 합니다. 우리는 늘 한 극단에서 다른 극단으로 치우치기 쉬운데, 철학자들도 종종 그렇게 치우치는 것을 보게 됩니다. 수년간 머리로 이해해 보려고 애쓰다가 실패하면, 갑자기 전부 내려놓고 이른바 신비주의로 돌아섭니다. 이를테면 지성을 팽개치고 내적 체험의 영역에만 머무는 것입니다. 전에는 자기 밖에서 신을 찾으려 했다면, 이제는 안에서 찾으려 합니다. 유명한 예들이 많은데, 그중 한 가지만 살펴보겠습니다. 예컨대 올더스 헉슬리(Aldous Huxley)를 보십시오. 그는 명석한 지식인으로 어느 시점까지는 철학적이고 과학적인 탐색에 몰두했습니다. 1920년대의 시각을 전형적으로 대변하는 인물로 오로지 지적인 입장을 고수했습니다. 그런데 인생 후반기에 그 입장을 완전히 버리고 신비주의에 세상의 유일한 소망이 있다고 주장하면서, 불교에 손을 대기 시작했습니다.

현재 많은 지식인들이 그렇게 하고 있습니다. 외적인 접근의 무익함을 깨닫고, 주관적이고 내적이며 신비주의적인 방향으로 돌아서고 있습니다. 제 주장은 그런 위험을 피해야 한다는 것이지만, 그럼에도 내적인 것을 강조하는 태도는 전적으로 옳습니다. 그들은 성경 인물들의 이야기와 이후 교회 성도들의 생애에서 이 점을 탐지해 냅니다. 그들에게 체험적이고 내적인 무언가가 있음을 알아차립니다. 하나님과 하나님의 속성에 대한 지적이고 객관적이며 학문적이고 이론적인 관심이 아닌 하나님을 아는 내적인 지식이 있음을 알아차립니다.

이것은 아주 중대한 시금석이자 모든 시대 하나님의 자녀에게 나타나는 큰 특징입니다. 참된 기독 신앙은 항상 **안에** 있습니다. 내적이고, 활기차며, 경험적입니다. 단순히 객관적인 데 머물지 않습니다. 자세히 설명해 보겠습니다. 거듭나면 이처럼 내적으로, 인격적으로, 직접 하나님을 알고 싶은 열망이 생길 뿐 아니라 그 열망이 주된 목표가 됩니다. 다른 어떤 것보다 이 열망이 더 중요해집니다. 무엇보다 더 중요해질까요? 종교보다 더 중요해집니다(이번에도 이 점을 첫 번째로 제시해야겠습니다). 주님이 실제로 니고데모에게 하신 말씀이 이것입니다. 니고데모는 종교적 배경에서 종교적 훈련을 받은 독실한 종교인으로 주님을 찾아왔습니다. 그는 유대교의 배경—성전과 성전 예배, 번제와 희생제사, 의식과 의례를 비롯한 모든 것—을 두루 갖춘 유대인이었습니다. 모든 점에서 유대교가 아주 인상적인 근간을 이루고 있었습니다. 그런데 주님은 그것들이 다 쓸데없다고 하셨습니다.

거듭난 자는 항상 이 점을 깨닫습니다. 종교적 관심만으로는 충분치 않음을 깨닫습니다. 종교적 관심에 의존하기가 얼마나 쉬운지 모릅니다. 종교적 활동과 의무에 의존하기는 더더욱 쉽습니다. 우리는 니고데모에게서 그것을 보게 되며, 사도 바울에게서도 같은 모습을 보게 됩니다. 빌립보서 3장의 짧은 자전적 기록은 이 점에서 아주 큰 가치가 있습니다. 그는 참으로 자신이 믿는 종교를 위해 살았습니다. 마음과 뜻과 힘을 다했습니다. 전력을 쏟았습니다. 관심과 활동과 여러 가지 의무에 기대어 살았습니다. 사도 외에도 그런 것에 기대어 사는 이들이 많습니다.

아, 안타깝게도 교회가 그것을 부추기고 있습니다. 교회는 항상 조직과 서비스를 제공하는 거대 기관으로 변질하기 쉽습니다. 말하자면 교회가 거대 기관이 되어 버리는 것만큼 간단한 일이 없습니다. 교회는 교인들이 할 일을 정확히 알려 주고 거대한 체계의 일원으로 참여시킵니다. 아침 몇 시에 일어나 식사 전 미사나 예배에 참석해야 하는지 알려 줍니다. 하루 전체, 어떤 의미에서 인생 전체의 계획을 세워 줍니다. 무엇을 읽어야 하는지, 사순절을 비롯한 여러 절기에 무엇을 먹고 무엇을 먹지 말아야 하는지, 어떻게 죄를 고백해야 하는지 다 알려 줍니다. 그렇게 거대한 종교 체계 및 조직의 일원으로 만들어 갑니다. 그런데 그것은 다 외적인 일입니다. 많은 이들이 이런 일을 하기 때문에 자신은 그리스도인이라고 진심으로 믿는데, 그것은 행위를 의지하는 태도입니다. 제가 말하는 종교적 관심과 활동과 의무란 바로 이런 것을 가리킵니다.

그런데 참 하나님의 자녀가 되면 그 실상을 간파하게 됩니다. 종교의 실상이 아주 명확히 드러납니다. 어떤 부인과 그 남편의 사례가 생각납니다. 그 부인은 스스로 유난히 훌륭한 그리스도인이라고 여기며 그렇게 자처했고, 남들도 다 그렇게 생각했습니다. 그러나 남편은 그리스도인이 아니었습니다. 그는 아무 관심 없는 냉소적인 사람이었음에도 아내의 독실함에는 자부심을 느꼈고 어떤 의미에서 존경하기까지 했습니다. 부인은 제가 설명한 유형의 종교인이었습니다. 매일 아침 아주 이른 시간에 성찬식에 참석했습니다. 여러분이 상상할 수 있는 가장 훌륭한 그리스도인의 모습을 가지고 있었습니다. 자, 그런데 그 남편이 아주 놀라운 방식으로 복음을 듣고 참으로 거듭나는 일이 일어났습니다. 그리고 몇 달 후, 모두가 깜짝 놀랄 소식이 들려왔습니다. 그 부인이 자기 죄를 무섭게 깨달았다는 것입니다. 부인은 자신에게 없는 무언가 활기찬 것이 남편에게 있음을 알아차렸습니다. 남편의 변화를 보며 자신이 해온 모든 일이 단순한 종교 활동에 불과했음을 깨닫고, 처음에는 심히 적대시했습니다. 그런데 성령이 눈을 열어 주시면서 자신이 가지고 있던 모든 것이 사실은 종교에 불과함을 보게 되었습니다. 자신에게는 참된 그리스도인의 경험이 없다는 것, 자신은 하나님의 자녀가 아니었다는 것, 거듭나지 못했다는 것을 깨달았습니다. 독실한 종교인에 불과했던 부인은 마침내 회심하고 다시 태어났습니다.

이와 관련하여 오해가 없길 바랍니다. 전에 로마서 12장 말씀을 다루면서 최소한의 조직은 꼭 필요하다고 말할 기회가 있었는데, 그때 제가 말한 조직과 지금 다루는 제도중심주의 및 종교 체계는 다른 것입니다.

기독교는 모든 것을 단순하게 만듭니다. 모든 위대한 종교개혁과 부흥운동은 언제나 아주 단순하게 일어나, 신자들을 신약성경으로 돌아가게 만들었습니다. 주님은 산기슭에 앉아 설교하시거나 배에 앉아서 설교하셨고, 그때마다 성령의 기름부음과 능력이 임했습니다. 사도들도 마찬가지였습니다. 참 기독교는 그런 것입니다. 그리스도인은 여러 형태로 나타나는 종교보다 하나님을 아는 내적인 지식을 앞세우며, 신학과 교리에 대한 관심보다(제가 더 심각하게 다루고 싶은 문제가 이것인데) 이 지식을 앞세웁니다. "종교에 대한 목사님의 견해에 진심으로 동의합니다. 저도 이미 오래 전에 그 문제를 간파했지요"라고 말하는 이들이 있습니다. 그런데 그들은 종교 대신 신학과 교리에 관심을 가져야 하며, 진리를 읽고 이해하는 일에 관심을 가져야 한다는 입장을 고수합니다. "물론 그들은 무지해서 그런 겁니다. 목사님이 설명한 대로 기계적인 종교 체계의 노예에 불과하지요. 자기가 뭘 하는지도 모르고 교회나 조직에 다 맡겨 버린다니까요. 하지만 우리는 그것이 완전한 잘못이라는 걸 알지요"라고 합니다. 그렇게 신학자가 되어 교리 서적을 읽습니다.

저는 목회하는 내내 신학적이고 교리적이 되어야 한다는 입장을 옹호하는 데 많은 힘을 쏟아 왔습니다. 그런데 지금은 거듭나지 않고도 신학과 교리에 관심을 쏟을 수 있다는 점을 지적하고 싶습니다. 신학과 교리는 훌륭한 체계입니다. 좀 더 실천적인 체계인 종교에 반대되는 지적인 체계입니다. 종교가 실천의 차원에 속한 것이라면, 신학과 교리는 지적인 차원에 속한 것입니다. 제가 아는 이들 중에도 취미 삼아 신학 서적을 읽는 이들이 많습니다. 개중에는 개신교도도 있고 천주교도도 있습니다. 그들의 지대한 관심사는 신학 서적을 읽고 토론하며 함께 모여 결정적이고 미묘한 논점에 대해 논쟁하는 것입니다. 그런데 그런 일을 하면서도 여전히 거듭나지 못할 수 있습니다. 하나님도 아시듯이, 그런 일이 실제로 가능합니다. 저도 그 단계를 거쳤습니다.

그러나 거듭난 자는 신학 지식 자체가 목적이 아님을 압니다. 단지 목적에 이르기 위한 수단에 불과함을 압니다. 모든 지식과 이해의 목적과 역할은 하나님을 아는 지식으로 이끄는 것입니다. 여왕 앞에 나아가 알현하고 싶은 사람은 궁중의 예법과 절차에 대한 책만 읽는 데서 그치지 않습니다. 그가 책을 읽는 목적은 실제로 여왕 앞에 나아가려는 데 있습니다. 그러므로 단순히 "버킹엄 궁에 가면 어떻게 해야 하는지 정확히 알았어"라고 하는 데서 만족하지 못합니다. 그의 바람은 직접 여왕을 만나는 것입니다. 우리가 신학 지식을 쌓는 목적도 단순히 논쟁하려는 데 있지 않습니다. 만약 그런 사람이 있다면 참으로 어리석은 것입니다. 그렇습니다. 영적인 영역에서 그런 사람은 무한히 더 어리석습니다. 거듭난 자는 말합니다. "이 모든 지식을 주신 하나님께 감사드린다. 그러나 이 지식이 이론에 그치면 위험하다는 것을 안다. 난 하나님을 알고 싶다. 살아 계신 하나님, 인격적인 하나님을 알고 싶다." 이런 결론에 이르는 자는 거듭난 것입니다. 이것이 유일한 설명입니다. 이런 결론에 이르지 않는 자는 거듭나지 못한 것입니다.

달리 생각해 봅시다. 거듭난 자는 하나님의 축복보다, 더 나아가 하나님이 주시는 체험보다 하나님을 인격적으로 아는 지식을 더 간절히 열망합니다. 이것은 모든 면에 적용되는 시금석, 그렇기에 아주 훌륭한 시금석입니다. 거듭난 자는 "물과 성령으로" 태어나 신성한 씨를 가진 자이기에 이 지식을 열망합니다. 생명은 표출되게 마련입니다. 항상 표출되고 계속 표출됨으로 생명이 아닌 것들을 폭로하게 되어 있습니다. 이것은 미묘한 시금석입니다. 하나님의 축복만 바라는 위험이 어떤 것인지 우리 모두 어느 정도 알고 있다고 믿습니다.

어떤 형태로 체험을 열망하는지도 생각해 보십시오. 그리스도인의 삶과 관련하여 가장 멋진 점은 이 삶이 축복으로 이어지며 체험으로 이어진다는 것입니다. 그리스도인인데 체험이 없을 수는 없습니다. 그런데 하나님보다 이런 축복과 체험 자체에 더 큰 관심을 가질 위험이 있습니다. 선물을 주시는 분보다 선물 자체에 더 큰 관심을 가질 위험이 있습니다. 이것은 아주 위험하면서도 미묘한 일입니다. 마귀는 우리를 그 수준에 붙잡아 두려 합니다.

이 구분의 중요성을 알겠습니까? 명백한 축복과 체험을 제공하는 가르침과 단체들이 많습니다. 축복과 체험 없이는 사교가 번성하지 못합니다. 축복과 체험 때문에 사교가 성공하는 것입니다. 그들도 일정한 결과물을 만들어 냅니다. 마귀는 이 무기를 손에 쥐고 기독교가 하는 일을 똑같이 합니다. 기독교 용어를 사용할 뿐 아니라 인격에 접근하지 못하도록 막을 수 있는 온갖 수단을 활용해서 축복과 은사의 차원에만 관심을 붙들어 매며 평생 그것만 추구하게 합니다.

이 문제를 올바로 바라보는 방법은 다음과 같습니다. 생명을 받은 자는 축복과 체험도 받게 되어 있습니다. 그러나 순서를 뒤집어 하나님을 아는 지식보다 축복과 체험을 강조하는 것은 완전히 잘못된 일입니다. 이것은 인간사에 비추어 볼 때 완벽하게 입증되는 사실입니다. 아이와 어른의 차이가 무엇입니까? 한 사람의 어렸을 적 모습과 많은 세월이 흘러 판단력을 갖춘 성숙한 어른이 된 모습을 비교해 보십시오. 아이 때는 상대방 자신보다 그가 주는 물건에 주로 관심을 갖습니다. 그 나이 때의 판단을 믿을 수 없는 이유가 여기 있습니다. 유년 시절 이후 사람에 대한 평가가 크게 바뀌는 경험을 다들 했으리라 생각합니다. 어릴 때 대단하게 여기며 누구보다 좋아했던 삼촌이나 어른이 있었을 것입니다.

그런데 사도의 표현대로 "장성한 사람"(고전 13:11)이 되면 그 판단이 완전히 뒤바뀝니다. 왜 뒤바뀔까요? 유년 시절에 대단하게 여겼던 이들은 아이들과 잘 놀아 주는 사람들이었습니다. 재미와 웃음을 주며 이런저런 선물을 주던 사람들이었습니다. 다른 어른들은 냉정해 보여서 좀 무서웠습니다. 그런데 나이가 들면서 자기 유년 시절의 영웅들이 아주 친절하기는 해도 내적 자산은 거의 없는 이들이었음을 깨닫게 됩니다. 그들은 조언과 지식을 구하러 찾아가고 싶은 이들이 아니었으며 실제로 큰 관심을 끄는 이들이 아니었습니다. 아이들과 놀아주는 데는 능숙해도 아이들이 자랄 때 줄 수 있는 내적 자산은 많지 않은 이들이었습니다. 여러분도 필시 이런 경험을 했을 것이며, 시간이 흐를수록 더 그렇다는 사실을 발견할 것입니다.

이 모든 문제의 원인은, 자기가 받는 혜택이나 재미나 선물이나 체험에 따라 판단하기 쉬운 아이의 특징에 있습니다. 아이는 성품과 인격의 가치에 따라 판단하지 못합니다. 그런데 나이가 들면서 그 기준에 따라 판단하기 시작합니다. 사람의 됨됨이를 보고 인격에 관심을 갖게 됩니다. 그에게서 무엇을 얻을 수 있기 때문에 관심을 갖는 것이 아니라 그 사람 자신에게 관심을 갖는 것입니다. 이것은 성숙의 표지입니다. 여러분의 판단 기준은 무엇입니까? 아이는 훈련과 질서와 단호한 것과 이해가 필요한 것을 싫어하는 경향이 있습니다. 선물이 수

반되는 재미있고 즐거운 차원에 머물고 싶어 합니다. 그러나 선물과 재미는 실제로 적용할 시금석이 되지 못합니다. 나이가 들수록 자기 훈련에 도움이 되는 이들을 귀히 여기게 됩니다. 자신이 진정 사랑하는 이들은 그들임을 깨닫게 됩니다. 그들은 내 요구를 다 들어주지 않았습니다. 내가 원하는 것을 늘 주지 않았습니다. 매번 나에게 양보하지 않았습니다. 그런데 나중에는 오히려 그로 인해 감사하며 "그때는 내가 왜 그렇게 화를 냈을까!" 하고 후회하게 됩니다. 그렇게 거절해 준 것에 감탄하게 됩니다. 그들과 그들이 해준 일의 진가를 깨닫기까지 왜 그리 오랜 시간이 걸렸을까 자책하게 됩니다.

이 모든 것을 영적인 영역으로 옮겨서 생각해 보십시오. 영적인 영역에서도 마찬가지입니다. 하나님의 축복을 받기보다 하나님 자신을 알고 싶어 하는 것이야말로 생명의 표지요 성장의 표지입니다. 욥이 말한 그대로입니다. "그가 나를 죽이실지라도 나는 그를 의뢰하리니"(욥 13:15 난외주). 바로 이것입니다.

　　내 하나님, 주께 가까이, 더 가까이 이끄소서!
　　나를 일으켜 세우는 것이 십자가일지라도.*

그렇습니다. 이것이 첫 번째입니다. 거듭난 자는 결국 이 일 외에는 중요한 것이 없음을 깨닫는 자리에 이르게 됩니다. 새 본성, 새 생명, 아버지를 간절히 찾는 새 외침이 인생 최고의 목표이자 주된 목표가 됩니다.

* 새찬송가 338장 1절 다시 옮김.

다음과 같이 설명해 봅시다. 거듭난 자는 실제로 이것이 구원의 주된 목표임을 깨닫습니다. 주님은 요한복음 17:3에서 이 점을 명백히 밝히십니다. "영생은 곧 유일하신 참 하나님과 그가 보내신 자 예수 그리스도를 아는 것이니이다." 주님은 여기에서 영생의 정의를 내려 주십니다. 거듭난 자는 바로 이 영생을 얻은 자입니다. "하나님이 세상을 이처럼 사랑하사 독생자를 주셨으니 이는 그를 믿는 자마다 멸망하지 않고 영생을 얻게 하려 하심이라"(요 3:16). 영생은 다름 아닌 이것입니다. 단순히 존속하는 것이 아니라 하나님을 아는 것입니다. "아는 것"은 아무리 반복해도 부족할 만큼 아주 중요한 단어입니다. 이 말의 의미는 하나님에 대해 안다는 것이 아닙니다. 즉각적이고 인격적이며 직접적인 의미에서 하나님을 안다는 것입니다.

같은 본문인 요한복음 17장 '대제사장의 기도'에서 주님은 이렇게 말씀하십니다. "의로우신 아버지여, 세상이 아버지를 알지 못하여도 나는 아버지를 알았사옵고―아버지에 대해 안다는 뜻이 아니라 아버지를 안다는 뜻입니다―그들도 아버지께서 나를 보내신 줄 알았사옵나이다"(25절). 실제로 요한복음 3장에도 같은 말씀이 나옵니다. 주님은 니고데모에게 "하늘에서 내려온 자 곧 인자 외에는 하늘에 올라간 자가 없느니라"(13절)라고 하셨고, "진실로 진실로 네게 이르노니 우리는 아는 것을 말하고 본 것을 증언하노라. 그러나 너희가 우리의 증언을 받지 아니하는도다. 내가 땅의 일을 말하여도 너희가 믿지 아니하거든 하물며 하늘의 일을 말하면 어떻게 믿겠느냐?"(11-12절)라고 하셨습니다. 이것이 지식이라는 말에 담긴 의미입니다. 지식은 단순히 대상에 대해 아는 것이 아닙니다. 하나님에 대한 지식은 책과 성경에서도 얻을 수 있고 자연과 피조 세계에서도 얻을 수 있습니다. 철학자들은 이런 증거들을 통해 하나님의 존재를 입증하는 데 평생을 바칩니다. 그렇다고 그런 논쟁에 아무 가치도 없다는 말은 아닙니다. 다만 하나님의 생명이 있는 자는 그 생명을 주어 구원해 주신 궁극적인 목적이 하나님 자신을 인격적으로 알게 하시려는 데 있음을 깨닫는다는 것입니다.

그들은 세상에 사는 동안에도 이 일이 가능함을 압니다. 이 또한 종교와 기독교의 큰 차이점입니다. 외적이고 형식적인 방식으로 자신의 생각과 뜻을 다해 하나님 앞에 나아가 예배를 드리지만 아무 감흥이 없을 수 있습니다. 그것은 참 예배가 아닙니다. 예배를 드린다는 것은 실제로 하나님과 교통하며 교류하는 것을 의미하며, 그의 임재를 인식하는 것을 의미합니다. 성도들의 생애를 읽어 보면 모두 이 일에 집중했음을 알게 됩니다. 저는 브리스틀의 조지 뮬러$^{George\ Müller}$—기도와 기도의 확신으로 유명한 인물이자 경이로운 방식으로 기도가 응답될 것을 믿는 믿음의 은사가 있었던 인물—도 그랬다고 생각합니다. 그는 기도할 때 첫 번째로 중요한 일은 하나님의 임재를 깨닫는 것이라고 가르쳤습니다. 간구를 시작하기 전에 하나님의 임재부터 깨달아야 한다는 것입니다. 어떻게 깨달을까요? 뮬러는 자신이 하나님 앞에 있다는 사실, 하나님이 자신을 내려다보고 계시며 자신의 말을 듣고 계신다는 사실부터 알아야 한다고 말합니다.

이 일은 세상에 사는 동안에도 가능합니다. 그러나 이 일에 관심을 갖는 사람은 거듭난 자뿐입니다. 거듭나지 못한 자는 무릎을 꿇고 몇 마디 기도하거나 약간의 성경을 읽는 것으로 만족하며 "아, 난 그리스도인이야"라고 합니다. 사랑하는 여러분, 여러분은 하나님을 알고 있습니까? 하나님과 인격적으로 교통한다는 것이 무엇인지 알고 있습니까?

성경은 그 이야기로 가득합니다. "에녹이 하나님과 동행하더니"(창 5:24). 이 말의 의미는 단순히 경건한 삶을 살았다는 것이 아닙니다. 물론 그 의미도 있지만 그것을 훨씬 뛰어넘는 의미가 있습니다. "그[아브라함]는 하나님의 벗이라 칭함을 받았나니"(약 2:23). 이런 인물들의 이야기를 읽을 때 어김없이 발견하는 사실은 그들이 직접적이고 즉각적인 체험을 했다는 것, 하나님이 벗에게 말하듯 그들에게 말씀하셨다는 것입니다. 형을 피해 도망치던 날 밤 야곱이 겪은 일도 생각해 보십시오. 지치고 피곤했던 야곱은 그대로 쓰러져 돌베개를 베고 잠이 들었습니다. 그리고 하나님이 그를 다루시기 시작했습니다. 자신에게 무슨 일이 일어났는지 깨달은 야곱은 이렇게 말했습니다. "이것은 다름 아닌 하나님의 집이요 이는 하늘의 문이로다"(창 28:17). 그는 자신이 하나님과 교통했음을 알았고, 그 체험을 결코 잊지 못했습니다.

물론 그 후에도 하지 말아야 할 일들을 많이 했지만, 그때마다 항상 첫 체험으로 돌아갔습니다. 그리고 마침내 고향으로 돌아왔을 때에도 그 체험을 언급했습니다. 그것은 인생의 결정적인 전기(轉機)요 중심 사건이었습니다. 고향으로 돌아오는 길에 형을 대면해야 했던 그 다음 큰 위기를 맞아 모든 것을 잃을지 모른다는 두려움에 사로잡혔을 때도, 다른 무엇보다 브니엘에서 만난 하나님이 다시 평안을 보장해 주실지 알기 위해 밤새 씨름했습니다. "당신이 내게 축복하지 아니하면[축복할 때까지] 가게 하지 아니하겠나이다"(창 32:26). 우리도 이 체험을 해야 합니다.

모세도 불타는 떨기나무 앞에서 첫 체험—하나님이 그를 부르시고 인격적으로 다루신 첫 체험, 하나님의 임재를 인식한 첫 체험—을 하고, 시내 산에서 내려와 백성들이 금송아지를 만들고 숭배하는 것을 목격한 또 다른 큰 위기 때도 같은 체험을 한 것을 볼 수 있습니다. 하나님이 백성을 벌하시고 "사자를 너보다 앞서 보내"겠다고 하셨을 때(출 33:2) 그는 주님이 친히 가지 않으시면 자신들도 가지 않겠다고 했습니다. 제가 말하는 열망이란 바로 이런 것입니다. 천사의 인도를 받는 간접적이고 희미한 수준에 만족하는 이들이 우리 중에 많이 있습니다. 그러나 모세는 "주께서 친히 가지 아니하시려거든 우리를 이곳에서 올려 보내지 마옵소서"(15절)라고 했습니다. 하나님을 인격적으로 알고 체험하길 고집했습니다.

시편 63편에도 같은 표현이 나옵니다. 불쌍한 다윗은 친아들 압살롬의 반역과 반란을 피해 목숨을 구하고자 예루살렘에서 광야로 탈출해야 했습니다. 언제 죽을지, 언제 모든 것을 잃을지 모르는 불확실한 상황에서 그가 뭐라고 기도했는지 보십시오. "하나님이여, 주는 나의 하나님이시라." 그렇습니다. 그는 아무 신이나 부르지 않았습니다. "나의 하나님"을 불렀습니다. "하나님이여, 주는 나의 하나님이시라. 내가 간절히 주를 찾되 물이 없어 마르고 황폐한 땅에서—그는 지금 광야에 있습니다—내 영혼이 주를 갈망하며 내 육체가 주를 앙모하나이다"(시 63:1)라고 신음했습니다. 그가 바란 것이 무엇이었습니까? "내가 주의 권능과 영광을 보기 위하여 이와 같이 성소에서 주를 바라보았나이다"(2절). 그에게는 성소의 체험이 있었습니다. 성소는 하나님을 만나는 곳입니다. 우리가 교회에 오는 이유도 하나님을 만나기 위해서입니다. 하나님은 성소에서 백성을 만나 줄 것을 약속하셨습니다. 시편 84편의 표현처럼 다윗은 성소에서 "은혜와 영화"(시 84:11)를 찾았습니다. 하나님의 집에서 그가 "나의 하나님" 되심을 깨닫는 체험을 했고, 그 영광의 일부를 보았습니다.

다윗은 건물도 없고 예배 의식도 없는 광야에 있었지만, 하나님이 성소에 계시듯 광야에도 실제로 계심을 알았습니다. 그의 바람은 압살롬과 그 군대를 무찌를 힘을 주신다는 확신을 얻는 것이 아니었습니다. 오직 하나님이 지금도 자신의 하나님 되심을 알고 싶어 했습니다. "성소에서 그랬듯이 이 광야에서도 하나님을 확실하게, 진정으로 알고 싶습니다"라고 했습니다. 그것은 최고의 체험이었습니다. 그 체험은 어디에서나 가능하다는 것, 모든 곳에서 가능하다는 것을 그는 알았습니다. 시편 84편은 같은 주제를 변주한 것에 지나지 않습니다. 하나님의 집에 올라갈 길이 막혔는데, 자신은 거기 가고 싶다는 것입니다. 시편 기자는 하나님을 만나러―"은혜와 영화"를 찾으러―올라가는 자들을 생각하며, 그 체험을 더 많이 하길 갈망합니다.

제가 지적하는 요점은 이 갈망이야말로 우리 영혼 안에 신성한 생명이 있다는 절대적 증거라는 것입니다. 사도 바울은 빌립보서 3:10에서 말합니다. "내가 그리스도[를]……알고자 하여." 여기에도 "알고자"라는 동일한 단어가 나옵니다. 이 사람은 계속 그리스도를 설교해 온 걸출한 사도입니다. 예수 그리스도에 대한 지식과 정보에서 타의 추종을 불허하며, 하나님을 아는 지식에서도 타의 추종을 불허하는 이방인의 사도입니다. 그러나 사도가 말하는 지식은 그런 것이 아닙니다. 그는 자신이 온전히 알지 못한다고 합니다. 많이 알지만 온전히 알지 못한다고 합니다. 그가 알고자 했던 지식이 바로 이것이었습니다. 이론적 지식이 아닌 경험적 지식, 마음의 지식, 내적인 지식이었습니다.

그의 큰 열망은 바로 이 지식을 얻는 것이었습니다. 그 속에 있는 생명이 이 열망을 불러일으켰습니다. 생명은 생명을 찾게 되어 있습니다. 생명 아닌 것에 만족하지 못하게 되어 있습니다. 그렇기 때문에 이 열망이 새 생명의 궁극적이고 최종적인 증거라는 것입니다. 이처럼 하나님을 갈망하는 자는 책으로 만족하지 못합니다. 책에서도 어느 정도 도움을 받지만, 거기에서 그치지 않습니다. 여전히 불만을 느끼고 갈망하며 추구합니다. 살아 계신 하나님을 향한 허기와 갈증을 느낍니다. 직접적이고 즉각적인 의미에서 그를 알고 싶어 합니다.

제가 말하고 싶은 점은, 거듭난 자는 이 일이 가능함을 안다는 것입니다. 거듭난 자는 성부와 성자와 성령을 알고자 갈망하며, 그에 못 미치는 수준에 만족하지 못합니다. 물론 이미 주신 체험에 대해서는 감사를 드립니다. 물질적으로, 영적으로 자기 삶에 주신 모든 축복과 징표에 대해서는 감사를 드립니다. 오, 그러나 그 모든 축복보다 더 갈망하는 것, 심지어 성령의 은사보다 더 갈망하는 중심적이고 일차적인 것은 인격적이고 즉각적이고 직접적으로 하나님을 아는 지식입니다.

하나님이 우리를 불쌍히 여겨 주시기를! 하나님의 자녀인데도 선물과 은사와 재미에만 관심을 갖는 이들이 너무나 많습니다. 마귀는 체험과 은사를 비롯한 거의 모든 것을 위조할 수 있습니다. 그러나 인격적으로 하나님을 알고 싶어 하는 이 열망만큼은 위조할 수 없습니다. 신학에는 관심을 갖게 할 수 있고 그 관심을 부추길 수 있습니다. 신학에 대한 관심이 커질수록 광대한 지식을 자랑하는 마음도 커지게 마련입니다. 그러나 저는 지금 그런 관심에 대해 말하는 것이 아닙니다. 아버지를 찾는 아이의 갈망, 친자식의 갈망과 열망에 대해 말하는 것입니다. 이 열망은 마귀가 위조할 수 없습니다. 이 열망에 대해 아는 바가 없기 때문에 만들어 낼 수가 없습니다. 이 열망을 만들어 낼 수 있는 분은 오직 한 분, 성령을 통해 살아 있는 생명의 씨를 우리 안에 심으시는 하나님뿐입니다.

10.
성부와 성자를 인격적으로 아는 지식

바람이 임의로 불매 네가 그 소리는 들어도 어디서 와서 어디로 가는지 알지 못하나니 성령으로 난 사람도 다 그러하니라. | 요한복음 3:8

우리는 성경에 나오는바 하나님이 그리스도인에게 주시는 새 생명의 징후들을 고찰했고, 그 시금석이 아주 많다는 것을 알았습니다. 이제 그 중에서도 가장 중요한 시금석 한 가지를 다룰 차례입니다. 우리는 일종의 상승음계를 따라 크고 넓고 분명한 시금석들부터 다룬 후, 한 가지 측면―하나님을 인격적으로 알고 하나님과 인격적인 관계를 맺는 긴요한 문제에 점점 더 초점을 맞추는 측면―에서 범위를 좁혀 나가는 중입니다.

저는 지난번부터 이 주제를 다루기 시작하면서 이보다 더 좋은 시금석은 없다고 했습니다. 실제로 '구원의 궁극적인 목표와 목적은 직접적이고 즉각적이며 인격적으로 하나님을 알게 하려는 데 있다'는 인식이 점점 커지는 것은 여러 가지 면에서 최고의 시금석이 됩니다. 다른 종교와 구별되는 기독 신앙의 큰 특징은 외적이지 않고 내적이라는 것입니다. 물론 객관적인 면도 있지만, 참된 그리스도인의 생명을 특징짓는 표지는 항상 내적인 생명과 내적인 성장으로 나타납니다. 사도 바울도 에베소서 3장에서 **속사람**에 대해 언급합니다. "그의 성령으로 말미암아 너희 속사람을 능력으로 강건하게 하시오며"(엡 3:16). 바로 이것입니다. 다시 말해서 거듭난 자는 자신에게 속사람이 있음을 인식합니다. 오직 그리스도인만 이것을 인식합니다. 비그리스도인은 인식하지 못합니다. 비그리스도인의 삶은 어떤 의미에서 단일

합니다. 한 사람밖에 존재하지 않습니다. 안팎이 똑같습니다. 실제로 이 내면의 생명, 내면의 존재를 인식하지 못하는 것이야말로 새 생명을 받지 못한 자의 전적인 비극입니다.

신약성경은 그리스도인을 다음과 같이 설명합니다. 그들에게 중요한 것은 속사람입니다. 몸은 잠시 머무는 일종의 장막에 불과합니다. 몸은 중요치 않습니다. 이생에 사는 동안 속사람이 잠시 머무는 장소에 불과합니다. 그러나 비그리스도인은 새 생명에 대해 아는 바가 전혀 없습니다. 그들에게 생명은 오로지 몸에 있는 것입니다. 몸이 필수적입니다. 몸이 없는 자기 자신은 상상도 하지 못합니다. 그들이 아는 유일한 삶은 영혼이 깃든 육신의 삶(어떻게 표현해도 좋습니다), 오직 인간관계로만 이루어지는 삶, 인간관계에만 의존하는 삶입니다. 재미와 행복과 쾌락을 비롯한 모든 것을 인간관계에서 찾습니다. 그것을 빼앗기면 완전히 길을 잃고 어디에서도 위로나 위안을 찾지 못합니다. 그러나 그리스도인이 되면 새사람, 속사람, 신령한 사람이 생깁니다.

새사람은 당연히 하나님을 아는 지식에 관심을 갖습니다. 사도 바울은 그리스도인에 대해 "우리의 겉사람은 낡아지나 우리의 속사람은 날로 새로워지도다"(고후 4:16)라고 했습니다. 그리스도인의 생명은 단지 외적인 것이 아니라 내적인 것이라는 말이 의미하는 바가 이것입니다. 도덕처럼 종교도 항상 외적입니다. 항상 표면에만 관심을 갖습니다. 그러나 보이지 않는 영적인 것은 항상 내적입니다. 속사람의 큰 특징은 하나님을 인격적으로 아는 지식을 열망한다는 것입니다. 종교적 의무나 신학이나 축복보다 이 지식에 더 관심을 갖는다는 것입니다. 구원의 주된 목적이 여기 있습니다. 베드로는 "우리를 하나님 앞으로 인도하려"고(벧전 3:18) 그리스도가 우리를 위해 죽으셨다고 했습니다. 주님도 "영생은 곧 유일하신 참 하나님과 그가 보내신 자 예수 그리스도를 아는 것"(요 17:3)이라고 하셨습니다.

그리스도인은 바로 지금 그 지식을 얻을 수 있다는 것, 죽고 난 후를 기약하지 않아도 된다는 것을 압니다. 하나님을 아는 일은 이 땅에서 시작됩니다. 300년 전 옛 청교도 한 사람이 친척과 친지들에게 남긴 유언의 말이 있습니다. "하나님은 인간을 친근히 대하신다." 그는 인생의 마지막 순간이 되어서야 이것을 알았습니다. 평생 이에 대해 설교했지만 죽을 때가 되어서야 큰 체험을 하고 이것을 알았습니다. 그리고 "내 죽음의 선물로 이 말을 남기니, 하나님은 인간을 친근히 대하신다"고 했습니다. 다시 말해서 하나님은 멀리 계시는 분이지만, 동시에 가까이 계시는 분이기도 합니다. 찬송에 나오는 그대로입니다.

> 온 천체의 중심과 핵심이시나
> 사랑하는 각 사람 마음 가까이 계시도다.*

새 생명, 속사람, 새사람이 생긴 자는 영원하시고 영존하시는 하나님이 이런 의미에서 가까이 계신 것을 발견합니다. 이사야의 말처럼 하나님은 "높고 거룩한 곳에" 계시는 거룩하신 분인 동시에 "통회하고 마음이 겸손한 자와 함께" 계시는 분입니다(사 57:15).

• 통일찬송가 76장 1절 다시 옮김.

거듭난 자는 이처럼 하나님과 가까이 하는 것을 인생 최고의 특권으로 여기며 주된 목표로 삼습니다. 사람들과 더 많이 교제하고 싶은 열망, 높고 귀한 자리에 있는 이들과 어울리며 대화하고 싶은 열망이 어떤 것인지 우리 모두 알고 있습니다. 육신의 차원에서도 그렇지만 영적인 차원에서는 무한히 더 그렇습니다. 신구약성경에 나오는 하나님의 사람들이 보여주는—구약보다 신약에 더 많이 나오는데, 우리가 짐작하듯이 복되신 주님 안에서 주님을 통해 이루어진 모든 일 때문에 그렇습니다—큰 특징이 이것입니다. 예컨대 다윗은 이렇게 말합니다. "하나님이여, 사슴이 시냇물을 찾기에 갈급함같이 내 영혼이 주를 찾기에 갈급하니이다. 내 영혼이 하나님 곧 살아 계시는 하나님을 갈망하나니 내가 어느 때에 나아가서 하나님의 얼굴을 뵈올까?"(시 42:1-2) 그에게는 하나님, 살아 계시는 하나님과 교통하려는 열망이 있었습니다.

여기에서 분명히 짚고 넘어갈 점이 있습니다. 신학자들의 하나님은 죽은 하나님일 가능성이 아주 큽니다. 지적으로만 접근할 때 빠지기 쉬운 위험이 이것입니다. 철학자들의 하나님은 확실히 죽은 하나님입니다. 관념입니다. "절대자", "궁극자"처럼 하나님을 가리키는 용어들을 보면 그들이 살아 계신 하나님을 모른다는 것을 알게 됩니다. 그런데 이 사람 다윗은 온 존재를 다해 **살아 계시는 하나님**을 갈망했습니다. 그를 지적으로 알고 이해하는 데는 관심이 없었습니다. 이것은 그의 마음에서 솟아난 열망이었습니다. 그는 자신의 감정과 정서와 온 존재를 다해 "내 영혼이 하나님 곧 살아 계시는 하나님을 갈망하나니"라고 외쳤습니다. 그에게는 이보다 더 중요한 일이 없었습니다.

블레즈 파스칼도 큰 체험을 하고 정확히 같은 말을 했습니다. "철학자들의 하나님이 아닌 아브라함의 하나님, 이삭의 하나님, 야곱의 하나님." 그는 명석한 철학자이자 수학자요 놀라운 사상가로서 하나님과 이런 문제에 대한 여러 내용을 철학적으로 다루었습니다. 그런데 살아 계신 하나님을 체험한 후 거기 압도되었고, 그것이 곧 아브라함과 이삭과 야곱의 체험임을 알게 되었습니다. 구약성경을 알게 되었고, 하나님이 어떻게 그들에게 나타나셨으며 그들이 어떻게 살아 계신 하나님과 만난 것을 깨달았는지 알게 되었습니다.

창세기 32장에 나오는 야곱의 브니엘 체험도 보십시오. 그는 자신이 참으로 살아 계신 하나님과 만났음을 알고 그를 붙잡은 손을 놓지 않았습니다. 그것은 인생 최고의 체험이었습니다. 전에 벧엘에서도 큰 체험을 했지만, 이것은 그보다 훨씬 더 큰 체험이었습니다. 야곱이라는 사람의 성격과 인생 전체를 통찰하고 이해하게 해준 체험이었습니다. 파스칼은 자신이 하나님에 대해 이론적이고 철학적으로 접근하며 토론하고 논쟁하는 차원, 하나님의 존재를 입증하는 증거들에 연연하는 차원에서 야곱과 같은 체험의 차원으로 넘어온 것을 알았습니다. 물론 그런 증거를 찾는 것도 유용하지만, 살아 계신 하나님을 한번 체험하고 나면 다른 증거가 굳이 필요치 않습니다. 하나님을 바로 알게 됩니다. 이보다 더 직접적인 증거는 없습니다. 욥은 외쳤습니다. "내가 어찌하면 하나님을 발견하고 그의 처소에 나아가랴!"(욥 23:3)

제가 이 구절을 제시하는 것은 여러분 스스로 질문을 던지게 하기 위해서입니다. 여러분은 욥처럼 질문해 보았습니까? 욥 같은 심정을 느껴 보았습니까? 하나님을 구하고 찾으면서 "내가 어찌하면 하나님을 발견할까!" 하고 외쳐 보았습니까?

오, 거룩하신 사랑, 지극히 아름다우신 주여!
언제가 되어야 제 심령이 자원하여
온전히 주께 사로잡히리까?

―찰스 웨슬리

이 마음이 점점 커져 욥의 일생에 가장 크고 깊은 열망이 되었습니다.

이 질문을 던지는 일의 중요성을 이제 알았을 것입니다. 생명의 징후로 늘 나타나는 참되고 생생한 특징과 종교의 차이도 알았을 것입니다. 주일 아침마다 우리는 하나님의 집에 옵니다. 그러나 사랑하는 여러분, 예배드리는 것이 마땅하다는 일반적인 믿음 때문에 아주 기계적으로 올 때가 많다는 것을 경험으로 알고 있지 않습니까? 우리 모두 그랬던 것을 인정하고 고백해야 하지 않습니까? 이제 우리가 던질 질문은 이것입니다. 우리는 정말 하나님을 만나러 오는 것입니까? 하나님을 찾고 싶은 열망 때문에 오는 것입니까? 브니엘에서 오직 하나님만 주실 수 있는 축복을 얻고자 싸우고 씨름했던 야곱의 간절한 심정을 가지고 오는 것입니까? 거듭난 자에게는 이것이 중요한 일이 됩니다. 그 당시 야곱은 걱정거리가 많았습니다(직접 찾아서 읽어 보기 바랍니다). 형 에서를 만나 모든 소유와 재산을 잃을 수도 있었습니다. 그것은 야곱에게 아주 심각한 문제였습니다. 그런데 이 **다른 분**을 만난 순간, 소유나 재산을 비롯한 모든 걱정거리를 잊어버렸습니다. 이 만남 외에 아무것도 중요치 않게 되었습니다. 제가 말하고 싶은 점은,

이처럼 하나님과 만나는 일이 인생 최고의 목적이 되는 것이야말로 항상 새 생명의 시금석이라는 것입니다. 앞서 인용했듯이, 사도 바울은 이 체험의 최정상에 있는 사람이었음에도 "그리스도와 그 부활의 권능과 그 고난에 참여함을 알고자"(빌 3:10) 한다고 외쳤습니다.

그때 마귀가 다가와 "그래, 성경 인물들이야 그랬지만 너와는 상관없는 일이야"라고 속삭일 위험이 있습니다. 우리는 자주 그 말에 속아 넘어가 이런 일들을 알 기회를 놓치곤 합니다. 그렇게 생각하기가 아주 쉽습니다. '전부 족장들한테 해당되는 일이야. 그들은 특별하니까. 그리고 사도들한테 해당되는 일이지. 그들 역시 특별하니까. 초대 교회 그리스도인들한테만 해당되는 일이야. 그들도 특별하니까'라고 생각하며 성경의 많은 부분을 제외해 버립니다. 그러나 그 생각은 틀렸습니다. 이것은 모든 시대 하나님의 백성이 체험한 일입니다. 특정 유형의 사람들만 체험한 일이 아닙니다. 심리학자는 말할 것입니다. "아, 그래요. 다 좋습니다. 우리는 그런 이야기를 좋아하지요. 신비주의적인 유형의 사람들이 있어요. 알다시피 모두 그런 건 아니고요. 종교적인 기질이나 종교 콤플렉스 같은 것이 있지요. 그런 기질을 타고나서 자연스럽게 신비한 데 빠지는 사람들이 있습니다. 그들은 그런 데 빠져도 무방하지만, 모든 사람이 그래야 한다고 말해서는 안 되지요."

이 또한 마귀의 거짓말입니다. 이 일은 타고난 체질과 아무 관련이 없습니다. 우리는 거듭났고, 다른 이들은 육신으로 난 것이 다를 뿐입니다. 사람마다 차이가 있다는 것, 온갖 유형 온갖 부류의 사람들이 있다는 것은 저도 기꺼이 인정합니다. 천성적으로 신비한 데 끌리는 사람도 있고, 초자연적인 것에 끌리는 사람도 있으며, 냉정하고 과학적인 사람도 있습니다. 여러 유형의 사람들이 있습니다. 그러나 지금 우리가 다루는 영역은 그런 유형을 넘어서는 것입니다. "혈통으로나 육정으로나 사람의 뜻으로 나지 아니하고 오직 하나님께로부터 난 자들"(요 1:13)과 관련된 것입니다. 새 출생과 관련된 것입니다! 성령으로 태어나는 일과 관련된 것입니다. 이것은 성령이 하시는 일이요 성령이 주시는 생명이기에 우리 모두 받아 누릴 수 있습니다. 교묘한 변명으로 빠져나가면 안 됩니다. 이것은 하나님의 백성이라면 누구나 체험할 수 있는 일입니다. 19세기에 살았던 한 성도의 말을 들어 보십시오.

> 그 모습 보지 못하고 그 음성 듣지 못해도
> 주님 자주 나와 함께하시나이다.
> 주님 만나는 곳만큼 소중한 곳
> 세상 어디에도 없나이다.
>
> —레이 팔머 Ray Palmer

그렇습니다. 무슨 이상을 보거나 하늘의 음성을 듣는 것도 아닌데 생생하게 체험합니다. 이런 체험에 대해 증언하는 글들을 얼마든지 더 인용할 수 있습니다. 제가 말하고 싶은 점은, 이런 열망에 대해 알거나 이런 정서를 표현할 수 있는 것이야말로 성령으로 태어나 하나님의 생명을 가지고 있음을 보여주는 절대적 증거라는 것입니다. 그야말로 명백한 사실 아닙니까? 세상 사람은 하나님을 아는 일에 아무 관심이 없습니다. "그런 건 한 번도 생각해 본 적이 없어요. 신은 하나의 관념일 뿐입니다. 모든 게 너무 모호하잖아요"라고 합니다. 성령으로 진정 거듭난 자만 이 열망을 느낍니다.

속사람은 또한 복되신 성삼위 하나님께 점점 더 관심을 갖습니다. 지난 설교에서 언급했던 요점—속사람은 하나님의 축복보다 하나님을 인격적으로 아는 지식에 훨씬 더 큰 관심을 갖는다는 것—을 확장해서 설명해 보겠습니다. 이 점이 아주 중요합니다. 속사람은 성삼위께, 삼위 하나님 자신께 점점 더 관심을 갖습니다.

복되신 성삼위의 제2위이신 성자 하나님부터 살펴봅시다. 이것은 우리 자신을 검증하기에 아주 좋은 방법입니다. 우리는 성자께 관심이 있습니까? 구원의 혜택에는 모두 관심이 있습니다. 모두 용서받길 바라고, 죄에서 놓여나길 바라며, 행복해지길 바랍니다. 그 바람은 지극히 정당한 것입니다. 제 말은 그런 바람을 갖지 말라는 것이 아닙니다. 그런 혜택은 원수도 여러 가지 방식으로 위조해 내기 때문에, 그 정도에 만족하면 미혹될 수 있다는 것입니다.

성령은 주 예수 그리스도를 영화롭게 하기 위해 보냄받으신 분입니다. 그러므로 그리스도라는 분께 더 큰 관심을 갖게 되느냐 하는 것이야말로 성령이 우리 속에서 역사하시는지 검증하는 시금석—실제로 성령의 모든 역사를 검증하는 시금석—이 됩니다. 성경에 나타나는 성자의 영광, 특히 찬송에 나타나는 성자의 영광에 점점 더 관심을 갖게 되는지 점검해 보아야 합니다. 하나님의 사람들, 성도들은 주 예수 그리스도의 영광 자체를 상고하고 묵상하길 좋아합니다. 주님에 대해 자주 생각합니다. 창세전부터 영원한 영광 가운데 성부와 함께 계셨던 주님을 생각하길 좋아합니다. 주님의 모습을 묘사하는 성경 본문을 찾아 읽길 좋아합니다. "태초에 말씀이 계시니라. 이 말씀이 하나님과 함께 계셨으니 이 말씀은 곧 하나님이시니라"(요 1:1) 같은 말씀을 좋아합니다. 히브리서 1장을 펴서 "옛적에 선지자들을 통하여 여러 부분과 여러 모양으로 우리 조상들에게 말씀하신 하나님이 이 모든 날 마지막에는 아들을 통하여 우리에게 말씀하셨으니 이 아들을 만유의 상속자로 세우시고 또 그로 말미암아 모든 세계를 지으셨느니라. 이는 하나님의 영광의 광채시요 그 본체의 형상이시라. 그의 능력의 말씀으로 만물을 붙드시며······"(히 1:1-3)라는 구절을 찾아 읽습니다. 그에 대해 묵상하고 생각하길 좋아합니다.

이것이 새 생명의 징표입니다. 주 예수 그리스도를 통해 주어진 기독교 복음 메시지를 참으로 믿는 자는 필연적으로 그럴 수밖에 없습니다. 그리스도에 대해 알고 싶어 할 수밖에 없습니다. 이번에도 인간사에 비추어 생각해 보십시오. 누군가 나를 친절히 대해 주는 이가 있을 때, 누군가 나에게 친절을 베푼 이가 있음을 알게 될 때 처음 하게 되는 말은 "한번 만나 보고 싶다. 만나서 어떤 사람인지 알아보고 싶다"라는 것입니다. 그가 내게 무슨 친절을 베풀었는지 아는 데서 만족하지 못합니다. 그것을 알았기 때문에 오히려 더 그가 어떤 사람인지, 어떤 종류의 사람인지 알고 싶어집니다. 육신의 차원에서도 그렇고, 영적인 차원에서도 그렇습니다. 복되신 성자의 영광에 관심을 갖게 됩니다. 물론 다 이해하지는 못합니다. 그러나 성자에 대한 묘사를 읽으면서 그 말이 정말 맞는 것을 깨닫고 놀라게 됩니다. 계속 성경을 읽으면서 "주 예수 그리스도가 날 위해 죽으셨다니, 어떻게 이런 일이 일어났을까?" 하고 묻게 됩니다. 성육신의 경이와 영광을 생각하며 기뻐하게 됩니다.

이것은 육에 속한 자가 아무리 똑똑하고 명석해도 알 수 없는 일인 것이 분명합니다. 육에 속한 자는 신학적 사안이나 철학적 논쟁의 주제에는 관심을 보여도 인격적인 관심은 보이지 않습니다. 그러나 성령으로 태어난 자는 그 안에 새 생명이 있기 때문에 인격적인 관심을 보입니다. 성육신에 대해 살펴보고 묵상하길 좋아합니다. 빌립보서 2장을 읽고 놀라며 즐거워합니다. "그는 근본 하나님의 본체시나 하나님과 동등됨을 취할 것으로 여기지 아니하시고 오히려 자기를 비워 종의 형체를 가지사 사람들과 같이 되셨"다는(빌 2:6-7) 말씀을 읽고 "이것이 무슨 뜻일까?"라고 묻습니다. 그 말씀을 분석하길 원하며 다음과 같은 의미를 찾아냅니다. 주님은 영원한 영광 가운데 계신 복되신 삼위 중 제2위 하나님이셨습니다. 이것이 그의 권리이자 특권이었습니다. 그는 하나님의 아들이셨습니다. "만물이 그로 말미암아 지은 바 되었으니 지은 것이 하나도 그가 없이는 된 것이 없느니라"(요 1:3). 그런데—이것이 요점입니다—우리를 위해, 우리를 구속하시기 위해, 우리를 하나님의 아들로 삼으시기 위해 그 모든 특권을 버리셨습니다. "하나님과 동등됨을 취할 것으로 여기지 아니하"셨다는 구절의 진정한 의미는 그것을 결코 놓쳐서는 안 될 귀한 것으로 여기지 않으셨다는 것입니다. "이건 도저히 버릴 수 없다. 너무 엄청난 것이어서 그 즐거움을 버릴 수 없다"라고 하지 않으셨다는 것입니다. 오히려 주님은 "자기를 낮추"셨습니다. 영광의 표지들을 내려놓고 세상에 오셨습니다. "오히려 자기를 비워 종의 형체를 가지사 사람들과 같이 되셨"습니다. "말씀[영원하신 말씀]이 육신이 되어[문자 그대로 육신이 되어] 우리 가운데 거하"셨습니다(요 1:14).

성령으로 태어난 자에게 이것은 무엇보다 놀랍고 기이한 일입니다. 그들은 이 일에 대해 생각하길 좋아합니다. 이 일을 묵상하고 상고하길 좋아합니다. 그는 복되신 분의 생애와 사역을 주의 깊게 지켜봅니다. 완전히 새로운 눈으로 복음서를 읽어 나갑니다. 살아 있는 관심이 생겼기에 단순한 역사 자료 대하듯 하지 않습니다. 내 가족이 아닌 역사적 인물에 대한 글을 읽는 태도와 내가 가까이 알고 사랑하는 사람, 서로에게 속해 있는 친밀한 사람에 대한 글을 읽는 태도는 완전히 다른 법입니다. 거듭난 자는 새로운 관심을 가지고 복음서에 나오는 주님의 생애와 사역에 대한 이야기를 읽습니다. 주님이 사람들을 대하시는 모습, 가난한 자들과 세리와 죄인과 욕먹는 자들을 대하시는 모습, 바리새인과 서기관과 당국자들을 다루시는 모습을 살펴보길 좋아합니다. 내내 주님을 지켜봅니다.

또한 거듭난 자는 십자가의 죽음을 바라보며 묵상합니다. 사도 바울을 보십시오. "내게는 우리 주 예수 그리스도의 십자가 외에 결코 자랑할 것이 없으니"(갈 6:14). 여기에서 구분해야 할 점이 있습니다. 주님의 죽음에 대한 이론을 믿는 것과 그의 죽음을 분명한 사실로 믿고 자랑하는 것은 별개의 일입니다. 지적으로 접근하는 사람도 그의 죽음을 믿을 수 있지만 자랑하지는 않습니다. 그러나 새 생명을 얻은 자는 그의 죽음을 자랑하는 마음이 어떤 것인지 알기에, 다음과 같이 고백할 수 있습니다.

온 세상 만물 가져도
주 은혜 못 다 갚겠네.
놀라운 사랑 받은 나

몸으로 제물 삼겠네.*

―아이작 와츠

이것은 새 생명을 얻은 자만 아는 마음입니다. 그의 죽음은 더 이상 외적인 사건이 아닙니다. 굳이 교회에 십자가를 걸지 않아도 됩니다. 마음속에 이미 예수의 십자가가 있습니다. 영적으로 십자가를 보고 있습니다. 내적으로 십자가를 보고 있습니다. 십자가가 자신의 전부가 되어 있습니다. 모든 시대 하나님 백성의 특징이 이것입니다. 거듭난 자는 이처럼 주님이 죽으시고 장사되신 일뿐 아니라 다시 살아나 부활의 영광 가운데 계신 일도 생각합니다. 하늘에서 통치하고 계신 일도 생각합니다. 그 일을 생각하면 가슴이 두근거립니까? 기이히 여기며 놀라게 됩니까? 마음이 고양되며 일종의 황홀경에 빠집니까?

때로 우리는 이런 일들을 믿기 위해 애를 쓰는데, 여기에서 많은 문제가 발생합니다. 가끔 생각하는 바지만, 로마서 6:11처럼 잘못 해석되는 구절은 없습니다. "이와 같이 너희도 너희 자신을 죄에 대하여는 죽은 자요 그리스도 예수 안에서 하나님께 대하여는 살아 있는 자로 여길지어다." 사람들은 이것을 심리적 기제로 바꾸어 버립니다. "여길지어다"라는 말을 "스스로 설득하라"는 말로 오해하는 것입니다. 이 구절의 의미는 그런 것이 아닙니다. 이 일이 사실이라는 것, 이 일이 일어났다는 것, 그러므로 이 일이 꼭 필요했다는 것을 깨달으라는 뜻입니다.

• 새찬송가 149장 4절.

더 나아가 예수 그리스도가 영원한 영광 가운데 하나님 우편에 앉아 계신다는 사실도 깨달아야 합니다. 문제가 생기고 어려움이 생길 때 스스로 믿음을 일으켜 보고자 애쓰거나 적용해 보고자 애쓰는데, 여러분, 그러지 마십시오. 주님께 나아가십시오. 주님이 하나님 우편에 계심을 기억하십시오. 이것은 자기 설득의 문제가 아닙니다. 주님께 나아가면 되고, 그가 하나님 우편에 계신 것을 기뻐하면 됩니다. "하늘과 땅의 모든 권세를"(마 28:18) 받으셨다고 말씀하신 것을 기억하면 됩니다. 그는 지금 하나님 우편에 앉아 "자기 원수들을 자기 발등상이 되게 하실 때까지 기다리"고 계십니다(히 10:13).

실제로 이것이 히브리서의 중대한 주장입니다. 히브리서 기자가 이 서신을 쓴 이유가 무엇입니까? 대답은 한 가지입니다. 이 편지를 받을 자들이 침체하고 불행한 상태에 빠져 있었기 때문입니다. 그들은 박해 속에 아주 힘든 시절을 보내고 있었습니다. 그러면서 믿음이 흔들리기 시작했고 모든 것을 의심하기에 이르렀습니다. 그래서 열세 장에 걸쳐 중요한 한 가지 사실을 일깨우려 한 것이며, 그 한 가지 사실을 모든 면에서 납득할 수 있도록 자세히 설명한 것입니다.

그 한 가지 사실이란 바로 '그리스도라는 분을 분명히 모르는 데서 모든 문제가 나온다'는 것입니다. 히브리서 기자는 도입부도 없이 곧장 이렇게 외칩니다. "옛적에 선지자들을 통하여 여러 부분과 여러 모양으로 우리 조상들에게 말씀하신 하나님이 이 모든 날 마지막에는 아들을 통하여 우리에게 말씀하셨으니—히브리서 기자는 편지를 받는 자들이 이 사실을 잊어버렸다는 점을 일깨우려 합니다—이 아들을 만유의 상속자로 세우시고 또 그로 말미암아 모든 세계를 지으셨느니라." 그는 박해자들만 바라보며 "이렇게 재산을 다 빼앗긴 채 모질고 잔인한 취급을 받는구나" 하고 한탄하지 말고, 자기 말을 한번 들어 보라고 합니다. "이는 하나님의 영광의 광채시요 그 본체의 형상이시라. 그의 능력의 말씀으로 만물을 붙드시며 죄를 정결하게 하는 일을 하시고 높은 곳에 계신 지극히 크신 이의 우편에 앉으셨느니라." 이분을 바라보라는 것입니다. "예수를 바라보라"는 것입니다. 그를 상고하라는 것입니다. 원수들과 어려움과 문제만 바라보지 말라는 것입니다. 주님이 모든 능력을 가지고 하나님 우편에 계심을 알라는 것입니다. 그가 원수들을 발등상으로 삼으실 때까지 기다리고 계심을 기억하라는 것입니다.

이런 사실들이 여러분의 정신과 마음과 관심을 사로잡고 있습니까? 이처럼 위에 계신 대제사장을 묵상하는 것, 그가 모든 영광 가운데 하나님 우편에 계심을 아는 것이야말로 거듭나서 새 생명을 얻은 자의 표지입니다. 차이점이 보이지 않습니까? "아, 그럼요. 전 구원받았습니다. 복음의 초청에 응해서 앞으로 나갔고 그리스도를 구주로 받아들였습니다. 죄 사함도 받았고요. 그러니까 아무 문제 없습니다. 계속 이렇게 살면 됩니다"라고 말하는 사람이 있습니다. 정말 그것이 전부일까요? 그 말만 들으면 할 도리를 다 하고 있는 것 같지만, 그것은 과거에 안주하는 태도입니다. 예수는 대체 어디에 계십니까? 그 사람 어디에 들어와 계십니까? 인격적인 관계는 어디에 있습니까? 예수를 인격적으로 의지하는 태도는 어디에 있습니까? 예수를 자랑하는 마음은 어디에 있습니까? 인격적인 측면이 점점 더 뚜렷해지는 것이야말로 새 생명의 징표입니다.

사도 바울의 글에서 이 점을 살펴보면 제 말이 무슨 뜻인지 정확히 이해할 것입니다. 사도가 한 가지 논증을 시작합니다. 사람들의 상태에 필요한 논증을 하면서 무언가를 설명합니다. 그러다가 예수나 그리스도나 주 예수 그리스도라는 이름이 나오면 어김없이 마음이 뜨거워져 엄청난 찬미와 찬양과 예배와 경배의 말을 쏟아냅니다. 자칭 전문가들은 "오, 그의 구문은 앞뒤가 맞지 않는다"라고 지적합니다. 그로 인해 하나님께 감사드리십시오! 사도는 성자와 사랑에 빠진 나머지 다른 것은 전부 잊어버립니다. 이런 용어를 써도 된다면, 일종의 '그리스도 신비주의'라고도 할 수 있습니다. 저는 지난 설교에서 신비주의를 기독교의 가장 큰 한 가지 원수로 지목했고, 그 말은 맞습니다. 그때 제가 말한 신비주의는 철학적 신비주의였습니다. 그런데 이것은 그리스도 신비주의입니다. 사도 바울은 이 복된 이름, 이 복된 분을 생각할 때마다 무아경에 빠져 자신을 주체치 못하고 찬양을 터뜨립니다. 그분의 영광과 복되심에 사로잡혀 문법에 신경을 쓰지 못합니다.

이번에도 "아, 그 말은 맞아. 하지만 사도 바울은 아주 특별한 인물이었지"라는 원수의 말에 넘어가 곁길로 빠지지 않도록 조심합시다. 우리가 늘 주장하는 바가 이것 아닙니까? "물론 그건 나 같은 사람이 아닌 특별한 인물에게 해당되는 일이야" 하면서 쉽게 빠져나가 버립니다. 그러나 사랑하는 여러분, 그것은 마귀의 거짓말입니다. 성경은 그런 구분을 하지 않습니다. 사도가 항상 힘써 밝힌 사실은 자신도 남들과 똑같이 구원받았다는 것입니다. 오히려 자신은 "모든 성도 중에 지극히 작은 자"(엡 3:8)라는 것입니다. 고린도 교인들에게는 자신이 그리스도의 교회를 박해했기에 사도로 불릴 자격이 없다고도 했습니다. 그가 늘 하는 말은 "내가 아는 일은 너희도 다 알 수 있다"는 것입니다. 그렇다고 사도처럼 주님을 육안으로 볼 수 있다는 말은 아닙니다. 그것은 그가 부활의 증인이자 사도였기에 특별히 경험한 일이었습니다. 그러나 그 밖의 모든 일은 개인의 능력이나 수용력과 상관없이 하나님이 주시는 것이므로 우리 모두 누릴 수 있다는 것이 그의 변함없는 주장입니다.

이 문제의 본질적인 핵심이 여기 있습니다. 이로 인해 하나님께 감사드리십시오. 육신적인 생각은 이제 그만 버려야 합니다. 이런저런 타고난 재주와 연관시키면 안 됩니다. 이것은 재주와 상관없는 영역에 속한 일입니다. 그래서 하나님을 경배하는 일이 독특한 시금석이 되는 것입니다. 세상에서는 타고난 재주와 재능과 지성 등이 큰 중요성과 가치를 갖습니다. 그러나 교회 안에 들어오면 가치를 잃을 뿐 아니라 오히려 가장 큰 위험 요소로 작용합니다. 교회 안에서 유리한 위치에 있는 사람은 아무도 없습니다. 왜 그럴까요? 전부 하나님이 거저 주시는 선물이기 때문입니다. 은혜이기 때문입니다. 성령의 역사이기 때문입니다. 우리 안에 심으신 신성한 생명의 씨에서 나오는 것이기 때문입니다. 씨 자체에 생명이 있습니다. 그러므로 씨가 있는 사람은 누구나 사도들처럼 될 수 있습니다. 이후 모든 시대를 보아도 같은 증언을 듣게 됩니다. 사도들에게서 터져 나온 예배와 경배의 외침과 체험이 그대로 반복되는 것을 발견하게 됩니다. 여러분이 가진 찬송가를 읽어 보십시오. 역시 같은 사실을 발견할 것입니다.

귀하신 주의 이름은
참 아름다워라!

내 근심 위로하시고

평강을 주시네.*

— 존 뉴턴 John Newton

우리도 그렇습니까? 예수의 이름이 참 아름답게 들립니까? 예수의 이름을 기계적으로 반복해서 부르느냐고 묻는 것이 아닙니다. 그 이름이 너무 아름답게 들려서 할 말을 잃을 때가 있느냐는 것입니다. 다른 이의 찬송도 들어 보십시오.

구주를 생각만 해도

이렇게 좋거든

주 얼굴 뵈올 때에야

얼마나 좋으랴.**

— 클레르보의 베르나르 Bernard de Clairvaux

우리도 그렇습니까? 성자께 이런 관심을 가지고 있습니까? 그가 우리를 위해 해주신 일뿐 아니라 그분 자신께 이런 관심을 가지고 있습니까? 그분을 찾고 있습니까? 찰스 웨슬리의 찬송도 들어 보십시오.

오, 그리스도여, 내가 원하는 전부시니

만유에 넘치는 것 주 안에 있나이다.

- * 통일찬송가 81장 1절.
- ** 새찬송가 85장 1절.

우리도 그렇습니까? 이런 만족에 대해 알고 있습니까? 그에게서 만족을 얻고 있습니까? 그에 대해 이런 지식을 가지고 있습니까? 이런 체험을 하고 있습니까? 지금 이 순간 여러분은 어떻습니까? 그에게서 온전한 만족을 얻고 있습니까?

> 내 주 되신 주를 참 사랑하고
> 곧 그에게 죄를 다 고합니다.*
>
> —W. R. 페더스톤 William Ralph Featherstone

성도들은 어느 시대에나 이렇게 외쳤습니다.

> 오, 마리아처럼 영원히
> 주님 발 아래 앉아 있는 것,
> 그것이 내 행복한 선택일세.
> 내 유일한 관심, 즐거움과 지복,
> 내 기쁨, 지상의 천국은
> 신랑의 음성을 듣는 것.
>
> —찰스 웨슬리

각기 다른 시대에 이것을 체험한 사람들, 성자의 모습과 영광을 깊이 새기며 그가 하신 일—특히 십자가에서 하신 일—의 놀라움과 경이로

• 새찬송가 315장 1절.

움을 상고했던 사람들, 이른바 예수의 흔적^{stigmata}을 점점 더 많이 갖게 된 사람들의 이야기를 교회사에서 읽을 수 있습니다. 개중에는 주님의 십자가와 손에 난 못 자국을 깊이 묵상하다가 자신들의 손에도 못 자국이 나타난 이들까지 있었다고 합니다. 물론 그런 현상 자체에 관심을 가질 필요는 없습니다. 제가 말하고 싶은 점은, 평범한 그리스도인도 새 생명이 자라고 커지고 성숙할수록 예수를 아는 인격적인 지식을 열망하게 될 뿐 아니라 그 고난에 참여하는 수준까지 예수를 실제로 알게 된다는 것입니다.

사도 바울이 빌립보서 3:10에서 말하는 바가 그것입니다. "내가 그리스도와 그 부활의 권능과 그 고난에 참여함을 알고자 하여 그의 죽으심을 본받아." 말하자면 거듭난 자는 그리스도의 고난에 참여할 정도까지 그와 연합됩니다. 실제로 사도는 골로새서 1장에서 그리스도의 남은 고난을 자기 육체에 채운다고 말합니다. 실제로 그리스도와 일치되면 그 고난까지 나누게 됩니다. 이 주제는 여기까지 다루되, 한 가지 질문을 드리겠습니다. 여러분은 그리스도인이 된 지 얼마나 되었습니까? 예수 그리스도라는 분에 대한 관심, 예수 그리스도를 인격적으로 알고자 하는 열망이 점점 더 커지고 있습니까? 인격이신 예수 그리스도를 점점 더 많이 자랑하게 됩니까?

성부에 대해서도 똑같이 말할 수 있습니다. 이것은 큰 신비입니다. 교회의 많은 성도들이 성부, 성자, 성령 하나님과 각각 교통하는 일에 대해 증언해 왔습니다. 이제 제가 묻고 싶은 점은 성부께 인격적인 관심을 가지고 있느냐는 것입니다. 성부의 존재와 속성에 대해 생각하길 좋아합니까? 하나님의 생각과 영광과 존재에 대한 이야기 또한 성경을 가득 채우고 있습니다. "본래 하나님을 본 사람이 없으되"(요 1:18). 그러나 그리스도인은 하나님이 인격적인 분이심을 압니다. 관념이나 단순한 '존재 기반'이나 심지어 '사랑'이 아님을 압니다. 그는 인격적인 분입니다. 성경의 인물들은 살아 계신 하나님을 만났고, 그 앞에 가까이 나아갔습니다. 성경에 나오듯이 모세는 하나님의 "등"(출 33:23)을 보았습니다. 하나님이 그를 반석 틈에 두고 손으로 덮으신 후 지나가실 때 등을 살짝 보았습니다. 새사람이 된 그리스도인은 이런 일을 생각하고 묵상하길 좋아합니다. 하나님을 일종의 축복 대리점이나 어려울 때만 찾는 대상으로 여기지 않습니다. 하나님을 즐거워하며 알고 싶어 합니다. 하나님과 그의 무한한 속성에 대해 생각하길 좋아합니다.

그런데 오늘날 그리스도인들은 대체 무엇이 잘못된 것일까요? 300년 전 사람들은 하나님의 속성에 대한 책을 썼습니다. 그에 대해 몇 달씩 설교했고, 청중은 즐겁게 그 설교를 들었습니다. 그런데 오늘날 우리는 너무 현실적이어서 지름길로 가길 원합니다. 하나님의 영광스러운 속성을 생각지 않습니다. 축복과 체험과 활동에만 관심을 갖습니다. 우리는 심각하게 잘못된 길에 들어서 있습니다. 우리가 과연 영원하시고 영존하시는 하나님, 무궁히 계시는 하나님, 놀라운 이유로 세상을 창조하고 사람을 창조하여 동반자로 삼으신 하나님에 대해 생각하길 좋아하고 있습니까? 영광스러운 하나님과 그의 큰 목적에 대해—어떻게 그 섭리로 다스리시며 우리에게 공급하시는지에 대해—묵상하고 있습니까? 시편 기자들은 그에 대한 시를 많이 썼습니다. 104편을 읽어 보십시오. 자연과 피조 세계에 나타난 하나님의 섭리를 자랑하는 것을 볼 수 있습니다.

역사 속에서 일해 오신 하나님, 우리를 구속하신 하나님—그가 창세전에 세우신 계획과 목적—에 대해서도 묵상할 수 있습니다. 사도들이 어떻게 이 주제를 다루고 상기하며 경탄하는지 보십시오. 바울은 자기 지혜와 철학과 똑똑함을 자랑하던 고린도 교인들에게 말했습니다. "그러나 우리가 온전한 자들 중에서는 지혜를 말하노니 이는 이 세상의 지혜가 아니요 또 이 세상에서 없어질 통치자들의 지혜도 아니요 오직 은밀한 가운데 있는 하나님의 지혜를 말하는 것으로서 곧 감추어졌던 것인데 하나님이 우리의 영광을 위하여 만세 전에 미리 정하신 것이라"(고전 2:6-7). 사도가 어떻게 황홀경에 빠져드는지 보십시오! 사도가 체험한 상태가 어떤 것인지 알겠습니까? 우리는 "감추어졌던 것인데 하나님이 우리의 영광을 위하여 만세 전에 미리 정하신 것"에 대해 생각합니까? "썩지 아니하시고, 보이지 아니하시고, 홀로 지혜로우신 하나님" 같은 위대한 찬송의 모든 단어와 구절들을 소중히 여겨 상고하고 묵상하며 노래함으로 영원하신 하나님께 영광을 돌려야 합니다.

> 하늘 보좌에서 다스리시는
> 아브라함의 하나님,
> 옛적부터 항상 계신
> 사랑의 하나님을 찬양하라.
>
> —토머스 올리버스 Thomas Olivers

이 찬송의 마지막 말을 들어 보십시오. "만세, 아브라함의 하나님, 나의 하나님!" 아브라함의 하나님이 곧 나의 하나님이라는 것입니다. 아브라함, 이삭, 야곱처럼 자신도 하나님을 자랑한다는 것입니다.

오, 위에 계신 영화로우신 왕께 경배하라.
오, 그의 능력과 사랑에 감사하며 노래하라.
광채를 덮고 찬양을 두르셨도다.

시인의 언어는 마구 흐트러집니다.

오, 헤아릴 수 없는 힘이시여! 형언할 수 없는 사랑이시여!
천사는 위에서 즐겁게 주를 예배하고,
비천한 우리 피조물은 미약한 노래나마
진심으로 주를 경배하며 찬송하나이다.

―로버트 그랜트 Robert Grant

오, 여러분, 제가 묻고 싶은 점은 이것입니다. 여러분은 즐겁게 주를 찬양합니까? 곡조에 심취하느냐고 묻는 것이 아닙니다. 너무나 영광스러운 가사에 가슴이 뛰느냐는 것입니다. 그 가사가 무슨 뜻인지 알고 거기 마음이 사로잡히느냐는 것입니다. 이것이야말로 새 생명의 시금석입니다. 하나님은 나에게 더 이상 차갑고 지적인 관념이 아닙니다. 나와 동떨어진 율법적인 신, 도덕에만 신경을 쓰는 신이 아닙니다. "아브라함의 하나님, 나의 하나님"입니다. 다름 아닌 나의 하나님입니다.

이 주제는 앞으로도 계속 살펴볼 것입니다. 성령으로 태어나 하나님의 생명이 영혼 안에 들어오면 이런 특징들이 나타나게 되어 있습니다.

11.
성령의 교제

바람이 임의로 불매 네가 그 소리는 들어도 어디서 와서 어디로 가는지 알지 못하나니 성령으로 난 사람도 다 그러하니라. | 요한복음 3:8

우리는 우리 안에 새 생명이 있는지, 우리에게 이 중대한 일이 일어났는지, 우리가 하나님의 성령으로 거듭났는지 계속해서 고찰하는 중입니다. 검증할 방법은 많습니다. 지금 우리가 다루는 '하나님과 우리의 관계 및 하나님을 아는 지식'은 그중에서도 가장 훌륭한 시금석입니다. 제가 저 자신과 여러분에게 내내 상기시켜 왔듯이, 이것은 내적인 시금석입니다. 기독 신앙은 우리 외부에 있지 않습니다. 도덕과 율법은 항상 외부에 있습니다. 그러나 신앙은 우리 내부에 있는 것, 영적인 것, 정신뿐 아니라 마음까지 관련된 것입니다. 전인이 연루되고 관련된 것입니다. 그러므로 이 생명의 주된 특징은, 이제껏 살펴본 대로 하나님을 인격적으로 알고자 하는 열망이 점점 더 커지는 것입니다. 오거스터스 탑레이디Augustus Toplady의 찬송에 표현된 그대로입니다. "내 첫째가는 열망의 대상일세." 바로 이것입니다! 찬송은 이렇게 이어집니다. "날 위해 못 박히신 예수."

저는 이것이 거듭남의 가장 훌륭한 증거임을 밝히려 했습니다. 거듭난 자는 다른 어떤 것보다, 신학이나 성경 지식보다, 도덕적이고 선한 삶보다, 체험보다 하나님—성부, 성자, 성령 하나님—을 인격적으로 알길 열망합니다. 무엇보다 하나님 자신에게 집중합니다.

다음과 같이 요약해 보겠습니다. 인간사에 비추어 보면 아주 분명히 알 수 있습니다. 어린아이는 어째서, 왜 그런지 모르면서도 부모를 찾습니다. 괴롭고 슬프고 힘들수록 더 찾습니다. 다른 것을 주면 다 내던져 버립니다. 부모가 나타나야 해결이 됩니다. 연로한 제 친구가 있는데, 저는 그 훌륭한 성도 덕분에 이 점을 가슴 깊이 새기게 되었습니다. 우리가 이야기를 나누고 있는데, 함께 있던 아이가 계속 대화를 방해하려 들었습니다. 마침내 제가 참지 못하고 아이에게 물었습니다. "대체 뭘 원하는 거니?" 아이는 대답했습니다. "엄마요." 그 나이든 성도는 절 나무랐습니다. "그것 보게. 자넨 뭘 원하느냐고 묻는데, 아이가 원하는 건 사람이라네. 무엇이 아닌 사람, 제 엄마를 원한다고."

지금 우리 앞에 있는 시금석이 이것입니다. 이것은 우리가 적용할 수 있는 가장 섬세한 시금석입니다. 신앙이 일상화될 수 있습니다. 종교에 상존하는 위험이 이것입니다. 자신이 교인이라는 데 만족하거나 그 비슷한 것에 만족할 수 있습니다. 그러나 궁극적인 시금석은 이것입니다. 이 생명이 있는 자는 더 큰 생명을 갈구합니다. 참 그리스도인은 성부와 성자와 성령을 친밀히 알길 갈구합니다.

우리는 성부에 대한 열망 및 성부를 인격적으로 알고자 하는 열망을 일반적인 측면에서 살펴보았고, 그보다 먼저 성자를 알고자 하는 열망을 살펴보았습니다. 경험적 차원에서 이 주제에 접근하고 있기에 성자를 먼저 다루고 연이어 성부를 아는 지식을 다룬 것입니다. 이제 성령에 대해 알 수 있는 지식이 무엇인지 고찰할 차례입니다. 매 경우를 너무 상세히 파고들 마음은 없지만, 이미 상기시켰듯이 성부와 성자와 성령을 각기 따로 알 수 있다는 사실을 증언한 성도들이 많습니다.

성령을 아는 지식과 관련하여 신약성경이 사용하는 용어를 살펴봄으로써 이 주제를 이해하는 열쇠를 찾을 수 있습니다. 신약성경은 "성령의 교통하심"에 대해 이야기합니다. 고린도후서 마지막 부분에 나오는 이른바 사도의 축도를 보십시오. "주 예수 그리스도의 은혜와 하나님의 사랑과 성령의 교통[교제]하심이 너희 무리와 함께 있을지어다"(고후 13:13). 이 주제를 이해하는 열쇠가 여기 있습니다. 성령이 교통하신다는 것은 교제하시고 협력하신다는 뜻입니다. 사도가 축도에서 사용한 말에 담긴 전적인 의미가 이것입니다. "교통하심"에는 성령이 그 뜻을 우리에게 전하시는 일과 성령이 우리와 더불어 소통하시는 일이 다 포함되어 있습니다. 우리가 '교제'fellowship나 '교통'communion이라는 말로 옮길 수 있는 모든 의미가 포함되어 있습니다.

"교통하심"은 때로 일종의 동료 관계partnership라는 의미로 사용될 수 있으며, 신약성경은 자주 그 의미로 사용하곤 합니다. 제자들 중에는 고기 잡는 "동무들"partners(눅 5:7)이 있었습니다. 신약성경은 성령과 우리의 관계를 묘사할 때도 같은 단어를 사용합니다. 사도는 고린도 교인들이 성령의 동료가 되길 무엇보다 바랐기에, 둘째 서신 말미에 이 말을 사용했습니다. 이제 우리는 이 위대한 말에 담긴 의미를 찾아보아야 합니다. 성령의 교통하심이 있는지 어떻게 알 수 있을까요? 우리가 참으로 성령과 교제하며 교통하고 있는지 어떻게 알 수 있을까요? 그 방법을 알려 드리겠습니다.

첫번째로, 신앙생활(일반적인 의미의 신앙생활)에서 어떤 것도 혼자 하지 않을 때 성령과 교통하고 있음을 명백히 알게 됩니다. 종교인은 전부 혼자 합니다. 자신이 다 관리합니다. 자신이 신앙을 들어 올렸다가 내려놓았다가 합니다. 종교인이 아는 것은 오직 자기 자신과 자기 활동뿐입니다. 주일 오전예배도 자신이 좋은 일이라고 믿기 때문에 참석하는 것입니다. 자신이 원치 않는 주일에는 건너뜁니다. 자신이 다 관리합니다. 신앙의 수위도 자신이 조절합니다. "지나치게 의인이 되지도 말며"(전 7:16)라는 구절을 영적인 일에 대해 너무 심각하게 생각지 말라는 뜻으로 잘못 해석합니다. 이처럼 자신이 다 관리하고 조절합니다. 종교인에게 늘 나타나는 특징이 이것입니다. 그렇기 때문에 종교인은 자신의 신실함과 활동과 열심에 모든 것이 달려 있다고 믿습니다. 이것이 도덕적인 종교인의 변함없는 특징입니다. 아주 자립적으로 살며, 같은 이유 때문에 일반적으로 자기만족에 빠져 삽니다. 자기 기준을 세워 놓고 그것을 지키는 것에 만족합니다. 남들은 당연히 못 지키는데 자신은 지키는 것에 만족합니다.

이 문제를 다루느라 시간을 낭비할 필요는 없을 것입니다. 주님은 기도하러 성전에 올라간 바리새인과 세리의 유명한 비유에서 이 점을 완벽하게 설명해 주셨습니다. 바리새인은 곧장 앞으로 나아가 말했습니다. "하나님이여, 나는 다른 사람들……과 같지 아니하고 이 세리와도 같지 아니함을 감사하나이다. 나는 이레에 두 번씩 금식하고 또 소득의 십일조를 드리나이다." 이것은 종교인의 전형적인 태도입니다. 아무것도 구하지 않습니다. 어떤 필요도 느끼지 못합니다. 자신은 아주 완벽하다고 생각합니다. 할 도리를 다 하고 있다고 생각합니다. 이처럼 어떤 필요도 느끼지 못하고 어떤 다루심도 인식하지 못한 채 현재 자기 모습에 감사합니다. 자신이 모든 상황을 관리하며 그 결과에 만족합니다. 바로 이것이 바리새인의 모습이요 종교인의 모습입니다. 외부의 영향은 전혀 인식하지 못합니다. 자신이 믿기로 선택한 것을 실천할 뿐입니다. 만사를 아주 깔끔하게 정돈합니다. 아무 문제를 느끼지 못합니다. 그런데 주님은 그 사람에 대해 뭐라고 하셨는지, 스스로 성전에 들어갈 자격이 없다는 생각으로 가슴을 치며 오직 자비와 긍휼을 갈구했던 불쌍한 세리와 어떻게 비교하셨는지 다시 읽어 보십시오(눅 18:9-14 참조).

사도 바울은 빌립보서 3장의 짧은 자전적 기록에서 이 비유만큼이나 명확한 그림을 보여줍니다. 자신이 어떤 사람이었으며 어떻게 모든 일을 했는지 서술합니다. 그는 히브리인으로 태어났고 그 점을 자랑스러워했습니다. "나는 팔일 만에 할례를 받고 이스라엘 족속이요 베냐민 지파요 히브리인 중의 히브리인이요 율법으로는 바리새인이요 열심으로는 교회를 박해하고 율법의 의로는 흠이 없는 자라"(빌 3:5-6). 이 또한 동일한 그림입니다. 단순한 종교인의 특징이 이것입니다. 그러나 하나님의 은혜로 현재의 자신이 되었다는 사실을 다른 어떤 사실보다 크게 인식하는 신령한 자는 그들처럼 하지 않습니다.

이 점을 말로 설명하기는 어렵습니다. 한쪽은 어떻게 현재의 자신이 되었는지 알고, 다른 쪽은 모릅니다. 반복하지만 자신이 어떤 사람이며 왜 이런 사람이 되었는지 설명할 수 있는 자는 종교인입니다. 반면에, 자신이 이런 사람이 되었다는 사실에 놀라는 자는 신령한 자입니다. 이것이 거듭난 자의 첫 번째 특징, 아주 명백한 특징입니다.

두 번째 단계로 주장할 점은, 거듭난 신령한 자는 성령의 임재를 인식한다는 것입니다. 종교인은 어떤 임재도 인식하지 못합니다. 오직 체계만 가지고 있을 뿐입니다. 그 체계 안에서 살며, 그 체계를 성취하고 실천하고자 노력합니다. 그러나 참 신앙의 핵심은 성령의 임재를 인식하는 데 있습니다. 좀 더 일반적으로 말하자면, **다른 존재** Another를 인식하는 데 있습니다. 이것은 기독 신앙에서 떼어 낼 수 없는 신비한 요소입니다. 참 신앙에는 단순한 철학적 신비주의가 아닌 신비한 요소가 있습니다. 다시 말해서 경험적이고 인격적인 요소가 있습니다. 인격적이지 않은 것은 참 신앙이 아닙니다.

성경뿐 아니라 위대한 찬송에서도 이 요소를 찾아볼 수 있습니다. 가장 위대한 찬송은 항상 이 요소를 담고 있습니다. 그런 찬송을 볼 때마다 작곡 연대를 확인해 보기 바랍니다. 부흥과 각성과 개혁의 시기에 지어진 찬송에 늘 이런 인격적이고 경험적인 요소가 확연히 나타나는 것을 알게 됩니다. 작곡 연대를 거의 맞출 수 있을 정도입니다. 부흥을 많이 경험치 못한 빅토리아 시대 찬송에는 이 요소가 없습니다. 자기 기분과 느낌을 감상적으로—병적이고 내성적이며 감상적으로—표현할 뿐입니다. 참으로 위대한 찬송은 항상 이런 객관적 실재에 대한 인식, 다른 존재에 대한 인식을 담고 있습니다.

이처럼 거듭난 자는 성령의 다루심을 인식합니다. 제가 강조하려는 점이 이것입니다. 모든 것을 혼자 하는 자들과 달리 신령한 그리스도인은 자신이 다른 존재의 손에 잡혀 그의 다루심을 받고 있다는 사실을 강하게 인식합니다. 성경에는 성령과 우리의 관계를 보여주는 표현들이 나옵니다. "성령을 거스르는도다"(행 7:51). "성령을 근심하게 하지 말라"(엡 4:30). 제가 확실히 하고 싶은 점은, 오직 신령한 자만 이 말의 의미를 안다는 것입니다. 신령한 자는 다른 존재를 거스르며 근심하게 하는 일이 무엇인지 알지만 종교인은 모릅니다. 가끔 자기 기준에 미치지 못하거나 스스로 잘못으로 여기는 일을 할 때가 있다는 것만 알 뿐입니다. 그럴 때도 여전히 전적인 자기 기준에 따라 판단을 내립니다. 자기에게 짜증을 내고, 자기 체면이 깎였다고 느끼며, 앞으로 좀 더 잘해야겠다고 다짐합니다. 전부 자기 관점에 따라 그렇게 합니다.

그러나 신령한 자의 핵심적인 특징은 성령을 거스른 것 때문에 근심하는 데 있습니다. 그는 자신을 향한 성령의 역사를 거역하고 거스름으로 성령을 근심하시게 하고 아프시게 하며 상처를 드린 것을 인식합니다. 그것을 표현한 찬송들이 많습니다. 예컨대 그 심정을 선명하게 노래한 윌리엄 쿠퍼의 찬송을 보십시오. 그는 거역의 시기를 거친 후 이렇게 외칩니다.

    돌아오소서, 오 거룩한 비둘기여, 돌아오소서.
    감미로운 안식의 사자使者여!
    당신을 탄식하시게 한 죄,
    내 가슴에서 몰아낸 죄를 미워하나이다.

우리는 이 찬송에서 인격적인 말과 인격적인 관계가 무엇인지 보게 됩니다. 이것이 그리스도 예수 안에 있는 새 생명의 본질적인 핵심입니다. 하나님과 교통한다는 것은 바로 이런 것입니다. 영생은 "유일하신 참 하나님과 그가 보내신 자 예수 그리스도를 아는 것"(요 17:3), 경험적으로 아는 것입니다. 그리스도인은 넘어지거나 실패하거나 죄를 지을 때 성령이 아파하시고 상처 입으시는 것을 아주 날카롭게 인식합니다. 그래서 성령께 돌아와 주시길 간청합니다.

모든 시대 성도들의 경험에서도 같은 인식을 발견할 수 있습니다. 삶이 어딘가 어그러집니다. 죄 때문일 수도 있고 그렇지 않을 수도 있습니다. 어떤 이유에서든 건조하고 힘든 기간을 경험합니다. 그렇다고 그리스도인의 삶을 살지 않는 것은 아닙니다. 여전히 그리스도인의 삶을 살고 있습니다. 그들은 이로 인해 근심합니다. 전처럼 모든 일을 하는데도—성경을 읽고, 기도하고, 선을 행하고, 악을 삼가고, 자기 의지와 의지력이 닿는 한도 내에서 여전히 그리스도인의 삶을 사는데도—모든 것이 바람직한 상태에 있는데도 불행하다고 합니다. 왜 불행하냐고 물으면 "메마른 걸 느낍니다. 성령의 임재가 느껴지는 것 같지 않아요"라고 대답합니다. 이 상태로 오랫동안 씨름하는 이들이 있습니다. 그들은 옛 관계가 회복된 것을 깨닫기 전까지, 어찌 된 영문인지 구름에 덮여 버린 관계가 새로워지기 전까지, 다른 어떤 것에서도 만족을 찾지 못합니다. 이 점 또한 쿠퍼가 우리에게 상기시켜 줍니다.

찌푸린 섭리 뒤에
웃는 얼굴 감추고 계시네.

그리스도인의 눈에 구름만 보일 때가 있습니다. 그들의 큰 관심은 잠시 잃어버린 관계를 다시 누리는 것입니다. 이 사실을 아는 것이 아주 중요합니다. 그럴 때 마귀가 찾아와 차라리 기도를 그만두라고 속삭이기 때문입니다. 그렇지 않습니다! 그럴 때일수록 계속 기도해야 합니다. 하나님이 계신 것을 알고 계속 기도해야 합니다. 그러면 선히 여기시는 때에 다시 자신의 임재를 느끼게 해주시며 관계를 회복시켜 주십니다.

직접적인 목표에서 너무 멀리 벗어날 수 있으니 이 문제를 더 다루지는 않겠습니다. 그러나 영적인 삶의 방식을 조금이라도 아는 사람은 이 경험 또한 안다는 점을 지적해야겠습니다. 이 경험을 잘 알았던 옛사람, 옛 선생들은 이런 버려둠의 기간에 대해 이야기하곤 했습니다. 이를테면 하나님이 어떻게 얼굴을 돌리시는지 가르치곤 했습니다. 이것은 의심의 여지 없이 분명한 사실입니다. 그리스도인의 삶을 이해하려면 이 경험을 알아야 합니다. 하나님은 때로 우리의 유익을 위해 얼굴을 돌리시는 것 같습니다. 저는 우리를 성장시키기 위해 그렇게 하신다고 믿습니다. 그런 경험이 없으면 계속 어린아이로 남게 됩니다. 하나님은 우리가 어둠 속에서도 그를 의지하는 사람, 감정과 상관없이 의지하는 사람, 상황과 상관없이 의지하는 사람, 그의 말씀을 있는 그대로 의지하며 "그가 나를 죽이실지라도 나는 그를 의뢰하리니"(욥 13:15 난외주)라고 말하는 사람이 되길 원하십니다. 이 모든 것의 결론은 그리스도인이 이 관계를 인식한다는 것입니다. 그래서 잠시라도 이 관계를 잃을 때 근심하고 염려하며 불행해한다는 것입니다.

이처럼 하나님의 임재를 인식하는 것이 두 번째 단계입니다. 한 단계 더 나아가 보겠습니다. 그리스도인—거듭난 신령한 자—는 자신이 성령께 의존하고 있음을 인식하며, 당연히 점점 더 의존하게 됩니다. 다시 말해서 자신을 의지할 수 없음을 깨닫고, 성령과 그의 임재와 그의 능력을 더욱더 의지하는 법을 배웁니다. 실제로 그리스도인의 삶 자체가 성령 안에서 사는 삶입니다. 예컨대 사도 바울이 로마서 7장과 8장—특히 8장—에서 대조하는 큰 차이점이 바로 이것입니다. "너희가 육신에 있지 아니하고 영에 있나니"(롬 8:9). "이는 그리스도 예수 안에 있는 생명의 성령의 법이 죄와 사망의 법에서 너를 해방하였음이라"(2절). 이것은 중대한 차이점입니다. "만일 너희 속에 하나님의 영이 거하시면 너희가 육신에 있지 아니하고 영에 있나니 누구든지 그리스도의 영이 없으면 그리스도의 사람이 아니라"(9절). 이처럼 그리스도인의 삶은 성령 안에서 사는 삶입니다. 이 사실이 우리의 관점 전체를 지배합니다.

다음과 같이 아주 간략하게 설명해 보겠습니다. 이것은 종교인, 종교 관행, 종교 형식의 준수와 살아 있는 관계 및 예배의 차이점이기도 합니다. "성령으로 난" 신령한 자는 단순히 형식을 따르는 데 만족하지 않습니다. 그들에게 형식은 공허하고 무의미한 것이 될 수 있기 때문입니다. 그들은 영적인 요소에 관심을 갖습니다. 주님은 한 사마리아 여인과 토론하시면서 이 점을 친히 가르치셨는데, 그 토론의 전적인 핵심이 여기 있었습니다. 여인은 종교적인 사람으로, 그의 요지는 자신들이 "이 산에서 예배"한다는 것이었습니다. 한마디로 "우리 조상들은 이 산에서 예배하였는데 당신들의 말은 예배할 곳이 예루살렘에 있다 하더이다"(요 4:20)라는 것입니다. 이처럼 여인은 장소와 형식 등에 매여 있었습니다. 그러나 주님은 대답하셨습니다. "하나님은 영이시니 예배하는 자가 영과 진리로 예배할지니라"(요 4:23).

그러므로 이제 우리가 적용할 시금석은 우리의 예배와 성경 읽기와 기도 생활의 성격이 어떠한가 하는 것입니다. 아무 방해 없이 자리에 앉아 성경을 읽기로 결심할 수 있습니다. 사전과 색인에서 단어 뜻을 찾아 가며 읽는 것을 실제로 아주 재미있게 여길 수 있습니다. 십자말풀이를 하듯 성경을 읽으면서 문자와 구체적 사실을 잘 아는 전문가가 될 수 있습니다. 성경 내용에 정통한 사람이 될 수 있습니다. 그런 식으로 성경을 읽을 수 있습니다. 그러나 성령 안에서 성경을 읽는 것은 그것과 완전히 다른 일입니다. 이 말의 의미는 문자가 아닌 문자에 담긴 영이 중요하다는 것입니다. 단어가 아닌 메시지가 중요하다는 것입니다. 성령 안에서 성경을 읽는 사람은 성경이 눈에 보이는 물리적 내용을 담고 있는 책이 아니라 자신에게 실제로 말을 거는 살아 있는 책임을 깨닫습니다. 이것은 말로 설명하기 아주 힘든 경험입니다. 이에 대해 상당히 많은 이야기를 할 수 있습니다. 이를테면 오래도록 육신의 차원에서 성경을 읽는다는 것이 무엇인지, 그렇게 읽고 싶지 않아도 한동안 그렇게 읽을 수밖에 없는 상태가 어떤 것인지 저도 잘 알고 있습니다. 그런데 성령이 찾아오시면 모든 상황이 바뀝니다.

물론 이것이야말로 그리스도인의 삶에서 경험하는 낭만이며, 이렇게 말해도 될지 모르겠지만 특별히 설교자의 삶에서 경험하는 낭만입니다. 어제 마침 한 목회자가 제게 이런 질문을 던졌습니다. "웨스트민스터 교회에 얼마나 더 계실 생각인가요?" 제가 "무슨 말씀이지요?" 하자, "그러니까 여기 얼마나 오래 계신 거지요?"라고 재차 물었습니다. 저는 "28년이 다 되어 가네요"라고 대답했고, 그는 "어떻게 그리 오래 계셨는지 모르겠네요"라고 했습니다. 저는 말했습니다. "그것이 중요한 점이지요. 저도 어떻게 그리 오래 있었는지 모르겠습니다." 제가 그렇게 말한 의미는 이것입니다. 그의 주장은—모든 사람이 그렇게 생각하는데—한 목회자가 어느 교회에서 일정 기간을 보내면 성경 전체를 다 설교하게 된다는 것입니다. 그러니까 그 교회의 사역을 마치고 다른 교회로 옮겨야 한다는 것입니다! 그것은 영적인 접근법이 아닙니다. 반복하지만, 목회의 낭만과 경이와 불가사의가 여기 있습니다. 전에 수십 번씩 읽었던 본문이 갑자기 새롭게 다가오면서 환하게 밝혀지고 영광스럽게 드러납니다. 나에게 말을 걸고, 내 마음을 황홀케 하며, 나를 일으켜 세우면서 계속 확장되어 나갑니다. 이를테면 전에 한 번도 경험하지 못한 방식으로 나머지 성경 전체를 환히 밝혀 줍니다.

제가 말하고 싶은 점이 이것입니다. 목회자는 성령의 교통하심이야말로 설교의 영역에서 참으로 중요한 것임을 배우게 됩니다. 천부적 재능은 중요치 않습니다. 재능은 금세 바닥을 드러내게 되어 있습니다. 재능으로 설교하면 지치고 물리게 되어 있습니다. 목회를 그만둔 이들에게 종종 듣는 말이 있습니다. 그들이 목회를 그만둔 이유가 무엇입니까? "내가 할 수 있는 설교를 다 했기 때문"입니다. 그것은 무서운 말입니다. 재능으로 설교하면 자신이 할 수 있는 설교를 다 하는 날이 올 수밖에 없습니다. 재능으로 다룰 수 있는 주제에는 한계가 있습니다. 그러나 성령이 임하여 함께 성경을 다루어 주시면 얼마든지 한없이 설교할 수 있습니다.

기도도 마찬가지입니다. 자기가 기도하고 싶어서 기도하는 사람과 마땅히 기도해야 한다고 믿고 "성령 안에서 기도"하는(엡 6:18) 사람 사이에는 엄청난 차이가 있습니다. 말로 설명할 수는 없어도 누구나 알 만큼 분명한 차이가 있습니다. 제가 참석하는 특권을 누린 두 번의 특별한 기도회가 생각납니다. 한 번은 매주 모이는 정기 기도회였는데, 다들 특별한 기대 없이 참석했습니다. 기도회는 평소처럼 7시

15분에 시작했습니다. 계절은 여름이었고, 모든 상황이 기도하기에 불리해 보였습니다. 먼저 두 사람이 일어나 기도했습니다. 그들은 좋은 이들로 최선을 다해 기도했습니다. 뒤이어 특별히 영적으로 보이지 않던 또 한 사람이 기도하려고 일어났습니다. 그런데 어찌 된 일인지 그가 기도를 시작하자마자 신비하고 경이로운 하나님의 방식에 따라 성령이 그를 택하여 임하셨습니다. 그는 경탄스러울 만큼 놀랍게 기도했습니다. 성령 안에서 기도했습니다. 목소리 자체가 달라졌습니다. 모든 것이 달라졌습니다. 그는 영어로 기도했습니다. 그것은 우리 모두 알고 있는 언어였습니다. 분명히 방언으로 기도하지 않았습니다. 그럼에도 그것은 성령이 사로잡으시고 들어 올리신 자의 기도였고, 성령 안에서 드린 참 기도였습니다. 참석자들은 형언할 수 없는 무언가, 영적인 영역의 실재와 하나님의 임재를 인식했습니다. 이런 일을 말로 묘사하기란 불가능합니다. 그저 이 정도로 이야기할 수밖에 없습니다.

이런 일이 각 개인에게 일어날 수 있으며, 하나님의 은혜로 각 개인에게 일어나고 있습니다. 이런 기도가 존재합니다. 실제로 존재합니다. 제가 말하고 싶은 바는 오직 거듭난 자만 성령 안에서 기도한다는 것이 무엇인지 안다는 것입니다. 그는 성령으로 태어났기 때문에 성령으로 기도합니다. 신약성경의 변함없는 권고가 이것입니다. 성경은 마치 평범한 수준에 만족하지 말라, 인간적인 차원의 삶에 만족하지 말라고 말하는 듯합니다. 성령 안에서 행하라, 성령을 의지하라, 성령을 바라보라고 말하는 듯합니다. 이것은 설교를 비롯하여 우리 삶의 모든 활동에 낱낱이 적용되는 권고입니다. 우리의 시금석은 이처럼 자신이 성령께 의존하는 존재임을 인식하느냐 하는 것입니다. 그것을 인식하는 자는 성령을 찾고 성령을 구합니다.

> 오소서, 성령이여, 오소서.
> 그 밝은 광선을 비추어 주소서.
> 우리 마음의 어둠을 몰아내시고
> 우리 모든 눈을 열어 주소서.
>
> ─ 조셉 하트 Joseph Hart

제가 말하는 기도는 이런 것입니다. 거듭난 자는 성령 없이 영적인 일을 제대로 할 수 없음을 깨닫습니다.

> 하나님의 숨결이여, 그 숨을 제게 내쉬어
> 새 생명으로 채우소서.
> 당신이 사랑하시는 것을 사랑하고
> 당신이 하시려는 일을 하게 하소서.*
>
> ─ 에드윈 해치 Edwin Hatch

바로 이것입니다!
    이 갈망에 대해 알고 있습니까? 스스로 생명이 없음을 느낄 때가 있습니다. 죽어 있음을 느낄 때가 있습니다. 이것은 하나님의 백성이

• 새찬송가 196장 1절 다시 옮김.

반드시 거치는 경험입니다. 아직 육신을 가지고 사는 우리에게는 몸과 정신과 영혼의 상호 관계가 아주 현실적이고 미묘한 문제로 작용합니다. 때로는 몸의 상태 때문에 생명이 없다고 느끼기도 합니다. 그럴 때 무거운 걸음으로라도 의무를 다해야 합니다. 그렇게 하는 것이 맞습니다. 주저앉아 변화가 일어나길 기다리지 마십시오. 의무를 계속하되, 그 자체를 의지하지 마십시오. 성령께 이렇게 기도하십시오. "하나님의 숨결이여, 그 숨을 제게 내쉬어 새 생명으로 채워 주소서." 그렇습니다. 거듭난 자는 이처럼 자신이 동료이자 협력자 되시는 성령께 깊이 의존하는 존재임을 인식합니다. 성령과 교제하며 협력합니다. 함께 동업한다고 표현해도 좋습니다. 그는 우리의 상관이십니다. 그분 없이는 정말 아무것도 할 수 없습니다.

이처럼 우리는 성령의 활동을 인식합니다. 앞에서는 다른 존재와 그 영향을 인식한다는 일반적인 표현을 썼는데, 이번에는 우리의 내적인 삶에 나타나는 성령의 특별한 활동에 대해 언급하려 합니다. 성령은 우리 안에 계십니다. 성령이 안에 계시지 않은 사람은 그리스도인이 아닙니다. 저는 지금 성령 세례를 말하는 것이 아닙니다. 오순절 이전의 제자들 안에 계셨듯이 우리 안에도 계신다는 점을 지적하는 것입니다. 주님은 다락방에서 제자들에게 숨을 내쉬며 "성령을 받으라"(요 20:22)고 하셨습니다. 성령이 제자들에게 능력을 주시기 위해 세례의 형태로 임하신 오순절 날을 맞이하기 며칠 전에 그렇게 하셨습니다. 제가 지금 말하는 바는 성령이 어떻게 그리스도인 안에 오시며, 그리스도인이 어떻게 그의 역사와 활동을 인식하느냐 하는 것입니다. 물론 성령 세례를 받으면 그 사실을 훨씬 더 크게 인식하게 됩니다. 성령이 그 인식을 강화시켜 주십니다.

그렇다면 이런 성령의 활동에는 어떤 것이 있을까요? 먼저 **성령의 촉구**에 대해 살펴봅시다. 이번에도 사도 바울이 빌립보서 2:12-13에서 이 점을 어떻게 표현했는지 보기 바랍니다. "두렵고 떨림으로 너희 구원을 이루라. 너희 안에서 행하시는 이는 하나님이시니 자기의 기쁘신 뜻을 위하여 너희에게 소원을 두고 행하게 하시나니." 저는 이 구절을 성령의 촉구라는 항목에 포함시킵니다. 이 시금석을 우리에게 적용해 보아야 합니다. 이 구절은 무엇이든 우리 혼자 하지 못한다는 앞의 요점을 상술한 것에 지나지 않습니다. 종교는 가방 속에 넣고 다니다가 필요하면 꺼내 쓰고 다시 집어넣으면 그만입니다. 그러나 거듭난 자는 자기 결심과 상관없는 성령의 촉구를 인식합니다. 시간표는 영적인 삶에 가장 위험한 것입니다. 영적인 삶은 성령 안에서 사는 삶이기 때문에 당연히 깔끔하게 정돈되지 않는 부분이 생기게 마련입니다. 저는 사도 바울의 글에 자칭 전문가들을 짜증나게 만드는 문법의 파괴나 문장 중간에 새로운 생각을 불쑥 끼워 넣는 사례, 원래 다루던 내용을 잊고 이탈하는 사례가 많다는 점을 예증한 바 있습니다. 성령은 그런 일을 하십니다.

반면에, 아주 말쑥하고 깔끔하게 잘 정돈하는 자들이 있습니다. 그들은 "타오르는 듯한 아름다운 문장" 등을 내세웁니다. 그러나 그것은 문학이지 설교가 아니며 기독교 또한 아닙니다. 별 쓸모가 없습니다. 기독교는 성령의 역동하는 힘으로서, 성령은 우리 자신과 우리 시간표에 무단으로 침입하여 우리를 촉구하고 흔들고 자극하여 기도하게 하시며, 성경을 연구하게 하시고, 영적인 것을 묵상하게 하십니다.

이것은 "성령으로 난" 자들만 경험하는 일입니다. 신성한 동료가 우리를 다루십니다. 그의 소원은 결국 우리를 완전케 하시는 것입니다. 그렇기 때문에 절대 혼자 내버려 두지 않으십니다. 이 점을 표현한 찬송이 있습니다. 더 깊은 경험을 한 탓에 동일한 표현을 쓰지는 않지만, 모든 차원에 해당되는 경험을 노래한 찬송이 있습니다. "오, 사랑이 날 내버려 두지 않네." 성령이 거의 귀찮게까지 느껴질 때가 있습니다. 우리는 다른 것을 하고 싶은데 성령이 계속 간섭하시고 촉구하시며 권고하시기 때문에 그에 저항하며 싸우게 됩니다. 그렇습니다. 우리가 그렇게 싸우는 것은 성령의 존재와 자신의 행동을 의식한다는 증거입니다. 그리고 나중에는 자신의 어리석음과 비겁함을 느끼고 윌리엄 쿠퍼처럼 탄식하게 됩니다. "당신을 탄식하시게 만든 죄, 제 가슴에서 몰아낸 죄를 슬퍼하나이다." 그렇습니다. 거듭난 자는 이처럼 성령의 촉구를 인식합니다.

한 단계 더 나아가 보겠습니다. 성령은 촉구하실 뿐 아니라 **인도**하시고 **지도**하십니다. 가장 명백한 예는 신약성경의 그리스도인들, 특히 초대교회 그리스도인들을 인도하시고 지도하신 것입니다. 빌립을 보십시오. 그는 사마리아에서 복음을 전한 후 다음과 같은 일을 경험했습니다.

> 주의 사자가 빌립에게 말하여 이르되 "일어나서 남쪽으로 향하여 예루살렘에서 가사로 내려가는 길까지 가라" 하니 그 길은 광야라. 일어나 가서 (행 8:26-27).

그다음에 등장하는 인물은 큰 권세를 가진 에디오피아 여왕의 내시입니다. 그는 예루살렘에 갔다가 돌아오는 수레 안에서 선지자 이사야의 글을 읽고 있었습니다. "성령이 빌립더러 이르시되 이 수레로 가까이 나아가라 하시거늘 빌립이 달려가서"(29-30절). 여기 요점이 있습니다. "성령이 빌립더러 이르"셨습니다. 단순히 '아, 저 사람이 뭘 하고 있는 건지 모르겠네. 한번 가서 말을 걸어 봐야겠다'고 결정한 것이 아닙니다. 절대 아닙니다! "성령이 빌립더러 이르"셨습니다. 빌립은 성령이 자신에게 말씀하시는 것을 알았습니다. 어렵지 않게 알았습니다. 이것이 제가 말하는 성령의 인도입니다.

사도행전 13장에 나오는 안디옥 교회 이야기도 보십시오.

> 안디옥 교회에 선지자들과 교사들이 있으니……주를 섬겨 금식할 때에 성령이 이르시되 "내가 불러 시키는 일을 위하여 바나바와 사울을 따로 세우라" 하시니(행 13:1-2).

진짜 음성이 들린 것이 아니었음에도 그들은 성령이 말씀하신 것을 온전히 확신했습니다. "성령이 이르시되." 더 눈에 띄는 예를 원한다면 16:6-7을 보기 바랍니다.

> 성령이 아시아에서 말씀을 전하지 못하게 하시거늘 그들[바울과 동료들]이 브루기아와 갈라디아 땅으로 다녀가 무시아 앞에 이르러 비두니아로 가고자 애쓰되 예수의 영이 허락하지 아니하시는지라.

차이점이 아주 분명히 보일 것입니다. 그들은 가기로 결정하고 계획했지만, 그럴 수가 없었습니다. 성령이 "못하게" 막으셨습니다. 성령이 "허락하지 아니하"셨습니다.

이처럼 성령과 교제하는 신령한 자는 성령이 언제 무엇을 하라고 하시며 언제 하지 말라고 하시는지 압니다. 이것이 육에 속한 자와 신령한 자의 대조적인 차이점입니다. 위대하고 천재적인 인물이었던 바울이 보기에는 아시아로 가서 말씀을 전하는 것이 옳은 일이었고 분명히 그다음으로 해야 할 일이었습니다. 그런데 그럴 수가 없었습니다. 영적으로 충분히 예민했던 그는 이것이 성령의 뜻이 아님을 감지했습니다. 그래서 '아시아가 아니라면 무시아와 비두니아인 것이 분명하다'고 생각했습니다. 그러나 성령은 그것도 허락지 않으셨습니다. 결국 그는 "무시아를 지나 드로아로 내려갔"습니다. 요점은 유럽의 빌립보로 가는 것이 성령의 계획이었다는 것입니다. 그래서 이 길도 막고 저 길도 막아 결국 한 가지 선택만 남게 하셨습니다. 사도는 계속 직행해야 했고 결국 드로아에 이르렀습니다. 그는 자신이 왜 드로아에 왔는지 몰랐습니다. 도착한 날 밤, 마게도냐 사람의 환상을 보고서야 알았습니다. 그러나 처음에 이유를 몰랐음에도 성령의 임재와 역사와 인도에 예민했기에 그가 좌우를 막으시는 것을 알고 순종했습니다.

동일한 경험이 바울의 생애를 관통하고 있습니다. 에베소 장로들에게 작별 인사를 고하는 사도행전 20장의 서정적인 장면에서 그는 말합니다. "보라, 이제 나는 성령에 매여 예루살렘으로 가는데 거기서 무슨 일을 당할지 알지 못하노라. 오직 성령이 각 성에서 내게 증언하여 결박과 환난이 나를 기다린다 하시나"(행 20:22-23). 성령은 여러 사람을 통해 이것을 증언하셨습니다. 여러 사람에게 지각을 주심으로 사도에게 이 사실을 알리게 하셨습니다. 사도행전 21:4은 좀 더 명확히 기록하고 있습니다. 바울이 또 다른 곳에 가서 제자들을 찾아 거기서 이레를 머물때 그 제자들이 성령의 감동을 받아 "예루살렘에 들어가지 말라"고 한 것입니다.

이런 것이 성령의 인도와 지도입니다. 모든 시대 성도들의 생애를 보면 그들도 성령의 인도를 점점 더 예민하게 인식했던 것을 알 수 있습니다. 실제로 성령의 인도 없이는 거의 움직이지 않는 자들까지 있었습니다. 물론 그것은 과한 경우라고 할 수 있지만, 제가 묻고 싶은 점은 이것입니다. 우리는 이 동료 관계, "성령의 교통[교제]하심"에 대해 알고 있습니까? 성령의 인도와 지도를 인식할 만큼 그를 인식하고 있습니까?

성령이 어떻게 우리에게 여러 임무를 맡기시고 그 임무를 수행할 **권위**와 특별하고 비상한 **능력**을 주시는지도 생각해 보십시오. 능력, 성령의 능력은 또 다른 훌륭한 시금석입니다. 신약성경에 그 예가 아주 많이 나옵니다. 제 말의 의미를 실증하기 위해 한 예만 들어 보겠습니다. 사도행전 4장에서 사도 베드로와 요한이 날 때부터 걷지 못하던 성전 미문의 병자를 고친 일로 체포되어 예루살렘 법정(산헤드린)에 소환된 사건을 보십시오. 그들은 병자를 고치고 설교했다는 이유로 체포되어 재판에 회부되었습니다. 당국자들이 가장 먼저 던진 질문은 "너희가 무슨 권세와 누구의 이름으로 이 일을 행하였느냐?"라는 것이었습니다. 성경은 이렇게 기록합니다. "이에 베드로가 성령이 충만하여 이르되……"(행 4:7-8). 다른 많은 이들처럼 이 말을 오해하지 말기 바랍니다. 그들은 "오직 한 번만 성령으로 충만해진다"고 말합니다. 성령 충만은 모든 사람이 중생할 때 단 한 번 경험하는 일이라고, 또는 사도들만 유일하게 오순절 날 경험한 일이라고 말합니다. 아닙니다. 성령 충만은 계속 반복되는 일입니다. 여러 번 거듭하여 성령으로 충만해질 수 있습니다. 베드로는 어떤 의미에서 자기 자신과 요한과 온 교회의 생명을 놓고 싸워야 하는 힘든 상황, 기독 신앙의 장래 전체를 놓고 싸워야 하는 힘든 상황에 처해 있었습니다. 이것은 아주 심각하고 중대한 순간으로, 베드로는 자기 부족함을 절실히 느꼈을 것이 틀림없습니다. 그는 오순절 날 이미 성령으로 충만해졌습니다. 자신이 지금 어떤 영역에 있는지 알고 있었고, 성령께 의존하고 있다는 것 또한 알고 있었습니다. 그는 틀림없이 바른 인도를 구했을 것입니다. 그리고 다시 성령으로 충만해졌습니다. 지혜와 총명의 말을 받았고 능력과 권위를 받았습니다. 그와 이야기를 나눈 당국자들은 강한 인상을 받았습니다. 성경은 이렇게 기록합니다. "그들이 베드로와 요한이 담대하게 말함을 보고 그들을 본래 학문 없는 범인으로 알았다가 이상히 여기며 또 전에 예수와 함께 있던 줄도 알고"(행 4:13).

그들의 판단은 틀렸습니다. 베드로와 요한이 예수와 함께 있었던 것은 맞지만, 그때는 오히려 십자가를 앞두고 그를 부인했다는 사실을 기억해야 합니다. 예수와 함께 있었다는 사실만으로는 지금의 담대함을 설명할 수가 없습니다. 베드로는 3년 동안이나 예수와 함께 있었지만, 그가 재판받으실 때 여종 앞에서 그를 부인했습니다. 맹세와 저주까지 하면서 부인했습니다. 그렇습니다. 예수와 함께 있었던 것은 맞지만, 그것으로는 지금의 담대함을 설명할 수가 없습니다. 당국자들의 판단은 틀렸습니다. 예수와 함께 있었던 것은 시작에 불과했습니다. 무엇의 시작이었습니까? 자, 베드로는 예수와 함께 있었기에 마침내 그를 믿게 되었고, 그의 죽음과 부활에 대한 설명을 친히 들었으며, 예루살렘에 머물라는 명령을 받았고, 성령 세례를 받았습니다. 영적인 영역에 대한 지식을 얻었고, '성령이 너희 안에 계실 것'이라는 약속의 성취를 경험했습니다. 베드로는 이것을 알기에 자기 필요를 깨닫고 성령을 의지한 것이며, 명확함과 총명함과 언변과 정연하게 말하고 진술하는 능력을 충만히 받은 것입니다. 그는 "성령이 충만하여" 말했습니다. 이 점에 주목하며 사도행전을 읽어 보면 같은 일이 계속 반복되는 것을 알게 됩니다. 이들이 하나님의 부름을 받아 기적을 행하는 것을 보면서 성령으로 충만해진다는 것이 무엇인지 전체적으로 이해하게 됩니다.

우리 모두 이것을 경험으로 알아야 합니다. 성령의 능력과 지각을 받는다는 것이 무엇인지 알아야 합니다. 성령 충만과 성경 읽기의 관련성은 이미 밝힌 바 있습니다. 성령 충만은 사람들 앞에서 말하는 일과도 관련이 있습니다. 법정에 나가 진술할 수 있는 지혜와 총명의 말을 받을 수 있습니다. 오직 하나님의 성령만 이런 능력과 권세와 자유를 주실 수 있습니다. "주는 영이시니 주의 영이 계신 곳에는 자유가 있느니라. 우리가 다 수건을 벗은 얼굴로 거울을 보는 것같이 주의 영광을 보매 그와 같은 형상으로 변화하여 영광에서 영광에 이르니 곧 주의 영으로 말미암음이니라"(고후 3:17-18). 이것이 성령의 능력이요 활동입니다.

이렇게 해서 성령의 교제와 교통하심을 확인할 수 있는 방법들을 살펴보았습니다. 그리스도인의 삶은 이런 것입니다! 혼자 힘으로 피곤하고 수고롭게 의무를 다하고자 애쓰는 것이 아닙니다. 그리스도인의 삶은 성령에게서 나오는 삶, 성령이 들어와 우리 삶을 새롭게 하시고 우리 안에서 일하시며 우리를 인도하시고 지도하시고 촉구하시는 삶, 능력과 권위와 지각을 주시는 삶, 무엇보다 성령 자신을 인식시켜 주시는 삶입니다. 주님이 니고데모에게 하신 말씀의 핵심이 여기 있습니다. "자, 내가 어떻게 기적을 행하고 이런 설교를 하는지 물을 필요가 없다. 진실로 진실로 말하는데 너는 거듭나야 한다. 거듭나지 않은 자는 하나님 나라를 볼 수 없다. 물과 성령으로 태어나지 않으면 하나님 나라에 들어갈 수 없다."

이처럼 자신이 아무것도 아닌 무력한 존재임을 아는 자는 기도합니다.

> 하나님의 숨결이여, 그 숨을 제게 내쉬어
> 새 생명으로 채우소서.
> 당신이 사랑하시는 것을 사랑하고
> 당신이 하시려는 일을 하게 하소서.

이 기도는 절대 헛되지 않습니다.

12.
하늘의 일

바람이 임의로 불매 네가 그 소리는 들어도 어디서 와서 어디로 가는지 알지 못하나니 성령으로 난 사람도 다 그러하니라. | 요한복음 3:8

우리는 자신이 참 그리스도인인지 아닌지 확인하기 위해 새 출생의 징표와 특징들을 함께 살펴보는 중입니다. 성경은 "너희 자신을 시험[점검]하고 너희 자신을 확증하라"(고후 13:5)고, 믿음 안에 있는지 시험하고 확증하라고 권고합니다. 그리스도인이 아닌데도 그리스도인이라고 착각할 수 있습니다. 이에 대한 성경의 가르침이 많기에, 새로 태어나고 중생한 결과 하나님이 주시는 새 생명의 징후들을 계속 살펴 왔습니다. 이것은 반드시 해야 할 일로서, 우리는 주님의 중대한 말씀과 친히 사용하신 중대한 실례에 비추어 그것들을 살펴보았습니다. "바람이 임의로 불매 네가 그 소리는 들어도 어디서 와서 어디로 가는지 알지 못하나니 성령으로 난 사람도 다 그러하니라." 중생이 끼치는 영향과 결과가 있습니다. 우리는 그것들을 조사하고 알아보았습니다. 그런데 성경 기록은 우리를 그다음 단계, 그 너머의 단계로 데려갑니다.

니고데모는 여전히 혼란에 빠져 있습니다. "어찌 그러한 일이 있을 수 있나이까?"(요 3:9) 주님은 이 질문을 다루시는데, 이번에는 주님의 대답을 살펴보려 합니다. 저는 생명에 들어가지 못하도록 니고데모를 가로막은 중대한 장애물이 지금도 그리스도인이 되지 못하도록 많은 이들을 가로막고 있다는 점을 밝히며 강조하고 싶습니다. 동시에 그것은—제가 볼 때—그의 충만함과 은혜 위에 은혜를 받지 못하도록 그리스도인들을 가로막는 주된 방해물이기도 합니다.

신약성경이 그리스도인을 어떻게 묘사하는지, 오늘날 여전히 유한한 세상에서 살아가는 그리스도인들에게 어떤 가능성을 제시하는지 읽어 보십시오. 그에 비추어 자신을 점검해 보십시오. 우리에게는 "은혜의 지극히 풍성함"(엡 2:7)이 주어져 있습니다. "측량할 수 없는 그리스도의 풍성함"(엡 3:8)이 주어져 있습니다. 성경은 우리가 "하나님의 모든 충만하신 것으로"(엡 3:19) 충만해질 수 있다고 말합니다. 이것이 우리에게 주어진 가능성입니다. 우리 그리스도인들은 이렇게 살도록 부름받았습니다. 거듭 말하건대, 우리 자신을 점검해 봅시다. 우리는 그에 부합하는 삶을 살고 있습니까? 그렇게 충만하게 살고 있습니까? 그렇지 못하다면 니고데모를 넘어뜨린 바로 이 방해물이 주된 원인으로 작용하고 있는 것입니다. 하나님의 충만함과 은혜를 받지 못하도록 우리를 가로막는 원수와 대적이 있습니다. 제가 볼 때 그 원수가 아주 빈번히 사용하는 무기가 바로 니고데모에게 사용한 이 무기입니다.

그렇다면 이 무기란 무엇일까요? 원리의 형태로 제시해 보겠습니다. 충만한 생명을 받지 못하도록 우리를 가로막는 최고의 방해물은 지적인 교만과 머리로 이해할 수 있다는 확신입니다. 이것이 영적인 문제에서 시종일관 가장 큰 원수 노릇을 합니다. 회심하고 그리스도인이 된다고 해서 이 문제가 끝나는 것은 아닙니다. 이것은 내내 우리를 따라다니며 괴롭히는 문제입니다. 신약성경에도 그 예가 나옵니다. 어떤 의미에서 사도 바울이 갈라디아서를 쓴 것도 이 문제를 다루기 위해서였습니다. 요컨대 "성령으로 시작하였다가 이제는 육체로 마치겠느냐?"(갈 3:3)라는 것입니다. 고린도 교회에도 같은 문제가 있었습니다. 이처럼 원수는 계속 기어들어 옵니다. 그는 시대를 가리지 않고 그리스도인의 뒤를 따라다녔습니다. 그래서 인간의 공로와 능력과 이해로 회귀하려는 경향이 늘 나타나는 것입니다. 저는 이것이야말로 하나님의 충만함과 은혜 위의 은혜를 받지 못하게 가로막는 최고의 방해물이라는 것을 하나의 명제로 제시하는 바입니다.

주님은 새 출생에 대해 가르치시면서 당연히 이 문제를 다루셨습니다. 주님의 말씀처럼 이것은 필수적인 문제입니다. "거듭나야 하겠다"(요 3:7). "물과 성령으로 나지 아니하면 하나님의 나라에 들어갈 수 없느니라"(요 3:5). 반드시 거듭나야 한다는 이 사실 하나만으로도 인간의 능력이나 기질이나 힘으로는 하나님 나라에 들어갈 수 없다는 점을 입증하기에 충분합니다.

주님은 이미 하신 말씀에 내포되어 있던 이 진리를 다시금 아주 분명하고 확실하게 밝히십니다. 우리가 지금 살펴보는 이 몇 구절이 특히 더 귀중한 이유가 이것입니다. "어찌 그러한 일이 있을 수 있나이까?" 우리의 어려움이 여기 있습니다.

세상 사람이 교회에 들어와 성경 강해를 들으면 당황하며 당혹해합니다. 왜 그럴까요? 전에 들은 모든 것, 바깥 세상에 있는 모든 것과 완전히 다르기 때문입니다. 기이하고 불가사의하고 이상합니다. 그는 이해할 수 없어 혼란을 느끼며 이해하길 원합니다. 인간은 천성적으로 항상 이해하길 원합니다. 창세기 3장은 그것이 최초의 죄였다고 말합니다. 사실상 그것이 원죄였습니다. 인간은 하나님이 되고 싶어 하며, 마귀는 그 방향에서 인간을 유혹합니다. 그는 하와에게 "하나님이 그렇게 말했다고? 그 말을 믿지 마"라고 했습니다. "이 열매를 먹으면 신이 되어 다 이해하게 된다니까"라고 했습니다. 인간이 원하는 바가 바로 이것입니다. 인간은 여기에서 출발합니다. 완전히 이해하고 싶어 하는 욕망이 속에 있습니다.

이것은 다음 단계로 이어집니다. 이해할 수 없으면 믿지 않겠다는 것입니다. 알다시피 이것이 인본주의자를 비롯한 비그리스도인들의 공통된 입장이요 주장입니다. "이해되지 않으면 믿지 않겠다"고 합니다.

말이 나온 김에 이 점을 짚고 넘어가야겠습니다. 이런 입장을 취하는 자들은 어리석을 뿐 아니라 일관성이 없습니다. 제가 종종 사용하는 논거는 이것입니다. 여러분은 전기를 다 이해합니까? 대답은 그렇지 못하다는 것입니다. 가장 훌륭한 과학자도 전기를 다 이해하지 못하지만 사용합니다. 이해하지 못함에도 기꺼이 사용하는 것입니다. 전기 자체는 다 이해하지 못해도 그 영향과 결과는 기꺼이 활용합니다. 태도의 일관성을 지키려면 전기도 이해하지 못하니 사용하지 말아야 합니다. 그래서 제가 불신앙과 죄는 일관성의 결여에서 나온다고 말하는 것입니다.

이런 태도가 그리스도인의 삶 속까지 따라 들어오기 쉽습니다. 이 지점에서 문제가 아주 심각해집니다. 이런 태도는 하나님의 진리를 자기 이해 수준에 맞추어 제한하는 그다음 단계로 이어집니다. 자기가 복음을 믿는다고—하나님을 믿고 예수 그리스도 안에 있는 구원을 믿는다고—말하며, 자기 한계에 맞추어 복음의 의미를 제한하기 쉽습니다. 저는 아마도 이것이 오늘날 기독교회의 가장 큰 죄일 것이라고 생각합니다. 우리는 무한하고 영광스럽고 영원한 복음을 우리의 이해

수준에 맞추어 축소해 왔습니다. 그렇게 축소하는 방법은 아주 다양하고 많습니다. 심지어 우리 자신이 진리를 정의하고 그 경계를 정함으로 축소하기도 합니다. 이것이 작금의 공통적인 경향입니다. 성경의 권위를 밀어내고, 계시에 굴복하길 거부하며, 자기가 이해하고 파악할 수 있는 진리만 진리라고 말하는 자는 바로 이 잘못을 범하는 것입니다. 오늘날 일어나고 있는 일이 이것입니다. 더 이상 성경의 통치를 받지 않습니다. 자기가 재판관의 자리에 앉아 "이것은 옳고 저것은 그르다"고 판단을 내립니다. 계시는 더 이상 권위를 갖지 못합니다. 그러면 무엇이 권위를 갖습니까? 인간의 이해와 철학—인간이 이해한 것에 지나지 않는 철학—이 권위를 갖습니다. 복음은 인간의 정신과 이해 정도에 맞추어 제한됩니다. 기적적이고 초자연적인 사건은 내던져 버립니다. "과학적인 현대인은 이런 걸 믿을 수 없다"고 말합니다. 그렇게 배제해 버립니다. 심지어 교회 안에서도 이런 일이 벌어지고 있습니다. 복음의 영광이 제한되고 격하되며 협소해지고 있습니다. 거듭 말하지만, 아마도 이것이 하나님의 충만함과 은혜 위에 은혜를 받지 못하게 가로막는 가장 큰 방해물일 것입니다.

그리스도인의 삶을 바라보는 저와 여러분의 관점은 무엇입니까? "오, 그래요. 난 회심할 때 예수 그리스도를 믿었어요. 결단하고 영접했지요"라고 말하는 것이 고작일 때가 너무나 많습니다. 오직 그것만 의지합니다. 몇 가지 행동은 그만두고 몇 가지 행동은 시작하는 것만으로 훌륭하고 완벽하다고 생각합니다. 자기 의무를 다합니다. 사역을 열심히 합니다. 그러나 그것이 전부입니다. 자기만족을 느끼며 그것이 기독교라고 생각합니다. 그러나 사랑하는 여러분, 그것이 정말 기독교일까요? 하나님의 충만함과 은혜를 받고, 마침내 하나님 자신의 충만하신 것을 알기까지 그 은혜가 자라는 것을 경험해 보았습니까? 20세기의 큰 문제가 여기 있다고 저는 생각합니다. 이것은 특히 복음주의자들에게 하는 말입니다. 복음을 왜소한 것, 더 나아가 말뿐인 것, 처리 가능한 것으로 만들어 버린 탓에 신약성경이 제시하는 가능성을 선뜻 받아들이지 못하고 있습니다.

이처럼 복음을 우리가 이해하고 파악하는 수준으로 제한하는 것은 아주 치명적인 잘못입니다. 오늘날 많은 이들이 성경의 가르침에 따라 자신의 경험을 판단하는 것이 아니라 자신의 작은 경험을 기준으로 성경을 해석하는 위험에 빠져 있습니다. 개중에는 성령과 그 능력을 두려워하여 그와 관련해서는 아무것도 하지 않는 자들도 있습니다. 그들은 성령과 그 능력을 경험하지 못했다는 이유로 성경의 가르침까지 제한하려 듭니다. 자기 이해를 기준으로 모든 것을 해석해 버립니다. 아주 말쑥하고 깔끔하게 정리해 버립니다. 비상한 일은 절대 일어나면 안 된다고 생각합니다. 이것은 신약성경이 폭로하고 규탄하는 큰 위험입니다. 주님이 니고데모에게 주신 메시지의 핵심도 같은 것입니다. 주님은 다른 여러 곳에서도 동일한 위험을 경고하셨습니다.

마태복음 11장 말미를 보십시오. 주님은 갑자기 기도를 시작하며 이렇게 말씀하십니다. "천지의 주재이신 아버지여, 이것을 지혜롭고 슬기 있는 자들에게는 숨기시고 어린아이들에게는 나타내심을 감사하나이다. 옳소이다. 이렇게 된 것이 아버지의 뜻이니이다"(마 11:25-26). 그렇습니다. 이것은 영원히 불변하는 사실입니다. 지혜롭고 슬기 있는 자들, 명철한 자들에게는 숨기시고 어린아이들에게는 나타내심니다. 사도 바울은 지적인 거인이었음에도 내내 같은 점을 지적했습니다. 그는 고린도전서 1장 말미에서 이 점을 분명히 밝힙니다.

> 형제들아, 너희를 부르심을 보라. 육체를 따라 지혜로운 자가 많지 아니하며 능한 자가 많지 아니하며 문벌 좋은 자가 많지 아니하도다. 그러나 하나님께서 세상의 미련한 것들을 택하사 지혜 있는 자들을 부끄럽게 하려 하시고 세상의 약한 것들을 택하사 강한 것들을 부끄럽게 하려 하시며(고전 1:26-27).

사도는 고린도전서 2:14에서도 "육에 속한 사람은 하나님의 성령의 일들을 받지 아니하나니 이는 그것들이 그에게는 어리석게 보임이요, 또 그는 그것들을 알 수도 없나니 그러한 일은 영적으로 분별되기 때문이라"라고 말합니다. 이것은 중대한 진술입니다. 그런데 사람들은 이 진리를 이해하고 파악하지 못하는 듯합니다. "어떻게 그럴 수 있지? 난 이해가 안 돼. 도무지 무슨 뜻인지 모르겠어"라고 합니다. 그렇게 이해가 안 된다는 이유로 은혜와 영광의 가능성을 억제하고 제한합니다.

이제 두 번째로 니고데모에게 주신 주님의 가르침을 설명하면서, 인간의 지혜를 신뢰하며 모든 것을 이해하길 원하는 태도가 무익할 뿐 아니라 어리석다는 점을 밝혀 보겠습니다. 주님은 니고데모를 다루시며 그런 태도를 비웃으시고 책망하십니다.

> 너는 이스라엘의 선생으로서 이러한 것들을 알지 못하느냐?……내가 땅

의 일을 말하여도 너희가 믿지 아니하거든 하물며 하늘의 일을 말하면 어떻게 믿겠느냐?[믿을 수 있겠느냐?](요 3:10, 12)

이것은 오늘날 많은 이들에게 그대로 해당되는 메시지입니다. "어떻게 그럴 수 있지?"라는 질문을 항상 제기하며 "난 이해되지 않으면 믿지 않겠어"라고 하는 것은 심히 어리석은 태도입니다. 오, 이 어리석음에 인간의 비극이 있습니다. 오, 이 어리석음에 인간의 화가 있습니다! 이 어리석음 때문에 오늘날 세상이 이 지경이 되어 버린 것입니다. 이 어리석음 때문에 인간이 하나님을 거부하며 그의 가르침과 통치를 거부하는 것입니다. 이것은 인간이 처음 불순종하여 타락한 결과 빚어진 혼돈의 반복에 불과합니다.

인간은 사실상 땅의 일조차 이해하지 못한다는 점만 생각해도 이것이 얼마나 어리석은 태도인지 알 수 있습니다. "내가 땅의 일을 말하여도 너희가 믿지 아니하거든"이라는 말씀의 의미가 무엇입니까? 바람의 예를 들며 방금 말씀하신 내용을 가리키는 것이 분명합니다. 주님은 니고데모에게 노골적으로 말씀하셨습니다. "진실로 진실로 네게 이르노니 사람이 거듭나지 아니하면……"(요 3:3). 그리고 연이어 "물과 성령으로" 거듭나야 한다고 반복하셨습니다.

당황하는 니고데모에게 주님은 설명하셨습니다. "자, 이 일은 마치 바람이 부는 것과 같다. 너희는 바람 소리를 듣지만 바람 자체는 보지 못한다. 바람을 이해하지 못하며 바람이 부는 법칙도 이해하지 못한다. 그러나 그 소리는 듣는다. 빨래가 펄럭이는 것도 보고 나뭇가지가 흔들리는 것도 본다. 바람이 끼치는 영향을 보는 것이다. 바람이 어떻게 부는지, 어떻게 생기는지는 몰라도 그렇게 징후를 보는 데 만족하며 바람을 활용한다. 내가 말하는 이 일도 그와 같다. 신비한 면이 있지만 그 영향과 결과는 볼 수 있다."

그런데도 니고데모는 이해하지 못하고 "어찌 그러한 일이 있을 수 있나이까?"라고 물었습니다. 그러자 주님이 "내가 땅의 일을 말해도 이해하지 못하는구나" 하신 것입니다. 이 말은 세상의 삶과 인간의 삶에 나타나는 복음의 작용이나 가시적인 일조차 사실상 이해하지 못한다는 뜻으로 해석할 수 있습니다.

이것은 구약성경에 이미 예언된 내용입니다. 그래서 주님은 니고데모를 책망하셨습니다. "너는 유대인의 선생으로서 마땅히 이것을 알아야 한다. 선지서를 읽어 보지 않았느냐? 선지자들은 새 시대가 오면 저는 자가 사슴처럼 뛰고, 눈먼 자가 앞을 보며, 귀머거리가 들을 것이라고 했다. 성령이 부어질 것이라고 했다. 이것이 선지서의 가르침이다. 그 가르침을 모른단 말이냐? 이것은 네가 읽는 성경에 다 나오는 일이다. 너는 유대인으로서 마땅히 이 일을 준비했어야 한다. 아직도 모르겠느냐? 아직도 이해하지 못하겠느냐? 너는 나를 보았다. 기적을 행하는 능력도 보았다. 내 가르침을 듣고 놀라움을 표시했다. 내가 하나님이 보내신 선생임을 확신했다. 그런데도 왜 내 말을 듣지 않는 것이냐? 왜 네 논리에 충실하지 못한 것이냐? 왜 아직도 당황하는 것이냐?"

이것이 "땅의 일"이라는 말에 담긴 의미로서, 당연히 현재 우리에게도 똑같이 적용됩니다. 기독교의 역사적 사실—성도들의 생애, 세상에 살았던 가장 큰 은인들의 생애, 그들에게 일어난 놀라운 일과 그들이 행한 경이로운 일—을 이해할 수 있는 사람은 아무도 없습니다. 이것은 땅의 일입니다. 역사상 분명히 일어난 일입니다. 그런데 누가 그들을 이해할 수 있습니까? 아무도 이해할 수 없습니다. 오늘날 아무리 지혜로운 자들도 이해하지 못합니다.

20세기 사람들은 이것을 이해해 보려고 엄청난 노력을 기울였습니다. 심리학이 처음부터 주장한 바는 분석을 통해 모든 것을 설명해 보겠다는 것이었습니다. 그래서 그리스도인을 설명해 보려 했지만 설명할 수 없었습니다. 그것은 완전히 부적절한 접근법입니다! 사도 바울은 고린도전서 2:15에서 이 점을 아주 분명히 지적합니다. "신령한 자는 모든 것을 판단하나 자기는 아무에게도 판단을 받지 아니하느니라." 이 말의 의미는 거듭난 그리스도인 안에 성령이 계신다는 것입니다. 그래서 그들에게는 이해할 지각이 있지만, 다른 사람들은 그들을 이해하지 못한다는 것입니다.

참 그리스도인은 모든 비그리스도인의 문젯거리입니다. 이 또한 우리가 적용하기에 가장 좋은 한 가지 시금석입니다. 사람들이 전부 이해할 수 있는 사람은 그리스도인이 아닙니다. 그리스도인은 불가사의한 존재입니다. 수수께끼 같은 존재입니다. 그럴 수밖에 없습니다. 하나님의 생명이 안에 들어왔는데 전과 똑같을 수는 없습니다. 그는 낯선 존재가 됩니다. 차이가 생기고 변화가 일어납니다. 사람들은 "어떻게 이런 일이 생길 수 있지?" 하며 의아해합니다. 그리스도인을 이해하지 못합니다. 물론 그에게 일어난 일은 봅니다. 달라진 모습은 봅니다. 그러나 이해하지는 못합니다. 이런 땅의 일조차 이해하지 못합니다. 이것이 오늘날 세상이 처한 위치입니다. 저와 여러분의 비극은 이런 태도를 그리스도인의 삶의 영역까지 끌고 들어오기 쉽다는 것입니다. 완전히 이해되지 않으면 기꺼이 믿고 받아들이려 하지 않습니다. 그렇게 하나님이 주시는 축복과 은혜의 가능성을 제한합니다.

주님이 사용하신 더 큰 논거를 살펴봅시다. "내가 땅의 일을 말하여도 너희가 믿지 아니하거든—이제 우리가 다룰 문제가 나옵니다—하물며 하늘의 일을 말하면 어떻게 믿겠느냐?" 우리가 더 많은 시간을 들여 상고하고 고찰할 필요가 있는 것은 "하늘의 일"입니다. 그렇다면 하늘의 일이란 무엇일까요? 자, 주님은 말씀하십니다. "하늘에서 내려온 자 곧 인자 외에는 하늘에 올라간 자가 없느니라." 바로 이것이 하늘의 일입니다. 주님은 이 훌륭한 선생에게 말씀하셨습니다. "자, 니고데모야, 이 일을 이해하려 들지 마라. 내가 네 수준으로 낮추어 인간의 예와 땅의 예를 들어도 이해하지 못하면서, 땅의 일이 아닌 다른 일, 내가 주는 큰 구원의 상한선과 범위에 대해 말하는 것을 어찌 이해하려 드느냐? 자, 그것이 얼마나 어리석은 시도인지 깨닫고 그만두어라."

주님은 우리에게도 이렇게 말씀하신다고 생각합니다. 이제 하늘의 일이 무엇인지 몇 가지 알려 드리겠습니다. 이것은 성경에 다 계시된 내용입니다. 첫째는 삼위로 계시되 유일하신 한 분 하나님—성부, 성자, 성령—에 대한 가르침, 복되신 성삼위 하나님에 대한 가르침입니다. 하나님의 영광에 대해 최대한 생각해 보십시오. 이 주제에 관심을 쏟아야 합니다. 이것이 기독교입니다. 기독교는 단순히 친절하고 선량하고 도덕적인 사람, 명백한 죄인보다 조금 나은 사람이 되는 것이 아닙니다. 당대의 정치 현안에 대한 견해를 표명하는 것이 아닙니다.

그것은 전부 땅의 일입니다. 기독교의 내용, 실제 토대, 실제 핵심은 하늘의 일에 있습니다.

기독교가 무엇입니까? 하나님을 알려 주는 것입니다. 주님이 친히 말씀하신 영생의 정의를 보십시오. "영생은 곧 유일하신 참 하나님과 그가 보내신 자 예수 그리스도를 아는 것이니이다"(요 17:3). 기독교는 바로 이것입니다. 하나님을 아는 것입니다. 단순히 하나님에 대한 몇 가지 사실을 믿는 것, 작고 멋진 삶을 사는 것이 아닙니다. 기독교는 그런 것이 아닙니다. 기독교가 종교와 도덕에 그치는 경우가 많습니다. 그러나 기독교의 핵심은 성부, 성자, 성령을 아는 데 있습니다. 삼위 하나님과 교통하는 영역으로 들어가는 데 있습니다.

아직도 이런 일을 머리로 이해하려 드는 것은 아닙니까? "어떻게 그럴 수 있지? 삼위로 계신 한 하나님이라는 개념을 이해할 수가 없어"라고 말하는 것은 아닙니까? 이해할 수 없는 것이 당연합니다. 혹시 여러분 자신이나 다른 누군가가 이해할 수 있다고 생각할 만큼 어리석은 것은 아닙니까? 주님은 그런 태도를 비웃으십니다! 자기 자신이나 주변 현상조차 이해하지 못하는 유한하고 왜소한 인간으로서 감히 아무도 모방할 수 없는 영원하신 하나님을 측량하려 드는 것은 아닙니까? 시작도 없고 끝도 없이 영원부터 영원까지 계시는 하나님을 이해할 수 있노라 생각하는 것은 아닙니까? 이 영역에 그런 말을 끌어들일 만큼 무모한 것은 아닙니까? 이것은 하늘의 일입니다.

하나님의 영광과 천국의 영광에 대해서도 생각해 보십시오. 이사야서 6장을 읽어 보면 살짝 엿볼 수 있습니다. 이사야는 아주 훌륭하고 능력 있는 인물이었습니다. 그럼에도 중대한 임무와 사명의 부르심을 받고 하나님의 영광을 살짝 보았을 때 어떻게 되었는지 기억할 것입니다. 하나님의 영광이 나타나자 문지방 터가 흔들리고 연기가 성전을 가득 채웠습니다. 그것을 본 이사야는 큰 충격을 받고 쓰러졌습니다. 하나님을 직접 본 것도 아니었습니다. 이를테면 멀리서 얼핏 보았을 뿐입니다. 그럼에도 그의 반응은 "화로다, 나여! 망하게 되었도다. 나는 입술이 부정한 사람이요 나는 입술이 부정한 백성 중에 거주하면서 만군의 여호와이신 왕을 뵈었음이로다"(사 6:5)라고 외치는 것이었습니다. 그는 "대체 이게 어찌된 거지? 대체 무슨 현상이 일어난 거야? 어떻게 이런 일이 생길 수 있지? 과학적으로 어떻게 이해해야 할까?"라고 말하지 않았습니다. 그런 생각조차 하지 않았습니다. 그 정도로 무모하지 않았습니다. 그가 본 것은 하나님의 영광이었습니다. 그는 땅바닥 위에, 흙바닥 위에 엎드렸습니다.

사랑하는 여러분, 이것이 기독교입니다. 기독교는 모든 설명과 통제가 가능하도록 작은 꾸러미로 깔끔하게 정리할 수 있는 것이 아닙니다. 여러분은 이 하늘의 일에 대해 알고 싶은 마음이 있습니까? 저와 여러분을 비롯한 모든 그리스도인이 이 하늘의 영역으로 끌려 올라갈 때, 하나님은 우리에게 미소를 지으시며 우리를 사용하실 것이고, 온 세상은 다시금 큰 부흥으로 진동할 것입니다.

고린도후서 12장에 나오는 사도 바울의 말을 들어 보십시오.

무익하나마 내가 부득불 자랑하노니 주의 환상과 계시를 말하리라. 내가 그리스도 안에 있는 한 사람을 아노니 그는 십사 년 전에 셋째 하늘에 이끌려 간 자라(그가 몸 안에 있었는지 몸 밖에 있었는지 나는 모르거니와 하나님은 아시느니라). 내가 이런 사람을 아노니(그가 몸 안에 있었는지 몸 밖에 있었는지 나는 모르거니와 하나님은 아시느니라)(고후 12:1-3).

보다시피 여기에는 인간의 이해가 끼어들 자리가 없습니다. 사도는 이 일을 말로 설명할 수 없었습니다. 당연히 그럴 수 없었습니다. 그는 "어찌 그러한 일이 있을 수 있나이까?"라고 묻지 않았습니다. 그저 그 일이 일어났고 사도는 그 자리에 있었습니다! 하늘에 끌려 올라갔습니다. 그러나 이해하지는 못했습니다. "하나님은 아시느니라.······그가 낙원으로 이끌려 가서 말로 표현할 수 없는 말을 들었으니 사람이 가히 이르지 못할 말이로다. 내가 이런 사람을 위하여 자랑하겠으나 나를 위하여는 약한 것들 외에 자랑하지 아니하리라"(3-5절).

이것은 하늘의 일을 살짝 엿보는 경험입니다. 우리는 하늘의 일에 대해 아는 바가 있습니까? 여러분은 모든 일을 설명할 수 있습니까? 기독교가 여러분이 만든 작은 체계에 불과한 것은 아닙니까? 오, 하나님, 우리를 불쌍히 여기소서! 모든 그리스도인이 반드시 이 위대한 사도의 특별한 경험을 해야 하는 것은 아니지만, 인간의 이해를 완전히 뛰어넘는 영역으로 끌려 올라갈 수 있는 가능성은 누구에게나 열려 있습니다.

요한계시록의 말씀을 다시 들어 보십시오.

이 일 후에 내가 보니 하늘에 열린 문이 있는데 내가 들은바 처음에 내게 말하던 나팔 소리 같은 그 음성이 이르되 "이리로 올라오라. 이후에 마땅히 일어날 일들을 내가 네게 보이리라" 하시더라. 내가 곧 성령에 감동되었더니 보라, 하늘에 보좌를 베풀었고 그 보좌 위에 앉으신 이가 있는데 앉으신 이의 모양이 벽옥과 홍보석 같고 또 무지개가 있어 보좌에 둘렸는데 그 모양이 녹보석 같더라. 또 보좌에 둘려 이십사 보좌들이 있고 그 보좌들 위에 이십사 장로들이 흰옷을 입고 머리에 금관을 쓰고 앉았더라. 보좌로부터 번개와 음성과 우렛소리가 나고 보좌 앞에 켠 등불 일곱이 있으니 이는 하나님의 일곱 영이라. 보좌 앞에 수정과 같은 유리 바다가 있고 보좌 가운데와 보좌 주위에 네 생물이 있는데 앞뒤에 눈들이 가득하더라. 그 첫째 생물은 사자 같고 그 둘째 생물은 송아지 같고 그 셋째 생물은 얼굴이 사람 같고 그 넷째 생물은 날아가는 독수리 같은데 네 생물은 각각 여섯 날개를 가졌고 그 안과 주위에는 눈들이 가득하더라. 그들이 밤낮 쉬지 않고 이르기를 "거룩하다, 거룩하다, 거룩하다, 주 하나님, 곧 전능하신 이여, 전에도 계셨고 이제도 계시고 장차 오실 이시라" 하고(계 4:1-8).

기독교는 이런 것입니다. 하늘의 일을 아는 것, 하나님의 임재 안에서 그를 깨닫는 것입니다. "어떻게 그런 일이 있을 수 있지?"라는 작고 어리석은 질문을 던지며 "난 이해가 안 돼. 그런 영역이 어떤 건지 모르겠어. 난 그런 게 두려워"라고 말하는 것이 얼마나 무익한 짓인지 모르겠습니까?

주님이 니고데모에게 가르치신 말씀을 들으십시오. 작고 하찮은 인간의 이해를 내려놓으십시오. 땅의 일도 이해할 수 없는데 하늘의 일은 더더욱 이해할 수 없습니다. 구속의 전체적인 설계와 계획과 목적을 이해할 수 있겠습니까? 당연히 이해할 수 없습니다. 누군들 그 영광스럽고 놀라운 설계를 이해할 수 있겠습니까? 사도 베드로는 인간뿐 아니라 천사도 구속의 계획을 이해할 수 없다고 말합니다. 그는 첫째 서신 1:10-12에서 다음과 같이 말합니다.

> 이 구원에 대하여는 너희에게 임할 은혜를 예언하던 선지자들이 연구하고 부지런히 살펴서 자기 속에 계신 그리스도의 영이 그 받으실 고난과 후에 받으실 영광을 미리 증언하여 누구를 또는 어떠한 때를 지시하시는지 상고하니라. 이 섬긴 바가 자기를 위한 것이 아니요 너희를 위한 것임이 계시로 알게 되었으니 이것은 하늘로부터 보내신 성령을 힘입어 복음을 전하는 자들로 이제 너희에게 알린 것이요 천사들도 살펴보기를 원하는 것이니라.

사도 바울도 에베소서 3:10에서 구원은 하나님의 큰 계획으로서 "교회로 말미암아 하늘에 있는 통치자들과 권세들에게 하나님의 각종 지혜를 알게" 하신다고 말합니다. 천사조차 이해하지 못합니다! 구원은 영원하시고 영존하시는 하나님의 마음속에 있는 일입니다. 하나님이 계획하시고 목적하시는 일입니다. 그런데 인간은 "이해가 안 돼. 어떻게 그런 일이 있을 수 있지? 난 이해되지 않는 건 믿지 않겠어"라고 합니다.

오, 어리석은 인간이여! 이해할 수 없는 것을 이해하고자 영원토록 애쓰는 것이 곧 지옥입니다. 그것은 하나님이 아들 예수 그리스도 안에 나타내신 영원한 영광의 모든 영광과 축복을 스스로 차단하는 태도입니다. 혹시 주님의 위격도 이해하려 들 만큼 어리석은 것은 아님니까? 주님은 니고데모에게 말씀하셨습니다. "하늘에서 내려온 자 곧 인자 외에는 하늘에 올라간 자가 없느니라." 이 말씀이 이해가 됩니까? "하늘에 올라간 자가 없느니라." 여러분이 하늘의 일을 이해하지 못하는 것은 하늘에 올라가 보지 못했기 때문입니다. 하늘에 올라가 본 자는 아무도 없습니다. "잠깐만요. 스푸트니크에* 대해 들어 보지 못했습니까?"라고 말하는 이가 있을지 모르겠지만, 그것은 어이없는 말입니다. "하늘에서 내려온 자 곧 인자 외에는 하늘에 올라간 자가 없느니라." 그런데 니고데모 앞에 계신 분은 하늘에서 내려온 인자였습니다. 어떻게 이런 일이 있을 수 있을까요?

자신의 작은 두뇌를 의지하는 자는 비참해지게 되어 있습니다. 그런 자는 항상 비참했고, 영원히 비참할 것입니다. 여러분, 여러분은 거듭나야 합니다. 인간의 이해를 뛰어넘는 이 일을 깨달아야 합니다. 하늘에 계신 하나님인 예수 그리스도께서 친히 세상에 오셨습니다. 그는 인간인 동시에 하나님이신 분입니다. 두 분이 아닌 한 분입니다. 한 인격 안에 두 본성을 가지신 분입니다.

혹시 이런 일을 이해하고자 진지하게 애쓰는 것은 아닙니까? 이것은 하늘의 일입니다. 영광스러운 구원의 복음입니다. 오늘날 세상의 유일한 소망입니다. 세상의 미래가 인간의 손에 달려 있다면 우리는 이미 망한 것이나 다름없습니다. 그러나 세상의 미래는 인간의 손에 달려 있지 않습니다. 이것이 복음 메시지입니다. "하나님이 세상을 이처럼 사랑하사 독생자를 주셨으니"(요 3:16). 성육신이 일어났습니다.

* 스푸트니크 1호는 세계 최초의 인공위성이다.

하나님의 영원하신 아들이 사람으로 태어나셨습니다. 말씀이 육신이 되어 우리 가운데 거하셨습니다. 하늘에 계시면서 또한 땅에 계셨습니다. 그는 한 인격 안에 섞이지 않는 두 본성을 가지신 신인神人이십니다. 여기에 복음의 핵심이 있습니다. 하나님의 아들이 우리에게 생명다운 생명을 주시려고 세상에 오셨습니다.

언제가 되어야 이런 일은 머리로 이해하려 들면 안 된다는 지혜가 생길까요? 찰스 웨슬리의 위대한 찬송 「오, 신성한 사랑이여, 얼마나 아름다운지」를 들어 보십시오.

> 그 사랑 죽음과 지옥보다 강하고
> 그 부요함 측량할 수 없도다.
> 처음 태어난 빛의 아들들이
> 그 깊은 바닥을 보려 하나 허사로다.
> 그 신비에 닿을 수 없고
> 그 길이와 넓이와 높이에 닿을 수 없도다.

하나님의 사랑을 아는 분은 오직 하나님뿐입니다. 이것이 "어찌 그러한 일이 있을 수 있나이까?"라는 우리의 모든 어리석은 질문과 발언에 대한 대답입니다.

> 오직 신비로다. 불멸의 존재가 죽으시다니,
> 누가 그 기이한 계획을 헤아리랴?
> 처음 태어난 스랍들

그 신성한 사랑의 깊이를 재려 하나 허사로다.

오직 자비로다! 땅이여, 흠모하라.

천사들이여, 더 이상 알려 들지 말라.

찬송시인들은 모두 이 사실을 알았습니다. 아이작 와츠도 이렇게 썼습니다.

전능하신 하나님,

한없는 존귀를 받으소서.

나뉘지 않은 세 분이자

신비한 한 분이여,

이성과 이성의 능력이 무너진 곳에서

믿음이 이기고 사랑은 흠모하도다.

참 그리스도인은 이것을 경험합니다. 이 일에 하늘의 특징이 있다는 것, 자신을 인간 성취의 발치에서 인간 너머의 영역으로 끌어올려 주는 특징이 있다는 것을 깨닫습니다. 영원하신 하나님을 대면합니다. "크도다, 경건의 비밀이여"(딤전 3:16).

하나님이 삼위로 계신다는 것만 사실이 아니라 온전한 구원이 우리에게 주어졌다는 것 또한 사실입니다. 복음 메시지의 영광이 여기 있습니다. 이 구원은 인간적이거나 세상적인 일이 아닙니다. 신적인 일입니다! 하나님이 자신의 방식으로 주시는 것입니다. 참으로 살아 있는 생명입니다. 영원한 생명, 성령 안에 있는 생명, 인간의 이해뿐 아니라 상상까지 뛰어넘는 생명입니다. 우리가 할 일은 오직 하나, 심히 무지하고 무력하고 소망 없는 모습 그대로 나아가 말씀하시는 이분께 복종하는 것입니다.

"하늘에 올라간 자가 없느니라." 현대의 지식과 이해를 의지하는 한, 그것이 발전하여 다음 세기 중반쯤에는—그때까지 인간이 폭탄으로 세상을 날려 버리지 않는다면—궁극적 진리를 아는 위대한 지식을 얻게 되리라 희망하는 한, 아무도 하늘에 올라갈 수 없습니다. 인간의 지식을 의지하는 사람은 세상에서 가장 어리석은 자입니다.

"하늘에 올라간 자가 아무도 없느니라." 자기 힘으로 하늘에 올라갈 자는 아무도 없습니다. 그것은 불가능한 일입니다. 인간은 하늘에 올라가는 것은 고사하고 자기 자신조차 이해하지 못하는 존재입니다. 오직 이분만 철저히, 전적으로 의지해야 합니다. 왜 그럴까요? 우리의 관심이 하늘의 일에 있기 때문입니다. 그런데 그에 대해 아는 바가 전혀 없습니다. 본 적도 없고, 가 본 적도 없고, 이른 적도 없습니다. 그런데 여기 하늘에서 친히 오신 분이 계십니다. "진실로 진실로 네게 이르노니 우리는 아는 것을 말하고"(요 3:11). 예수는 철학자가 아닙니다. 사색가도 아닙니다. 진리의 추구자도 아니요 탐색자도 아닙니다. 그는 과학 실험에 참여하신 적이 없습니다.

"우리는 아는 것을 말하고 본 것을 증언하노라." "어느 때나 하나님을 본 사람이 없으되"(요일 4:12). 사람들은 하나님에 대해 추측합니다. '존재의 최고봉'이요 '절대자'라고 말합니다. 그 말에 무슨 뜻이 있습니까? 아무 뜻도 없습니다. 어떤 의미도 없습니다. 그들은 하나님을 본 적이 없고 볼 수도 없습니다. "어느 때나 하나님을 본 사람이 없으되." 하나님을 보고도 살 수 있는 자는 아무도 없습니다. 그런데 이분은 "본 것을 증언"한다고 말씀하십니다.

이렇게 말씀하실 수 있는 이유가 무엇입니까? 영원하신 아들이기 때문입니다. 그는 성부의 품속에서 나와 하나님을 나타내신 분입니다(요 1:18 참조). 하나님의 얼굴과 눈을 직접 들여다보신 분입니다. 증인입니다! 하늘에서 오신 분입니다! 하늘에 이르려 애쓰는 분이 아닙니다. 하늘에서 직접 내려와 우리에게 말씀하시고 알려 주시는 분, 우리를 세상에서 이끌어 내서 하나님을 보여주시는 분입니다.

그러므로 우리가 할 일은 오직 하나, 그를 받아들이고 그의 증언과 증거를 받아들이는 것뿐입니다. 그는 우리가 **거듭나야 한다**고 하십니다. **거듭날 수 있다**고 하십니다. 그는 이 일을 가능케 하려고 오셨습니다. 우리를 하나님과 화목케 하려고, 우리 눈을 가린 죄를 없애려고 오셨습니다. 우리를 하나님의 자녀로 삼으려고, 우리를 하나님 앞으로 이끌려고 오셨습니다. 그가 우리에게 주신 성령이 하시는 일은 이 지각과 지식과 깨달음과 경험을 주시는 것이며, 하늘의 일이 속한 영역으로 우리를 끌어올려 더 많이 누리게 하시는 것입니다.

오, 사랑하는 여러분, 저의 호소는 이것입니다. 그리스도인으로서 삶의 가능성을 제한하지 않도록 조심하십시오. 사도 바울은 에베소 교인들의 "속사람을 능력으로 강건하게" 해주시길 구했습니다. 무엇을 위해 강건해지길 구했습니까? "능히 모든 성도와 함께 지식에 넘치는 그리스도의 사랑을 알고 그 너비와 길이와 높이와 깊이가 어떠함을 깨달아 하나님의 모든 충만하신 것으로" 충만해지기 위해 강건해지길 구했습니다(엡 3:16-19).

제 질문은 주 예수 그리스도를 믿느냐는 것이 아닙니다. 저는 여러분이 믿는다고 생각합니다. 제 질문은 이것입니다. 여러분은 하늘의 일에 대해 무엇을 알고 있습니까? 하늘과 교통하고 있으며, 하나님과 교통하고 있습니까? 무릎을 꿇고 기도할 때 혼잣말을 합니까, 하나님께 말합니까?

오, 하늘의 일만큼 중요한 것은 없습니다. "영생은 곧 유일하신 참 하나님과 그가 보내신 자 예수 그리스도를 아는 것이니이다."

사랑하는 성도들이여, 이 은혜의 삶, 성령 안에 있는 삶의 가능성을 알기만 한다면 우리 자신뿐 아니라 교회의 위치 전체가 달라질 것입니다. 하나님의 축복이 우리를 통해 죄와 악의 무지와 어둠 속에서 죽어 가고 있는 멸망의 무리에게로 퍼져 나갈 것입니다.

13.
확신

바람이 임의로 불매 네가 그 소리는 들어도 어디서 와서 어디로 가는지 알지 못하나니 성령으로 난 사람도 다 그러하니라. | 요한복음 3:8

우리는 우리 주와 구주 되신 주님이 밤에 찾아온 유대인의 지도자 니고데모에게 하신 중대한 말씀을 계속 고찰하는 중입니다. 그는 주님이 확실히 차지하고 계신 위치로 자신도 나아가기 위해 해야 할 일이 무엇인지 알아보고자 찾아온 것이 분명합니다. 이제껏 살펴보았듯이 주님은 니고데모가 이 문제를 완전히 오해하고 있음을 가르치시면서 "모세가 광야에서 뱀을 든 것같이 인자도 들려야" 한다고 말씀하셨습니다(요 3:14). 자기 삶과 공로와 행위로 구원받을 자는 아무도 없습니다. 오직 인자가 들려서 십자가에 못 박히셔야, 죽어서 장사되었다가 다시 살아나셔야 인간은 죄 사함을 받고 멸망에서 구원받을 수 있습니다.

이번에는 특히 십자가 사건 이후의 결과를 집중적으로 살펴보려 합니다. 우리에게 첫 번째로 필요한 일은 하나님과 화목케 되는 것입니다. 주님이 일차적으로 하신 일이 그것이었습니다. 주님은 우리 대신 하나님의 율법을 지키고 거룩한 율법의 요구를 채우고자 오셨습니다. 단순히 능동적이고 적극적으로 순종하시면 되는 것이 아니었습니다. 우리가 받을 율법의 형벌도 담당하셔야 했습니다. 우리는 주님이 십자가에서 수동적으로 순종하시는 모습을 봅니다. 그가 어떻게 도살당할 양처럼 끌려가 나무에 못 박히시는지 봅니다. 그의 몸이 찢기고 피가 흘렀습니다. 이처럼 그는 반드시 들려야 했습니다. "들려야 하리니." 예수 그리스도와 그가 십자가에 못 박히신 이 일이 없으면 구원도 없습니다. 갈보리 언덕 십자가 위에서 일어난 이 능한 일이 없으면 인간과 하나님 간의 화목도 없고 인간과 인간 간의 화목도 없습니다.

감사하게도 이 일의 결과는 죄 사함과 용서—예비 단계이자 토대로서 꼭 필요한 것—에 그치지 않습니다. 거기에서 더 나아가 우리에게 생명을 줍니다. 우리는 지금 그 생명에 대해 고찰하는 중입니다. 주님이 니고데모에게 말씀하신 바가 이것입니다. "사람이 거듭나지 아니하면 하나님의 나라를 볼 수 없느니라"(요 3:3). 거듭남의 영역에서 천부적인 재능과 이해력은 아주 위험한 요소로 작용합니다. 모든 사람이 쉽게 그것을 의지한다는 점에서 실제로 큰 방해물이 될 수 있습니다. 생명을 얻는 일에 종교는 아무 가치가 없습니다. 도덕도 가치가 없습니다. 어떤 것도 가치가 없습니다. 오직 거듭나야 하며, 성령으로 태어나야 합니다.

우리는 주님이 세상에 와서 우리에게 주신 이 생명의 특징을 살펴보고 있습니다. 그는 우리 죄를 사하기 위해서뿐 아니라("우리를 선하게 만들고자 그가 죽으셨네"라고 옛 찬송은 노래했습니다) 우리에게 생명을 주기 위해 죽으셨습니다. 그는 말씀하셨습니다. "내가 온 것은 양으로 생명을 얻게 하고 더 풍성히 얻게 하려는 것이라"(요 10:10). 이것은 신약성경의 중대한 메시지입니다. 우리는 지금 이 생명을 소유하고 있는지 확인하고자 애쓰는 중입니다. 이 일이 중요합니다. 이 생명을 새로 받았는지, 거듭났는지, 성령으로 태어났는지 확인하는 일이 중요합니다. 우리는 성경이 제시하는 다수의 시금석, 우리가 정말 하나님의 자녀요 상속자요 그리스도와 함께한 상속자인지 점검할 수 있는 시금석들을 찾아보았습니다. 그중 상당수는 이미 살펴보았고,

지금은 복되신 성삼위 하나님—성부, 성자, 성령—과 교통함을 느끼느냐 하는 점을 다루고 있습니다. 그리스도인은 단순히 하나님에 대한 사실들을 믿는 데 그치지 않습니다. 새 생명을 받고 하나님의 가족으로 입양된 자녀로서 인격적으로 그를 알아 갑니다. 지금은 특별히 성령의 교통하심을 다루는 중입니다. 이 교통하심을 아는 자는 하나님의 자녀입니다. 이것이 시금석입니다. 죄인과 불신자가 성령에 대해 아는 것은 유죄 선고를 내리시는 무서운 능력뿐입니다. 성령의 교통하심과 교제에 대해서는 아무것도 모릅니다.

그리스도인은 종의 영에서 풀려나는 데서 더 나아가 하나님과 화평을 누립니다. 우리는 사도가 "양자의 영"이라고 부르는 분이 그리스도인 안에 계신다는 말로 지난 설교를 마쳤습니다. "양자의 영을 받았으므로 우리가 아빠 아버지라고 부르짖느니라"(롬 8:15). 그리스도인은 어린아이처럼 단순한 마음으로 이렇게 부르짖습니다. 인간관계는 이해하지 못하지만 자기 부모를 알기에 어렵고 힘들 때 소리쳐 찾는 어린아이처럼 부르짖습니다. 이미 살펴보았듯이 이것—양자의 영—은 기본적인 시금석입니다. 마귀는 이 영을 위조할 수 없습니다. 평안을 비롯한 다른 많은 것은 위조할 수 있어도 이 영은 절대 위조할 수 없습니다.

이제 중대한 시금석, 지난 시금석에 논리적으로 뒤따르는 시금석을 살펴봅시다. 그것은 성령이 친히 우리의 영과 더불어 증언하시는 것입니다. 이것이야말로 구원과 거듭남에 대한 확신의 전부입니다. 단순히 구원받았길 바라는 것이 아닙니다. 구원받았음을 **알게** 됩니다. 모든 그리스도인이 이 위치에 이르러야 합니다. 같은 요한이 노년에 쓴 편지에서 한 말은 이것입니다. "내가 하나님의 아들의 이름을 믿는 너희에게 이것을 쓰는 것은 너희로 하여금 너희에게 영생이 있음을 알게 하려 함이라"(요일 5:13). 여러분, 자신에게 영생이 있음을 알아야 합니다. 이 세상에 사는 동안에도 그 영생을 누려야 합니다. 그렇지 못한 사람은 사실상 종의 영에 잡혀 있는 것입니다.

요즘 들어 더욱 상기해야 할 점이 있는데, 그것은 가톨릭이 바로 종의 영에 잡혀 있다는 것입니다. 가톨릭은 확신의 교리를 믿지 않습니다. 구원받았는지 아닌지 확신할 수 없다고 생각합니다. 그래서 죽은 자를 위해 기도하고, 면죄부를 사며, 촛불을 밝힙니다. 가톨릭과 가톨릭의 모든 형식은 확신의 가르침에 반대되는 것입니다. 사제 제도 자체가 이런 확신의 부재에 기대고 있습니다. 사는 동안에도 사제가 필요하고, 죽을 때도 사제가 필요하며, 연옥에서도 사제가 필요합니다. 자신이 구원받았는지 아닌지 확신하지 못합니다. 이것은 신약성경의 가르침에 반대되는 것입니다. 우리는 세상에 사는 동안에도 구원받은 것을 확신하고, 알고, 자신해야 합니다.

신약성경은 아버지께 부르짖는 양자의 영이 우리 안에 있다고 가르칠 뿐 아니라 "성령이 친히 우리의 영과 더불어 우리가 하나님의 자녀인 것을 증언"하신다고 가르칩니다.

너희는 다시 무서워하는 종의 영을 받지 아니하고 양자의 영을 받았으므로 우리가 아빠 아버지라고 부르짖느니라. 성령이 친히 우리의 영과 더불어 우리가 하나님의 자녀인 것을 증언하시나니 자녀이면 또한 상속자 곧 하나님의 상속자요 그리스도와 함께한 상속자니(롬 8:15-17).

이것이 신약성경이 말하는 기독교입니다. 기독교는 무서워하는 종의 영에서 벗어나 성령의 증거와 증언으로 확증되는 큰 확신을 갖는 것입니다. 저는 종종 이것이 가장 높은 차원의 확신이라고 말하곤 했는데, 그 말의 핵심 의미는 이것입니다. 성령이 우리의 영과 더불어 증언하심으로 얻는 확신은 우리 스스로 느끼는 확신이나 성경에서 추론해 내는 확신과 완전히 다릅니다. 성령이 친히 즉각적이고 직접적으로 확신을 주십니다. 이 점을 또 다른 측면에서 살펴보고 싶다면 로마서 5장—특히 5절—에 나오는 사도의 말을 찾아보십시오. "소망이 우리를 부끄럽게 하지 아니함은 우리에게 주신 성령으로 말미암아 하나님의 사랑이 우리 마음에 부은 바 됨이니."

사람들은 종종 이 구절을 오해하곤 합니다. "우리 마음에 부은 바" 된 사랑을 하나님을 향한 우리의 사랑으로 생각하는 것입니다. 그렇지 않습니다! 우리를 향한 하나님의 사랑이 부은 바 된다는 것입니다. 이것은 하나님이 우리를 사랑하신다는 확신, 우리가 하나님의 자녀라는 확신, 우리 죄가 사함받았다는 확신을 성령이 친히 우리에게 주신다는 뜻입니다. 이보다—하나님이 이처럼 우리에게 마음을 두시며 우리를 사랑하신다는 사실을 아는 것보다—더 큰 일은 하늘과 땅 어디에도 없습니다. 우리를 향한 하나님의 사랑이 우리 마음에 부은 바 됩니다. 모든 구름이 흩어져 사라지고 반신반의하던 마음이 사라지면서, 하나님이 우리를 사랑하실 뿐 아니라 애써 사랑한다고 말씀해 주시는 것에 놀라게 됩니다.

그렇다면 하나님은 어떻게 친히 확신을 주실까요? 자, 이 일의 가장 큰 특징은 그 즉각성과 직접성에 있습니다. 우리가 무엇을 하는 것이 아닙니다. 물론 성경을 읽으며 거기에서 하는 말을 살펴보다가 확신을 얻는 경우가 있습니다. 요한복음 3장에도 그럴 만한 구절이 몇 군데 나옵니다.

> 하나님이 그 아들을 세상에 보내신 것은 세상을 심판하려 하심이 아니요 그로 말미암아 세상이 구원을 받게 하려 하심이라. 그를 믿는 자는 심판을 받지 아니하는 것이요 믿지 아니하는 자는 하나님의 독생자의 이름을 믿지 아니하므로 벌써 심판을 받은 것이니라(요 3:17-18).

이처럼 참으로 믿는 자는 성경에서 확신을 얻습니다. 그런데 여기에서 훨씬 더 나아가 구원을 인치고 보장하는 아들의 영, 양자의 영을 받는 경우가 있습니다. "성령이 친히 우리의 영과 더불어 우리가 하나님의 자녀인 것을 증언"해 주시는 경우가 있습니다.

성령은 때로 성경의 한 단어를 통해 이 일을 하십니다. 이 점을 명확히 합시다. 환상을 볼 필요가 없습니다. 실제로 환상을 본 사람은 극소수에 불과합니다. 오히려 환상을 본 것처럼 느껴질 때 아주 조심해야 합니다. 환상은 마귀가 위조할 수 있기 때문에 환상을 보거나 소리나 음성을 듣길 바라면 안 됩니다. 이 구절의 의미는 그런 것이 아닙니다. 이 구절의 핵심 의미는 성령이 우리 영에 어떤 감동^{impression}을 주신다는 것입니다. 우리 영에 작용하신다는 것입니다. "우리의 영과 더불어" 증언하신다는 것입니다. 성령이 우리 영에 아주 확실하게 주시는 감동, 눈에 보이는 증거보다 더 강력한 감동이 있습니다. 말씀을 통해 이 일을 해주실 수 있습니다. 어느 날 성경의 한 단어를 취하여 새롭게 밝혀 주실 수 있습니다. 그러면 마치 전에 한 번도 본 적이 없는 단어를 보는 것 같습니다. 그 단어가 내 속에 "아들아, 네 죄가 사함 받았다. 너는 하나님의 자녀다"라고 말해 줍니다.

전에도 가끔 제시했듯이, 모든 시대 성도와 순교자와 신앙고백자들의 글에서 이를 증언하는 중대한 증거들을 볼 수 있습니다. 하나님의 영광을 느끼는 이 특권이 지금도 하나님의 백성에게 주어져 있습니다. 이것은 성령 세례를 통해 주어지는 최고의 선물입니다. 여러분이 받을 수 있는 온갖 은사를 훨씬 뛰어넘는 은사입니다. 이것을 능가할 일은 없습니다. 하나님이 직접 여러분에게 말씀하시며 "너는 나의 자녀다"라고 확인해 주십니다. 반복하건대, 이것은 최고의 확신입니다. 이 확신에 다른 은사가 수반될 수도 있고 그렇지 않을 수도 있습니다. 무엇보다 중요한 것은 우리를 산 증인으로 만들어 주는 이 확신, 하나님과 그의 말씀과 그의 은혜를 증거하고 증언할 힘을 주는 확신 그 자체입니다.

더 나아가 이 확신은 모호한 행복감이 아니라는 점을 깨닫는 일이 중요합니다. 이 확신은 행복감을 뛰어넘는 것입니다. 교회에서 예배드릴 때나 그 밖의 경우에 모호한 행복감을 느껴 본 이들은 우리 중에도 많습니다. 아마 모든 사람이 느껴 보았으리라 생각합니다. 물론 그것도 괜찮습니다. 하나님은 종종 그런 행복감을 주십니다(늘 그런 것은 아닙니다. 어느 정도의 행복감은 마귀도 위조할 수 있다는 사실을 기억하십시오). 그러나 지금 우리가 살펴보는 감동은 마귀가 위조할 수 없는 것, 절대 위조하길 원치 않는 것입니다. 모호한 행복감을 뛰어넘는 것입니다. 하나님이 직접적이고 즉각적으로 사랑을 알려 주시는 특별한 것입니다. 일반적이거나 모호하지 않은 구체적인 것입니다. 하나님이 아버지로서 우리를 부르시며 우리가 그의 자녀임을 친히 알려 주시는 것입니다.

자신의 이야기와 자서전을 통해 이런 경험을 증언한 이들이 많습니다. 무디$^{D.L.Moody}$는 자신이 겪은 큰 경험의 거룩한 특징을 표현하기가 어려워 거의 언급하지 않는다고 말하곤 했습니다. 물론 이것은 바울이 셋째 하늘에 끌려 올라가 감히 표현할 수 없는 말을 들었던 경험에 버금가는 경험입니다. 천국을 살짝 만지는 경험입니다. 언어는 그런 일을 표현하기에 적절한 도구가 못 됩니다. "주 사랑 받은 사람만 그 사랑 알도다."* 예수의 사랑을 받은 자들이 발견하는 사실은 그 경험을 말로 표현하기가 어렵다는 것입니다. 그저 "하나님이 무한한 사랑과 자비와 긍휼로 그 사랑을 내게 주시길 기뻐하셨다"고 겸손히 증언할 수밖에 없습니다. "성령으로 인치심"(엡 1:13)이라는 말이 의미하는 바가 이것입니다. 세상에서 무슨 일이 생기든 신자는 하나님의 자녀이며, 따라서 그리스도와 함께한 상속자임을 확신시키기 위해 성령이 이 일을 해주십니다.

단순한 종교인은 결코 이 영역에 이르지 못하며 이 영역을 알지 못합니다. 종교인은 이런 일에 관심을 갖되 실제적이고 본질적인 영광은 얻지 못한다는 점에서 누구보다 불쌍한 사람입니다. 스스로 그리스도인의 삶을 살고자 애쓰는 것, 스스로 그리스도인이 되고자 애쓰는 것, 스스로 그리스도인이 되었다고 믿는 것보다 더 비극적인 일

* 새찬송가 85장 4절.

은 없습니다. 니고데모 같은 사람이야말로 가장 비극적인 인물입니다. 종교인은 이런 일에 대해 아무것도 알지 못합니다. 영적인 영역의 실재와 경험을 전혀 모른 채 늘 도덕과 행위의 영역에 머물며, 자기 의에 사로잡혀 하나님이 인간에게 주시는 세상 최고의 축복을 놓칩니다.

이제 이 큰 확신의 결과가 어떤 형태로 나타나는지 알려 드리겠습니다. 이것은 아주 필연적인 결과로서, 우리가 믿음 안에 있는지 점검하고 입증할 아주 귀한 시금석을 제공해 줍니다. 다음과 같이 설명해 보겠습니다. 복되신 주님은 십자가에 못 박히기 위해 자원하여 예루살렘으로 올라가셨습니다. 우리가 이 축복을 마음껏 누리게 하기 위해 올라가셨습니다. 우리 대신 고난당하신 주님께 감사하는 가장 좋은 방법은 그가 주신 축복을 누리는 것입니다. 고난당하신 주님을 불쌍히 여길 것이 아니라, 주님이 그렇게 값을 치르고 사 주신 축복을 누리지 못하는 자신을 불쌍히 여기십시오. 제가 이 결과들을 강조하는 이유가 여기 있습니다. 이것들은 우리가 거듭나 새 생명을 받았으며 성령으로 태어났다는 절대적인 증거라는 점에서 아주 귀중한 시금석이 됩니다.

그중 한 가지는 기쁨의 영입니다. 기쁨의 영이 신약성경 전체를 관통하고 있습니다. 예컨대 베드로는 이렇게 말합니다. "예수를 너희가 보지 못하였으나 사랑하는도다. 이제도 보지 못하나 믿고 말할 수 없는 영광스러운 즐거움으로 기뻐하니"(벧전 1:8).

이것은 평범한 그리스도인들에게 쓴 말입니다. 사도는 그들의 이름조차 몰랐습니다. "본도, 갈라디아, 갑바도기아, 아시아와 비두니아에 흩어진 나그네"(1절)라고만 불렀습니다. 이것은 사도들에게 보낸 회람이 아니었습니다. 자신이 잘 모르는 평범한 그리스도인들에게 보낸 편지였습니다. 그들에게 "나는 너희가 말할 수 없는 영광스러운 즐거움으로 예수를 기뻐하고 있음을 안다"고 한 것입니다. 필립 도드리지$^{Philip\ Doddridge}$는 이 구절을 해석하면서 다음과 같이 말했습니다. "말할 수 없는 영광스러운 즐거움이란 사람의 기쁨에 천국의 영광이 살짝 닿았다는 뜻이다. 이것은 영광 가운데 있는 복된 영이 특권적으로 누리는 기쁨이다." 베드로는 자신의 편지를 받는 그리스도인들이 이 기쁨을 누리고 있다고 생각했습니다. 이 기쁨은 하나님의 사랑이 그들의 마음에 부어진 데서 비롯된 것이었습니다.

사도 바울은 특별히 빌립보서에서 내내 기쁨을 이야기합니다. "끝으로 나의 형제들아, 주 안에서 기뻐하라"(빌 3:1)라고 하며, 4:4에서도 다시 "주 안에서 항상 기뻐하라. 내가 다시 말하노니 기뻐하라"라고 합니다. 이처럼 기쁨이 신약성경의 주조를 이루고 있습니다. 이미 상기시켰듯이, 요한은 노년에 쓴 마지막 편지에서 다음과 같이 편지를 쓰는 이유를 밝힙니다. 자신이 곧 죽어 그들을 떠날 것을 알면서도 "우리가 이것을 씀은 우리의 기쁨이 충만하게 하려 함이라"(요일 1:4)라고 밝히는 것입니다. "충만하게!" 주님이 왜 우리를 위해 죽으셨습니까? 우리를 비참하게 만드시기 위해서입니까? '그리스도인이 된 후 나타나는 주된 효과는 비참해지는 것'이라는 인상을 주는 이들이 있습니다. 그들은 이런 경험에 대해 충분히 알지 못하는 탓에 나머지 삶을 망쳐 버리는 것 같습니다. 적극적으로 기뻐하지 못합니다. 신앙이 오히려 여러분을 불행하고 비참하게 만든다면, 이런저런 것을 앗아 가기만 한다면, 그래서 항상 크게 희생한다는 생각이 든다면, 사랑하는 여러분, 여러분은 이 기쁨에 대해 아무것도 모르는 것입니다! 여러분의 기쁨은 말할 수 없는 영광스러운 즐거움으로 충만한 것이 되어야 합니다.

이 기쁨 또한 세상과 마귀가 결코 위조할 수 없습니다. 종교가 결코 만들어 낼 수 없습니다. 종교는 사람을 행복하게 해주지 못합니다. 종교와 기독교를 구분하는 가장 좋은 방법 한 가지가 이것입니다. 종교는 항상 과업과 부담이 됩니다. 하나님을 알수록 두려워집니다. 종교는 항상 우리를 침체시키며 불행하게 만듭니다. 조직화되고 체계화된 종교, 우리를 사제의 지배 아래 두어 억누르며 잘못된 의미에서 비겁하게 하나님을 두려워하게 만드는 종교로 회귀하지 않도록 조심해야 하는 이유가 여기 있습니다. 마르틴 루터는 이신칭의의 교리를 홀연히 깨닫고 나서야 비로소 노래하기 시작했고 기쁨으로 충만해졌습니다. 신약성경이 말하는 기독교는 이런 것입니다. 기쁘지 않은 것은 기독교가 아닙니다. 종교에 불과합니다. 구약 종교와 신비 종교와 이교의 합성물에 불과합니다. 그것들이 하나로 합쳐져 무서운 체계를 이룹니다. 그런 체계는 기독교와 정반대되는 것입니다. 참 기쁨을 앗아 가는 비참하고 불행한 종교에 불과합니다. 물론 하나님이 그런 자들의 영혼에도 큰 경험을 주시는 경우가 있습니다. 그로 인해 감사드리십시오. 그런 체계 안에 있었음에도 기쁨을 경험한 성도와 신비주의자들이 있습니다. 그들은 대개 그 체계와 그 체계를 통제하는 당국자들의 박해를 받았습니다.

종교는 절대 이런 기쁨을 줄 수 없습니다. 이 기쁨은 그리스도 예수 안에 있는 새 생명의 핵심에서 나오는 것입니다. 성령으로 태어나야 얻을 수 있는 것입니다. 자세히 설명해 보겠습니다. 베드로가 첫째 서신에서 한 말은 이미 인용했습니다. 그러나 그 말을 온전히 이해하는 일이 중요하기 때문에 좀 더 인용해 보겠습니다. 앞서 인용한 것은 8절이지만, 베드로가 전체적으로 한 말은 이것입니다.

> 우리 주 예수 그리스도의 아버지 하나님을 찬송하리로다. 그의 많으신 긍휼대로 예수 그리스도를 죽은 자 가운데서 부활하게 하심으로 말미암아 우리를 거듭나게 하사 산 소망이 있게 하시며 썩지 않고 더럽지 않고 쇠하지 아니하는 유업을 잇게 하시나니 곧 너희를 위하여 하늘에 간직하신 것이라. 너희는 말세에 나타내기로 예비하신 구원을 얻기 위하여 믿음으로 말미암아 하나님의 능력으로 보호하심을 받았느니라(벧전 1:3-5).

그다음에 하는 말을 들어 보십시오.

> 그러므로 너희가 이제 여러 가지 시험으로 말미암아 잠깐 근심하게 되지 않을 수 없으나 오히려 크게 기뻐하는도다. 너희 믿음의 확실함은 불로 연단하여도 없어질 금보다 더 귀하여 예수 그리스도께서 나타나실 때에 칭찬과 영광과 존귀를 얻게 할 것이니라(6-7절).

이 얼마나 놀라운 조합입니까! "그러므로 너희가 이제 여러 가지 시험으로 말미암아 잠깐 근심하게 되지 않을 수 없으나 오히려 크게 기뻐하는도다."

로마서 5장에 나오는 바울의 같은 말도 들어 보십시오. "그러므로 우리가 믿음으로 의롭다 하심을 받았으니 우리 주 예수 그리스도로 말미암아 하나님과 화평을 누리자. 또한 그로 말미암아 우리가 믿음으로 서 있는 이 은혜에 들어감을 얻었으며 하나님의 영광을 바라고 즐거워하느니라"(롬 5:1-2). 그가 덧붙이는 말은 이것입니다. "다만 이뿐 아니라 우리가 환난 중에도 즐거워하나니 이는 환난은 인내를, 인내는 연단을, 연단은 소망을 이루는 줄 앎이로다. 소망이 우리를 부끄럽게 하지 아니함은 우리에게 주신 성령으로 말미암아 하나님의 사랑이 우리 마음에 부은 바 됨이니"(3-5절). 여기에서 핵심 구절은 "다만 이뿐 아니라"입니다. 하나님의 영광을 바라고 즐거워할 뿐 아니라 환난 중에도 즐거워한다고 바울은 말합니다. 모든 것이 우리를 대적할 때에도, 상황이 우리를 비웃고 조롱하며 대적할 때에도, 모든 원수가 우리를 대적하여 일어난 듯 보일 때에도, 지옥이 풀려 나와 우리를 에워싼 듯 보일 때에도, 이런 환난 중에도 즐거워한다는 것입니다. 환난에도 불구하고 즐거워할 뿐 아니라 환난 중에도 즐거워한다는 것입니다. 사도의 비범한 논리가 보입니까? 우리는 환난의 가치를 압니다. 환난이 인내를 만들어 낸다는 것을 알기에 환난 중에도 즐거워합니다.

제가 볼 때 과거의 회심만 추억하며 내내 그 이야기만 하는 그리스도인은 심히 비성경적인 것입니다. 그리스도인의 삶은 시간이 지날수록 자라고 발전하며 놀라워져야 합니다. 사람들은 "아, 처음 느꼈던 기쁨을 다시 느껴 봤으면" 하고 바랍니다. 사랑하는 여러분, 지금의 기쁨이 처음 믿었을 때의 기쁨보다 크지 않다면 근본적으로 어딘가 잘못된 것입니다. 환난은 인내를, 인내는 연단을, 연단은 소망을 이룬다는 사실을 배울 필요가 있습니다. "소망이 우리를 부끄럽게 하지 아니함은." 당연히 부끄럽게 하지 않습니다! 그리스도인이 경험하는 즐거움, 하나님의 자녀가 느끼는 기쁨은 결코 기대를 저버리지 않습니다. 참 기쁨과 위조된 기쁨의 큰 차이가 바로 이것입니다. 조작 가능한 인위적인 기쁨을 느끼는 이들이 있습니다. 공적인 모임에서 종종 기쁨을 만들어 낼 줄 아는 심리학자들이 찬송이나 합창이나 다른 여러 형태의 조작을 통해 흥분을 일으킵니다. 그럴 때 사람들은 스스로 기쁨이 충만하다고 착각합니다.

이제 참 기쁨과 거짓 기쁨을 구분하는 법을 알려 드리겠습니다. 거짓 기쁨은 어려움에 봉착하는 순간 사라져 버립니다. 거짓 기쁨은 이를테면 좋을 때만 다가오는 친구 같습니다. 환난이 오고 시련이 닥치면 완전히 낙담해서 기쁨도 잃고 행복감도 상실한 채 하나님이 대체 왜 이러시는지 모르겠다며 원망하고 불평합니다. 그것은 거짓 기쁨입니다. 참 기쁨은 하나님의 자녀가 누리는 기쁨으로 환난 중에도, 환난의 복판에서도, 환난의 심연에서도, 환난의 절정에서도 사라지지 않습니다. "주 안에서 기뻐하라. 내가 다시 말하노니 기뻐하라." 이 기쁨은 어떤 상황, 어떤 형편에서도 사라지지 않습니다. 이것은 귀한 시금석입니다. 모든 것이 자신을 대적함을 아는데도 여전히 그 안에 기쁨의 영이 있습니다. 물론 그 기쁨은 그리스도 안에 있는 것입니다. 모호하고 일반적인 느낌이 아닙니다. 우리가 참 그리스도인인지 아닌지 검증하는 시금석이 바로 이것입니다. 참 그리스도인은 "하나님의 성령으로 봉사하며 그리스도 예수로 자랑하고 육체를 신뢰하지" 않습니다(빌 3:3). 옛 찬송가 가사처럼 "주가 지신 십자가"를 자랑합니다.* 바울도

---

* 통일찬송가 148장 1절.

"내게는 우리 주 예수 그리스도의 십자가 외에 결코 자랑할 것이 없" 다고 했습니다(갈 6:14). 참 그리스도인은 주 예수 그리스도와 그의 십자가와 그에게 속한 모든 것을 기뻐하기에 상황이 어찌 되든, 얼마나 큰 환난이 닥치든 상관없이 계속 기뻐합니다. 그것이 "말할 수 없는 영광스러운 즐거움으로 기뻐하"는 참 기쁨입니다. 워즈워스의 시구를 빌리자면 무한한 세계로 끌어올려 주는 기쁨, "눈물조차 흘릴 수 없을 만큼 깊은"* 기쁨입니다. 즐거워하는 기쁨입니다.

이 기쁨에 즉시 따라오는 것은 찬양과 감사입니다. 이 또한 훌륭한 시금석입니다. 찬양과 감사는 참된 그리스도의 제자들에게 나타났던 특징이었습니다. 이것으로 자신을 검증해 보아야 합니다. 찬양과 감사는 신약성경 전체에 나타납니다. 이 또한 위조할 수 없습니다. 찬양과 감사는 단순히 좋아하는 찬송을 부르거나 곡조에 매혹된다는 뜻이 아닙니다. 제가 말하는 찬양과 감사는 마음 깊은 곳에서 우러나오는 것입니다. 우리는 구약성경에서 그 기원을 보게 됩니다. 구약의 성도들도 이에 대해 어느 정도 알고 있었습니다. 물론 어느 정도만 알았을 뿐, 충만히 누리지는 못했습니다. 요한이 자신의 복음서 7:38-39에서 말하듯이 예수께서 영광을 받지 않으셨기에 성령이 아직 주어지지 않았기 때문입니다. 시편 기자의 말을 읽어 보십시오. 추수철은 농부들에게 행복한 시기였습니다. 그들은 잔치를 벌이고 포도주를 마시며 즐거워했습니다. 그것은 모든 일꾼이 삯을 받는 일 년 중 가장 좋은 시기였습니다. 그들은 열매를 수확했고, 그것으로 겨울을 대비할 수

* 「영원불멸에 부치는 노래」Ode: Intimations of Immortality

있었습니다. 이처럼 추수철은 큰 기쁨의 시기였습니다. 그런데 시편 기자가 뭐라고 하는지 보십시오. "주께서 내 마음에 두신 기쁨은 그들의 곡식과 새 포도주가 풍성할 때보다 더하니이다"(시 4:7).

이와 비슷한 표현이 구약성경에 많이 나옵니다. 물론 신약 시대 오순절 이후로 넘어오면 그 기쁨이 솟아나 충만히 넘치는 것을 보게 됩니다. 사도행전 2장의 초대교회 이야기를 읽자마자 접하게 되는 것이 바로 이 기쁨의 분위기입니다. "그 말[베드로의 말]을 [기쁘게] 받은 사람들은 세례를 받으매 이날에 신도의 수가 삼천이나 더하더라"(행 2:41). 그 당시에 그리스도인이 되는 것은 아주 위험한 일이었습니다. 동료 유대인에게 박해받고 가족에게 배척당하는 것을 의미하는 일이었습니다. 이어지는 이야기를 읽어 봅시다.

> 그들이 사도의 가르침을 받아 서로 교제하고 떡을 떼며 오로지 기도하기를 힘쓰니라. 사람마다 두려워하는데 사도들로 말미암아 기사와 표적이 많이 나타나니 믿는 사람이 다 함께 있어 모든 물건을 서로 통용하고 또 재산과 소유를 팔아 각 사람의 필요를 따라 나눠 주며 날마다 마음을 같이하여 성전에 모이기를 힘쓰고 집에서 떡을 떼며 기쁨과 순전한 마음으로 음식을 먹고 하나님을 찬미하며 또 온 백성에게 칭송을 받으니 주께서 구원받는 사람을 날마다 더하게 하시니라(42-47절).

기독교는 이런 것입니다. 기독교회는 이런 것입니다. 감사에 넘쳐 기뻐하고 찬양하는 것입니다.

교회는 이렇게 시작했고 이렇게 존속해 왔습니다. 베드로는 첫째 서신 도입부에서 돌연 이렇게 외칩니다. "우리 주 예수 그리스도의 아버지 하나님을 찬송하리로다"(벧전 1:3). 도입부에 주목하며 신약의 서신들을 읽을 때 즉각 발견하는 사실은 하나님의 은혜와 영광을 높이는 찬양과 감사로 시작된다는 것입니다. 그들은 감사하는 자들이었습니다.

왜 감사했을까요? 이 점을 굳이 논증할 필요가 있을까요? 그리스도인이 어떻게 고마워하지 않고 감사하지 않을 수 있겠습니까? 그리스도인은 어떤 자입니까? 하나님의 은혜로 지금의 모습이 된 것을 아는 자입니다. 그의 죄는 사함받았습니다. 왜 사함받았습니까? 선한 삶을 살거나 종교적 의무를 다했기 때문입니까? 남들에게 선물을 주었기 때문입니까? 아닙니다. 그것은 종교입니다. 그리스도인은 우리 주와 구주 되신 예수 그리스도 안에 있는 하나님의 은혜로 모든 것을 받았다는 사실을 압니다. 거저 주시는 선물로 모든 것을 받았다는 사실을 압니다. 하나님의 아들이 갈보리 언덕 십자가 위에서 자신을 주시고 수치와 고난과 고통을 겪으심으로 자신을 사해 주시고 하나님의 자녀로 삼아 주셨다는 사실, 그래서 자신이 지금 이런 모습이 되었다는 사실, 죄 사함과 새 생명을 비롯한 모든 것을 그분께 받았다는 사실을 압니다. 이것을 믿는다고 하면서도 고마워하지 않고 감사하지 않는 사람을 저는 이해할 수 없습니다. 그것은 불가능한 일입니다.

감사하지 않는 믿음은 가치가 없습니다. 순전히 지적인 동의에 불과합니다. 사람이 친절을 베풀어도 어떻게든 감사를 표하려 드는 법입니다. 편지를 쓰거나 찾아가 만나서 감사를 표합니다. 만날 때마다 감사를 표합니다. 그가 베풀어 준 친절에 감사하는 말을 쏟아냅니다. 물론 그것은 당연한 일입니다. 그런데 하나님의 아들이 우리에게 무슨 일을 해주셨는지 보십시오. 저와 여러분을 지금의 모습으로 만들어 주시기 위해 종려 주일부터 수난일까지 고난을 당하시고 죽으셨습니다. "말할 수 없는 그의 은사로 말미암아 하나님께 감사하노라"(고후 9:15). 사도 바울은 예수를 생각하거나 그의 이름을 입에 올릴 때마다 감사와 찬양과 경배와 흠모의 말을 쏟아냅니다. 그것은 피할 수 없는 일입니다. 그런데 종교인은 이런 감사를 전혀 모릅니다. 모든 것이 흐릿하고 어두울 뿐입니다. 힘을 주시고 죄를 사해 주시길 기도할 뿐, 감사하지 않습니다. 감사에 대해 아는 바가 없습니다.

한 가지 주의할 점을 언급하고 설교를 맺겠습니다. 이 또한 아주 훌륭한 시금석입니다. 참 그리스도인은 하나님을 믿으며, 그의 약속과 큰 구원을 믿습니다. 이것이 앞서 말한 환난 중에도 기뻐하는 태도의 또 다른 측면을 이룹니다. 이 측면이 아주 중요합니다. 너무 짓눌려 잠시 기쁨이 무뎌지는 것 같을 때가 있습니다. 그러나 저 깊은 곳에는 기쁨이 조용히 고여 있습니다. 분석하거나 설명할 수는 없지만 기쁨이 있다는 것, 참 기쁨이 있다는 것을 자신이 압니다. 하나님이 자신을 사랑하심을 알고 자신이 하나님의 자녀임을 알기에, 지금 그가 하시는 일이 잘 이해되지 않더라도 여전히 그를 신뢰하고 사랑하며 그의 손에 자신을 맡깁니다. 밝은 곳을 찾아가기보다 하나님의 어두운 손안에 머물려 합니다. 이것은 하나님의 자녀만 아는 일입니다. 그에게는 궁극적이고 결정적인 신뢰가 있습니다. 빌립보서 4:6-7에 나오는 사도 바울의 말로 표현해 보겠습니다. "아무것도 염려[걱정]하지 말고 다만 모든 일에 기도와 간구로, 너희 구할 것을 감사함으로 하나님께 아뢰라. 그리하면 모든 지각에 뛰어난 하나님의 평강이 그리스도 예수 안에서 너희 마음과 생각을 지키시리라."

"모든 지각에 뛰어난 하나님의 평강!" 그는 조금 뒤에서 이렇게 말합니다.

> 내가 주 안에서 크게 기뻐함은 너희가 나를 생각하던 것이 이제 다시 싹이 남이니 너희가 또한 이를 위하여 생각은 하였으나 기회가 없었느니라. 내가 궁핍하므로 말하는 것이 아니니라. 어떠한 형편에든지 나는 자족하기를 배웠노니 나는 비천에 처할 줄도 알고 풍부에 처할 줄도 알아 모든 일 곧 배부름과 배고픔과 풍부와 궁핍에도 처할 줄 아는 일체의 비결을 배웠노라. 내게 능력 주시는 자 안에서 내가 모든 것을 할 수 있느니라 (10-13절).

바로 이것입니다. 사도는 감옥에서 "어떠한 형편에든지" 자족하기를 배웠다고 말합니다. 하나님과 자신의 관계가 괜찮다는 것만 알면, 그리스도인에게 문제될 것은 하나도 없습니다.

> 평안이 강같이 내 길을 따라오든,
> 슬픔이 바다같이 드높이 물결치든,
> 내 운명 어찌 되든, 주께서 가르쳐 주신 말 이것이니
> 평안하도다. 내 영혼 평안하도다.˙
>
> ─호레이쇼 G. 스패포드 Horatio G. Spafford

• 새찬송가 413장 1절 다시 옮김.

그리스도인은 또한 이렇게 노래할 수 있습니다.

> 오, 나의 하나님, 내 마음 편히 쉬오니
> 감사하고 노래하리이다.
> 모든 보화의 원천에서
> 내 마음 편히 쉬나이다.
>
> —애나 L. 웨어링 Anna L. Waring

그렇습니다. 그리스도인은 쉴 수 있는 마음, 자기 자신과 세상에서 벗어나 쉴 수 있는 마음이 있습니다. 주님을 의지하며 그 안에서 쉬는 자는 "여호와를 의지하고 잠잠히 참아 기다리라"(시 37:7 난외주)라는 구약의 명령을 실생활에서 그대로 따릅니다. 하나님의 자녀는 항상 그렇게 기다릴 준비가 되어 있습니다. 그들은 "하나님을 사랑하는 자 곧 그의 뜻대로 부르심을 입은 자들에게는 모든 것이 합력하여 선을" 이룬다는(롬 8:28) 사실을 직관적이고 본능적으로 압니다. 이것은 오직 자녀만 알 수 있는 사실, 논리적으로 입증할 수는 없어도 분명히 알고 있는 사실입니다. 오, 불쌍한 종교인이여! 종교인은 이에 대해 아무것도 모릅니다. 죄와 수치와 시련과 환난의 세상에서 인간이 경험할 수 있는 가장 영광스럽고 복된 것—모든 지각에 뛰어난 평강의 영광스러운 실재—을 누리지 못합니다.

14.
그리스도 안에서 살아 있는 자

바람이 임의로 불매 네가 그 소리는 들어도 어디서 와서 어디로 가는지 알지 못하나니 성령으로 난 사람도 다 그러하니라. | 요한복음 3:8

이 구절들에서 우리에게 크게 다가오는 중대한 사실은 그리스도인의 생명이 신비한 특징을 가지고 있다는 것입니다. 처음부터 끝까지 신비합니다. 불쌍한 니고데모! 그의 문제는 이해할 수 없는 것을 이해하고자 애쓴 데 있었습니다. 우리는 종교인과 그리스도인의 본질적인 차이점을 살펴보았습니다. 그리스도인이 되려면 먼저 거듭나야 합니다. 그리스도인은 새로운 영역, 기적적이고 초자연적인 영역으로 옮겨 갑니다. 이런 일에 니고데모처럼 인간의 타고난 이해력을 끌어들이는 것은 어리석은 짓입니다. 이런 일을 이해하려 드는 자는 좌절할 수밖에 없습니다. 결코 은혜와 영광과 능력을 경험하지 못합니다.

이것이 8절의 중대한 핵심 메시지로서, 지금부터 함께 살펴볼 주제로 우리를 아주 자연스럽게 인도합니다. 초대교회 그리스도인들의 옛 전통은 만날 때마다 "그리스도는 살아나셨습니다"라고 인사하는 것이었습니다. 그것이 일상적인 인사말이었습니다. 유대인들은 "평안하시길"이라는 말로 인사했습니다. 그러나 그리스도인들에게는 새 인사말이 있어서, 언제 어떤 상황에서 만나든 그 말을 주고받았습니다. 그들은 기쁨과 즐거움으로 그 말을 했습니다. 그 말은 단순한 암호가 아니었습니다. 자주 박해를 받다 보니 그런 인사를 주고받게 된 것입니다. 초창기에 그리스도인이 되는 것은 위험한 일이었습니다. 그렇기 때문에 당연히 그 말에는 큰 의미가 담겨 있었습니다. 그들은 기쁨과 즐거움과 확신으로 그 말을 했습니다.

그들의 위치를 받쳐 주는 토대가 바로 이것이었습니다. 그들이 지금의 위치에 이른 것은 그리스도가 다시 살아나신 덕분이었습니다. 그가 다시 살아나지 않으셨다면 기독교회도 없었을 것이고 그리스도인도 없었을 것입니다. 이처럼 그리스도가 다시 살아나신 것이야말로 모든 소망과 확신의 토대요 기초였기에 그 말로 인사한 것입니다. 상황이 좋을 때는 "그리스도가 살아나셨으니 지금보다 훨씬 더 좋아질 겁니다"라고 인사했습니다. 상황이 나쁠 때, 박해와 괴롭힘을 당하고 쫓겨 다닐 때, 굴속에 숨어 지낼 때도 만나기만 하면 "그리스도는 살아나셨습니다"라고 인사했습니다. 요컨대 "원수가 무슨 짓을 하든 궁극적인 승리자가 우리 편이시니 그의 목적과 그가 하고자 하시는 일을 막을 것은 하나도 없습니다"라고 인사한 것입니다.

이처럼 "그리스도는 살아나셨습니다"는 그들의 위치 전체를 요약한 말이었습니다. 이제 여러분에게 묻겠습니다. 우리도 그들과 같은 위치에 있습니까? 우리도 같은 사실에 기대어 살고 있습니까?

달리 설명해 보겠습니다. 우리가 거듭났는지 아닌지 점검하기에 이보다 좋은 시금석은 없습니다. **그리스도는 살아나셨습니다!** 거듭난 자에게는 이 사실이 가장 중요합니다. 그러나 거듭나지 않은 자에게는 삶의 중심이나 소망의 토대가 아닌 것이 확실합니다. 그래서 이것이 철저한 시금석이 되는 것입니다. 이 시금석은 위조할 수 없습니다. 마귀가 위조할 수 있는 그리스도인의 경험이 많습니다. 그래서 성경은 항상 하나님의 영인지 아닌지 시험하고 분별하고 검증하라고 권고

합니다(요일 4:1 참조). 그러나 이 시금석은 위조할 수 없습니다. 마귀는 사람들이 "그리스도는 살아나셨습니다"라고 말하길 원치 않습니다. 자신이 크게 패배한 자리가 바로 그 자리이기 때문입니다. 그러므로 그리스도인을 자처하는 자라도 어떻게든 부활을 부인하게 하고자 애를 씁니다. 실제로 오늘날 많은 이들이 부활을 부인하고 있습니다. 문자 그대로 물리적인 부활이 일어난 것이 아니라고 말하고 있습니다. 그러나 초대교회 그리스도인들에게는 소망의 토대였기에 "그리스도는 살아나셨습니다"라는 말로 서로 인사했습니다. 반복하건대, 우리가 반드시 던져야 할 질문이 이것입니다. 우리의 소망, 우리의 위치도 이 말에 토대를 두고 있습니까?

이 말이 의미하는 두 가지 핵심 사실을 밝히고 싶습니다. 첫 번째는 당연히 예수가 부활하셨다는 사실 자체를 믿고 받아들이는 것입니다. 이것이 출발점입니다. 부활은 관념이 아닙니다. "다시 봄이 돌아와 꽃이 핀다"는 말의 다른 표현이 아닙니다. 부활의 의미는 그런 것이 아닙니다. 부활의 의미는 십자가에 못 박히신 하나님의 아들이 죽은 자 가운데서 다시 살아나셨다는 것입니다. 사람들은 그의 몸을 십자가에서 내려 장사 지냈습니다. 돌을 굴려 무덤 입구를 막고 인봉한 후 경비병을 세워 지키게 했습니다. 그런데 천사가 그 돌을 치웠고 주님은 문자 그대로 몸으로 부활하여 무덤 밖으로 나오셨습니다. 이것이 그리스도인으로서 우리 위치의 토대를 이루는 사실입니다.

물론 세상은 니고데모처럼 "어떻게 그런 일이 있을 수 있지? 사람은 죽은 자 가운데서 살아나지 못해"라고 말합니다. 어떻게든 설명해서 빠져나가려 합니다. 진짜 죽은 것이 아니라 기절하신 것이라고, 십자가에서 정신을 잃으신 것이라고 말합니다. 죽은 자 가운데서 살아나신 것처럼 꾸미기 위해 제자들이 시신을 훔쳐 갔다고 말하기도 합니다. 갖가지 이론을 내놓습니다. 시신 주변 토양의 화학적인 성분 때문에 시신이 유난히 급속하게 부패해 사라졌다고 말하는 이들까지 있습니다. 아, 세상뿐 아니라 오늘날 교회 안에 있는 많은 이들이 그런 말로 부활을 부인합니다. 왜 부인할까요? 죽은 자 가운데서 살아나는 가장 큰 기적인 부활을 머리로 이해하려 들기 때문입니다!

기독 신앙은 전부 기적입니다. 동정녀 탄생도 기적입니다. 우리는 초자연적인 영역에 속해 있습니다. 주님이 니고데모에게 말씀하신 그대로입니다. "내가 땅의 일을 말하여도 너희가 믿지 아니하거든 하물며 하늘의 일을 말하면 어떻게 믿겠느냐?……놀랍게 여기지 말라"(요 3:12, 7). 부활을 머리로 이해하려 애쓰며, 자신들이 이해하지 못하고 현대 과학이 설명하지 못한다는 이유로 믿지 않는 어리석은 자들은 스스로 거듭난 그리스도인이 아님을 드러내는 것입니다. 자기 이해력을 의지하는 자들은 스스로 그리스도인이 아님을 선포하는 것입니다. 기독교의 핵심은 불가능한 일, 초자연적인 일, 기적적인 일—주 예수 그리스도가 몸으로 부활하여 무덤 밖으로 나오시고 택하신 제자들에게 나타나신 일—을 문자 그대로 물리적인 사실로 믿는 능력을 받는 데 있습니다. 이것이 "그리스도는 살아나셨습니다"라는 말이 의미하는 첫 번째 부분이자 핵심적인 부분입니다. 부활이 사실이 아니라면 우리에게는 아무것도 남지 않습니다.

이보다 더 하고 싶은 일은, 제가 하듯이 여러분도 개인적인 삶 속에서 경험을 통해 부활의 결과를 알고 있는지 점검해 보도록 초청하는 것입니다. 부활을 문자 그대로 역사적인 사건으로 받아들이지만 경험적으로는 모를 수 있습니다. 지적으로 부활의 사실을 받아들이지 않는 사람은 이미 문제가 있는 것입니다. 그들의 논거는 명백히 틀렸고 서로 상충됩니다. 신약성경은 그 당시 유대인들을 비롯한 여러 사람들이 어떻게든 설명해서 빠져나가기 위해 이런저런 이야기를 지어냈다고 말합니다. 그러나 부활은 그렇게 설명해서 빠져나갈 수 있는 일이 아닙니다. 부활이 없으면 기독교회도 없습니다. 그러나 지금 저의 더 큰 관심은 다른 데 있습니다. 우리가 거듭났는지 아닌지 검증할 수 있는 실제적인 시금석은 우리의 삶 속에서 경험을 통해 부활의 결과를 알고 있느냐 하는 것입니다. 이 또한 마귀가 위조할 수 없는 것이 확실합니다. 절대 위조할 수 없습니다. 주님의 말씀처럼 이것은 물과 성령으로 태어난 사람, 위로부터 난 사람, 새 출생과 중생의 기적을 경험한 사람만 아는 일입니다.

   그렇다면 부활의 결과는 무엇일까요? 신약성경이 여러 곳에서 제시하고 있습니다. 여러분의 예상대로 사실상 이것이 모든 서신서의 주된 주제를 이룹니다. 그렇다면 우리 삶 속에서 경험을 통해 알 수 있는 부활의 실제와 능력은 어떤 것일까요? 자, 첫 번째는 이것입니다. 거듭난 사람, 성령으로 태어난 사람, 하나님이 복된 기적을 행하신 사람은 자신이 세상과 죄에 대하여 죽었다는 것을 압니다.

   이 말이 무슨 뜻일까요? 먼저 성경에 나오는 여러 진술들을 찾아보겠습니다. 갈라디아서 6:14은 말합니다. "그러나 내게는 우리 주 예수 그리스도의 십자가 외에 결코 자랑할 것이 없으니 그리스도로 말미암아 세상이 나를 대하여 십자가에 못 박히고 내가 또한 세상을 대하여 그러하니라." 로마서 6:6에도 같은 생각이 탁월하게 표현되어 있습니다. 사도는 말합니다. "우리가 알거니와 우리의 옛사람이 예수와 함께 십자가에 못 박히는 것은······." 이것은 아주 중요한 진술입니다. "못 박히는 것은"이라는 번역보다 더 좋은 번역은 "못 박힌 것은"입니다.* 이 말의 시제는 부정과거입니다. 이 일은 과거에 일어난 것입니다. 단번에 영원히 일어난 것입니다. 주님이 못 박히실 때 우리도 못 박혔습니다. 사도는 연이어 이렇게 호소합니다. "이와 같이 너희도 너희 자신을 죄에 대하여는 죽은 자요 그리스도 예수 안에서 하나님께 대하여는 살아 있는 자로 여길지어다"(11절). "죄가 너희를 주장하지 못하리니"(14절). 또 다른 곳에서는 이렇게 말합니다. "그러므로 너희가 그리스도와 함께 다시 살리심을 받았으면 위의 것을 찾으라. 거기는 그리스도께서 하나님 우편에 앉아 계시느니라"(골 3:1). 왜 위의 것을 찾아야 합니까? "이는 너희가 죽었고 너희 생명이 그리스도와 함께 하나님 안에 감추어졌음이라"(골 3:1). 바울은 갈라디아서 2:20에서도 "내가 그리스도와 함께 십자가에 못 박혔"다고 말합니다.

이런 진술들이 의미하는 바가 무엇일까요? 기독 신앙의 본질적인 핵심이 여기 있습니다. 그리스도인은 "그리스도 안"에 있는 자, 그리스도와 연합한 자입니다. 그러므로 주님께 일어난 모든 일은 주님 안에 있는 우리에게도 일어난 것입니다. "만일 우리가 그의 죽으심과 같은 모양으로 연합한 자가 되었으면 또한 그의 부활과 같은 모양으로 연합한 자도 되리라"(롬 6:5). 이것이 사도의 논거입니다. 이 얼마나

* 개역개정판은 후자로 번역했다.

놀라운 시금석인지 모릅니다. 그러므로 여러분에게 묻겠습니다. 여러분은 죽었습니까? 자신이 죽었다는 것을 알고 있습니까?

이것은 천성 그대로, 태어난 모습 그대로 살아가던 자신, 아담 안에 있던 자신, 세상과 세상의 방식과 죄의 삶에 속했던 자신, 죄와 사탄의 지배를 받던 자신을 인식한다는 뜻입니다. 우리는 죄 가운데 "출생"했고 "죄 중에서 잉태"되었습니다(시 51:5). 세상에 속한 자로 태어났습니다. 그리스도인으로 태어나는 사람은 아무도 없습니다. 그렇게 생각하는 것보다 더 큰 잘못은 없습니다. 부모가 누구인지는 중요치 않습니다. 그리스도인으로 태어나는 사람은 아무도 없습니다. 다 죄인으로 태어나고 아담의 자녀로 태어납니다. 세상과 세상의 삶과 세상의 방식에 속한 자로 태어납니다.

그러므로 사도가 말하는 바는 이것입니다. 여러분이 그리스도인이라면, 거듭났다면, 과거의 여러분은 죽은 것입니다. 사라지고 없는 것입니다. "옛사람"은 그리스도와 함께 갈보리 십자가 위에서 죽었습니다. "그와 함께 못 박혔"습니다. 로마서 6:6 이후의 구절들은 그리스도와 함께 죽으라고 호소하는 것이 아니라(그보다 참담한 오독은 없습니다) 우리가 이미 죽었다는 사실을 알려 주는 것입니다. "그리스도가 당신을 위해 죽으신 것을 믿는가? 그렇다면 그와 함께 죽어야 한다"고 말하는 자들이 있습니다. 아니, 그럴 수 없습니다. 로마서 6:6이 말하듯이 여러분은 **이미** 그와 함께 죽었습니다. 그와 함께 못 박혔습니다. 주님은 여러분에게 죽으라고 하지 않으십니다. 그리스도 안에 있는 사람은 이미 그와 함께 죽었습니다. 옛사람은 이미 죽고 없습니다.

이 점을 명확히 합시다. 이 말의 의미는 옛 본성이 죽었다는 것이 아닙니다. 옛사람이 그리스도와 함께 못 박혔다는 것입니다. 옛 본성의 유물과 잔재는 여전히 남아 있습니다. 그래서 바울이 "그러므로 너희는 죄가 너희 죽을 몸을 지배하지 못하게 하"라고(롬 6:12) 말한 것입니다. 그렇습니다. 죄가 여러분을 지배하지 못하게 해야 합니다. 왜 그래야 할까요? 여러분은 이미 죽었기 때문입니다. 옛사람은 이미 죽었습니다. 그러니까 이를테면 두 사람이 있는 것이 아니라 "새사람"만 있는 것입니다. 그리스도인은 옛 본성이 남아 있음을 인식하지만, 처음 태어났던 자기 자신이 살아 있는 것은 아님을 확실히 압니다.

여러분도 이것을 분명히 압니까? 이것을 아는 자는 그리스도인이라고 확신할 수 있습니다. 여전히 부족하고, 여전히 죄를 짓고, 여전히 실패합니다. 이처럼 잘못된 부분이 많음에도 과거의 자신은 죽었다는 것을 압니다. 과거의 자신이 아니라는 것을 압니다. 완전치는 못하지만 그리스도 안에 있다는 것, 더 이상 옛사람이 아니라는 것을 압니다. 옛사람은 죽었습니다. 그리스도와 함께 십자가에 못 박혔고 장사되었습니다. 여러분은 더 이상 세상에 속해 있지 않습니다. 죄와 사탄의 지배 아래 있지 않습니다. 오, 사도 바울은 이 점을 다시 요약해 줍니다. "누구든지 그리스도 안에 있으면 새로운 피조물이라. 이전 것은 지나갔으니 보라, 새것이 되었도다"(고후 5:17).

결론은 이것입니다. 그리스도인은 현재의 자신을 보면서 "내 모습이 지금 어떻든, 과거의 그 사람은 아니라는 것을 안다. 그 사람은 죽었다. 세상은 여전히 날 미혹하지만 지배하지는 못한다. 난 더 이상 세상에 속해 있지 않다. 내가 새 나라에 합당치 못할지는 몰라도 더 이상 옛 나라에 속해 있지 않은 것은 확실하다. 과거의 나는 죽었다"고 말합니다. 여러분은 죽었습니다! 여러분과 세상의 관계는 끝났습니다. 아이작 와츠의 찬송이 이 점을 잘 표현하고 있습니다.

> 죽어 가며 흘리신 선홍색 피, 예복처럼
> 나무에 달리신 그 몸을 덮었도다.
> 그때 나 온 세상에 대하여 죽고
> 온 세상도 나에 대하여 죽었도다.

아주 간단히 묻겠습니다. 자신이 더 이상 세상에 속해 있지 않은 것을 압니까? 이 본질적인 죽음, 단번의 죽음을 겪었습니까? 더 이상 세상에 속해 있지 않습니까? 과거의 그 사람은 이제 존재하지 않습니다. 그리스도 안에 있는 새사람만 존재합니다. 여러분은 그리스도와 함께 죽었습니다.

이것은 소극적인 측면입니다. 첫 단계는 이처럼 소극적입니다. 그러나 분명히 거기에만 그치지는 않습니다. 우리는 적극적인 단계로 나아갑니다. 거듭난 자는 자신이 살아 있다는 것, 그리스도와 함께 살아나고 일어나 새 생명을 얻었다는 것을 압니다. 부활의 결과에는 이 두 측면이 있는데, 둘 다 우리가 알아야 할 긴요하고 중요한 측면입니다.

이에 대해서도 사도가 무슨 말을 하고 어떻게 설명하는지 보여 드리겠습니다. "우리가 알거니와 우리의 옛사람이 예수와 함께 십자가에 못 박힌 것은 죄의 몸이 죽어 다시는 우리가 죄에게 종노릇 하지 아니하려 함이니 이는 죽은 자가 죄에서 벗어나 의롭다 하심을 얻었음이라"(롬 6:6-7). 이 말의 의미는 그리스도인이 되면 더 이상 죄를 짓지 않는다는 것이 아닙니다. 죄의 요구와 지배에서 벗어났다는 것, 더 이상 죄의 영역에 속해 있지 않다는 것입니다. 빛 때문이든 무엇 때문이든 이미 죽은 사람은 기소할 수 없는 법입니다.

> 만일 우리가 그리스도와 함께 죽었으면―이것은 분명한 사실입니다―또한 그와 함께 살 줄을 믿노니 이는 그리스도께서 죽은 자 가운데서 살아나셨으매 다시 죽지 아니하시고 사망이 다시 그를 주장하지 못할 줄을 앎이로라. 그가 죽으심은 죄에 대하여 단번에 죽으심이요 그가 살아 계심은 하나님께 대하여 살아 계심이니 이와 같이 너희도 너희 자신을 죄에 대하여는 죽은 자요 그리스도 예수 안에서 하나님께 대하여는 살아 있는 자로 여길지어다(롬 6:8-11).

이 말이 여러분에게 해당되는 것임을 깨달으십시오. 단순히 그럴 것이라고 자신을 설득하지 마십시오. 분명한 사실로 믿고 아십시오. "이와 같이 너희도 죄에 대하여는 죽은 자……로 여길지어다." 이 말의 의미는 자신에게 죄가 없는 것처럼 생각하고 행동하라는 것이 아닙니다. 그것은 심리학에 불과합니다. 이 말은 심리학이 아닌 기독교의 가르침입니다. 이 말의 의미는 여러분이 죄의 지배와 영토에 대하여 죽었다는 것입니다. 여러분이 "죄에 대하여는 죽은 자"임을 깨달으십시오.

또한 여러분은 "그리스도 예수 안에서 하나님께 대하여는 살아 있는 자"입니다. 저는 특히 바울이 호소하는 방식이 마음에 듭니다.

그러므로 너희는 죄가 너희 죽을 몸을 지배하지 못하게 하여 몸의 사욕에 순종하지 말고 또한 너희 지체를 불의의 무기로 죄에게 내주지 말고 오직 너희 자신을 죽은 자 가운데서 다시 살아난 자같이 하나님께 드리며 너희 지체를 의의 무기로 하나님께 드리라(롬 6:12-13).

그렇습니다. 우리가 "죽은 자 가운데서 다시 살아난 자"임을 깨달아야 합니다.

오, 사도의 설명을 들어 보십시오. 사도야말로 누구보다 이것을 잘 설명할 수 있는 사람입니다! 그는 에베소서 2장에서 과거의 우리에 대해 이렇게 묘사합니다. "그는 허물과 죄로 죽었던 너희를 살리셨도다"(엡 2:1). 허물과 죄로 죽었다는 것은 자신에게 영혼이 있다는 사실을 인식하지 못한다는 뜻입니다. 하나님에 대하여, 영적인 영역에 대하여 죽어 있다는 뜻입니다. 그들은 잘난 과학 지식을 내세우며 "어떻게 그럴 수 있지?"라고 묻습니다. 참으로 불쌍한 자들입니다!

그때에 너희는 그 가운데서 행하여 이 세상 풍조를 따르고 공중의 권세 잡은 자를 따랐으니 곧 지금 불순종의 아들들 가운데서 역사하는 영이라. 전에는 우리도 다 그 가운데서 우리 육체의 욕심을 따라 지내며 육체와 마음의 원하는 것을 하여 다른 이들과 같이 본질상 진노의 자녀이었더니 (2-3절).

이것이 중생치 못한 세상 사람, 거듭나지 못한 비그리스도인의 모습입니다.

궁휼이 풍성하신 하나님이—이제 나오는 말을 들어 보십시오!—우리를 사랑하신 그 큰 사랑을 인하여 허물로 죽은 우리를 그리스도와 함께 살리셨고(너희는 은혜로 구원을 받은 것이라) 또 함께 일으키사 그리스도 예수 안에서 함께 하늘에 앉히시니(4-6절).

질문의 형태로 바꾸어 설명해 보겠습니다. 여러분은 이것을 경험했습니까? 자신이 살아난 것을 알고 있습니까? 죄로 죽어 있던 상태에서, 성부 성자 성령 하나님과 영적인 실재에 대해 철저하고 완전하게 죽어 있던 상태에서 그리스도와 함께 일어난 것을 알고 있습니까? 살아난 것을 알고 있습니까? 여러분은 살아났고 일어났습니까? 사도 바울은 지치지도 않고 이 말을 계속하며 내내 반복합니다. 그는 에베소 교인들을 위한 위대한 기도에서 항상 그들을 위해 기도한다고 말하면서 다음과 같이 구합니다.

너희 마음의 눈을 밝히사 그의 부르심의 소망이 무엇이며 성도 안에서 그 기업의 영광의 풍성함이 무엇이며—이제 나오는 말에 주목하십시오!—그의 힘의 위력으로 역사하심을 따라 믿는 우리에게 베푸신 능력의 지극히 크심이 어떠한 것을 너희로 알게 하시기를 구하노라. 그의 능력이 그리스도 안에서 역사하사 죽은 자들 가운데서 다시 살리시고 하늘에서 자기의 오른편에 앉히사 모든 통치와 권세와 능력과 주권과 이 세상뿐 아니라 오는 세상에 일컫는 모든 이름 위에 뛰어나게 하시고(엡 1:18-21).

여러분은 이 능력을 알고 있습니까? 바울의 요지는 "믿는 우리에게 베푸신 능력의 지극히 크심을 너희가 알도록 기도한다"는 것입니다. 그 능력이 어떤 것입니까? 사도는 아들을 죽은 자들 가운데서 다시 살리신 능력과 동일한 능력이라고 말합니다. 부활의 능력이 여러분 안에서 역사하고 있습니다. 그 능력을 인식하고 있습니까? 이것은 거듭난 모든 사람에게 해당되는 사실입니다. 기독교가 말하는 바를 역사적 사실로 받아들이지만 부활의 능력은 알지 못하는 자, 영적인 생명이 없는 자는 거듭나지 못한 것입니다. 우리는 그리스도와 연합한 자입니다. 그와 함께 못 박히고 장사되고 다시 살아나 생명을 얻은 자입니다.

사도는 계속해서 이 점을 이야기합니다. 에베소서 1장과 2장에 나오는 구절들은 이미 찾아보았습니다. 그는 3장에서 다시 이렇게 기도합니다. "능히 모든 성도와 함께 지식에 넘치는 그리스도의 사랑을 알고 그 너비와 길이와 높이와 깊이가 어떠함을 깨달아 하나님의 모든 충만하신 것으로 너희에게 충만하게 하시기를 구하노라"(엡 3:18-19). 사도는 이에 더하여 "우리 가운데서 역사하시는 능력대로 우리가 구하거나 생각하는 모든 것에 더 넘치도록 능히 하실 이"(20절)라는 표현을 사용합니다. 그렇습니다. 여러분, 여러분 안에서도 이 능력이 역사하고 있습니까? "우리 가운데서 역사하시는 능력"은 부활의 능력입니다. 이 능력이 성령으로 태어난 모든 사람, 거듭난 모든 사람 안에서 역사합니다. 그들은 자신의 머리와 이해력과 육신의 힘과 에너지로 살지 않으며, 세상이 그 방면에서 제공하는 도움을 받아 살지 않습니다. 그들은 새 삶을 삽니다. 그리스도의 생명에서 나오는 능력으로 삽니다. 부활의 능력, 하나님의 능력, 그리스도를 죽은 자 가운데서 다시 살리신 능력으로 삽니다.

사도 바울은 자신의 가장 내밀하고 소중한 마음의 열망에 대해 이렇게 말합니다.

> 내가 그리스도와 그 부활의 권능과—사도가 알고 싶어 한 것이 바로 이것입니다—그 고난에 참여함을 알고자 하여 그의 죽으심을 본받아 어떻게 해서든지 죽은 자 가운데서 부활에 이르려 하노니(빌 3:10-11).

"부활의 권능!" 사도는 이 권능을 이미 알고 있었습니다. 그런데도 "내가 [충분하고 온전한 지식을] 이미 얻었다 함도 아니요 온전히 이루었다 함도 아니라. 오직 내가 그리스도 예수께 잡힌 바 된 그것을 잡으려고 달려가노라"(빌 3:12)라고 했습니다. 부활의 권능을 알고자 달려간다는 것입니다!

저는 앞서 자신이 죽었음을 아느냐고 물었습니다. 이제 두 번째 질문을 드리겠습니다. 여러분은 자신이 "죽은 자 가운데서 다시 살아난 자"라는 것을 압니까? 여러분 안에 생명의 원리가 있다는 것을 압니까? 여전히 세상에 살지만 세상에 속하지 않은 자라는 것을 압니까? 여러분 안에는 다른 유형의 생명과 특질과 성품이 있습니다. 새 생명, 부활의 생명, 하나님이 주신 생명이 있습니다. 여러분은 그리스도를 죽은 자들 가운데서 일으키신 하나님의 전능한 능력의 역사에 대해 알고 있습니까? 여러분 안에서 역사하며 용기와 기운을 솟구치게 하는 힘에 대해 알고 있습니까?

사도 바울에게 이것은 일상적인 경험이었습니다. 그는 골로새 교인들에게 말합니다.

우리가 그[예수 그리스도]를 전파하여 각 사람을 권하고 모든 지혜로 각 사람을 가르침은 각 사람을 그리스도 안에서 완전한 자로 세우려 함이니 이를 위하여 나도 내 속에서 능력으로 역사하시는 이의 역사를 따라 힘을 다하여 수고하노라(골 1:28-29).

그렇습니다. 우리는 사도도 아니고, 바울처럼 위대한 인물도 아닙니다. 그러나 '그리스도인'이라는 말에 담긴 기본적인 의미에서는 바울이나 우리나 다를 바가 없습니다. 바울도 거듭나야 했고, 죽어야 했으며, 그리스도와 함께 살아나야 했습니다. 바울 안에서 역사했던 능력이 우리 안에서도 똑같이 역사하고 있습니다. 정도의 측면에서는 그가 더 위대하지만 역사하는 능력 자체는 동일합니다. 성령으로 태어난 모든 사람은 그리스도와 함께 다시 살아나 신선한 생명을 얻습니다. 본인도 그것—"하나님께 대하여는 살아 있는 자"가 되었다는 것—을 압니다. 그들에게 하나님은 더 이상 '철학적 X' 같은 미지의 존재가 아닙니다. 단순한 '절대자'나 '원인 없는 원인'이 아닙니다. 똑똑한 철학자들이 사용하는 용어가 아닙니다. 그들에게 하나님은 살아 계신 분입니다. 아버지입니다. 자신과 상관있는 분입니다. 그들은 다시 살아났습니다. "그리스도 예수 안에서 하나님께 대하여는 살아 있는 자"가 되었습니다.

초대교회 그리스도인들은 이처럼 자신들이 그리스도 안에서 살아난 자임을 알았기에 박해의 시기에 감옥이든 다른 곳에서든 만날 때마다 "그리스도는 살아나셨습니다"라고 인사했습니다. 그 인사를 듣는 순간, 상대방은 미소를 지었을 것입니다. "정말 주님은 살아나셨지요"라고 화답했을 것입니다. "정말 그리스도는 살아나셨지요! 내 안에서 살아나셨지요. 저도 그걸 압니다. 그 임재와 능력을 느낍니다. 내가 죽은 것도 알고 지금 살아 있는 것도 압니다"라고 했을 것입니다.

덧붙일 말이 있습니다. 그리스도인에게 나타나는 부활의 세 번째 결과는 자신이 그리스도와 함께 살아났음을 알기에 항상 안전하다는 사실 또한 안다는 것입니다. 그리스도인이라면 마땅히 이것을 알아야 합니다. 이것을 모른다면 앞서 말한 모든 사실도 모르는 것입니다. 바울이 부활의 관점에서 그리스도인에 대해 무슨 말을 했는지 보십시오. "긍휼이 풍성하신 하나님이 우리를 사랑하신 그 큰 사랑을 인하여 허물로 죽은 우리를 그리스도와 함께 살리셨고(너희는 은혜로 구원을 받은 것이라) 또 함께 일으키사 그리스도 예수 안에서 함께 하늘에 앉히시니." 이것은 사실입니다. 바울을 비롯한 사도들뿐 아니라 저와 여러분처럼 이방인으로 자랐지만 거듭남으로 그리스도인이 된 에베소 교인들에게도 똑같이 해당되는 사실입니다. 우리는 그리스도와 함께 살아나기만 한 것이 아닙니다. 그와 함께 하늘에 앉아 있습니다. 이것은 사실입니다! 지금도 해당되는 사실입니다. 내가 그리스도 안에 있다면, 그가 계신 곳에 나도 있는 것입니다. 그는 하늘에 앉아 계시며, 나도 영으로 하늘에 앉아 있습니다. 몸은 땅에 있지만, 영은 그리스도 안에서 그와 함께 하늘에 앉아 있습니다.

골로새서 3:3에 나오는 훨씬 더 아름다운 표현을 찾아보겠습니다. "이는 너희가 죽었고 너희 생명이 그리스도와 함께 하나님 안에 감추어졌음이라." "너희 생명!" 여러분, 여러분이 거듭났다면, 그리스도인이라면, 여러분의 생명은 지금 이 순간 그리스도와 함께 하나님 안에 감추어져 있습니다. 그리스도인이 두려워하고—과학이나 철학을 두려워하고—변명하는 것은 수치스러운 일입니다. 그리스도인은 이런 자들입니다! 그런데도 두려워하는 것은 부끄러운 일입니다! "너희 생명이 그리스도와 함께 하나님 안에 감추어졌음이라." 우리 생명이 하나님 안에 감추어져 있는 것은 우리가 성령으로 태어나 그리스도 안에 있기 때문이며, 그 안에서 하나님과 함께 있기 때문입니다.

이 또한 초대교회 그리스도인들이 "그리스도는 살아나셨습니다!"라고 인사한 이유입니다. 그 말에는 "우리도 살아났습니다"라는 의미가 담겨 있습니다. 그리스도가 하나님 우편에 앉아 계시므로 우리도 "하늘에" 앉아 있습니다. "너희 생명이 그리스도와 함께 하나님 안에 감추어졌음이라." 그러므로 우리는 안전합니다. 두려울 것이 전혀 없습니다. 왜 그럴까요? 우리 주님이 우주의 보좌에 앉아 계시기 때문입니다. "높은 곳에 계신 지극히 크신 이의 우편에 앉으셨느니라"(히 1:3). 마태복음 28장 말미에는 주님이 자신을 따르는 자들과 제자들에게 마지막으로 하신 말씀이 나옵니다. "예수께서 나아와 말씀하여 이르시되 하늘과 땅의 모든 권세를 내게 주셨으니"(마 28:18). 그는 "모든 권세"를 받으셨습니다!

바울도 에베소 교인들에게 그들의 위치와 그들 안에서 역사하는 이 능력에 대해 알려 줍니다. "죽은 자들 가운데서 다시 살리시고 하늘에서 자기의 오른편에 앉히사 모든 통치와 권세와 능력과 주권과 이 세상뿐 아니라 오는 세상에 일컫는 모든 이름 위에 뛰어나게 하시고"(엡 1:20-21). 현재 그리스도인들은 유물론과 공산주의를 비롯한 많은 것을 두려워하고 있습니다. 오, 비참한 그리스도인들이여, 언제가 되어야 우리에 관한 이 진리를 깨닫겠습니까? 예수 그리스도는 "모든 통치와 권세와 능력과 주권" 위에 계신 분입니다. "만물을 그의 발 아래에 복종하게 하시고 그를 만물 위에 교회의 머리로 삼으셨느니라. 교회는 그의 몸이니 만물 안에서 만물을 충만하게 하시는 이의 충만함이니라"(엡 1:22-23). 그는 모든 권세를 받으셨습니다. 우리 모든 원수를 하나도 남기지 않고 다 정복하셨습니다.

사도 바울은 시련과 환난의 시기를 거치고 있던 로마 교인들에게도 전혀 두려워할 필요가 없으며 절망할 필요는 더욱 없음을 상기시킵니다. "누가 능히 하나님께서 택하신 자들을 고발하리요? 의롭다 하신 이는 하나님이시니 누가 정죄하리요? 죽으실 뿐 아니라 다시 살아나신 이는 그리스도 예수시니 그는 하나님 우편에 계신 자요 우리를 위하여 간구하시는 자시니라. 누가 우리를 그리스도의 사랑에서 끊으리요?—누가 감히 끊을 수 있겠습니까?—환난이나 곤고나 박해나 기근이나 적신이나 위험이나 칼이랴?……그러나 이 모든 일에 우리를 사랑하시는 이로 말미암아 우리가 넉넉히 이기느니라"(롬 8:33-35, 37). 그의 최종적인 주장은 이것입니다.

내가 확신하노니—이것은 절대적으로 확신한다는 뜻입니다—사망이나 생명이나 천사들이나 권세자들이나 현재 일이나 장래 일이나 능력이나 높음이나 깊음이나 다른 어떤 피조물이라도 우리를 우리 주 그리스도 예수 안에 있는 하나님의 사랑에서 끊을 수 없으리라(38-39절).

왜 끊을 수 없을까요? 우리가 그리스도 안에 있기 때문이며, 우리 생명이 그리스도와 함께 하나님 안에 감추어져 있기 때문입니다. 마귀는 거기 갈 수 없습니다. 세상의 권위와 권세를 가진 자들은 더더욱 갈 수 없습니다. 아무도 갈 수 없습니다. 어떤 것도 우리를 우리 주 그리스도 예수 안에 있는 하나님의 사랑에서 끊을 수 없습니다. 이것이 성도의 최종적인 견인※인 교리입니다! 우리 생명은 그리스도와 함께 하나님 안에 감추어져 있기에 안전하고 든든하고 확실하게 보호받습니다. 사랑하는 여러분, 부활의 메시지가 바로 이것입니다. 여러분은 그와 함께 일으키심을 받았습니다. 높아졌습니다. 하늘에 앉아 있습니다. 어떤 것도 거기에서 여러분을 끌어내리지 못합니다. 그래서 초대교회 그리스도인들이 만날 때마다 "그리스도는 살아나셨습니다"라고 인사한 것입니다.

마지막으로, 이 모든 것에 확실히 뒤따르는 결과가 있습니다. 거듭난 자, 성령으로 태어난 자는 자신이 하나님께 대하여 살아 있으며 자기 생명이 그리스도와 함께 하나님 안에 감추어져 있음을 압니다. 여기에 논리상 필연적으로 뒤따르는 일은 그가 오실 날, 다시 나타나실 날의 영광을 고대한다는 것입니다. 자신들을 기다리는 영광을 고대한다는 것입니다. 이것은 우리가 성령으로 태어나고 거듭난 참 그리스도인이라는 결정적 증거입니다. 이 또한 마귀가 결코 위조할 수 없는 것, 결코 위조하길 원치 않는 것─그때야말로 자신이 최종적으로 영원한 멸망에 던져질 순간임을 알기에─입니다. 그는 이미 패배했습니다. "이 세상의 임금" 자리에서 쫓겨났습니다. 주님이 십자가에서 죽으셨을 때 쫓겨났습니다. "이제 이 세상에 대한 심판이 이르렀으니 이 세상의 임금이 쫓겨나리라"(요 12:31). 그는 과연 쫓겨났습니다! 그리고 우리의 크신 주요 구주 되신 분이 복되게 나타나시는 날, 최종적으로 멸망의 못에 던져질 것입니다.

종교인은 이 사실도 모릅니다. 독실하기만 한 종교인은 세상의 어리석은 자들 중에서도 가장 어리석은 자입니다. 그들은 이생에서 자신이 이해하는 만큼만 그리스도께 소망을 두고, 자신의 선과 종교와 성취를 의지합니다. 기쁨도 없고 행복도 없습니다. 무엇보다 이 소망이 없습니다. "복스러운 소망"(딛 2:13)에 대해 아는 바가 전혀 없습니다. 여러분은 바울처럼 죽음을 고대하는 종교인을 한 번도 본 적이 없을 것입니다. 바울은 "내가 그 둘 사이에 끼었으니 차라리 세상을 떠나서 그리스도와 함께 있는 것이 훨씬 더 좋은 일이라"(빌 1:23)라고 합니다. 요컨대 "너희를 위해서는 내가 여기 남아 있는 편이 더 좋지만, 나로서는 세상을 떠나 그리스도와 함께 있는 편이 훨씬 더 좋다"는 것입니다. "이는 내게 사는 것이 그리스도니 죽는 것도 유익함이라"(빌 1:21). 종교인은 결코 이런 말을 하지 않습니다. 세상에서 자신이 가진 모든 것을 끈질기게 붙잡고 놓지 않습니다. 왜 그럴까요? 다른 세상을 모르기 때문입니다. 그들은 그리스도 안에 무엇이 있는지 모릅니다. 그들의 영혼에는 그리스도의 생명, 하나님의 생명이 없습니다. 그들은 생명이 그리스도와 함께 하나님께 감추어져 있다는 것이 무엇인지 모릅니다. 강력한 능력이 자기 안에서 역사한다는 것이 무엇인지 모릅니다. 그러나 거듭난 자는 압니다. 물론 정도는 천차만별이지만 이런 일이 무엇인지 알기에, 필연적으로 영광이 온전히 완성되어 나타나길 열망합니다.

사도 바울은 로마서에서 이에 대해 이야기합니다. 로마 교인들은 곤경에 처해 있었습니다. 그래서 사도는 그들이 "하나님의 자녀"요 따라서 "상속자 곧 하나님의 상속자요 그리스도와 함께한 상속자"라는 것, "그와 함께 영광을 받기 위하여 고난도 함께 받아야" 한다는 것을 상기시킵니다(롬 8:17). 그리고 이렇게 덧붙입니다.

생각하건대—이 또한 '확신하건대, 자신하건대'라는 뜻입니다—현재의 고난은 장차 우리에게 나타날 영광과 비교할 수 없도다. 피조물이 고대하는 바는 하나님의 아들들이 나타나는 것이니 피조물이 허무한 데 굴복하는 것은 자기 뜻이 아니요 오직 굴복하게 하시는 이로 말미암음이라. 그 바라는 것은 피조물도 썩어짐의 종노릇 한 데서 해방되어 하나님의 자녀들의 영광의 자유에 이르는 것이니라. 피조물이 다 이제까지 함께 탄식하며 함께 고통을 겪고 있는 것을 우리가 아느니라. 그뿐 아니라 또한 우리 곧 성령의 처음 익은 열매를 받은 우리까지도 속으로 탄식하여 양자 될 것 곧 우리 몸의 속량을 기다리느니라(18-23절).

그렇습니다. 현재의 고난은 장차 우리에게 나타날 영광과 비교할 수 없습니다.

그리스도인들이여, 이 영광에 대해 생각해 본 적이 있습니까? 이 영광이 여러분을 떠받쳐 주고 있습니까? 이 영광이 시련과 실망과 불행과 질병을 겪을 때, 죽음에 직면할 때 여러분을 붙잡아 주고 있습니까? 여러분은 맨 나중 원수인 사망을 이기는 승리를 맛보았습니까? 지금 이 영광을 향해 나아가는 중임을 알고 있습니까? 모든 일에 당당히 맞서며 "생각하건대 현재의 고난은 장차 우리에게 나타날 영광과 비교할 수 없도다"라고 선포하고 있습니까? 오, 바울의 말을 더 들어 봅시다.

> 우리가 잠시 받는 환난의 경한 것이 지극히 크고 영원한 영광의 중한 것을 우리에게 이루게 함이니 우리가 주목하는 것은 보이는 것이 아니요 보이지 않는 것이니 보이는 것은 잠깐이요 보이지 않는 것은 영원함이라 (고후 4:17-18).

우리에게 무슨 일이 일어나느냐는 중요치 않다고 사도는 말합니다. 그는 고린도후서 4:7 이후에서 자신이 겪은 시련과 환난의 무서운 목록을 열거합니다. 그 앞에서도 미소를 짓습니다. "우리가 잠시 받는 환난의 경한 것이 지극히 크고 영원한 영광의 중한 것을 우리에게 이루게 함이니[우리 안에 만들어 냄이니]." 어떤 이들은 "지극히 크고 영원한 영광의 중한 것"을 "지극히 크고 넘치도록 풍성한 영광의 무게"라고 번역할 것을 제안하기도 합니다. 영광의 무게! 우리가 주목하는 것은 보이는 것이 아닙니다. 그리스도 예수 안에 있는 자는 보이는 것을 보는 데 시간을 다 쓰지 않습니다. 그것들은 다 지나가는 일시적인 것에 불과합니다. "우리가 주목하는 것은 보이는 것이 아니요 보이지 않는 것이니 보이는 것은 잠깐이요 보이지 않는 것은 영원함이라."

유다는 짧은 서신의 마지막 축도에서 이 모든 내용을 요약해 줍니다. 그 편지를 받는 이들 또한 박해뿐 아니라 교회 안의 거짓 가르침이라는 무서운 시련―박해보다 더 그리스도인을 근심시키는 문제―을 겪고 있었습니다. 거짓 교사들이 예수 그리스도의 이름을 내세워 복음의 핵심을 부인하고 자기 가르침을 덧붙였습니다. 초창기부터 그런 자들이 있었고, 유다는 다음과 같이 그리스도인들을 위로했습니다.

> 능히 너희를 보호하사 거침이 없게 하시고 너희로 그 영광 앞에 흠이 없이 기쁨으로 서게 하실 이 곧 우리 구주 홀로 하나이신 하나님께 우리 주 예수 그리스도로 말미암아 영광과 위엄과 권력과 권세가 영원 전부터 이제와 영원토록 있을지어다. 아멘(유 24-25절).

그리스도인들이여, 부활의 생명이 여러분 안에 있다면 그 생명의 완성을 바라는 갈망과 열망을 희미하게라도 느낄 것이 틀림없습니다. 우리는 여전히 몸 안에 살면서 몸의 구속을 기다리는 중입니다. 우리는 구원받았지만 몸은 아직 구원받지 못했습니다. 그러나 몸도 곧 구원받을 것입니다. "홀연히 다 변화"될 것입니다(고전 15:51). 영화로워질 것이며 완전해질 것입니다. 영광이 우리를 기다리고 있습니다. 하나님과 그리스도의 생명이 영혼 안에 있는 자는 그가 나타나실 영광스럽고 큰 날, 온 피조 세계가 "하나님의 아들들이 나타나는 것"을 보고 놀랄 날이 올 것을 고대하며 여러 모양으로 부르짖습니다. 그때 자연과 피조 세계 자체가 변모하고 변화하는 광경은 참으로 굉장할 것입니다. 그것은 장엄한 종말이 될 것입니다! 위대한 신생新生이 될 것입니다! 만물이 새로워져 하나님의 영광을 나타낼 것입니다. 우리는 그리스도를 보고 그와 같이 될 것이며 그와 함께 다스릴 것입니다. 그의 백성이 되어 그의 얼굴이 발하는 햇살을 받으며 영원토록 즐거워할 것입니다.

저는 이것이 부활의 필연적인 결과라고 생각합니다. 사랑하는 여러분, 여러분은 어떻습니까? "마음의 고통은 자기가 알고"(잠 14:10). 혹시 지금 시련과 곤란과 환난을 겪고 있습니까? 모든 것이 여러분을 대적하여 절망으로 몰아가고 있습니까? 하나님의 자녀들이여, 다시 말씀드리건대 그리스도는 살아나셨습니다! 세상이 여러분에게 무슨 짓을 하든 여러분을 기다리고 있는 영광을 빼앗아 갈 수 없습니다. 여러분의 생명은 그리스도와 함께 하나님 안에 감추어져 있습니다.

15.
인간의 구원에 나타난 하나님의 사랑

하나님이 세상을 이처럼 사랑하사 독생자를 주셨으니 이는 그를 믿는 자마다 멸망하지 않고 영생을 얻게 하려 하심이라. | 요한복음 3:16

이것은 성경 전체에서 가장 친숙하고 잘 알려진 구절일 것입니다. 그럼에도 이보다 더 자주 오해받고 오독되는 구절 또한 없으리라는 말로 설교를 시작해야겠습니다. 이 구절을 일종의 주문처럼 통상적으로 반복하는 것보다 치명적인 잘못은 없습니다. 이 구절은 기독교의 기본적이고 긴요한 교리들로 꽉 차 있기 때문에 신중하게 조사하고 관찰해야 합니다. 앞 구절들과 연관성을 보면 이 점을 바로 알 수 있습니다. 그런데 이상하게도 사람들은 거의 예외 없이 이 구절만 따로 떼어 내서 생각합니다. 예컨대 지금 제 앞에 펼쳐진 성경 본문의 문단이 16절에서 새로 시작된다고 여기는 것은 터무니없는 생각임이 분명합니다. "이는"이라는 말로 문단이 시작되는 경우는 없습니다.* 16절은 주님이 14-15절에서—사실상 11절부터—말씀하신 내용의 연장선상에 있습니다.

이 구절에 담긴 중대한 교리를 일일이 다루는 것은 제 의도가 아닙니다. 그중 몇 가지는 이 중대한 장을 고찰하면서 이미 살펴보았습니다. 오히려 지금 제가 살펴보고 싶은 점은 결국 16절의 중심 주제라고 할 수 있는 것, 즉 인간의 구원에 나타난 하나님의 사랑입니다. 주

* 흠정역에서 16절은 "이는" for 이라는 말로 시작된다.

님은 니고데모가 무엇보다 이 사랑을 알길 원하셨습니다. 이 점을 놓쳐서는 안 됩니다. 16절이 바리새인이자 유대인들의 지도자요 선생이었던 훌륭한 인물 니고데모에게 하신 말씀이라는 점을 명심해야 합니다. 이것이 특별히 학식 높고 독실한 유대인에게 하신 말씀이라는 것을 모르면 온전히 이해할 수 없는 측면들이 있기 때문입니다.

주님은 니고데모가 오실 메시아에 대해 가지고 있던 완전히 잘못된 개념을 바로잡으심으로써 지금 그와 말씀하시는 분이 누구이며 하나님의 아들이 세상에 오시는 목적이 무엇인지 깨우치려 하셨습니다. 16절의 중대한 주제는 아들과 아들이 이루신 구원에 나타난 하나님의 사랑입니다. 그 사랑의 정도만 살펴보는 데도 상당한 시간을 들일 수 있습니다. "하나님이 세상을 이처럼 사랑하사." "이처럼"은 의미심장한 단어로, 우리의 관심은 이 짧은 단어에 담긴 내용에 있습니다. 여기에서 "세상"이란 무엇일까요? 죄 가운데 있는 인간, 하나님을 떠난 인간, 하나님 밖에 살고 있는 인간, 하나님이 원래 창조하실 때 주신 모든 영광스러운 가능성 밖에 살고 있는 인간입니다. 그런데 하나님은 이런 상태에 있는 세상—인간—을 사랑하셨습니다. 이런 세상에 독생자를 보내 주실 정도로 사랑하셨습니다. 성경 전체를 통틀어 이보다 더 감동적이고 놀라운 말씀은 없습니다. "하나님이 세상을 이처럼 사랑하사 독생자를 주셨으니." 하나님은 우리 모든 사람을 위해 아들을 내주셨습니다. 죄와 불순종 때문에 저와 여러분이 당해야 할 모든 고난과 고통을 대신 당하도록 아들을 내주셨습니다. 아들은 친히 나무에 달려 그 몸으로 우리 죄를 담당하셨습니다. 그가 채찍에 맞음으로 우리가 나음을 입었습니다. 하나님의 아들이 채찍에 맞으며 고난을 당하셨습니다. 그런 일을 당하도록 하나님이 아들을 내주셨습니다. 우리는 여기에서 그 사랑의 정도를 보게 됩니다.

그 사랑의 방식도 살펴보고 싶습니다. 그것은 "이처럼"이라는 짧은 단어와 관련이 있습니다. 주님은 16절에서 실제로 몇 단어를 사용하여 이 말을 정의해 주십니다. 제가 이에 대해 이야기하는 것을 특권으로 여기는 데는 두 가지 아주 특별한 이유가 있습니다. 하나님이 우리 모두를 굽어보시고 불쌍히 여기셔서 이 점을 분명하고 확실하게 제시할 능력을 주시길 바랍니다. 제가 이 점을 특별하게 느끼는 이유가 무엇일까요? 다음과 같이 설명해 보겠습니다. 우리는 바로 다음 순간 무슨 일이 일어날지 모르는 상태에서 살고 있습니다. 이 사실을 기억하며 복음을 듣는 것보다 중요한 일이 없습니다. 이 세상의 삶에 대한 진실만 깨달아도 복음을 대하는 태도가 아주 달라질 것입니다. 우리의 문제점―우리 모두 범하는 잘못―은 이 땅에 영원히 머물 것처럼, 이런 이야기를 초연한 태도로 들어도 되는 것처럼 생각하고 행동하기 쉽다는 것입니다. 우리가 외국인과 나그네와 거류자라는 사실만 알아도―이것이 우리의 실상입니다―그렇게 행동하지 않을 것입니다. 바로 지난주, 30년 넘게 알고 지내던 분이 집회에서 말하던 중 갑자기 쓰러져 세상을 떠났습니다. 여러분은 "아, 그런 일은 우리도 익히 겪어서 알고 있어요"라고 할 것입니다. 그렇습니다. 우리는 이런 일에 너무 익숙한 나머지 금세 잊고 넘어가 버립니다! 그러나 우리 모두 동일한 상황에 처할 수 있습니다.

런던 같은 대도시에서 살 때 불리한 점은 작은 공동체에서 살 때보다 이런 일이 절실히 다가오지 않는다는 것입니다. 작은 마을에서 누가 죽으면 그에 대해 생각하지 않을 수가 없습니다. 온 마을 사람이 그 죽음을 이야기하며 일주일이 넘도록 중대한 화제로 삼습니다. 그러나 런던에서는 너무 많은 일이 일어나기 때문에 금세 잊고 넘어가기 쉽습니다. 대도시에 사는 것은 위험한 일입니다. 그래서 제가 이런 이야기를 함으로 우리도 다른 이들처럼 "오늘 있다가 내일 사라질" 인간에 불과함을 상기시키는 것입니다. 복음은 그런 자세로 우리에게 이야기합니다. 우리를 아직 이 자리에 있어 복음을 들을 기회를 가진 자들로 여기며 이야기합니다. 이것이 마지막 기회가 될 수도 있음을 알고 이야기합니다. 모든 설교자도 그런 자세로 설교해야 합니다. 죽어 가는 자로서 죽어 가는 자에게 설교해야 합니다. 하나님의 아들이 말씀하신 이 은혜로운 구절을 고찰할 때도 그런 자세로 주목해야 합니다.

제가 이 구절에 엄숙히 주의를 환기시키는 두 번째 이유는, 바로 이 점에서 그리스도인의 삶을 오해하는 이들이 많다는 증거를 최근에 넘치도록 목격한 데 있습니다. 요즘 금요일 밤마다 로마서를 살펴보는 특권을 누리고 있는데, 바로 얼마 전 '오직 믿음으로 구원을 받는다'는 교리를 가르치는 사도의 중대하고 강력하고 감동적인 진술을 다루게 되었습니다. 우리는 그 진술을 살펴보고 설명하고자 애썼습니다. 그런데 주로 '가르치는 예배'로 인식되던 그 예배를 하나님이 회심의 도구와 수단으로 사용하심으로, 적어도 세 사람을 어둠에서 빛으로 옮겨 주시고 진리를 알게 해주셨습니다. 그것은 저에게 아주 멋진 경험이었습니다. 복음을 제시하는 예배는 전부 전도 예배입니다. 안타깝게도 우리는 특정 예배만 전도 예배로 여기는 잘못을 범하고 있습니다. 그것은 비성경적인 구분입니다. 하나님은 금요예배 같은 예배를 사용하여 자신을 알려 주심으로 우리의 잘못된 개념을 바로잡아 주셨습니다. 하나님의 진리를 설명하고 설교할 때마다 우리는 복음을 선포하는 것이며, 따라서 어느 집회에서나 회심을 기대할 수 있습니다. 이러한 복음의 중심적이고 예비적인 요점을 놓치기가 얼마나 쉬운지 모릅니다. 저는 최대한 실제적이고 직접적이고 간단하게 이 요점을 제시하고 싶습니다.

그렇다면 하나님은 어떻게 우리에게 사랑을 나타내실까요? 첫째는 영생을 주시는 것으로 나타내십니다. "하나님이 세상을 이처럼 사랑하사 독생자를 주셨으니—왜 주셨습니까?—이는 그를 믿는 자마다 멸망하지 않고 영생을 얻게 하려 하심이라." 복음은 바로 이 일에 대한 것입니다. 니고데모는 이 점을 몰랐습니다. 기적이나 몇 가지 측면의 가르침 등에 대한 것인 줄만 알았습니다. 그렇지 않습니다. 물론 복음에는 그런 것들도 포함되어 있습니다. 가장 놀라운 윤리가 포함되어 있으며, 이제껏 제시된 어떤 도덕보다 수준 높은 도덕이 포함되어 있습니다. 사회나 산업을 비롯하여 무한히 많은 영역에 적용될 점들이 포함되어 있습니다. 그러나 그런 것들을 찾느라 시간을 다 쓰고 정작 이 사실을 놓치는 것은 큰 비극입니다. 복음의 중대한 목적 및 목표는 사람에게 영원하고 영구한 생명을 주시는 데 있습니다.

복음이 영생을 준다는 사실, 하나님의 아들이 영생을 주기 위해 세상에 오셨다는 사실을 분명히 알고 있습니까? 영생이 무엇입니까? 자, 주님이 16절과 이전 구절에서 아주 분명하고 확실하게 밝히시듯, 영생은 멸망에 반대되는 것입니다. "멸망하지 않고 영생을 얻게 하려 하심이라." 그렇다면 주님이 말씀하시는 "멸망"이란 무엇일까요? 성경 다른 본문에서는 "허물과 죄로 죽"은(엡 2:1) 것이라고 정의합니다. 허물과 죄로 죽은 자는 멸망의 상태에 있는 것입니다. 모든 인간은 그 상태로 태어납니다. 멸망의 상태로 세상에 태어납니다. 이것은 우리가 하나님의 생명 밖에 있다는 뜻이며, 인간적이고 일시적인 수준과 차원에 완전히 매인 삶을 산다는 뜻입니다. 하나님이 아닌 세상에 속해 있다는 뜻입니다. 이 말의 의미를 우리 모두 잘 알고 있습니다. 멸망의 상태에 있다는 것은 우리 생각이 세상의 삶에 국한되어 있다는 것이며, 인간의 생각과 사상과 역량에 국한되어 있다는 것입니다. 거기에서 절대 벗어날 수 없으며 뛰어넘을 수 없다는 것입니다. 이것이 "멸망"이라는 말에 담긴 의미입니다.

생명은 오직 하나님 안에 있습니다. 오직 하나님만 불멸하십니다. 오직 하나님만 생명을 가지고 계십니다. 하나님이 없으면 생명도 없습니다. 그래서 사도 바울이 우리의 타고난 상태를 허물과 죄로 죽었다는 말로 묘사한 것입니다. 이것이 우리의 타고난 상태입니다. 오늘날 세상의 많은 사람들이 이런 상태에 있다는 것은 명백한 사실입니다. 그들은 신령한 일에 살아 있지 못합니다. 아니, 자신에게 영혼이 있다는 사실조차 모르는 듯합니다. 세상보다 아주 큰 무언가, 육신이 죽어 무덤에 묻힌 후에도 지속되는 무언가, 사라지지 않는 무언가, 무형의 무언가가 있다는 사실조차 모르는 듯합니다. 가만히 멈추어 자기 영혼에 대해 생각해 보지 않습니다. 자기 영혼에 아무 관심이 없습니다. 왜 없을까요? 멸망의 상태에 있기 때문입니다. 영적으로 죽어 있기 때문입니다. 그들이 아는 생명은 몸의 생명뿐입니다. 그것이 자신들이 속한 영역이요 차원이기에, 당연히 그에 대해서만 이야기하고 열광하며 시간과 돈을 투자합니다. 제 말의 의미를 설명하느라 시간을 낭비할 필요는 없을 것입니다. 이것은 우리 모두 익히 아는 사실입니다. 신문만 읽고 라디오만 들어도 알 수 있습니다. 저는 지금 그런 태도를 비판하는 것이 아닙니다. 다만 동물적이고 신체적이고 물리적인 부분에는 그렇게 많은 시간과 돈과 열정을 바치면서 가장 고상한 부분에는 아무 투자도 하지 않는 행태가 상당히 이상하고 기이하다는 것입니다. 이것이 멸망의 상태에 있다는 말의 의미입니다. 가장 높고 고상하고 놀라운 일에는 살아 있거나 깨어 있지 못하면서 그 반대의 일에는 열광합니다. 이것이야말로 우리가 멸망의 상태에 있다는 표시요 죽음의 표시인 것이 확실합니다.

아, 안타깝게도 오늘날 대다수 사람들이 이런 상태에 있다는 말에 여러분도 동의하리라 생각합니다. 그들이 얼마나 먹고 마시고 입는지, 얼마나 게임과 스포츠에 빠져 열광하는지 보십시오. 얼마나 많고 다양한 운동 경기를 즐기는지, 얼마나 멀리 여행을 다니는지, 그 전후에 얼마나 많은 이야기를 하고 돈을 쓰고 열광하는지 보십시오. "하지만 축구 경기가 나쁠 것은 없잖아요"라고 반박할 수 있습니다. 저도 전적으로 동의합니다. 저는 지금 축구 경기가 나쁘다고 말하는 것이 아니며, 직접 축구 경기를 하는 사람들에 대해 말하는 것이 아닙니다. 오로지 구경만 하면서 열광하는 사람들과 그런 종류의 행태에 대해 말하는 것입니다. 몸을 단련하는 것은 좋은 일입니다. 제가 지금 말하는 바는 오직 그런 일만 위해 살거나 순전히 동물적이고 물리적인 차원에 속한 일만 위해 살면서 다른 삶—하나님과 연결된 무언가가 자기 속에 있음을 상기하는 삶, 하나님과 그의 생명을 누리는 삶—에는 아무 관심을 보이지 않을 뿐 아니라 심지어 무시하는 인격 전반에 대한 것입니다. 그런 사람은 하나님의 일에 대해서는 전혀 살아 있지 못하면서, 육신과 유한한 시간과 세상에 속한 일에 전적으로 매이고 제한된 채 오직 그것만을 위해 삽니다.

상황을 더 비극적으로 만드는 문제가 있는데, 그것은 사람들이 그렇게 살면서 문자 그대로, 물리적으로 죽어 간다는 것입니다. 하루하루 늙어 가며, 하루하루 몸의 기능을 잃어 갑니다. 이것은 병적인 말이 아니라 현실을 직시하는 말입니다. 복음은 말랑말랑한 것이 아닙니다. 말랑말랑한 것은 "다 내버려 두고 가서 즐기자"처럼 현실을 직시하지 않는 말입니다. 정직하지 않기 때문에 그런 말랑말랑한 말을 할 수 있는 것입니다. 그것은 현실을 직시하는 말이 아닙니다. 저는 현실을 직시하는 것이 옳다고 믿기에, 우리가 하루하루 늙어 가고 있다는 사실과 자신도 모르는 순간에 죽음이 닥칠 수 있다는 사실을 인정합니다. 건강과 활력과 체력이 넘쳐 보이던 사람도 한순간에 쓰러져 죽을 수 있습니다. 한 번도 아프지 않던 사람도 첫 발작에 쓰러져 죽을 수 있습니다. 왜 그렇게 갑자기 죽을까요? 자, 이를테면 동맥에서 병이 진행되고 있었기 때문입니다. 본인도 모르고 남들도 모르는 사이에 병이 진행되면서 죽음이 다가오고 있었습니다. 그러다가 갑자기 그가 죽었다는 소식이 들려옵니다. 참으로 무섭고 두려운 성경의 메시지는 죽을 때의 상황과 상태가 영원히 지속된다는 것입니다. "난 지옥이 있다고 믿지 않아"라고 말하는 사람이 있습니다. 좋습니다. 여러분, 지금 당장 지옥을 믿으라는 것이 아닙니다. 다만 제가 묻고 싶은 점은 이것입니다. 여러분은 지금 같은 상태로, 지금보다 더 나쁜 상태로 영원히 지내고 싶습니까? 고통을 달래 줄 것도, 희망도, 전망도 없는 상태로 영원히 지내고 싶습니까? 지금 인류는 그런 상태에 있습니다.

그런데 그들에게 하나님의 사랑이 나타났습니다. "하나님이 세상을 이처럼 사랑하사 독생자를 주셨으니 이는 그를 믿는 자마다 멸망하지 않고 영생을 얻게 하려 하심이라." 이것은 제가 이제껏 묘사한 상태와 정반대되는 일입니다. 세상에서 가장 놀라운 일입니다. 사도 바울은 모든 그리스도인에게 말합니다. "이와 같이 너희도 너희 자신을 죄에 대하여는 죽은 자요 그리스도 예수 안에서 하나님께 대하여는 살아 있는 자로 여길지어다"(롬 6:11). 영생이 의미하는 바가 바로 이것입니다. 멸망의 상태에서 벗어나 실제적이고 영적인 차원의 삶을 시작하는 것입니다. 성경에서 생명은 항상 하나님의 생명에 참여하는 것을 가리킵니다. 이것이 기독교입니다. 위대한 스코틀랜드인 헨리 스쿠걸Henry Scougal은 300년 전 『인간의 영혼 안에 있는 하나님의 생명』 The Life of God in the Soul of Man 이라는 책을 썼습니다. 이것이 영생입니다. 이것이 기독교입니다. 기독교는 단순한 도덕이 아닙니다. 단순한 선善이 아닙니다. 단순히 무엇은 하고 무엇은 하지 않는 것이 아닙니다. 물론 그것도 포함되지만, 그것을 뛰어넘습니다. 기독교의 진정한 핵심과 소명과 중심은 인간의 영혼 안에 있는 하나님의 생명, 즉 영생에 있습니다.

'영원하다' 또는 '영구하다'라는 말은 이중으로 정의할 필요가 있습니다. 무엇보다 먼저 이 말은 특정한 삶의 특질을 가리킵니다. 영적으로 살아나는 것을 가리킵니다. 이제껏 묘사한 멸망의 상태에서 늘 살다가 불현듯 "너는 흙이니 흙으로 돌아가라"는 것은 영혼에 하신 말쏨이 아니었다"는* 사실을 깨닫습니다. 물리적이고 세상적인 모든 것보다 더 큰 무언가가 자기 안에 있다는 사실을 인식합니다. 보이지 않는 무형의 무언가가 자신의 일부를 차지하고 있다는 사실, 가장 큰 부분을 차지하고 있다는 사실을 알게 됩니다. 그 사실에 눈을 뜨면서 "전에는 한 번도 이에 대해 살펴보거나 생각해 본 적이 없었다. 무슨 시도를 해본 적도 없었다. 난 가장 귀한 것을 무시하고 살았다"고 고백하게 됩니다. 영적으로 살아나고 깨어납니다. 하나님에 대해 생각하기 시작합니다. 우리의 삶과 인생관을 평가하는 방법이 바로 이것입니다. 우리는 어떻게 살아가고 있습니까? 어떻게 활동하고 있습니까? 간단하고 납득할 만한 질문의 형태로 표현해 보겠습니다. 여러분이 삶을 평가하고 판단할 때 더 큰 비중을 두는 것은 무엇입니까? 단순히 몸을 어떻게 다양하게 활용할 것인지를 생각합니까? 아니면 하나님, 전능하신 여호와 하나님, 영원하시고 영존하시는 하나님을 생각하며 그와 우리의 관계를 생각합니까? 영원한 생명, 영구한 생명을 받은 자는 하나님과 영원한 세계 및 그 모든 영광스럽고 놀라운 것의 맥락 안에서 인간을 바라봅니다. 영적으로 깨어났기 때문에 그 방향에서 생각하기 시작합니다.

주님은 친히 말씀하셨습니다. "영생은 곧 유일하신 참 하나님과 그가 보내신 자 예수 그리스도를 아는 것이니이다"(요 17:3). 우리는 주 예수 그리스도를 믿음으로—하나님을 알고 우리를 향한 하나님의 사랑과 돌봄과 관심을 앎으로—영생을 얻습니다. 갑자기 병들어 평소에 하

---

* 롱펠로우-Henry Wadsworth Longfellow, 「생명의 시편」A Psalm of Life

던 일이나 직업이나 사업을 계속할 수 없고, 이제껏 열광하던 일이나 관심사나 즐거움도 좇을 수 없게 되었다고 생각해 봅시다. 갑자기 모든 것이 중단되고 침상에 홀로 무력하게 남겨진 채 시간을 어찌 보낼지 모르는 처지가 되었다고 생각해 봅시다. 그리스도를 알기 전에 그런 상태에 빠졌다면 마냥 불행하고 비참하고 암담할 것입니다. 그러나 이제는 그리스도를 알기에 외롭지 않습니다. 하나님이 우리와 함께 계심을 압니다. 하나님이 우리에게 자신을 나타내 보이십니다. 그래서 오히려 병든 것에 대해 감사드릴 수 있습니다. 그 옛날 시편 기자처럼 "고난당하기 전에는 내가 그릇 행하였더니……고난당한 것이 내게 유익이라. 이로 말미암아 내가 주의 율례들을 배우게 되었나이다"(시 119:67, 71)라고 고백할 수 있습니다. 우리는 하나님께 돌아와 그와 교통하는 삶을 누립니다. 하나님이 결코 우리를 떠나지 않으시며 버리지 않으실 것을 압니다.

다른 결과도 뒤따라옵니다. 전에 몰랐던 평강과 기쁨을 경험합니다. 이렇게 분주하고 어수선하고 시끄럽고 떠들썩한 세상에서 평강을 찾기란 어려운 일입니다. 오, 어디에서 평강과 안식과 고요를 찾을 수 있겠습니까? 평강은 영생의 일부로 주어지는 것입니다. 기쁨도 마찬가지입니다. 실제로 다음과 같이 요약할 수 있습니다. 영생을 얻는다는 것은 하나님의 아들이 이 세상에 계실 때 소유하셨던 것을 우리도 소유한다는 뜻입니다. 사복음서를 직접 읽어 보십시오. 그의 삶을 살펴보십시오. 그는 모든 사람이 흠모할 삶을 사셨습니다. 바로 그런 유형의 생명, 그런 특질을 가진 생명을 그리스도가 친히 우리에게 주십니다. 저와 여러분은 그리스도의 생명을 소유할 수 있습니다. 그리스도와 똑같이 세상을 헤쳐 나갈 수 있고, 세상을 뛰어넘을 수 있으며, 더 높은 차원과 수준에서 살 수 있습니다. 어떤 것도 훼방치 못하는 평강을 경험할 수 있으며, 십자가조차 빼앗지 못하는 기쁨을 경험할 수 있습니다! 영생은 바로 이런 생명의 특질을 가리키는 말입니다.

이처럼 영생은 생명의 특질을 가리키는 말일 뿐 아니라 양적인 요소도 포함하는 말입니다. 15절과 16절에서 각각 어떤 단어가 쓰이는지 보십시오. "이는 그를 믿는 자마다 **영원한** 생명 eternal life을 얻게 하려 하심이니라." "이는 그를 믿는 자마다 멸망하지 않고 **영구한** 생명 everlasting life을 얻게 하려 하심이라."* 그리스도인이 이 세상에서 얻는 생명은 무한한 생명입니다. 유한한 세상에서만 지속되는 생명이 아니라 영원히 지속되는 생명입니다. 실제로 우리가 이 세상에서 받는 생명은 첫 열매 내지 맛보기에 불과합니다. 고대의 농부들은 작물이 익으면 미리 조금씩 수확하곤 했는데, 그것을 첫 열매나 만물이라고 불렀습니다. 예컨대 그들은 사과나무에 사과가 처음 익을 때 따서 먹어 보고 "정말 맛있는데?" 하면서 수확이 임박한 것을 짐작하곤 했습니다. 이 땅에서 주시는 생명도 그런 첫 열매나 맛보기와 같습니다. 그것만으로도 굉장하고 훌륭하지만, 죽은 후에는 더 온전하고 영광스럽게 얻을 것입니다. 영생은 그런 것입니다. 하나님이 지금 우리 영혼에 불어넣어 주시는 생명은 이 땅에 사는 동안에도 지속되고, 죽을 때도 지속되며, 영원히 지속됩니다. 주님이 16절에서 그 이름을 믿는 모든 자에게 펼쳐 보여주시는 전망이 바로 이것입니다. 영생은 선물입니다.

• 개역개정판은 둘 다 "영생"으로 번역했다.

오, 참으로 놀라운 사랑 아닙니까? 인간을 향한 하나님의 사랑은 이만큼 큰 것입니다. 주님은 세상에 오셔서 죽어 있는 죄인들, 멸망의 상태에 있는 죄인들을 대속하시고 그들에게 하나님의 생명을 주심으로 사랑을 나타내셨습니다. 이처럼 우리는 지금 이 세상에서부터 우리 영혼 안에 있는 하나님의 생명을 누릴 수 있음을 알게 됩니다. 이것이 복음이 전하는 메시지입니다.

이제 영생을 주시는 방식에 주목해 봅시다. 그 방식이 니고데모를 크게 경악시켰습니다. 유대인이자 바리새인이었던 니고데모는 하나님이 인간의 선한 삶이나 기도나 신앙심 등에 보상해 주신다고 믿었습니다. 유대인들은 "내가 이런 일을 많이 하면 하나님이 상 주실 것"이라고 했습니다. 빌립보서에 나오듯이 사도 바울도 한때 그 교리를 믿었습니다. 자신의 삶과 경건함과 신앙심과 온갖 노력에 자부심을 느꼈고, 하나님이 상 주실 것을 믿었습니다. 말하자면 청구서를 내놓고 보상을 청구할 수 있다고 믿었던 것입니다. 이것이 하나님을 믿는다고 하면서도 육에 속한 자의 관점입니다. 그런데 주 예수 그리스도가 니고데모에게 뭐라고 하셨는지 보십시오. "하나님이 세상을 이처럼 사랑하사 독생자를 주셨으니 이는 그를 믿는 자마다 멸망하지 않고 영생을 얻게 하려 하심이라." 제가 분명하고 확실하게 짚고 넘어가고 싶은 점이 이것입니다. 영생은 선물로 얻는 것입니다. 구원은 전적으로, 유일하게, 철저히 하나님의 선물로 얻는 것입니다. 오직 그를 믿는 믿음의 결과로 얻는 것입니다. 영생을 얻기 위해 여러분이 할 일은 하나도 없습니다. 영생은 선한 일이나 선한 삶의 결과로 얻는 것이 아닙니다. 노력이나 수고나 성취의 결과로 얻는 것이 아닙니다. 영생은 그런 것과 아무 상관이 없습니다. 영생은 전적으로 하나님의 아들을 믿는 믿음의 결과로 얻는 것입니다.

사람들은 이 점에서 계속 잘못된 길로 빠집니다. 스스로 그리스도인이 될 수 있다는 생각보다 더 큰 오류는 없습니다. 스스로 그리스도인이 된 사람은 아무도 없었고 앞으로도 없을 것입니다. 아니, 스스로 그리스도인이 되었다고 생각하는 사람은 사실상 그리스도인이 아님을 입증하고 드러내는 것이라고까지 말하고 싶습니다. 스스로 그리스도인이 되기란 불가능합니다. 자기 노력으로 그리스도인이 될 수 있다는 생각보다 더 그리스도인이 되지 못하게 가로막는 장애물은 없습니다. 그런 일은 일어날 수 없습니다. 그 증거가 교회 역사에 산재해 있습니다. 회심 전 마르틴 루터의 전적인 문제도 그것 아니었습니까? 그는 스스로 그리스도인이 되고자 애썼고, 그것이 엄청나게 힘든 일임을 깨달았습니다. 그는 세상과 전도유망한 직업의 길을 버리고 수도사가 되었습니다. 골방에 들어가 금식하고 땀 흘리며 기도하고 선을 행했습니다. 무엇을 위해 그렇게 애썼습니까? 스스로 그리스도인이 되기 위해 그렇게 애썼습니다. 하나님이 자신을 바라보시며 "잘했다, 마르틴 루터야. 네가 이렇게 잘했으니 영생의 선물을 상으로 주마"라고 말씀하실 수 있도록 그를 만족시킬 의를 이루기 위해 애썼습니다. 그러다가 갑자기 눈이 열려 그것이 참담하게 잘못된 생각임을 깨달았습니다. 그리고 즉시 방향을 바꾸었습니다. 그것은 오히려 지옥으로 가는 길이라는 사실, 하나님과 천국으로 가는 길은 믿음밖에 없다는 사실을 깨달았습니다. "나의 의인은 믿음으로 말미암아 살리라"(히 10:38).

이 말이 무슨 뜻일까요? 간단히 설명해 보겠습니다. 영생의 선물을 얻는 길은 예수 그리스도를 믿는 것입니다. "하나님이 세상을 이처럼 사랑하사 독생자를 주셨으니 이는 그를 믿는 자마다 멸망하지 않고." 주님이 앞서 니고데모에게 설명하셨듯이, 이것은 그분의 위격을 믿는다는 뜻입니다. 나사렛 예수가 다름 아닌 하나님의 독생자요 영원하신 아들이시라는 성경의 증언과 증거를 받아들인다는 뜻입니다. 기원전에서 기원후로 넘어가는 바로 그때 하나님의 아들이 하늘에서 내려와 처녀에게서 태어나셨다는 기록을 믿는다는 뜻입니다. 여러분은 한낱 인간의 모습으로 나타난 이분, 나사렛에서 목수로 일하며 조용히 지내던 이분이야말로 영원하신 말씀이라는 것, "만물이 그로 말미암아 지은 바 되었으니 지은 것이 하나도 그가 없이는 된 것이 없"다는 (요 1:3) 것을 믿습니다. 그가 하나님의 아들이시라는 것을 믿습니다.

그렇습니다. 여러분은 이처럼 그의 위격을 믿을 뿐 아니라 그가 하신 일도 믿습니다. 인간을 멸망에서 구해 주시기 위해 세상에 오신 것을 믿습니다. 단순히 도덕적인 가르침을 주거나 본보기를 보여 줌으로써 인간의 노력과 시도를 돕기 위해 오신 것이 아님을 믿습니다. 그렇습니다. "인자가 온 것은 잃어버린 자를 찾아 구원하려 함이니라"(눅 19:10), "인자가 온 것은 섬김을 받으려 함이 아니라 도리어 섬기려 하고 자기 목숨을 많은 사람의 대속물로 주려 함이니라"(막 10:45)라는 주님의 말씀을 믿습니다. 그것을 믿습니다. 주님을 믿는다는 말에는 이런 의미가 담겨 있습니다. 이 점을 반드시 생각해야 합니다. 다시 말해서 주 예수 그리스도를 참으로 믿는다는 것은 "나는 내가 죄인임을 안다. 멸망의 상태에 있는 자임을 안다. 하나님의 생명 밖에 있는 자임을 안다. 그토록 자랑하던 선한 일들도 다 더러운 누더기에 불과하다는 것, 사도 바울이 말한 배설물과 쓰레기와 거름에 불과하다는 것을 안다. 스스로 바로잡을 수 없다는 것을 알며, 이런 날 구원하기 위해 하나님의 아들이 친히 하늘에서 이 땅에 내려오신 것을 안다. 그가 내 죄를 지고 형벌을 담당하신 것과 누구도 해줄 수 없는 일을 날 위해 해주신 것을 믿는다"라고 고백한다는 뜻입니다.

이것이 주님을 믿는다는 말의 의미입니다. 그다음으로 강조하고 싶은 측면은 믿음의 자세에 대한 것입니다. 이 말이 무슨 뜻일까요? 첫째로, 믿음의 자세는 진리를 인정하는 것임이 분명합니다. 성경은 빌립보의 자색 옷감 장사 루디아라는 여자에 대해 흥미로운 진술을 하고 있습니다. 빌립보에 도착한 사도 바울 일행은 기도하러 모인 여자들 틈에 끼어 앉았고, 사도는 주님의 말씀을 전하기 시작했습니다. 그다음에 일어난 일을 주목해서 보기 바랍니다. "주께서 그[루디아의] 마음을 열어 바울의 말을 따르게[주의하게] 하신지라"(행 16:14). 루디아는 평생 처음으로 말씀에 주의를 기울였습니다. 믿을 때 항상 처음 일어나는 일이 이것입니다. 내내 성경을 가지고 살면서 펴 보았을 수 있습니다. 어릴 때부터 성경을 읽고, 예배 때나 교회에서 성경 읽는 소리를 들었을 수 있습니다. "난 항상 성경과 친숙했지요"라고 말할 수 있습니다. 그러나 성경에 주의한 적이 있습니까? "말씀이 나한테 이야기하네요. 주님이 니고데모에게 하시는 말씀이 꼭 나한테 하시는 말씀 같네요"라고 한 적이 있습니까? 성경은 단순히 2천 년 전 사람들에 대한 이야기가 아닙니다. 오늘날 사람들에 대한 이야기요 모든 시대 사람들에 대한 이야기입니다. 말씀은 나한테 이야기합니다. 그런데 어떻게 평생 살면서 한 번도 말씀에 주의한 적이 없을까요? 한 번도 말씀에 주의를 기울이며 집중한 적이 없습니다. "이 말씀의 의미가 뭘까? 이 말씀이 이야기하는 바가 뭘까?" 하고 물어본 적이 없습니다. 여러분은 이 말씀에 주의한 적이 있습니까? 주의하지 않으면 믿을 수 없습니다. 당연한 것으로 받아들일 수 없습니다. 주의를 기울여야 합니다.

다음 단계는 말씀을 정신으로 받아들이는 것입니다. 그런데 믿음은 거기에서도 한 단계 더 나아갑니다. 말씀을 의지하기 시작하며, 예수 그리스도와 그가 하신 일을 신뢰하게 됩니다. 사실상 주 예수 그리스도를 믿는다는 것은 자기 자신과 자기 영혼과 영원한 운명을 전적으로 그리스도께 맡기고 의지하는 일이라고 정의할 수 있습니다. 그러므로 바로 지금 자신이 주 예수 그리스도를 믿는지 아닌지 아주 쉽게 검증해 볼 수 있습니다. 그 시금석이 여기 있습니다. 여러분은 어떤 식으로든 여전히 자기 자신을 쳐다보고 있습니까? "아, 그래. 내가 이런저런 일을 하기로 결심해야지"라고 다짐하고 있습니까? 그렇다면 주 예수 그리스도를 믿는 것이 아닙니다. 주 예수 그리스도를 믿는다는 것은 자기 자신이나 자기 노력을 영원히 포기하고 "내가 무엇을 하느냐, 얼마나 오래 하느냐는 중요치 않다는 것을 안다. 나는 아무리 해도 안 된다는 것을 분명히 안다. 그러므로 더 이상 나 자신이나 내가 하는 일을 의지하지 않겠다. 주님과 주님이 하신 일만 전적으로 의지하겠다"라고 말하는 것입니다. 이것이 주 예수 그리스도를 믿는 자세입니다.

더 구체적인 시금석이 있습니다. 이 사실을 깨달은 자는 즉시 실행에 옮깁니다. "곧 해야지" 하고 미루지 않습니다. 미루어 봐야 무슨 소용이 있습니까? 왜 지금 바로 하지 않습니까? 기다린다고 무엇을 더 할 수 있습니까? 24시간 기다린다고 무엇이 달라지겠습니까? 지금 할 일을 내일 밤으로 미룬다고 나와 하나님의 관계가 달라지겠습니까? 주 예수 그리스도를 믿을 때 즉시 나오는 말은 "지금 바로 받아들이겠다. 일초도 더 미루지 않겠다. 딱히 더 하고 싶은 일도 없고, 무엇을 더 한다고 달라질 것도 없다. 지금 바로 예수를 받아들이겠다"는 것입니다.

이처럼 믿음에는 즉각적인 특징이 있습니다. 사도행전 16장에 나오는 빌립보 간수의 이야기를 보아도 알 수 있습니다. 그는 무슨 교육 과정을 이수하고 그리스도인이 된 것이 아니었습니다. 사도가 전한 말씀을 듣고 바로 믿었습니다. 바울과 실라의 말을 믿었기에 한밤중이었는데도 그 자리에서 세례를 받고 기뻐했습니다. 이처럼 믿는 일은 즉시 이루어집니다. 깨달은 자에게 미루는 것은 무의미합니다. 그 즉시 "주님은 내일이나 천년 후뿐 아니라 지금도 신뢰할 수 있는 분이다. 나는 지금 믿겠다"라고 합니다. 나중으로 미룬다고 더 나은 사람이 되거나 무슨 자격이 생기지 않습니다. 믿음은 즉각적인 것입니다. 진리를 깨닫는다는 것은 즉시 그 진리를 받아들이고 신뢰한다는 뜻입니다.

저는 여기에서도 더 나아가 현재의 감정이 어떻든 걱정하지 말라고 말하고 싶습니다. 지금 확신이 느껴지든 느껴지지 않든 걱정하지 마십시오. 주 예수 그리스도를 믿는다는 것은 그의 증언을 받아들이고 그의 말씀이 참되다는 것을 인정한다는 뜻입니다. "주님의 말씀을 믿지 않는 것은 그를 거짓말쟁이 취급하는 것이다. 그 말씀을 다 이해하지 못하지만 믿는다. 주님이 니고데모에게 하신 말씀이 곧 나한테 하신 말씀임을 안다. 주님이 내게 말씀하고 계심을 안다. 나는 그를 믿는다. 나의 전부, 나의 모든 것을 그분께 맡긴다"라고 말한다는 뜻입니다. "주님을 믿는다. 그러므로 나의 모든 것, 나의 전부를 주님께 맡긴다"라고 말한다는 뜻입니다. 오, 하나님의 이 사랑—자신의 생명, 영원한 생명을 선물로 주시는 사랑—은 얼마나 놀라운 것인지요!

> 빈손 들고 나아가
> 십자가를 붙드네.
> 벌거벗고 나아가 주의 옷을 구하네.
> 무력하게 나아가 주의 은혜 구하네.
> 더러운 이 몸 그 샘으로 달려가오니
> 구주여, 저를 씻어 주소서. 죽지 않도록.•
>
> —오거스터스 탑레이디

주 예수 그리스도를 믿는다는 것은 바로 이렇게 하는 것입니다. 여러분은 이렇게 했습니까? 단 일초도 미루지 말고, 스스로 오점을 지워 보고자 지체하지 말고, 지금 모습 그대로 주님께 나아가십시오. 눈보다 더 희게 씻어 줄 수 있다고 말씀하시는 주님을 믿으십시오.

마지막으로 할 말은 여기 나오는 또 다른 단어, 역시 하나님의 사랑을 아주 영광스럽게 보여주는 단어에 대한 것입니다. 그 단어는 "자마다"whosoever입니다. "하나님이 세상을 이처럼 사랑하사 독생자를 주셨으니 이는 그를 믿는 자마다 멸망하지 않고 영생을 얻게 하려 하심

• 새찬송가 494장 3절 다시 옮김.

이라." 유대인만 구원받고 이방인은 정죄받는다고 믿었던 니고데모에게 이렇게 말씀하셨다는 사실을 잊지 마십시오. 주님은 "아니, 그렇지 않다. 네 생각은 완전히 틀렸다. 영생은 유대인뿐 아니라 이방인도 위한 것이다. 나라와 종족과 언어에 상관없이 모든 믿는 자를 위한 것이다"라고 하셨습니다. 영국인이냐, 아프리카인이냐, 일본인이냐, 중국인이냐, 미국인이냐는 중요치 않습니다. 우리는 모두 죄 가운데 있는 인간입니다. "그를 믿는 자마다."

제가 볼 때 이 모든 내용을 요약해 주는 찬송이 있습니다. "오늘 주의 자비 날 불러 죄 씻으라 하시네." 그 찬송은 이렇게 이어집니다. "내 허물 아무리 클지라도."* 주의 자비에는 아무 제한이 없습니다. 여러분, 이것을 알고 있습니까? 여러분이 어떤 사람이든 중요치 않습니다. 무슨 짓을 했든 중요치 않습니다. 저를 찾아와 "아, 제가 어떤 삶을 살았는지 몰라서 그러시는 겁니다. 제가 지은 죄를 안다면……"이라고 말하는 분들이 있습니다. 그럴 때 제가 항상 하는 말은 이것입니다. "저는 당신이 무슨 죄를 지었든 관심이 없습니다. 당신이 무슨 짓을 했든, 어떤 사람이었든 개의치 않습니다. 우리는 모두 죄인입니다." 큰 죄와 작은 죄를 구분하는 장본인은 우리입니다. 하나님은 구분하지 않으십니다. 하나님이 보실 때는 이 죄나 저 죄나 똑같이 악합니다. 살인을 했는지 안 했는지는 복음 전도자에게 전혀 중요치 않습니다. 살인자나 다른 이들이나 다 똑같은 죄인입니다. 살인, 술주정, 간음, 패륜, 비행을 비롯한 무슨 죄라도 열거해 보십시오. 가장 더럽고 사악

* 오스월드 앨런 Oswald Allen

하고 왜곡된 짓, 감히 말로 표현하거나 상상할 수 없는 무서운 짓들을 열거해 보십시오. 전부 다 열거해 보십시오. "내 허물 아무리 클지라도, 내가 어떤 사람이라도" 아무 문제가 되지 않습니다.

다음 구절도 들어 보십시오. "자비에서 떠난 지 오래되었어도." 그래도 아무 문제가 되지 않습니다. 사춘기 때 회심하지 않으면 결코 회심하지 못한다고 말하는 심리학자들의 책을 읽어 보았을 것입니다. 터무니없는 소리입니다! 나이가 얼마든 상관없습니다. 의사의 삶과 설교자 및 복음 전도자의 삶이 본질적으로 어떻게 다른지 그 비밀을 알려 드리겠습니다. 의사는 환자를 대할 때 부모의 사망 시기를 비롯한 과거사를 알려 듭니다. 의사는 환자의 이력을 알아야 합니다. 이력을 모르면 아무것도 할 수 없습니다. 그러나 저 같은 설교자는 이력에 아무 관심이 없습니다. 죄의 고백에 아무 관심이 없습니다. 누구나 똑같은 구원이 필요한 죄인이라는 점에서 그것은 시간 낭비에 불과합니다. 여러분이 어떤 특별한 죄를 지었든 아무 문제가 되지 않습니다. 여러분이 어떤 사람이었든 아무 문제가 되지 않습니다. 우리는 모두 영혼을 가진 인간이라는 점에서 똑같습니다. 더 놀라운 구원이 필요한 사람은 없습니다. 모든 구원은 기적이며, 그 기적을 행할 수 있는 분은 오직 하나님뿐입니다. 죽음을 두려워하는 여든 살 노인이든 여덟 살 어린아이든 아무 상관이 없습니다.

자비에서 떠난 지 오래되었어도
오, 그리스도여, 오늘 주의 피로 날 씻어 깨끗케 하실 수 있나이다.

오직 중요한 점은 이것입니다. 여러분은 주 예수 그리스도를 믿습니까? 그렇다면 어떤 반박에도 응수할 수 있고, 어떤 장애물이라도 제거할 수 있습니다. 이것을 참으로 깨닫고 그의 말씀을 믿는다면, 지금 바로 믿고 자기 죄가 사함받은 것과 이제는 멸망하지 않는 것과 영생을 얻은 것을 확인할 수 있습니다. 여러분은 제가 말한 방식으로 믿었습니까? 지금 믿으십시오. "아, 하지만……" 하면서 주저하는 사람은 아직도 진리를 깨닫지 못한 것이요, 진리에 주의하지 않는 것이요, 그의 말씀을 믿지 않는 것입니다. 그의 말씀을 믿는 자는 "하지만"이라는 말을 일체 하지 않습니다. 어떤 것도 문제되지 않습니다. 지금 모습 그대로 주님께 나아가면 됩니다. 내가 어리석음과 교만과 죄로 인해 지옥에 떨어져 영원한 형벌을 받아 마땅한 자임을 알고 고백하면 됩니다. 하나님의 아들이 해주신 일로 인해 그 모든 형벌이 취소되었다는 것, 지금 이 순간부터 나는 하나님의 자녀요 아버지와 함께 영원한 복을 누릴 상속자라는 것을 믿으면 됩니다. 지금 이렇게 나아가지 않는 자는 믿지 않는 것입니다. 믿는 자는 즉시 나아갑니다. 그러므로 이제 여러분의 손에 맡기겠습니다. "그를 믿는 자마다 멸망하지 않고 영생을 얻게 하려 하심이라." 이것이 진정한 생명입니다.

지금까지 믿지 않았고 나아가지 않았다면 지금 바로 나아가 죄를 고백하십시오. 믿는다고 아뢰십시오. 그의 사랑과 자비에 자신을 맡기십시오. 지금 바로 하십시오.

16.
어둠과 빛

그 정죄는 이것이니 곧 빛이 세상에 왔으되 사람들이 자기 행위가 악하므로 빛보다 어둠을 더 사랑한 것이니라. 악을 행하는 자마다 빛을 미워하여 빛으로 오지 아니하나니 이는 그 행위가 드러날까 함이요 진리를 따르는 자는 빛으로 오나니 이는 그 행위가 하나님 안에서 행한 것임을 나타내려 함이라. |
요한복음 3:19–21

요한복음 1:16에서 사도 요한은 말합니다. "우리가 다 그의 충만한 데서 받으니 은혜 위에 은혜러라." 이제 우리가 던질 중대한 질문은 이것입니다. 우리는 왜 그의 은혜를 더 알아 가지 못하는 것일까요? 은혜를 알아 가는 것은 지속적인 과정이요 확장되는 과정입니다. 그렇기 때문에 "우리는 왜 마땅히 경험해야 할 이 일을 경험하지 못하는가?"라는 이 질문에 부딪치는 것입니다. 우리의 상태는 복음 전체의 메시지에 반反하는 것입니다. 복음에 오명을 씌우는 것입니다. 기독신앙을 아주 형편없이 대변하는 것입니다.

우리가 이 문제에 관심을 가져야 할 이유가 두 가지 있습니다. 첫 번째 이유는, 이 모든 가능성이 우리에게 주어져 있는데도 왕자처럼 살지 못하고 거지처럼 사는 것은 비극이라는 것입니다. 그리고 그보다 더 절실한 두 번째 이유는, 그리스도인이 신약성경에 기록된 모습을 실제로 보여줄 때 비로소 세상은 관심을 보인다는 것입니다. 세상은 교회의 체계나 제도에 관심이 없으며, 그것은 지극히 당연한 일입니다. 세상은 생생하고 활기찬 것에 관심을 보입니다. 주님이 니고데모에게 언제나 가능하다고 하신 일이 실제로 사람들에게 일어날 때 관심을 보입니다.

그런데 그렇게 되지 못하게 가로막는 장애물들이 많습니다. 우리 모두 죄로 가득 찬 사람들일 뿐 아니라 늘 우리의 생각과 태도를 흔들고 어지럽히는 강력한 대적이 있기 때문에 그렇습니다. 마귀의 지략이 얼마나 뛰어난지 "광명의 천사"(고후 11:14)로까지 가장한다고 바울은 말합니다. 심지어 성경도 인용합니다. 주 예수 그리스도와 생생하고 활기찬 관계를 맺지 못하게 막을 수 있는 것, 그의 충만함을 받지 못하게 막을 수 있는 것이라면 무엇이든 활용합니다.

우리의 핵심 문제는 요한복음 3:16에 기록된 하나님의 사랑을 거의 알지 못하는 데 있습니다. 그 사랑만 알아도 대부분의 문제가 즉시 해결될 것입니다. 그러므로 우리가 할 일은 성경에서 그 사랑을 발견하는 것입니다. 기도하고 교통하며 교제하는 가운데 하나님을 추구함으로 그 사랑을 발견하는 것입니다.

이처럼 하나님의 사랑을 모르는 것만 문제는 아닙니다. 이 세 구절에서 맞닥뜨리는 어려움과 장애물과 문제가 또 있습니다. 그 문제를 보면 우리가 충만함이라는 주제에 접근할 때 어떻게 그처럼 쉽게 자신을 속이고 마귀에게 속는지 알 수 있습니다. 19절이 명쾌하게 밝히는 문제는 이것입니다. "그 정죄는 이것이니 곧 빛이 세상에 왔으되 사람들이 자기 행위가 악하므로 빛보다 어둠을 더 사랑한 것이니라." 요한은 연이어 이 말을 설명하고 있습니다.

여기에서 가르치는 원리가 무엇일까요? 저는 두 가지라고 말하고 싶습니다. 한 가지로 볼 수도 있지만, 두 가지로 나누어 보는 편이 더 좋습니다. 첫 번째 원리는 이미 찾아온 빛에 복종하지 않고 계속 다른 빛을 고대하며 추구할 위험이 있다는 것입니다. 또는 문제의 진정한 본질을 오해하는 데 전적인 잘못이 있다고도 할 수 있습니다. "그 정죄는 이것이니 곧 빛이 세상에 왔으되……." 어떤 의미에서 사람들은 빛이 임하길 희망하고 고대하며 추구하면서도 정작 하나님이 보내신 빛은 거부합니다.

왜 그럴까요? "자기 행위가 악하므로 빛보다 어둠을 더 사랑"하기 때문입니다. 물론 본인들은 이 사실을 알지 못하며 깨닫지 못합니다. 이 두 가지 방식으로 내내 자신을 속이기 때문에 하나님의 충만함을 거의 알지 못합니다. 죄가 얼마나 사람을 무모하게 만드는지 살펴보면 정말 이상합니다. 마치 아브라함의 아내였던 사라의 종 하갈과 같습니다. 아들을 데리고 광야로 나간 하갈은 물이 없어 죽을 위험에 처했습니다. 어쩔 줄 모르고 절망에 빠져 부르짖는 그에게 하나님은 말씀하셨습니다. "보아라. 네 옆에 샘이 있다." 샘이 내내 거기 있었는데도 하갈은 보지 못했습니다. 우리도 그와 같습니다. 우리가 왜 "그의 충만한 데서" 받지 못할까요? 바로 이 문제 때문입니다.

다음과 같이 항목별로 나누어 설명해 보겠습니다. 우리가 어떻게 빛을 추구한다는 명목으로 자신을 기만하는지부터 잠시 살펴봅시다. "그 정죄는 이것이니……." 물론 이것은 일차적으로 모든 비그리스도인에게 해당되는 말입니다. 많은 이들이 니고데모처럼 자기 자신과 자기 인생에 만족하지 못하고 불안해합니다. 더 나은 무언가의 존재를 인식하고 그것을 갈망하며 그것을 찾기 위해 위대한 탐색에 나서지만 지구 끝까지 다녀와도 찾지 못합니다. 왜 찾지 못할까요? 그것은 오직 한 곳에만, 한 분 안에만 있기 때문입니다. 주님이 니고데모에게 하신 말씀이 이것입니다. 니고데모는 탐구자였습니다. 그래서 밤에 주님을 찾아와 대화를 청했습니다. 그런데 주님은 요컨대 "네 태도가 문제다. 빛을 더 이상 찾을 필요가 없는데 찾는 것이 문제다. 내가 곧 빛이다. 네가 찾는 모든 것은 내 안에 있다"라고 하셨습니다. 이것이 사실상 그에게 하신 말씀의 요지였습니다.

불신자에게 늘 나타나는 문제가 바로 이것입니다. 이것을 경험으로 아는 이들이 우리 중에도 많습니다. 우리는 결국 이 점을 깨닫게 됩니다. 찾기를 포기하는 순간, 그토록 찾던 것이 내내 앞에 있었음을 깨닫게 됩니다.

불신자만 그런 것은 아닙니다. 충만함에 대한 이 말씀 앞에 선 신자의 상황도 똑같습니다. 불신자를 생명에 들어가지 못하도록 잡아끄는 그것이 우리도 잡아끌어 그의 충만한 데서 받지 못하게 하며 은혜 위에 은혜를 받지 못하게 합니다. 바울은 에베소서에서 말합니다. "하나님의 모든 충만하신 것으로 너희에게 충만하게 하시기를 구하노라"(엡 3:19). 그런데 왜 충만해지지 못할까요? 바로 이 잘못에 빠져 있기 때문입니다. 접근 방식 자체가 잘못되었기 때문입니다. 많은 이들이 지적인 경로에서 충만함을 찾고 구합니다. 많은 시간을 들여 거룩하고 경건한 삶에 대한 책을 읽습니다. 그렇게 연구하다가 철학의 영향을 받습니다. 하나님의 사랑도 철학적으로 이해합니다. 그렇게 지적인 경로를 따라가다 보면 자기가 열망하는 충만함에 결국 이르리라 생각합니다. 자기가 찾는 것을 제공할 새 책이 곧 나오길 기대하면서 여러 책을 섭렵하며 많은 세월을 보냅니다.

이것은 실제적인 위험입니다. 충만함에 대한 일종의 안내서뿐 아니라 전기를 읽으며 세월을 보낼 수도 있습니다. 평생 그렇게 살아가는 이들을 저도 알고 있습니다. 그들의 큰 관심사는 충만함을 아는 것이요 하나님과 친밀한 관계를 맺는 것입니다. 그런데 그 바람은 이루어지지 않습니다. 왜 그럴까요? 많은 경우 그에 관한 책만 읽고 지적인 관심만 갖기 때문입니다. 거의 탐욕스럽다고 할 정도입니다. 이 책 저 책 읽고 또 읽으면서 다른 이들이 충만해졌던 모습을 보고 그에 대한 묘사를 읽습니다. 그러나 그 모든 것을 지적인 관점에서만 바라보는 나쁜 습관이 형성된 탓에 정작 본인은 결코 그런 경험을 하지 못합니다. 더 많은 지식과 정보가 필요하다고 생각하며 그것만 계속 수집할 뿐입니다.

이런 말은 조심해서 해야 한다는 것을 알고 있습니다. 마귀는 무엇이든 극단으로 몰고 가기 때문입니다. 성도들의 생애와 전기에서도 많은 것을 배울 수 있습니다. 그러나 그들에 대한 지식과 정보에만 기대어 살면서 실제로 자기 자신에게는 적용하지 않을 위험이 있습니다.

또 다른 오류는 극적인 체험을 기다리는 것입니다. 여기에도 교묘한 측면이 있습니다. 그리스도인이 되려면 체험이 있어야 합니다. 구원은 여러분이 하는 일이 아니라 여러분에게 일어나는 일입니다. 거듭남은 체험으로 연결됩니다. 그리스도인이 된다는 것은 자기 영혼에 행하신 하나님의 일을 명확히 체험하는 것임을 마땅히 알아야 합니다. 그런데 그의 충만함이라는 문제 앞에서도 단순히 어떤 체험을 기다리고 추구하며 집회를 찾아다니거나 안수를 받거나 비슷한 시도를 할 위험이 있습니다. 그렇게 잘못된 길로 빠져들 위험이 있습니다.

그런가 하면 의지의 관점에서만—정신과 마음과 의지 중 오직 의지의 관점에서만—충만함의 문제를 바라보는 이들도 있습니다. 그들은 신비한 경로나 그 비슷한 경로를 따라 크고 강한 의지력을 끌어내고 스스로 다잡는 것이야말로 충만함의 전적인 비결이라고 생각합니다. 역사는 이에 대한 중요한 교훈들로 가득합니다. 그들은 스스로 사회에서 격리되었습니다. 수도사나 은둔자나 은자가 되어 낙타털옷을 입고 살았습니다. 여러 부류의 사람들이 자신을 매질하고 생살을 찢는 등 온갖 시도를 하며 하나님의 충만함을 받고자 노력했습니다. 아주 많이 노력했고 아주 많이 희생했습니다. 개중에는 매우 영웅적인 이들도 많았습니다. 그러나 신약성경의 가르침에 따르면 그런 태도는 완전히 잘못된 것입니다. 지금도 그런 태도가 다양한 형태로 나타나고 있습니다. "기꺼운 마음을 기꺼이 갖기 위해" 애쓰며 자신을 강제하는 일에 시간을 쓰는 이들이 있습니다. 이것은 하나의 행동이나 하나의 체험 등으로 충만함을 얻을 수 있다는 가르침이 낳은 결과입니다.

사람들은 이런 식으로 충만함을 추구하는 데 시간을 바칩니다. 그런데 그 모든 방식에 대한 답변이 여기 나옵니다. "그 정죄는 이것이니 곧 빛이 세상에 왔으되." 여러분이 고대하는 바가 무엇입니까? 대체 무엇을 위해 그토록 씨름하고 있습니까? 두 번째 원리는 빛이 **이미** 왔다는 점에서 그 모든 방식은 잘못되었다는 것입니다. 빛은 이미 왔습니다. 요한복음이 이 중대한 구절에서 다른 복음서보다 더 명백하게 제시하는 사실이 이것입니다. 그는 "영원한 생명", "영구한 생명"에 대한 생각을 계속 반복해서 이야기합니다. "그를 믿는 자마다 멸망하지 않고 영생—영원한 생명, 영구한 생명, 그의 충만함—을 얻게[점점 더 많이 얻게] 하려 하심이라."

이 말의 의미는 우리에게 필요한 모든 것이 주 예수 그리스도 안에 이미 있다는 것입니다. 전부 있다는 것입니다. 신약성경 전체의 가르침이 바로 이것입니다. 필요한 것이 무엇이든 그에게서 받으면 되고 그의 충만하신 데서 취하면 됩니다. 주님은 이 충만함을 아주 다양한 말로 표현하셨습니다. 요한복음 뒷부분을 보면 우리 안에서 솟아나는 "샘물"(요 4:14)로 묘사하신 것을 볼 수 있습니다. 이것은 중대한 메시지입니다. 우리에게 필요한 모든 것은 이미 주어져 있습니다. 그리스도 예수 안에서 전부 주어져 있습니다. 바울은 고린도 교인들에게 말합니다. "너희는 하나님으로부터 나서 그리스도 예수 안에 있고 예수는 하나님으로부터 나와서 우리에게 지혜와 의로움과 거룩함과 구원함이 되셨으니"(고전 1:30). 그는 "만유시요 만유 안에 계"신(골 3:11) 분입니다. 온전히 충분하신 분입니다. 하나님이 우리에게 주시는 은혜와 지혜의 모든 보화가 그 안에 감추어져 있고 비축되어 있습니다. 이것이 신약성경의 가르침입니다.

에베소 교인들을 위한 바울의 기도를 다시 한 번 상기시키고 싶습니다. 사도는 그들이 "능히 모든 성도와 함께 지식에 넘치는 그리스도의 사랑을 알고 그 너비와 길이와 높이와 깊이가 어떠함을 깨달아 하나님의 모든 충만하신 것으로" 충만해지길 기도했습니다(엡 3:18-19). 철학책을 읽지 못하는 이들이 있습니다. 그들은 위대한 지적 탐색에 나서지 못합니다. 그런 교육을 받거나 문화를 익힌 적이 없습니다. 그렇다면 그런 이들에게는 아무 소망이 없는 것일까요? 감사하게도 소망이 있습니다. 빛이 이미 왔기 때문입니다. 예수 그리스도 안에서 이미 왔기 때문입니다. 그 빛을 바라보고 그의 얼굴을 바라보기만 하면 됩니다. 구원받을 때와 똑같습니다. 주님은 자신이 장대에 달린 놋뱀과 같다고 하셨습니다. 그를 바라보기만 하면 됩니다. 다른 모든 측면에서 그렇듯이, 충만함의 측면에서도 그를 바라보기만 하면 됩니다. 그 안에 모든 것이 있습니다. 오, 지적인 경로나 경험의 경로를 따라 막연히 무언가를 기다리다가 세월을 다 허비하고 잃었다는 사실을 뒤늦게야 깨닫는 이들이 많다는 것은 비극입니다. 그들은 더 많은 빛, 더 많은 교훈, 더 많은 지식의 필요성을 느끼며 평생 살다가, 출발할 때와 똑같은 불모의 상태로 인생을 마칩니다.

그것은 완전히 잘못된 일입니다. 정죄받을 일입니다. 이 점에서 우리는 잘못된 길에 빠져 있습니다. 더 많은 빛을 구하면 안 됩니다. 빛은 이미 다 주어졌습니다. 내달이나 내년에 위대한 책이 나오길 기다릴 필요가 없습니다. 이 책에 진리가 다 들어 있습니다. 그리스도인들이 이 세상에 등장한 지 거의 2천 년이 되었는데 그들은 어떻게 충만해졌습니까? 놀라운 현대의 지식을 비롯한 온갖 것을 갖추지 못했음에도 얼마나 높은 경지에 이르렀는지 보십시오. 얼마나 놀라운 경험을 했는지 보십시오. 단순하고 평범한 자들이나 뛰어난 천재들이나 어떻게 충만해졌습니까? 그 대답은 그들 모두 똑같은 방식으로—자신에게 필요한 모든 것이 그리스도 안에 있다는 사실을 깨달음으로—충만해졌다는 것입니다.

풍성한 은혜,
내 모든 죄 덮는 은혜 주께 있사오니
치료의 샘물 넘치게 부으사
내 속을 씻으시고 정결히 지키소서.

주는 생명 샘이오니

값없이 마시게 하옵소서.

영생하도록

내 속에서 솟아나옵소서.*

—찰스 웨슬리

그렇습니다! 찰스 웨슬리는 이것을 깨달았고, 그 깨달음은 옳습니다.

오, 그리스도여, 내가 원하는 전부시니

만유에 넘치는 것 주 안에 있나이다.

쓰러진 자 일으키고, 약한 자 힘 주시며,

아픈 자 고치시고, 눈먼 자 이끄소서.**

주 안에 전부 다 있습니다. 빛은 이미 왔습니다! 현대인만 아는 특별하고 새로운 교훈은 필요치 않습니다. 오, 그것은 터무니없는 생각입니다! 사실상 기독 신앙 전체를 부인하는 생각입니다. 우리에게 필요한 모든 것은 그리스도 안에서 이미 주어졌고, 그때부터 지금까지 그리스도 안에 전부 있습니다.

그러므로 이제 우리가 던질 질문은 이것입니다. 우리는 왜 이런 잘못된 길에 빠진 것일까요? 대체 무엇 때문에 이렇게 된 것일까요? 왜 이렇게 자신을 속이는 것일까요? 겉보기에는 아주 괜찮은 사람 같습

* 새찬송가 388장 4절 다시 옮김.
** 새찬송가 388장 3절 다시 옮김.

니다. 더 높은 경지에 이르길 추구하며 계속 탐색하는 훌륭한 사람 같습니다. 그러나 사실은 완전히 잘못되었습니다! 왜 잘못되었습니까? 본문이 그 이유를 정확히 알려 줍니다. 충만함이라는 주제와 관련하여 우리 모든 사람의 문제는 우리가 생각하듯 지적인 데 있는 것이 아니라 언제나 도덕적인 데 있다는 것이 성경의 대답입니다. 바로 이것이 문제입니다. 바로 이 지점에서 우리는 자신을 속이고 있습니다. 이 지점에서 문제의 핵심 본질을 깨닫는 데 실패하고 있습니다. 우리는 이것을 지적인 문제로 생각합니다. 이해가 안 되는 것이 문제라고 생각합니다. 마치 니고데모 같습니다. 말로는 빛과 통찰을 원한다고 하지만, 사실은 원치 않습니다! 그것은 위장술에 불과합니다. "그 정죄는 이것이니 곧 빛이 세상에 왔으되." 빛이 이미 왔는데 왜 그 앞에 나아가 볕을 쬐고 활기와 활력을 되찾지 않습니까? 성경은 대답합니다. "사람들이 자기 행위가 악하므로 빛보다 어둠을 더 사랑한 것이니라." 오늘날도 마찬가지입니다.

이것은 우리 모두에게 해당되는 말입니다. 이 점에서 지성과 관련된 주장은 그럴듯한 허울에 불과합니다. 이것이 지적인 문제라면 특정인에게만 적용될 것입니다. 그러나 앞서 말했듯이 지적인 문제를 다룰 수 없는 이들이 있습니다. 그런 이들은 빛에 들어올 수 없는 것일까요? 당연히 들어올 수 있습니다! 인류 전체의 유일한 공통분모가 있는데, 그것은 '악한 마음'입니다. 천재 및 위대한 철학자나 가장 악명 높고 난폭한 죄인이나 이 점에서는 다를 바가 없습니다. 영적인 영역에는 특별 사례가 없습니다. 그런데 우리는 있다고 생각하지 않습니까? 우리는 저마다 자신을 특별 사례로 여기려 듭니다. 니고데모도 그랬고, 우리도 그렇습니다. "물론 난 지적인 사람이라 특별한 어려움을 겪는 거야"라고 합니다.

그러나 그런 말에 대한 대답은 오직 하나, 헛소리라는 것입니다! 위선이라는 것입니다! 여러분의 문제는 그것이 아닙니다. 특별한 문제를 가진 자는 아무도 없습니다. 우리는 다 자기 문제가 특별하다고 생각합니다. 저를 찾아와 이런저런 이유—유전적인 이유나 그 밖의 이유—를 대면서 자기 문제가 특별하다는 점을 밝히려 드는 이들이 종종 있습니다. 그런 이들을 위한 대답도 하나뿐입니다. 우리가 저마다 가진 은밀한 비밀과 특별한 문제는 전부 한 지점으로 모이게 되어 있습니다. 본문이 아주 분명하고 확실하게 밝히는 이 한 지점으로 모이게 되어 있습니다. 여기에서 출발해야 합니다.

사랑하는 여러분, 죄의 형태는 전혀 중요치 않습니다. 죄를 지었다는 사실 그 자체가 중요하며, 이 점에서 모든 사람은 똑같습니다. "모든 사람이 죄를 범하였으매 하나님의 영광에 이르지 못하더니"(롬 3:23). "의인은 없나니 하나도 없으며"(롬 3:10). 바리새인들이 주님의 가르침과 설교에 분노한 이유가 여기 있습니다. 주님은 그들이 죄인임을 깨닫고 느끼게 하셨습니다. 그 때문에 주님을 미워하고 죽인 것입니다. 그러나 주님은 모든 사람이 죄인임을 아셨기에 그 사실을 일깨우셨습니다. 이것은 모든 인류의 공통된 특징입니다.

그렇다면 이 특징은 어떻게 나타날까요? 우리의 문제가 바로 여기 있습니다. 지적인 데 있는 것이 아닙니다. 어둠을 사랑하는 데 있습니다. "그 정죄는 이것이니." 빛은 이미 왔습니다. 온전히 왔습니다. 모든 시대 성도들이 받고 기뻐했던 빛이 지금도 그리스도 안에 충만히 있습니다. 그런데 왜 우리에게는 빛이 없을까요? 우리가 내세우는 문제들 때문이 아닙니다. "더 많은 빛, 더 많은 교훈"이 필요하기 때문이 아닙니다. 우리의 진정한 문제는 천성적으로 어둠을 사랑하는 데 있습니다. 죄의 핵심적인 본질이 이것입니다. 당연히 이 때문에 잘못된 길로 빠지는 것입니다. 우리는 단순히 나쁜 짓을 죄로 생각하는 경향이 있습니다. 물론 나쁜 짓도 포함되지만, 죄의 실제 핵심은 거기 있지 않습니다. 우리가 저지르는 나쁜 짓에 있지 않습니다. 우리의 실제 문제는 계속 나쁜 짓을 하고 싶어 하는 **욕망 그 자체**에 있습니다. 바로 이것이 문제입니다. 그렇다면 그 욕망은 어디서 생기는 것일까요? 그 대답은 오직 하나, 어둠을 사랑하는 데서 생긴다는 것입니다. "어둠을 더 사랑한 것이니라." 이것은 단순히 어둠 안에서 살고 어둠의 특징이 나타나는 짓을 한다는 뜻이 아닙니다. 빛으로 돌이키지 않을 만큼 어둠을 사랑하고 좋아하며 흐뭇해한다는 뜻입니다.

이 점에서 모든 도덕 체계는 아주 피상적입니다. 오로지 행동과 행위에만 관심을 갖습니다. 문제의 실제 근원—성경이 탐심이라고 부르는 과도한 애착과 욕망과 정욕—은 절대 건드리지 않습니다. 사도 바울도 성령이 빛을 비추어 주시기 전까지는 이것을 전혀 몰랐다고 말합니다. 자기에게 아무 문제가 없는 줄 알았다고 말합니다. 그런데 "계명이 이르매 죄는 살아나고 나는 죽었"습니다(롬 7:9). "탐내지 말라"는 계명의 의미를 깨달으면서 끝장나 버렸습니다. 그는 자신이 탐낸 것을 알았습니다. 바리새인들은 실제 행동만 하지 않으면 죄를 지은 것이 아니라고 여겼습니다. 그러나 그리스도는 "음욕을 품고 여자를 보는 자마다 마음에 이미 간음하였느니라"(마 5:28)라고 하셨습니다. 죄는 욕망의 문제입니다. 어둠을 사랑하는 것입니다.

감히 이렇게 말해도 될지 모르겠지만, 많은 이들이 나쁜 짓을 하지 않는 것은 이를테면 나쁜 짓을 할 용기가 없기 때문입니다. 그런 자들을 향해 마르틴 루터가 "점잖게 죄짓지 말고 차라리 대담하게 죄지으라"고 말한 이유가 여기 있습니다. 세상에서 가장 어리석은 자는 점잖게 죄짓는 자입니다. 대담하고 극심하게 죄짓는 자는 무모한 짓을 저지르다가 곧 정신을 차리게 마련입니다. 그러나 점잖게 죄짓는 자는 허위와 기만을 저지르는 것입니다. 이것은 **사랑의 문제**입니다. 빛보다 어둠을 사랑하는 마음이 가증한 것입니다. 죄는 의지의 문제가 아닌 마음의 문제입니다. 본문이 아주 명백히 밝히듯이, 우리를 지배하는 죄의 무서운 힘부터 깨달아야 합니다. 신약성경은 죄의 지배에 대해 가르칩니다. 바울은 로마 교인들에게 "죄가 너희를 주장[지배]하지 못하리니 이는 너희가 법 아래에 있지 아니하고 은혜 아래에 있음이라"(롬 6:14)라고 했습니다. 죄는 우리를 지배하지 못합니다. 그러나 믿지 않는 자들은 지배합니다. 구원의 의미가 이것입니다. 구원은 죄와 악과 사탄의 지배에서 해방되는 것입니다.

이 점을 달리 표현한 구절을 찾아보십시오. 바울은 에베소서 2장에서 말합니다. "그는 허물과 죄로 죽었던 너희를 살리셨도다. 그때에 너희는 그 가운데서 행하여 이 세상 풍조를 따르고 공중의 권세 잡은 자를 따랐으니 곧 지금 불순종의 아들들 가운데서 역사하는 영이라"(엡 2:1-2). 죄는 지배하고 압제합니다. 탐심과 욕망과 악을 사랑하는 마음으로 우리 속에서 활동합니다. 우리가 첫째로 깨달아야 할 사실은 이처럼 악을 사랑하고 죄를 사랑한다는 것입니다. 사랑하기 때문에 나중에 후회할 짓을 계속 반복한다는 것입니다. 모든 양심의 가책과 회한이라는 말에 담긴 의미가 이것입니다. 회한은 회개로 이어질 수 있습니다.

시편 51편에서 다윗이 어떻게 말하는지도 보십시오. 다윗은 자기 죄의 실상을 깨달았습니다. 자기 문제가 단순히 간음한 일이나 간음한 여인의 남편을 죽인 일 자체에 있지 않은 것을 알았습니다. 물론 그것도 무서운 일이었지만, 그의 가슴을 찢어 놓은 문제는 그것이 아니었습니다. 그의 가슴을 찢어 놓은 문제는 대체 자기가 왜 그런 짓을 하고 싶어 했을까 하는 것이었습니다. 대체 무엇이 그런 짓을 하게 만들었을까, 대체 이 욕망과 탐심과 정욕의 정체는 무엇일까, 대체 무엇이 잘못되었을까 하는 것이었습니다. 그는 말합니다. "하나님이여, 내 속에 정한 마음을 창조하시고"(시 51:10). 잘못된 것은 그의 마음 자체였습니다! 정신이나 의지가 아니었습니다. 마음이 그를 죄로 몰고 갔습니다. 정욕과 탐심과 욕망과 악과 악을 사랑하는 마음이 그를 죄로 몰고 갔습니다. "우슬초로 나를 정결하게 하소서. 내가 정하리이다. 나의 죄를 씻어 주소서. 내가 눈보다 희리이다"(시 51:7).

여기에서 출발해야 합니다. 어둠을 사랑하는 것이야말로 우리 모두가 가진 문제의 핵심임을 알아야 합니다. "나는 그의 충만한 데서 받길 원한다. 다만……"이라고 말하는 사람이 있을지 모르겠습니다. 사랑하는 여러분, 여러분이 던질 질문은 이것입니다. 여러분은 진심으로 그의 충만함을 원하고 있습니까? 여러분이 그의 충만함을 받지 못하는 주된 이유는 충만함이 아닌 다른 것을 사랑하는 데 있습니다. "그 정죄는 이것이니……."

둘째로 깨달아야 할 사실은 악을 사랑하는 마음은 자기 방어로 연결된다는 것입니다. "그 정죄는 이것이니 곧 빛이 세상에 왔으되 사람들이 자기 행위가 악하므로 빛보다 어둠을 더 사랑한 것이니라." 요한은 뒤이어 이 말을 설명합니다. "악을 행하는 자마다 빛을 미워하여 빛으로 오지 아니하나니—왜 오지 않을까요?— 이는 그 행위가 드러날까 함이요." 알다시피 악을 행하는 자는 악을 사랑하기 때문에 빛으로 오지 않습니다. 그는 빛이 악을 드러낸다는 것을 알고 있습니다. 빛은 항상 악을 드러냅니다.

그는 자기 행위가 악하기 때문에, 그 악한 행위를 사랑하기 때문에 빛으로 오지 않습니다. 그리고 자기를 방어합니다. 빛으로 오는 대신 빛에 대한 말만 합니다. 빛을 원하는 듯한 인상을 풍기며, 정말 빛을 원하는 것처럼 자기 자신과 남을 설득합니다. 그러나 정작 빛으로 오지는 않음으로써 사실은 원치 않음을 드러냅니다. 이것은 자기 방어의 또 다른 방식에 불과합니다. 우리는 다 이런 일에 능숙한 전문가요 사기꾼이요 위선자들입니다! 자기 자신도 이렇게 속여 넘깁니다. "난 정말 진리를 알고 싶다. 그래서 이러저러한 책들도 읽는데 왜 충만함을 받지 못할까?"라고 묻습니다. 자, 그의 진정한 문제는 진정으로 빛에 자기를 드러내지 않는 데 있습니다. 계속 방어막을 치며 자기를 방어하는 데 있습니다. 우리 모두 이 죄를 인정해야 한다는 것을 하나님은 아십니다.

그렇다면 어떻게 자기를 방어할까요? 한 가지 방법은 이른바 죄를 합리화하는 것입니다. 이것은 매번 그럴 듯한 변명거리를 찾아낸다는 뜻입니다. 물론 다른 사람이 그렇게 할 때는 잘못임을 알아차립니다.

금세 알아차리고 비난합니다. 그런데 자기 잘못에 대해서는 "그러니까 그때는 그럴 만한 특별한 상황이 있어서……"라고 둘러댑니다. 항상 이유를 찾아냅니다. 매번 변명거리를 찾아냅니다. 이번에도 로마서 2장에 나오는 바울의 묘사를 찾아봅시다. "서로 혹은 고발하며 혹은 변명하여"(롬 2:15). 이것은 자기 방어의 일환입니다. "난 빛으로 나아갈 필요가 없어. 왜냐하면, 그러니까 왜냐하면 이건 죄가 아니거든. 그럴 만한 사정이 있었다니까. 얼마든지 설명할 수 있어"라고 합니다.

우리가 자주 사용하는 방법이 또 있습니다. 이 때문에 허다한 그리스도인이 하나님의 충만함을 거의 모른 채 산다고 저는 말하고 싶습니다. 이 방법은 과거—아마도 인생 초반부—에 내린 결단에 의존하는 것입니다. 과거의 결단으로 그리스도인이 되었다고 생각하며 항상 그것을 의지합니다. 양심의 고소와 율법의 고소와 설교의 고소를 받고 혼란에 빠질 때마다 "그래도 괜찮아. 난 거듭났으니까. 몇 살에 어떤 집회에서 이미 결단했잖아"라고 방어합니다. 그 '결단'을 근거로 벌을 피할 수 있다고 생각합니다. 너무 쉽게 자신의 의를 주장합니다.

서둘러 한 예를 들어 보겠습니다. 한 사람이 저를 찾아와 죄를 고백한 적이 있습니다. 그런데 저는 그를 보면서 무언가 잘못되었다는 느낌을 받았습니다. 죄를 고백하러 온 사람이라고 하기에는 지나치게 편안해 보였기 때문입니다. 그는 자초지종을 밝히며 "물론 예수 그리스도의 피가 이 죄를 덮어 주신 걸 알지요"라고 했습니다. 저는 대답했습니다. "그렇게 말씀하시는 걸 보니 정말 아는 것 같지 않은데요." 그것은 죄를 가볍게 여기는 치료법입니다. "그들이 내 백성의 상처를 가볍게 여기면서 말하기를 평강하다 평강하다 하나 평강이 없도다"(렘 6:14). 허다한 사람이 이렇게 합니다. 과거의 결단에 기대어 자기를 방어합니다.

그러나 거룩한 삶으로 이어지지 않는 결단은 가치가 없습니다. 이런 태도가 충만함의 영역에서 하나님의 큰 축복을 받지 못하게 가로막는 일종의 기제로 작용합니다. 자신은 결단했다는 것입니다! 결단하고 받아들이고 고백했다는 것입니다! 그럴 때 사람들이 사용하는 구절이 이것입니다. "하나님이 그 아들을 세상에 보내신 것은 세상을 심판하려 하심이 아니요 그로 말미암아 세상이 구원을 받게 하려 하심이라. 그를 믿는 자는 심판을 받지 아니하는 것이요 믿지 아니하는 자는 하나님의 독생자의 이름을 믿지 아니하므로 벌써 심판을 받은 것이니라"(요 3:17-18). "믿습니까?"라는 질문에 "믿습니다"라고 대답하면 "그럼 됐습니다. 이제 당신은 정죄받지 않습니다. 당신은 안전합니다"라는 말이 돌아옵니다. 그 말에 의존해서 남은 인생을 살아갑니다.

그러나 이 또한 사탄이 사용할 수 있습니다. 지적으로 믿는다고 해서 구원받는 것이 아닙니다. "이와 같이 행함이 없는 믿음은 그 자체가 죽은 것이라"(약 2:17). 그런데도 많은 사람이 자기 양심에 방어막을 치고 그리스도 안에서 말씀을 통해 찾아오는 빛에 드러나지 않도록 자기를 감춘 채 과거의 결단에 의존하고 있습니다. 이것은 아주 위험한 일입니다.

자기를 방어하는 또 다른 방법은 당연히 마음 불편한 일을 피하는 것입니다. 오, 이것이 얼마나 큰 비극인지요! 의분을 표하며 세상사를 논하는 이들이 있습니다. 이 또한 양심의 고소에 방어막을 치는 방법이자 아주 교묘하고 오래된 자기 방어의 한 형태입니다. 의분만 느낄 뿐 빛으로 나아오지는 않습니다. 항상 타인의 관점에서 바라보기 때문에 정작 자신은 빛으로 나아올 생각을 하지 않습니다.

성경 공부를 잘못하는 경우에도 이런 일이 일어날 수 있습니다. 믿기 힘들지만 엄연한 사실입니다. 성경까지 방어막으로 사용할 수 있습니다. 어떻게 사용할까요? 자, 자신이 좋아하는 구절만 찾아 읽는 것입니다. 경건의 시간용 본문 읽기나 하나님의 사랑과 관련된 본문 읽기는 좋아해도 실제로 성경을 읽지는 않는 것입니다. 자기 마음을 달래 주고 편하게 해주는 부분만 골라서 읽는 것입니다. 빛이 자기 속을 비추지 못하게 막는 데 성경을 사용하는 것입니다. 이것은 무서운 일로서, 이것만 보아도 사탄의 교묘함을 알 수 있습니다.

또는 의무적으로 성경을 읽을 수 있습니다. 그러나 여러분, 성경이 살아 있는 말씀이라는 것을 모르고 읽는다면, 성령이 성경을 사용하여 여러분의 지각과 마음을 열어 주시고 양심을 드러내 주시길 기도하지 않고 읽는다면, 아무런 준비 없이 읽는다면, 정해진 분량만 채우고 출근 기차를 타기 위해 후다닥 뛰어나간다면, 아무리 많이 읽어도 소용이 없습니다. 하루도 거르지 않고 많이 읽었다는 자부심만 생길 뿐입니다. 그것은 성경의 빛이 자기 마음을 조사하지 못하게 가로막는 태도입니다. 많은 사람이 이렇게 하고 있습니다. 그들은 결코 성장하지 않으며 충만함이 무엇인지 알지 못합니다. 의무는 잘 지킵니다. 아주 독실합니다. 훈련을 거르지 않습니다. 그렇기 때문에 이를테면 스스로 의롭다고 생각합니다. 이런 식으로 양심을 통해 찾아오는 빛의 고소를 차단합니다.

자기를 방어하는 또 다른 방법은 악행을 선행으로 상쇄하는 것입니다. "이렇게 관대한 마음으로 가치 있는 명분을 위해 큰 기부를 하는 내가 잘못되었을 리는 없어. 확실해"라고 말합니다. 이런 식으로 빛의 고소를 차단합니다. 애써 양심을 달랩니다. 어둠을 빛처럼 칠해서 빛의 고소를 잠재웁니다.

불행히도 우리 모두 이에 대해 너무 잘 알고 있습니다. 제가 말한 것들은 다 제가 자주 했던 짓입니다. 저는 제가 했던 짓과 여러분이 했던 짓을 알고 있습니다. 누가 더 악하고 말고 할 것이 없습니다. 다 똑같이 악합니다. 우리는 천성적으로 어둠을 사랑하는 위선자들입니다. 말로는 빛을 원한다고 합니다. 그러나 정말 빛을 원할까요?

그렇다면 이제 어떻게 해야겠습니까? 주님이 아주 분명하게 알려 주십니다. 첫 번째로 할 일은 정직한 의도를 갖는 것입니다. 정말 원하지 않으면서 원한다고 해봐야 소용이 없습니다. 정말 원하는지 아닌지 누구보다 본인이 잘 압니다. 의도부터 깨끗하고 바르고 정직하고 선해야 합니다. 그러면 행동은 절로 따라오게 되어 있습니다. 거듭 묻겠습니다. 여러분은 진심으로 "그의 충만한 데서" 받길 원합니까? 이것은 기본적인 질문입니다. 그 대답이 분명치 않은 상태에서 계속 전진해 봐야 소용이 없습니다. 그것은 완전히 잘못된 태도로서 아무것도 얻을 수 없습니다. 시편 51편을 다시 보십시오. "주께서는 중심이 진실함을 원하시오니"(시 51:6). 하나님은 모든 것을 알고 계십니다. 그를 속일 수는 없습니다. 하나님을 농락하려 해봐야 소용이 없습니다.

그다음으로 숨김없이 정직해져야 할 부분이 있습니다. 우리는 진심으로 충만해지길 바라야 할 뿐 아니라 지금 즉시 바라야 합니다. 성 아우구스티누스의 『고백록』 Confessions 에 나오는 유명한 말을 기억하십시오. "주여, 저를 선하게 만드소서. 그러나 아직은 기다려 주소서." 이것은 무익한 기도입니다. 그런데 이렇게 기도할 때가 얼마나 많습니까? "저를 선하게 만드소서. 오, 그러나 아직은 기다려 주소서. 지금은 이게 너무나 좋습니다. 여전히 이걸 사랑하고, 이걸 좋아합니다." 아우구스티누스는 자기 정부情婦를 버릴 생각이 없었습니다. 물론 마음의 동요와 가책을 느꼈지만, 여전히 그 상태에 머물고 싶어 했기에 변화가 없었습니다. 그는 이 문제를 극복해야 했습니다. 이 일에서는 시한을 정하면 안 됩니다. 진심으로 원한다면, 지금 바로 즉시 원해야 합니다. 전심으로 원해야 합니다. 하나님이 다스리시도록 삶 전체를 내놓아야 합니다. 그러면 빛이 구석구석 전부 조사해 줍니다. 그래서 사람들이 빛을 미워하는 것이며, 우리 모두 천성적으로 빛을 미워하는 것입니다. 빛은 모든 것을 폭로합니다. 어둠속에 숨은 모든 것을 환히 드러냅니다. 그러므로 하나님이 우리 삶 전체를 조사하시고 다스리시도록 내놓아야 합니다. 기억하십시오. 그는 모든 것을 보고 계십니다. "우리의 결산을 받으실 이의 눈앞에 만물이 벌거벗은 것같이 드러나느니라"(히 4:13). 그는 땅 위에 기어 다니는 작은 벌레들처럼 돌 틈에 숨어 공격할 기회를 노리는 모든 것을 보고 계십니다. 그리고 빛으로 그 모든 것을 드러내십니다. 그가 이렇게 하시도록 기꺼이 삶을 내놓아야 합니다. 빛 앞에 모든 것을 내놓아야 합니다. 하나도 남겨 두면 안 됩니다.

세례 요한과 헤롯 왕의 이야기에서 그 중대한 예를 볼 수 있습니다. 헤롯은 동생인 빌립의 아내를 취한 악인이었음에도 이상하게 세례 요한을 좋아했습니다. 그래서 요한이 체포된 후에도 그를 보호하며 즐겨 찾아가 그의 말을 들었습니다. 성경은 이렇게 말합니다. "헤롯이……보호하며 또 그의 말을 들을 때에 많은 일을 하면서도 달갑게 들음이러라"(막 6:20, 흠정역).* 어떤 표현에 주목해야 하는지 알겠습니까? 헤롯은 요한의 말을 듣고 "많은 일을" 했습니다. 가책을 받고 바로잡았습니다. 그러나 이처럼 많은 일을 하면서도 요한이 강력하게 촉구한 한 가지는 하지 않았습니다. 그것은 바로 헤로디아를 포기하는 일이었습니다. 아무리 많이 버려도 한 가지를 남기면 소용이 없습니다. 헤롯이 사랑한 한 가지, 집착한 한 가지는 헤로디아였습니다. 아주 많은 그리스도인의 삶을 무력하게 만드는 문제가 이것입니다. 어느 지점까지는 포기하되, 삶의 특별한 한 가지, '아끼는 죄'는 남겨 둡니다. 그러면 소용이 없습니다. 전부 포기해야 합니다. 온전히 포기해야 합니다. 자신을 점검하고 이 복된 빛 앞에 드러내야 합니다.

빛은 이미 왔습니다! 그 안에 모든 충만함이 있습니다. 그런데 우리는 왜 이렇게 영적으로 빈곤한 것입니까? 방어막을 치고 있기 때문입니다. 정직하지 않기 때문입니다. 더 좋아하는 것이 있기 때문입니다. 그러면 소용이 없습니다. 그 한 가지를 내려놓아야 합니다. 빛에 굴복해야 합니다. 주님께 나아가야 합니다. 주님 앞에 서서 그의 처분에 자신을 맡겨야 합니다.

왜 그래야 할까요? 권면의 말로 설교를 맺겠습니다. 그리스도인들이여, 빛으로 나아가지 않는 것이 얼마나 어리석은 짓인지 모르겠습니까? 그렇습니다. 그것이야말로 정죄받을 일입니다. 빛이 왔지만 사

• 개역개정판은 "크게 번민을 하면서도 달갑게 들음이더라"라고 번역했다.

람들은 "자기 행위가 악하므로 빛보다 어둠을 더 사랑"했습니다. 여러분도 이 말의 의미를 알지 않습니까? 그리스도인에게 가장 무서운 일이 바로 이것 아닙니까? 비그리스도인이 어둠을 사랑하는 것도 충분히 악하지만, 그리스도인이 어둠을 더 사랑하는 것은 열 배 더 악합니다. 비그리스도인이 집착하는 것들을 보십시오. 우리 그리스도인이 집착하는 것들을 보십시오.

그것들이 다 무엇입니까? 어둠입니다! "어둠을 더 사랑한 것이니라." 우리가 사랑하는 것은 어둠입니다. 추한 것, 부끄러운 것입니다. 그래서 어둠 속에 머물며 빛으로 나아가길 부끄러워합니다. 사람들은 밝은 데서는 꿈도 꾸지 못할 일, 누군가 보고 있다고 생각하면 절대 하지 않을 일을 어두운 데서 합니다. 어둠! 사람들은 "어둠에 감추인 것들"(고전 4:5), 어둠의 부정직한 일들에 집착합니다! 자신을 점검해 보십시오! 자신이 무엇에 집착하는지 살펴보십시오! 실제로 들추어 보십시오! 그러면 다 어둠의 영역에 속한 것임을 알게 됩니다. 사멸할 것, 지금도 썩고 있는 것, 곧 완전히 사라질 것임을 알게 됩니다. 악하고 부패하고 더러운 영역에 속한 것임을 알게 됩니다. 그런 것에 집착하다니요!

그 반대편도 보십시오. 여러분이 어떤 영광을 놓치고 있는지 보십시오. 어둠에 감추어진 더러운 것을 사랑하느라 하나님의 빛—예수 그리스도의 빛, 그가 사셨던 삶, 우리가 살 수 있는 삶—을 받지 못하고 있습니다. 빛은 이 현실을 직시하게 해줍니다. 빛은 말합니다. "어둠을 보라. 빛을 보라. 네게 주어진 가능성을 보라. 영광을 보라. 놀라운 일을 보라. '하나님의 모든 충만하신 것으로' 충만해지라(엡 3:19). 그리스도의 '형상을 본받'으라(롬 8:29). 성도들을 닮아갈 뿐 아니라 그리스도를 더욱 닮아 가라. 저 앞에 기다리고 있는 천국의 영광을 보라."

마지막으로 이것을 기억하십시오. "악을 행하는 자마다 빛을 미워하여 빛으로 오지 아니하나니 이는 그 행위가 드러날까 함이요." 본인은 스스로 영리하다고 생각합니다. 빛으로 오길 원치 않습니다. 불편해지길 원치 않습니다. 불행해지길 원치 않습니다. 무엇이든 양심을 흔드는 것을 좋아하지 않습니다. 그래서 빛으로 오지 않습니다. 오, 어리석은 자여! 그는 빛 가운데 서야 할 날이 오고 있다는 사실, 그날을 피할 수 없다는 사실을 잊고 있습니다. 인생은 짧고 덧없이 날아가며 스쳐 갑니다. 우리는 다 죽어야 하며, 그 후에 심판대 앞에 서야 합니다. "이는 우리가 다 반드시 그리스도의 심판대 앞에 나타나게 되어 각각 선악 간에 그 몸으로 행한 것을 따라 받으려[심판받으려] 함이라"(고후 5:10). 세상에 사는 동안에는 빛을 피해 다녔어도 그날 아침에는 빛 가운데 설 것이며, 세상에 사는 동안 행한 모든 일이 드러날 것입니다. "그날이 공적을 밝히리니"(고전 3:13). 그의 충만함을 받는 일보다 더 집착했던 어둠에 감추어진 일이 다 드러날 것입니다. 다 표면으로 떠오를 것입니다. 다 나타날 것입니다. 혹 구원을 받는다 해도 "불 가운데서 받은 것"(고전 3:15) 같을 것입니다. 모든 공적이 불타 없어질 것입니다. 사도 바울이 고린도전서 3장에서 사용하는 표현이 이것입니다. 하나도 남지 않는다는 것입니다. "불 가운데서 받은 것"처럼 간신히, 겨우 구원받는다는 것입니다. 부끄럽게 구원받는다는 것입니다.

이렇게 해서 우리가 집착하는 어둠의 특징, 우리가 바라보지 않는 빛의 영광, 모든 사람이 그리스도의 심판대 앞에 서게 될 일의 확실성을 살펴보았습니다. 사랑하는 여러분, 이 권면에 귀를 기울이십시오. "그 정죄는 이것이니……." 지적인 문제나 어려움, 자신만의 특별한 문제에 대한 이야기는 더 이상 꺼내지 마십시오. 그것은 말도 안 되는 헛소리입니다. 우리는 다 같은 배에 타고 있습니다. 다 같은 처지에 놓여 있습니다. 어둠을 사랑하는 마음이 빛을 미워하게 만들고 빛으로 오지 못하게 가로막고 있습니다. 이 점을 깨달읍시다. 지금 여기 살아 있는 동안 빛 안에 거하여 우리 행위가 "하나님 안에서 행한 것"임을 나타내기로 결심합시다.

17.
신랑의 친구

그는 흥하여야 하겠고 나는 쇠하여야 하리라. | 요한복음 3:30

제가 본문에서 특별히 30절을 택한 것은—이제부터 보여 드리겠지만—여기에 이 사건의 핵심적인 가르침이 요약되어 있기 때문입니다.

우리는 세세한 역사적 사실보다 요한복음 전체의 큰 주제, 즉 우리 주와 구주 되신 예수 그리스도가 우리에게 영생을 주신다는 주제에 집중하겠다는 목적 아래 이 위대한 복음서를 연구해 왔습니다. 사복음서에 모두 주님의 이야기가 나오지만 중심 주제는 각기 다르다는 것이 대부분 사람들의 일치된 견해입니다. 사복음서가 공히 알려 주는 사실이 있는가 하면, 복음서마다 성령의 인도를 받아 복되신 주님의 삶과 일과 사역 중 특별히 강조하는 측면이 분명 따로 있습니다. 그런데 요한복음의 중대한 중심 주제는 '그리스도 안에 있는 영생'인 것이 확실합니다.

이것은 단순한 제 의견이 아닙니다. 요한이 직접 복음서의 취지를 밝히고 있습니다. 그는 20장 마지막 절에서 "오직 이것을 기록함은 너희로 예수께서 하나님의 아들 그리스도이심을 믿게 하려 함이요 또 너희로 믿고 그 이름을 힘입어 생명을 얻게 하려 함이니라"라고 말합니다. 그리고 이미 살펴보았듯이 1:16에서도 "우리가 다 그의 충만한 데서 받으니 은혜 위에 은혜러라"라고 아주 분명히 밝히고 있습니다.

이것은 놀라운 제안입니다. 하나님의 아들이 세상에 오셔서 이 모든 일을 하셨습니다. 다시 살아나셨고 하늘로 올라가셨습니다. 그리고 영원한 영광 가운데 하나님 우편에 앉아 계십니다. 그 아들 안에서 우리에게 주시는 제안이 바로 "그의 충만한 데서" 받으라는 것입니다. 그리스도인이 된다는 말의 실제 의미가 이것입니다. 그리스도인이 된다는 것은 단순히 선한 삶을 산다는 뜻이 아닙니다. 그것은 도덕입니다. 단순히 아들에 관한 몇 가지 사실을 믿는다는 뜻도 아닙니다. 그것은 일종의 죽은 정통 신앙이 될 수 있습니다. 참 기독교는 바로 이것, 아들에게서 생명을 받는 것, "더 풍성히"(요 10:10) 받는 것, 그 안에 있는 충만함을 받는 것입니다.

이미 살펴보았듯이, 이것이 요한복음 전체의 실질적인 주제이며 사실상 신약성경 전체의 주제입니다. 성경은 교회를 그리스도의 몸으로 묘사함으로써 이 주제를 아주 완벽하게 전달하고 있습니다. 머리에서 모든 것이 나옵니다. 머리에 충만함이 있습니다. 머리가 신경의 중추입니다. 머리로부터 몸의 모든 지체와 부분과 영역과 기관이 생명을 받고 존재하며 유지됩니다. 이것이 기독교입니다.

우리는 이 점에 비추어 계속 자신을 점검해 나가는 중입니다. 그리스도인이 되는 일에 대한 우리의 생각은 무엇입니까? 더 중요한 질문을 드리겠습니다. 우리가 다른 이들에게 보여주는 기독교는 어떤 것입니까? 우리는 지치고 피곤한 세상, 겨우 지탱하는 세상에 살고 있습니다. 세상에 정말 생명이 있다면 그토록 쾌락을 증대시키고 쾌락에 의존할 필요가 없을 것입니다. 자극제에 기대어 살아가는 이들은 스스로 활력이 없음을 고백하는 것입니다. 오늘날 세상은 생명이 없기에 자극제에 기대어 살아가고 있습니다. 우리에게 가장 필요한 것이 생명인데, 그 생명의 유일한 원천이 여기 있습니다. 이제 우리가 던질 중대한 질문은 이것입니다. 그리스도인을 자처하는 우리는 그 생명을 가지고 있습니까? 그 충만함을 받았습니까? 점점 더 많이 받고 있습니까?

우리는 충만함을 받지 못하게 가로막는 장애물들을 계속 살펴보고 있습니다. 어딘가 잘못된 데가 있는 것이 분명합니다. 기독교회가 충만함을 받고 있다면 이런 모습일 수가 없습니다. 지금 교회는 허약하며 멸시당하고 있습니다. 무시당하며 거부당하고 있습니다. 별 볼일 없는 곳, 현대 세계에 어울리지 않는 시대착오적인 곳으로 간주되고 있습니다. 그러나 교회에 참 부흥과 개혁이 일어나면 상황이 완전히 뒤바뀝니다. 세상이 교회를 다시 보기 시작합니다. 이 시점에 가장 필요한 일이 그것입니다.

그러므로 이제 질문해 봅시다. 대체 무엇이 우리에게서 충만함을 빼앗아 가는 것입니까? 우리는 왜 충만함에 대해 더 알지 못하는 것입니까? 초대교회 그리스도인들이 그랬듯이, 그리스도인이라면 언제나 그래야 하듯이, 기쁨과 찬양과 감사의 영으로 충만치 못한 것입니까? 많은 장애물과 방해물이 있지만, 궁극적으로는 대적 마귀의 존재 때문입니다. 마귀는 여러 가지 방법으로 혼란을 일으킵니다. 그러나 감사하게도 우리는 "그 계책을 알지 못하는 바가 아"닙니다(고후 2:11). 하나님의 말씀이 그 계책을 가르쳐 줍니다. 그 계책을 폭로하며 분명히 밝혀 줍니다. 그 가르침에 귀를 기울이면 하나님의 충만함을 받기 위해 제거해야 할 장애물이 무엇인지 알 수 있습니다.

실제로 아주 흔히 맞닥뜨리는 장애물을 또 한 가지 살펴봅시다. 다행히도 그 예를 보여주는 이들이 있습니다. 니고데모라는 사람이 대표하는 장애물은 이미 살펴보았습니다. 그에게는 극복해야 할 어려움과 문제와 장애물이 잔뜩 있었습니다. 그가 원하는 바는 옳았지만 바로잡아야 할 잘못된 측면들이 많았습니다.

본문에는 그와 다르지만 똑같이 중요한 상황이 등장합니다. 이번에는 세례 요한의 친구와 제자와 추종자들이 대표하는 장애물, 그들이 요한에게 한 말과 요한에게 시키려 했던 일에 드러나는 장애물을 살펴보겠습니다. 감사하게도 그들에 대한 세례 요한의 반응 및 분명하고 확실한 대답에서 우리에게 필요한 가르침을 찾아볼 수 있습니다.

이번에는 무엇이 문제일까요? 교만입니다. 교만은 성경이 도처에서 가르치는 문제입니다. 아마도 충만함을 받는 데 가장 큰 장애물과 방해물이 바로 교만일 것입니다. 교만은 여러 가지 형태로—지성의 교만, 성취의 교만, 이해의 교만으로—나타납니다. 그러나 중요한 것은 형태가 아닙니다. 교만의 본질은 그의 충만함과 은혜 위에 은혜를 받지 못하게 가로막는 가장 큰 장애물이라는 데 있습니다.

우리는 교만합니다. 다 교만합니다. 교만하지 않은 자가 없습니다. 교만은 보편적인 현상이며, 당연히 죄의 결과물입니다. 원죄는 다름 아닌 교만의 죄였습니다. 마귀가 하와에게 말한 요지는 "하나님이 저 열매를 먹지 말라 했다고? 다 너희를 억압하려고 한 말이야. 저걸 먹으면 신처럼 된다는 걸 알거든"이었습니다. 그 말이 여자와 남자에게 호소력을 발휘했습니다. 이것이 교만입니다. 이 교만이 모든 문제의 원천이 되었습니다. 죄의 징후들을 추적해 올라가면 대부분은 결국 교만—크고 중요한 사람이 되려는 욕망과 자기 자신을 믿는 마음—에서 나온 것임을 알게 됩니다. 요한의 사건은 우리 자신이 천성적으로 교만할 뿐 아니라 우리가 잘되길 바라는 주변 친구나 지인들이 교만을 부추길 때가 많다는 사실을—이 점에 크게 주의해야 하는데—아주 분명하고 확실하게 보여줍니다.

이것은 매우 이상한 일로서, 본문의 사건에 완벽하게 예시되어 있습니다. 하나님의 백성—아주 평범한 교인부터 걸출한 지도자에 이르기까지 모든 백성—과 교회의 오랜 역사에 그 예가 얼마나 많이 등장하는지 모릅니다. 교만만큼 자주 하나님의 성도와 지도자를 불구로 만든 죄가 없습니다. 구약성경에도 많은 예가 나옵니다. 다윗도 여러 번 교만 때문에 악하고 죄 된 방식으로 스스로 높아졌다가 낮아지는 일이 있었습니다.

이 제자들은 요한의 조력자였습니다. 그들을 둘러싼 무리가 많았습니다. 요한은 비범한 인물이었습니다. 구약의 마지막 선지자였던 말라기 시대 이후 거의 400년 동안이나 하나님의 말씀이 특별히 임하지 않았습니다. 그런데 빈 들에 있던 사가랴의 아들 요한에게 홀연히 임했습니다. 그는 위대하고 경이로운 인물이 되었습니다. 이 기이한 인물을 보고 비상한 메시지를 들으며 그에게 세례를 받기 위해 예루살렘을 비롯한 사방에서 사람들이 몰려들었습니다. 요한은 다수의 제자를 모아 자신을 돕게 했습니다. 본문에 나오는 이들이 바로 그 제자들이었습니다. 그들은 활기에 넘쳤습니다.

그런데 갑자기 나사렛 예수라는 또 다른 인물이 등장하더니, 얼마 후 요한을 따르는 무리보다 주 예수 그리스도의 사역에 동참하는 무리가 더 많다는 사실이 분명해졌습니다. 요한의 제자와 추종자들은 그 사태를 염려했습니다. 요한의 평판과 위대함이 깎일까 봐 염려했습니다. 요한의 지위를 지켜 주려 했고, 요한이 무슨 조처를 취하길 바랐습니다. 그들은 우리 주와 구주 되신 그리스도의 사역을 싫어하고 비판하기에 이르렀습니다. 요한을 능가하는 무언가가 예수께 있을지도 모른다는 암시를 용인하지 못했습니다. 그것은 모욕이었습니다. 그들은 분노에 사로잡혔고, 그 분노가 정당하다고 생각했습니다. "우리 선생님의 가르침을 능가하는 가르침이 있다고? 저 선생은 대체 누구지? 우리 선생님이 저자를 저지해야 하는 거 아니야?" 그들은 이처럼 교만에 사로잡혀 세례 요한의 교만 또한 부추기고 자극하려 들었습니다. 그를 찾아가 "랍비여, 선생님과 함께 요단 강 저편에 있던 이 곧 선생님이 증언하시던 이가 세례를 베풀매 사람이 다 그에게로 가더이다"(요 3:26)라고 했습니다. 이처럼 그들이 요한의 교만을 부추기는 말을 꺼내려 했을 때 요한은 즉시 "대답"했습니다(27절). 그들이 하려는 말을 가로채 대답함으로써 완전히 입을 다물게 만들었습니다.

이것은 하나의 그림입니다. 물론 역사적인 사실이지만 하나의 비유이기도 합니다. 이것은 우리 각 사람에게 해당되는 아주 무서운 문제를 보여줍니다. 요한의 제자들 속에는 주 예수 그리스도의 가르침과 그가 제안하시는 모든 것에 저항하며 분개하게 만드는 것이 있었습니다. 우리 앞에 있는 무서운 문제가 이것입니다.

그렇다면 이 문제는 어떻게 우리 안에서 작동할까요? "우리는 왜 그의 충만함과 은혜 위에 은혜를 받지 못하는가?"라는 질문의 첫 번째 대답은 그 필요성을 느끼지 못하기 때문이라는 것입니다. 지금 이대로도 잘 지내고 있다고 생각하기 때문이라는 것입니다. 주님이 나타나시기 전에도 요한은 잘 설교하고 세례를 주고 무리를 모으지 않았습니까? 우리도 똑같은 마음을 느낍니다. 지금 이대로도 괜찮다고, 잘 지내고 있다고 생각합니다.

종종 지적했듯이, 독실한 종교인이 빠지는 특정한 위험이 이것입니다. 독실한 종교인이 되는 것과 그리스도인이 되는 것은 완전히 다른 일입니다. 그리스도인이 아니면서도 독실하게 살 수 있습니다. 그리스도인이 아니면서도 기독교회의 영역 안에서 독실하게 살 수 있습니다. 이것은 중대한 문제입니다. 우리는 니고데모의 사례에서 이 문제를 보았고, 요한의 제자들에게서 동일한 문제의 또 다른 측면을 보게 됩니다. 그들은 지금 이대로도 괜찮다고 생각했습니다. 이런 생각보다 더 충만함을 받지 못하게 가로막는 장애물은 없습니다. 이렇게 생각하는 자들이 있습니다. 교리를 알고, 자기 지식을 의지하며, 그 밖의 모든 것을 비판합니다. 자기만족에 빠져 있습니다.

자기 삶과 선행에 전적으로 만족하는 이들도 있습니다. 그들은 바리새인처럼 남들과 다른 것에 감사드립니다. 런던의 부랑자들을 보거나 신문 기사를 읽으면서 그들과 다른 것에 감사드립니다. 자신은 죄와 악의 소굴에 살지 않는다는 것입니다. 더럽고 극악한 죄에 빠지지 않았다는 것입니다. 그런 짓을 절대 하지 않는 선량한 사람이라는 것입니다. 그런 짓을 끔찍이 여기며 꿈도 꾸지 않는 사람이라는 것입니다. 더 나아가 선행도 한다는 것입니다. 남을 돕는 일에 관심을 갖고 나선다는 것입니다. 이런 일도 하고 저런 일도 한다는 것입니다. 주님은 성전에 올라가자마자 앞으로 나가서 남의 것을 갈취하는 자들과 같지 않은 것을 감사드린 바리새인의 이야기를 통해 이 문제를 단번에 보여주셨습니다. 그는 일주일에 두 번 금식하고 소득의 십일조로 가난한 자들을 먹였습니다. 그런데 무엇이 더 필요하다는 말입니까? 아무것도 필요치 않습니다. 그래서 아무것도 구하지 않았습니다. 그는 다 가지고 있었고, 다 하고 있었습니다.

바리새인과 세리가 다르듯이 독실한 종교인과 그리스도인도 다릅니다. 종교인은 더 이상 무엇이 필요하다고 생각지 않습니다. 이미 다 하고 있습니다! 용서의 필요성도 느끼지 않습니다. 지은 죄가 없는데 무슨 용서를 구하겠습니까? 그는 확실히 무엇을 더 받거나 더 충만해질 필요성을 느끼지 않습니다. 남들이 다 자기 같지 않은 것만 애석해 할 뿐입니다. 그의 고민은 이것뿐입니다.

이 제자들의 입장도 그런 것이었습니다. 우리 중에도 그런 입장이 어떤 것인지 잘 아는 사람—특히 종교적인 양육을 받고 온갖 보호를 받으며 살아온 사람, 늘 교회 울타리 안에 있었던 사람, 한 번도 세상에 나가 밑바닥 인생을 경험해 보지 못한 사람—이 많습니다. 그런 사람에게 무엇이 더 필요하겠습니까? 그는 아무것도 필요치 않은 것이 확실하다고, 자신의 삶에는 아무 문제가 없다고 생각합니다. 자신이 하고 있는 일들을 한번 보라는 것입니다.

교만은 체험의 영역에도 작동합니다. "그래, 난 체험이 있지. 난 결단했어. 더 필요한 건 없는 것이 확실해. 난 이미 그리스도인이야. 그날 이후 계속 그리스도인이었지"라고 말합니다. 늘 과거의 결단에 대해 이야기합니다. 수년 전의 일인데도 그것을 의지하고 그 상태에 머뭅니다. 이 문제는 지난번에 다루었으니 다시 설명하지 않겠습니다. 그러나 사람이 그토록 쉽게 과거사에 의존할 수 있다는 점은 거듭 생각해도 놀랍습니다. "할 건 이미 다 했어. 더 필요한 건 없어"라는 것입니다. 그런 사람은 성장할 가능성이 없습니다. 중생하고 회심할 때 받은 것이 전부입니다.

이것이 교만이 나타나고 드러나는 한 가지 방식입니다. 이처럼 스스로 잘하고 있다는 자기만족에 빠진 사람은 자동적으로 전에 듣지 못한 가르침이나 새롭게 무언가를 강조하는 가르침을 싫어하게 됩니다. 이들의 문제도 그것이었습니다. 요한의 가르침만 있으면 된다는 것입니다! 왜 다른 가르침이 있어야 합니까? 이런 자들은 약간만 달라도 새로운 것을 강조한다고 싫어합니다. 이미 다 있는데 왜 굳이 다른 것이 필요하겠습니까?

교회 역사와 모든 위대한 개혁 및 부흥의 역사를 읽어 보면, 옛 복음을 새롭게 강조할 때마다 심각한 반대에 부딪쳤던 것을 알게 됩니다. 새롭고 색달라 보이는 가르침에는 항상 반대가 따랐습니다. 종교개혁 때도 당연히 그랬습니다. 로마 가톨릭 교회는 아리스토텔레스 철학과 신약성경 일부, 구약성경 상당 부분을 뒤섞어 정교한 가르침과 체계를 만들어 냈습니다. 토마스 아퀴나스 Thomas Aquinas 가 『신학대전』 Summa Theologica 이라는 위대한 책에서 정교하게 다듬어 놓았습니다. 이것이 가톨릭의 가르침으로, 그들은 이것을 가르치고 설교했습니다. 신약성경과의 접촉점은 거의 사라져 버렸습니다. 신약성경도 기계적으로 사용하기는 했지만, 실제로 가르친 것은 이 교의와 일단의 가르침이었습니다. 그러다가 갑자기 마르틴 루터가 빛을 받고 성경에서 발견한 이신칭의의 교리를 전하기 시작했습니다. 그들은 분개했고, "이건 새 가르침이야" 하면서 반대했습니다.

다시 말해서 교회는 옛 가르침을 새 가르침으로 치부하는 상태에 빠질 수 있습니다. 18세기에 성령의 능력을 받아 런던을 비롯한 여러 지역에서 거듭남의 절대적 필요성 및 중생을 전했던 조지 윗필드도 혁신자 취급을 받았고, 새로운 교리를 전한다는 비판을 받았습니다. 종교는 약간의 도덕으로 구성된다는 것이 당대인들의 종교관이었습니다. 이신론자들을 비롯하여 초자연적인 요소를 배제하는 자들에게 종교는 더 이상 인격적인 것이 아닌 의무 내지는 지루하고 건조한 도덕에 불과했습니다. 그래서 아주 문학적인 수사와 인용을 동원해 설교하는 것 외에 아무것도 하지 않았습니다. 그런데 윗필드가 중생과 거듭남의 교리를 설교하기 시작하자 "저 새로운 가르침은 뭐지?" 하며 반발한 것입니다. 그들은 옛 가르침을 새롭고 낯선 가르침으로 치부했습니다. 오늘날 우리도 그런 상태에 빠질 수 있습니다. 오늘날 기독교회에서 이상한 사람이 되고 싶으면 신약의 복음을 있는 그대로 전하면 됩니다. 신약의 복음은 거의 새롭고 낯선 가르침으로 치부되고 있습니다. 교회 울타리 안에 있는 선량하고 독실한 자들이 이런 상태에 빠질 수 있다는 것은 정말 기이한 일입니다. 참된 메시지를 듣고도 새롭고 낯설고 다르게 보인다는 이유로 분개하며 멀리할 수 있습니다.

이것과 짝을 이루는 것은 동요되기 싫어하는 마음입니다. 우리는 다 자기 삶을 관리하고 싶어 하며, 신앙도 관리하고 싶어 합니다. 자기 통제 아래 두고 싶어 합니다. 그 모든 원인은 타락과 죄에 있습니다. 우리를 점검하고 동요시키는 무언가, 진실을 직면케 하는 무언가, 원래 모습에서 이탈했음을 알려 주는 무언가를 싫어하는 것은 죄의 징후입니다.

이 또한 오랜 교회 역사를 통해 쉽게 예증할 수 있는 사실이며, 우리 또한 경험으로 확실히 알고 있는 사실입니다. 종종 인용했듯이, 이런 태도를 아주 완벽하게 보여주는 말이 있습니다. 빅토리아 여왕 시절 첫 수상을 지낸 멜버른 경$^{Lord\ Melbourne}$은 "종교가 인격적이 되기 시작하면 참으로 곤란해진다"라고 했습니다. 종교는 국가 행사 때 화려한 의식과 장관을 연출하는 일반적이고 모호한 것으로 남아 있어야 한다는 것입니다. 나를 불편하게 만들거나 동요시키거나 부족함을 각성시키면 안 된다는 것입니다. 그것은 분개할 일입니다. 바리새인들이 주님을 미워한 이유, 요한의 제자들이 불쾌감을 느끼며 이런 태도와 방식으로 말한 이유가 여기 있습니다.

사랑하는 여러분, 하나님 앞에서 정직하게 자문해 봅시다. 우리를 점검하고 방해하는 가르침과 설교를 들을 때 분개하게 됩니까? 그렇다면 이들과 같은 위치에 있는 것입니다. 그의 충만함과 은혜 위에 은혜를 받지 못하는 가장 큰 이유가 이것입니다. 영적인 영역에서는 항상 선별 작업이 이루어집니다. 큰 축복 전에 배제하는 작업이 이루어집니다. 올라가기 전에 항상 내려가는 일이 있고, 해방되기 전에 항상 회개하는 일이 있습니다. 요한의 제자들이 그랬듯이, 자기만족은 이처럼 분개하는 마음으로 나타납니다. 그리고 결국 자신이 지금 가진 것 이상의 무언가가 있다는 암시, 지금 자신이 하는 일로는 부족하다는 암시를 싫어하는 마음으로 연결됩니다. 저는 이것이야말로 이 시대의 큰 저주라고 생각합니다. 1번 체험, 2번 체험만 하면 된다는 것입니다. 그래서 더 이상 가능성을 열어 두지 않고, 지금 가진 것에 부족함이 있다는 암시를 받을 때 분개합니다. 복음주의적인 사람들도 동요되길 싫어합니다. 이미 다 가졌다고 생각합니다. 자신들 외에 다른 사람들을 무시합니다. 대체 무엇이 더 필요하다는 것입니까? 복음주의자들은 제한적인 종교관을 가진 탓에, 이 같은 진리의 측면을 제시할 때 당연히 크게 반발합니다. 그들의 종교는 지극히 간단하고 깔끔하며 정연합니다. 어떤 동요도 없습니다. 폭발적이고 역동적인 요소를 허용치 않습니다. 그런 것을 싫어하며 잘못되었다고 생각합니다.

이 점에서 각자 자신을 점검해 보아야 합니다. 이 모든 태도의 결과는 충만함을 구하는 대신 자기를 방어하며 '난 더 이상 필요한 게 없다. 지금 이대로도 괜찮다'는 것을 과시하는 일에 시간을 쓰는 것입니다. 심지어 주 예수 그리스도의 가르침에도 분개할 수 있습니다. 충만함을 주겠다는 주님의 제안에도 분개할 수 있습니다. 그 제안에는 우리가 현재 완전치 못하며 무언가 더 필요하다는 사실이 암시되어 있기 때문입니다.

그러므로 자신이 복된 복음의 영광스러운 제안에 어떻게 반응하는지 살펴보는 것보다 긴요한 일이 없습니다. "우리가 다 그의 충만한 데서 받으니." "하나님의 모든 충만하신 것으로 너희에게 충만하게 하시기를 구하노라"(엡 3:19). 이 충만함에 대해 아는 바가 있습니까? 이 충만함을 받았습니까?

알다시피 육에 속한 자는 십자가의 도, 특히 중생의 가르침에 그릇된 반응을 보입니다. 성경의 윤리적, 도덕적 가르침은 절대 반대하지 않고 믿습니다. 그 가르침대로 살 수 있다고 믿기 때문입니다. 그러나 십자가의 도에는 항상 분개합니다. "십자가의 도가 멸망하는 자들에게는 미련한 것이요"(고전 1:18). "유대인에게는 거리끼는 것이요 이방인에게는 미련한 것이로되"(고전 1:23).

지난주에 어떤 사람이—기독교의 이름으로 이런 말을 하는 사람을 상상해 보십시오—"십자가는 항상 자연인에게 호소력을 발휘한다"고 쓴 글을 읽었습니다. 예수는 "진리를 위해 기꺼이 죽으신 분"이기 때문에 호소력을 발휘한다는 것입니다. 이렇게 말하면 사람들이 받아들입니다. 그러나 그리스도는 진리를 위해 죽으신 것이 아닙니다. **우리를 위해** 죽으신 것입니다. 죄인을 위해 죽으신 것입니다. 우리 대신 죽으신 것입니다. 그러나 이렇게 말하면 사람들은 언제나 그랬듯이 분개합니다. 십자가의 도에 분개합니다. 중생의 교리에 분개합니다. 왜 그럴까요? 우리가 소망 없고 무력하다는 사실이 암시되어 있기 때문입니다. '그리스도가 날 위해 죽었다면 난 절망적인 상태에 있다는 말이 된다. 내가 거듭나야 한다면 난 개선이 불가능할 만큼 부패한 존재라는 말이 된다. 기초부터 새로워져야 할 사람이라는 말이 된다'는 것입니다. 육에 속한 자는 그런 암시를 싫어합니다. 하나님의 아들이 직접 말해도 싫어합니다. 저는 그리스도인의 삶에도 이런 정신이 고집스럽게 남아 있다고 말하고 싶습니다. 그들은 항상 자신은 목적지에 도달했으며 더 이상 필요한 것이 없다고 주장할 준비를 하고 있습니다.

그렇다면 그에 대한 대답은 무엇일까요? 요한의 교만을 들쑤시고 자기만족을 부추기려 들었던 친구와 제자들의 문제가 바로 이것이었습니다. 여러분도 겪어 보아서 알 것입니다. 주변 사람들에게 이런 말을 들어 보았을 것입니다. 여러분이 자신의 부족함을 느끼고 하나님의 충만함을 더 받고자 할 때 친구나 친지들이 "이봐, 신앙은 적당한 게 좋은 거야. 조심하라고. 너무 심각해지면 안 돼. 조심하지 않으면 광신자가 된다니까. 극단으로 치우쳐 버린다고"라고 합니다. 여러분도 경험해서 알지 않습니까? 제자들이 세례 요한을 지지하고 그의 이름과 평판을 지키며 그를 찬양하려 했던 것처럼, 친구들도 그것이 여러분을 돕는 길이라고 생각합니다. 그러나 감사하게도 세례 요한은 그 말의 본질을 간파했습니다. 저와 여러분은 그의 가르침에 귀를 기울일 필요가 있습니다.

가장 먼저 그의 반응부터 관찰해 봅시다. 그는 아주 훌륭하게 반응했습니다. 제자 몇 명이 찾아와 "랍비여, 선생님과 함께 요단 강 저편에 있던 이 곧 선생님이 증언하시던 이가 세례를 베풀매 사람이 다 그에게로 가더이다"(요 3:26)라고 하자, 그는 이렇게 대답했습니다. "만일 하늘에서 주신 바 아니면 사람이 아무것도 받을 수 없느니라. 내가 말한바 나는 그리스도가 아니요 그의 앞에 보내심을 받은 자라고 한 것을 증언할 자는 너희니라. 신부를 취하는 자는 신랑이나 서서 신랑의 음성을 듣는 친구가 크게 기뻐하나니 나는 이러한 기쁨으로 충만하였노라. 그는 흥하여야 하겠고 나는 쇠하여야 하리라"(27-30절).

요한이 가르친 바가 무엇입니까? 그는 주님과 그의 가르침과 인기에 분개하기는커녕 오히려 기뻐했습니다. 열린 마음으로 환영했습니다. 제자들은 동요하며 싫어했지만, 요한은 그렇지 않았습니다! 그 이유는 곧 말씀드리겠습니다. 그러나 요한의 즉각적이고 전반적인 반응이 워낙 중요한 만큼, 한 가지 요점부터 지적하고 넘어가야겠습니다. 제 마음대로 상상해서 하는 말이라고 오해할까 봐 그렇지 않다는 사실부터 확실히 밝히는 바입니다. 이것은 제 경험에서 나온 말입니다. 그러나 지금은 다른 이들의 경험으로 제 말을 뒷받침해 보겠습니다.

위대한 전도자 무디의 이야기를 읽은 분은 그가 어떻게 회심했는지 알 것입니다. 더 나아가 그는 사역의 부르심을 받았습니다. 그래서 구두 판매원 일을 그만두고 전임 사역자가 되어 시카고의 한 미션 홀을 맡았습니다. 그는 성과를 거두었고 좋은 사역을 많이 했습니다. 그러나 이야기는 여기에서 끝나지 않습니다. 어느 날 오후, 예배를 마친 후에 두 여성이 그를 찾아와 말했습니다. "무디 선생님, 저희는 선생님을 위해 기도하고 있습니다. 성령으로 충만해져서 더 큰 능력으로 사역하시도록 기도하고 있어요." 후에 무디는 정직하게 고백하기를, 그 여성들의 말이 듣기 싫었고 그 말에 분개했다고 했습니다.

왜 듣기 싫었을까요? 세례 요한의 친구들과 같은 정신을 가지고 있었기 때문입니다. 그는 이미 성공한 전도자 아닙니까? 사역을 잘 하고 있지 않습니까? 사람들을 회심시키고 있지 않습니까? 그런데도 기도가 필요하다니, 그것은 말도 안 되는 소리였습니다! 죄는 이처럼 자신을 위해 기도한다는 말조차 불쾌히 여기게 만들 만큼 무서운 것입니다. 무디는 두 여성의 말에 함축된 의미를 알았습니다. 자신에게 무언가 부족함이 있다고 느꼈다는 것을 알았습니다. 우리도 그런 말을 듣기 싫어하지 않습니까? 어떤 면에서든 부족함이 있다는 말을 듣기 싫어합니다. 무디는 그 말이 듣기 싫었던 것과 그 말에 분개했던 것을 인정할 만큼 큰 인물이었습니다. 그 당시에는 자신을 위해 기도하지 않아도 되니 다른 사람들을 위해 기도하는 게 좋겠다고 말하고 싶었다는 것입니다. 시카고에는 기도가 필요한 사역자들이 많지만 자신은 필요치 않다고 생각했다는 것입니다. 그러나 결국은 두 여성의 말이 지극히 옳다는 것을 깨닫게 되었습니다.

반대의 예도 들어 보겠습니다. 세례 요한처럼 반응한 인물이 있는데, 그는 공교롭게도 요한^{John}과 이름이 같은 존 웨슬리$^{John\ Wesley}$입니다. 그가 달랐던 점은 이것입니다. 그는 선량하고 경건하고 독실한 사람이었습니다. 옥스퍼드 대학 선임 연구원직을 사임하고 전도유망한 미래도 포기한 채 대서양을 건너—200년 전에—조지아의 불쌍한 이교도들에게 전도하러 가기로 결심할 정도로 신앙을 진지하게 받아들였습니다. 여러모로 그보다 훌륭한 사람을 찾기가 힘들 정도였습니다. 그러나 이번에도 이야기는 여기에서 끝나지 않습니다. 대서양에 폭풍우가 불었고 배가 곧 난파하여 전부 빠져 죽을 지경이 되었습니다. 웨슬리는 죽음이 두려웠습니다! 그런데 같은 배에 타고 있던 모라비아 형제단은 아무 동요 없이 편안히 있는 모습을 보았습니다. 그들은 폭풍우가 불기 전 바다가 잠잠할 때와 똑같이 기도하며 찬송했고, 웨슬리는 자신에게 없는 것이 그들에게는 있음을 단박에 알아차렸습니다. 그는 분개하기는커녕 그것을 갈망하고 열망했습니다. 이것이 올바른 반응입니다. 세례 요한도 이렇게 반응했고, 웨슬리도 이렇게 반응했습니다. 그리고 마침내 축복을 받아 우리가 아는 그 웨슬리가 되었습니다. 이것은 모든 시대 하나님의 성도들에게 그대로 해당되는 말입니다.

그러므로 이제 첫 번째 질문을 드리겠습니다. "여러분은 하나님의 충만함으로 충만해질 수 있습니다. 그의 충만한 데서 받을 수 있고 은혜 위에 은혜를 받을 수 있습니다"라는 가르침에 대한 여러분의 반응은 무엇입니까? 이 말에 어떻게 반응하고 있습니까? 마음이 동요하며 불안해진 것은 아닙니까? "무슨 소리야? 난 교인으로 매주 예배에 참석하면 충분하다고 생각했는데. 난 이미 선량하고 도덕적인 삶을 살고 있다고. 그런데 이게 다 무슨 소리야?"라고 말하는 것은 아닙니까? 여러분의 반응은 무엇입니까? 분개하는 것입니까, 갈망하는 것입니까?

이번에는 세례 요한이 이처럼 탁월하게 반응한 이유, 충만함을 더 받기 위해 그와 똑같이 반응해야 하는 이유를 찾아봅시다. 첫 번째 대답은 당연히 이것입니다. 요한은 주님을 인정했습니다. 그의 증언으로 제자 두 사람이 주님의 부르심을 받기도 했습니다. 그는 1장에서 예수를 가리키며 "보라, 세상 죄를 지고 가는 하나님의 어린양이로다"(요 1:29)라고 했습니다. 그리고 3장에서는 이렇게 말합니다. "위로부터 오시는 이는 만물 위에 계시고 땅에서 난 이는 땅에 속하여 땅에 속한 것을 말하느니라. 하늘로부터 오시는 이는 만물 위에 계시나니 그가 친히 보고 들은 것을 증언하되 그의 증언을 받는 자가 없도다. 그의 증언을 받는 자는 하나님이 참되시다는 것을 인쳤느니라. 하나님이 보내신 이는 하나님의 말씀을 하나니 이는 하나님이 성령을 한량없이 주심이니라"(요 3:31-34). 이처럼 요한은 주님을 인정했습니다. 그가 "흥하여야" 한다고 했습니다. 왜 그렇게 말했을까요? 그가 누구시며 어떤 분인지 알았기 때문입니다. "나는 인간에 불과하지만 그는 하나님의 아들이시다. 나는 땅에 속한 인간이지만 그는 하늘에서 오신 하나님의 아들이시다!"

일부 교회가 승천일을 기념하는데, 승천은 결코 잊어서는 안 될 사건입니다. 우리가 예배하는 분은 모든 원수―죽음과 지옥과 마귀―를 정복하고 위로 올라가셨습니다. 하늘을 지나 올라가셨습니다. 영원한 능력을 가지고 위에 계십니다. 그가 여러분을 위해 하실 수 없는 일은 하나도 없습니다. 이 사실에서부터 출발해야 합니다. 작은 자기 삶의 관점에서 기독교를 바라보면 아무것도 받지 못합니다. 하늘 위에 계신 분을 바라보고 그가 누구신지 알 때, 말 그대로 모든 제약이 사라지고 무한한 가능성이 열리면서 그의 충만함을 받게 됩니다. 기독교회가 지금 이런 처지가 된 것은 주님을 확실히 알지 못하는 탓입니다. 기독교 강단에서 중요한 위치를 차지하고 있으면서도 그의 신성과 기적과 대속의 죽음과 문자 그대로 물리적인 부활과 사람들의 눈앞에서 하늘로 올라가 보이지 않게 된 승천 사건을 부인하는 자들이 있습니다. 그런 자들에게는 어떤 가능성도 없습니다. 주님에 대한 교리를 분명히 모르면 그의 충만함을 받지 못합니다. 절대 받지 못합니다. 이것은 기초적이고 기본적인 사실입니다.

그다음으로 세례 요한은 주님에 대해 참된 평가를 내렸습니다. 그는 야심이 없었습니다. 자신을 위해 큰 것을 바라지 않았습니다. 겸손했습니다. 야심은 항상 저주가 됩니다. 항상 추해집니다. 늘 느끼는 바지만, 야심이야말로 가장 추한 죄입니다. 교만하고 야심찬 것보다 더 나쁜 경우는 없습니다. 영적인 영역에서는 완전히 치명적입니다. 세례 요한의 훌륭한 점은 겸손에 있었습니다. 그는 경쟁하려 들지 않았습니다. 자기 자신과 자신의 크기를 알았습니다. 자신이 어떤 사람인지 알았습니다. 주님이 산상 설교에서 충만함에 들어가는 열쇠로 제시하신 것 중 한 가지가 이것입니다. "심령이 가난한 자는 복이 있나니"(마 5:3). 심령이 가난하지 않으면 절대 충만함을 받지 못합니다. 이미 가득 찬 단지에는 아무것도 담을 수 없는 법입니다. 비어야 담을 수 있습니다. "심령이 가난한 자는 복이 있나니." "온유한 자는 복이 있나니"(5절). "의에 주리고 목마른 자는 복이 있나니"(6절). 왜 이런 자들이 복이 있을까요? 자신이 충만치 못함을 알기 때문입니다. 자신의 필요를 인식하기 때문입니다. 오, 세례 요한을 보십시오. 우리 모두 그에게서 교훈을 배웁시다. 교만한 탓에, 자기 자신을 잘못 평가한 탓에 이 충만함을 모를 수 있습니다. 여러분은 하나님에 대해 무엇을 알고 있습니까? 주 예수 그리스도에 대해 무엇을 알고 있습니까? 여러분의 마음에 부으시는 하나님의 사랑에 대해 무엇을 알고 있습니까? 여러분보다 큰 능력에 대해 무엇을 알고 있습니까? 요한은 자신의 위치와 크기를 알았습니다.

또한 그는 제가 볼 때 아주 중대하고 영광스러운 말을 했습니다. 제자들에게 처음 대답한 말이 바로 그것입니다. "요한이 대답하여 이르되 만일 하늘에서 주신 바 아니면 사람이 아무것도 받을 수 없느니라"(요 3:27). 이 말은 우리가 가진 것은 전부 받은 것이므로 결코 자랑할 수 없다는 뜻입니다. 요한의 요지는 이것입니다. "너희는 나와 내 위치를 자랑스러워하는데, 누가 날 여기 두었느냐? 나 스스로 이 위치를 차지한 것이 아니다. 그가 날 여기 두신 것이다. 하나님이 날 여기 두신 것이다. 내가 가진 것은 다 받은 것이다. 내 위치, 내 세례, 내 가르침, 다 받은 것이다. 그러니 날 자랑하지 마라. 난 자랑할 게 없다. 난 도구요 수단이요 통로일 뿐이다."

사도 바울도 고린도 교인들에게 같은 말을 했습니다. 고린도 교인들은 자기 자신과 여러 선생들을 자랑했습니다. "난 바울의 사람"이라고 하는 자도 있었고, "난 아볼로의 사람"이라고 하는 자도 있었습니다. "난 게바의 사람"이라고 하는 자도 있었고, "난 그리스도의 사람"이라고 하는 자도 있었습니다. 각자 자신과 자신이 좋아하는 선생들을 자랑했고, 그 때문에 서로 다투었습니다. 그에 대한 바울의 대답은 이것입니다. "누가 너를 남달리 구별하였느냐? 네게 있는 것 중에 받지 아니한 것이 무엇이냐? 네가 받았은즉 어찌하여 받지 아니한 것 같이 자랑하느냐?"(고전 4:7) 어떤 경우에도 우리는 자랑할 것이 없습니다. 우리가 가진 것은 우리가 창조하거나 만들어 낸 것이 아닙니다. 이 사실을 깨닫는 순간 자랑이 사라지고 겸손해집니다. 듣고 받아들일 준비가 됩니다.

제가 주목한 또 다른 특징은 이것입니다. 요한은 진리에 관심을 두었습니다. 진리가 찾아오고 전파되는 일에 관심을 두었습니다. 자기 자신에게 관심을 두지 않았습니다. 진리가 자신에게 끼칠 영향을 걱정하지 않았습니다. 제자들은 그것을 걱정해서 요한을 설득하려 들었습니다. "이것 보세요. 당장 막지 않으면 선생님 자리를 빼앗긴다고요." 진리가 찾아올 때 우리가 종종 보이는 반응이 이것입니다. "저 진리가 나한테 무슨 영향을 끼칠까? 나한테 무슨 일을 할까? 나한테 무슨 말을 할까?"라고 묻습니다. 그러나 자기 자신은 그만 잊으십시오. 요한처럼 객관적인 자세로 진리를 바라보십시오. 요한의 관심은 진리가 자신에게 끼칠 영향이나 가져올 결과가 아닌 진리 자체와 그 성공에 있었습니다. 그는 주님께 진리가 있음을 알았습니다. 주님이야말로 신부를 만지고 다루고 축복할 수 있는 신랑이심을 알았습니다. 그는 "친구"에 불과했기에 신부에게 관심을 두었습니다. 진리에, 주님이 백성에게 해주실 수 있는 모든 일에 관심을 두었습니다.

29절에 나오듯이, 다음 단계는 자기 위치에 온전히 만족하는 것입니다. "신부를 취하는 자는 신랑이나 서서 신랑의 음성을 듣는 친구가 크게 기뻐하나니 나는 이러한 기쁨으로 충만하였노라." 동방의 결혼식에서는 일정한 순서까지 신랑의 친구가 이를테면 책임자 역할을 맡아 모든 것을 준비하게 되어 있습니다. 그러다가 갑자기 신랑이 등장하고 그의 음성이 들리는 것입니다. 요한은 제자들에게 말했습니다. "신랑의 친구인 내가 신랑이 왔다고 분개하면서 '내가 계속 중앙 무대에 남을 거야. 누가 날 대신하겠어?'라고 말해야 한다고 정말 생각하느냐? 너희는 지금 나더러 그렇게 하라는 것인데, 그건 미친 짓이다. 신랑의 친구가 할 일은 준비하는 것뿐이다. 친구야말로 신랑의 음성이 들릴 때 가장 기뻐해야 할 사람이다. 친구는 뒤에서 준비하는 자, 미리 와서 준비하는 자, 신랑보다 먼저 와서 준비하는 자다. 그것이 내 위치이며, 난 이 위치에 있는 것이 기쁘다. 신랑이 와서 억울하기는커녕 아주 자랑스럽다. 신랑의 친구가 된 것은 내가 상상할 수 있는 최고의 영예다. 그가 오실 때 그의 나라에 참여할 자리가 있다는 것이 얼마나 굉장한 일이냐? 미리 와서 준비했다가 무대에서 사라진다는 것이 얼마나 굉장한 일이냐? 그는 흥하고 나는 쇠해야 한다. 당연히 그래야 한다. 내 이름이 그와 연관되었다는 것 자체가 얼마나 굉장한 일이냐?"

이것이 요한의 정신입니다. 자기 자신이나 자신의 특별한 은사 및 남보다 높아지는 일에 대한 관심은 이제 그만 버리십시오. 자아는 이제 그만 버리십시오. 늘 자신과 자신의 은사 이야기만 하는 사람은 그 은사가 영적인 것이라기보다 심리적인 것은 아닌지 점검해 보는 편이 좋습니다. 영적인 은사를 가진 자는 항상 겸손하게 되어 있으며, 자신이 가진 것보다 진리 자체와 주님의 영광에 관심을 갖게 되어 있습니다. 자아의 관점에서 진리를 바라보면 항상 문제가 생깁니다. 성령은 주 예수 그리스도를 영화롭게 하기 위해 보냄받으셨고, 항상 그 일을 하십니다. 그러므로 성령 충만한 사람은 자기 자신이나 자신의 특별한 은사보다 주 예수 그리스도에 대해 말하게 되어 있습니다. 고린도 교회의 전적인 오류가 이것 아니었습니까? 각자 은사를 이야기하며 서로 비교하고 대조하다가 혼란에 빠져 버렸습니다. 정작 주님은 잊고 말았습니다.

세례 요한은 작은 자리를 채우는 데 만족했습니다. 그 자리가 얼마나 작은지는 개의치 않았습니다. 중요한 것은 자신이 아니라 주님이셨습니다. 그는 주님이 주실 수 있는 충만함만 바랐기에 그가 주신 자리를 더 진실하고 철저하게 감당할 수 있었습니다. 바울은 교회를 몸에 비유하며 "부족한 지체"(고전 12:24)도 아름다운 지체만큼 중요하다고 했습니다. 몸의 어떤 지체인지는 중요치 않습니다. 그리스도의 몸 안에서 내 역할을 감당하는 것, 나를 통해 몸에 영양과 힘이 공급되는 것이 중요합니다. 내가 주님과 연결되어 있는 데 만족하며 맡은 일에 집중해야 합니다. 이 한 가지 문제—"그"와 "나" 중에 누가 상대적으로 더 삶의 우위를 차지하는가 하는 문제—에 모든 것이 달려 있습니다. 달리 표현해 보겠습니다. 주님과 주님의 영광에 항상 시선을 고정시키십시오. "그는 흥하여야 하겠고 나는 쇠하여야 하리라." 우리 자신에게 정직해지는 은혜, 하나님 앞에 마음을 여는 은혜를 주시길 구합니다.

18.
성령 세례

그는 흥하여야 하겠고 나는 쇠하여야 하리라. | 요한복음 3:30

요한이 이 말을 한 맥락을 상기시키면서 설교를 시작하겠습니다.

요한도 살렘 가까운 애논에서 세례를 베푸니 거기 물이 많음이라. 그러므로 사람들이 와서 세례를 받더라. 요한이 아직 옥에 갇히지 아니하였더라. 이에 요한의 제자 중에서 한 유대인과 더불어 정결예식에 대하여 변론이 되었더니 그들이 요한에게 가서 이르되 "랍비여, 선생님과 함께 요단 강 저편에 있던 이 곧 선생님이 증언하시던 이가 세례를 베풀매 사람이 다 그에게로 가더이다." 요한이 대답하여 이르되 "만일 하늘에서 주신 바 아니면 사람이 아무 것도 받을 수 없느니라. 내가 말한바 나는 그리스도가 아니요 그의 앞에 보내심을 받은 자라고 한 것을 증언할 자는 너희니라. 신부를 취하는 자는 신랑이나 서서 신랑의 음성을 듣는 친구가 크게 기뻐하나니 나는 이러한 기쁨으로 충만하였노라. 그는 흥하여야 하겠고 나는 쇠하여야 하리라" 하니라. "위로부터 오시는 이는 만물 위에 계시고 땅에서 난 이는 땅에 속하여 땅에 속한 것을 말하느니라. 하늘로부터 오시는 이는 만물 위에 계시나니 그가 친히 보고 들은 것을 증언하되 그의 증언을 받는 자가 없도다. 그의 증언을 받는 자는 하나님이 참되시다는 것을 인쳤느니라. 하나님이 보내신 이는 하나님의 말씀을 하나니 이는 하나님이 성령을 한량없이 주심이니라. 아버지께서 아들을 사랑하사 만물을 다 그의 손에 주셨으니"(요 3:23-35).

이제 성령강림절(오순절)이 우리에게 상기시키고 기념하는 바에 비추어 이 본문을 살펴보겠습니다.* 우리 믿음의 토대가 되는 중대한 역사적 사건들을 계속 상기하는 것은 좋은 일입니다. 이것은 단순한 철학이 아닙니다. 일개 가르침도 아닙니다. 역사의 기록이며, 그 역사의 의미에 대한 기록입니다. 오순절 날, 사람들은 베드로의 설교를 들었습니다. 그보다 앞서 사도들이 방언으로 말하는 것, "하나님의 큰일"(행 2:11)에 대해 말하는 것도 들었습니다. 이 점을 항상 명심할 필요가 있습니다.

이날이 우리에게 주는 메시지가 무엇일까요? 이날이 무엇보다 먼저 상기시키는 중대한 역사적 사실, 역사적 사건이 있습니다. 사도행전 2장이 묘사하듯이, 다락방에 모인 120명에게 홀연히 성령이 임하셨습니다. 그 일을 믿지 않고 그 일의 의미를 모르는 자는 결코 그리스도인이라고 할 수 없습니다. 그 일이 없었다면 기독교회도 없었을 것입니다. 모든 그리스도인은 어떤 모양 어떤 형태로든 성령 세례라는 중대하고 기본적인 경험과 관련되어 있습니다.

문제는 어떻게 관련되어 있느냐 하는 것입니다. 그 일이 우리에게 말하는 바가 무엇일까요? 그 일은 단순히 과거의 역사적 사건에 불과할까요, 아니면 오늘날 우리에게도 생생히 말하는 바가 있을까요? 성령 세례의 의미는 대체 무엇일까요? 부활하신 주님은 승천하시기 전

---

* 이 설교는 1966년 성령강림절에 전해졌다.

사도들과 함께 모이셨을 때, 몇 날이 못 되어 성령으로 세례를 받을 것이라고 말씀하셨습니다. 오순절 사건은 그 약속과 예언의 성취입니다. 그렇다면 그 일이 우리에게 의미하는 바는 무엇일까요? 우리에게 전하는 메시지는 무엇일까요?

이 주제를 살펴보기에 가장 좋은 방법은 세례 요한의 세례와 성령 세례를 대조해 보는 것이라고 말하고 싶습니다. 우리가 지금 살펴보는 요한복음 3장 본문이 다루는 내용이 그것입니다. 본문은 나사렛 예수라는 또 다른 선생이 나타나 세례를 주고 큰 무리를 끌어모으는 상황을 심히 불쾌히 여기며 질투한 세례 요한의 제자들이 그를 찾아온 이야기를 기록하고 있습니다. 실제로 많은 무리가 요한을 떠나 주님의 사역을 따르는 것처럼 보였습니다. 요한의 제자들은 그 때문에 근심했고, 그것을 완전히 잘못된 일로 여겼습니다. 그러나 요한은 본문에 기록된 방식대로 그들을 다루며 대답했습니다. 우리는 그 대답에서 요한이 베푼 세례와 주 예수 그리스도가 베푸시는 세례―우리가 성령 세례라고 알고 있는 세례―의 차이를 보게 됩니다. 요한이 말한 요지는 이것입니다. "너희는 완전히 오해했다. 그런 태도를 취하면 안 된다. 이것을 경쟁 관계로 여기면 안 된다. 특히 그보다 날 크게 여기면 안 된다. 나 때문에 질투하면 안 된다! 그는 흥해야 하고 나는 쇠해야 한다."

요한이 이렇게 말한 데는 여러 가지 이유가 있습니다. 그중 몇 가지가 본문에 나오는데, 그것들을 명심하는 일이 아주 중요합니다. 요한은 나사렛 예수가 신랑이시며 자신은 친구에 불과하다고 했습니다. 신부는 교회입니다. 신랑과 신부, 주 예수 그리스도와 교회는 특별한 관계를 맺고 있습니다. 요한은 신랑의 친구로 자기 역할을 감당했습니다. 그는 앞서 온 자, 전령에 불과했습니다. 그러니까 그리스도의 일이 시작되고 본궤도에 오르면 그의 일은 끝나는 것입니다. "신부를 취하는 자는 신랑이나 서서 신랑의 음성을 듣는 친구가 크게 기뻐하나니 나는 이러한 기쁨으로 충만하였노라." 그는 연이어 다른 이유도 밝히는데, 이번에는 그 점을 주의 깊게 살펴보려 합니다. "그는 흥하여야 하겠고 나는 쇠하여야 하리라." 왜 그가 흥해야 합니까? "위로부터 오시는 이"이기 때문입니다. 요한이 말한 요지는 이것입니다. "나는 한낱 인간에 불과하지만 그는 인간을 뛰어넘는 분, 위에서 오신 분이다. 나는 다른 모든 인간과 똑같이 태어났지만, 그는 아니다. 그는 하늘로부터 와서 만물 위에 계시는 분이다." 다시 말해서 요한은 이 위대한 복음서 1장 서문에 묘사된 주님과 그의 위격을 다시 증언하고 있습니다. 그 증언을 요약하는 표현은 "위로부터"입니다. "땅에서 난 이는 땅에 속하여 땅에 속한 것을 말하느니라." 요한은 말합니다. "나는 한낱 인간이요 종에 불과하다. 하나님이 주신 메시지를 전하지만, 그럼에도 인간에 불과하다. 이를테면 보배를 담은 질그릇일 뿐이다. 그러나 그는 나와 완전히 다른 분이다. 위로부터 와서 만물 위에 계신 분이다." 보다시피 그는 이 말을 계속 반복합니다. "그가 친히 보고 들은 것을 증언하되 그의 증언을 받는 자가 없도다"라고 말한 다음, "하나님이 보내신 이는 하나님의 말씀을" 한다고 덧붙입니다.

두 사람의 차이점이 보일 것입니다. 요한도 어떤 의미에서 하나님의 말씀을 전했지만, 특별한 때 특별한 감동이 있을 때만 전했습니다. 다른 때는 자연인으로서 말했습니다. 즉, 그의 말 전부가 하나님의 말쏨은 아니었습니다. 그의 말은 불완전했습니다. 대조점이 여기 있습니다. "이는 하나님이 성령을 한량없이 주심이니라." 하나님은 제게 성령을 한량 있게 주십니다. 세례 요한에게도 한량 있게 주셨습니다. 그런데 주님께서는 한량없이 충만히 주셨다고, 부분적으로 주신 것이 아니라 충만히 다 주셨다고 요한은 말합니다.

오순절 사건을 이해하는 열쇠가 여기 있습니다. "아버지께서 아들을 사랑하사 만물을 다 그의 손에 주셨으니." 하나님이 주신 만물 중 한 가지가 성령입니다. 하나님은 아들에게 성령을 주어 다시 교회에 주게 하셨습니다. 그래서 오순절 사건이 일어난 것입니다. 이처럼 성령 세례는 주님이 친히 베푸시는 세례입니다. 주님은 아버지께 성령을 충만히 받으셨습니다. 이 땅에 사는 동안 자신을 위해 받으셨을 뿐 아니라, 자신을 믿고 아버지의 자녀가 될 자들을 위해서도 받으셨습니다.

요한은 이처럼 어리석은 제자들이 자신 때문에 질투하면 안 되는 이유를 밝혔습니다. 그의 요지는 이것입니다. "내가 베푸는 세례는 어떤 의미에서 예비 단계에 불과하다. 진정한 세례는 그가 주실 것이다." 이것이 그의 대답에 함축된 내용입니다.

요한이 형태는 다르지만 훨씬 더 분명하고 명쾌하게 이 점을 밝힌 적이 있다는 사실을 기억하십시오. 오늘 본문과 유사한 기록이 누가복음 3장에 나옵니다. 요한은 설교하며 세례를 주었고, 사람들은 그의 말을 듣기 위해 몰려들었습니다. 누가복음은 이렇게 기록하고 있습니다.

백성들이 바라고 기다리므로 모든 사람들이 요한을 혹 그리스도신가 심중에 생각하니 요한이 모든 사람에게 대답하여 이르되 "나는 물로 너희에게 세례를 베풀거니와 나보다 능력이 많으신 이가 오시나니 나는 그의 신발 끈을 풀기도 감당하지 못하겠노라. 그는 성령과 불로 너희에게 세례를 베푸실 것이요 손에 키를 들고 자기의 타작마당을 정하게 하사 알곡은 모아 곳간에 들이고 쭉정이는 꺼지지 않는 불에 태우시리라"(눅 3:15-17).

"그는 흥하여야 하겠고 나는 쇠하여야 하리라"라고 말하기 전에 이미 이렇게 말한 것입니다. 물 세례는 예비 단계에 불과했습니다. 진정한 세례는 이 세례였습니다. "그는 성령과 불로 너희에게 세례를 베푸실 것이요."

이 구절의 대조점과 요한복음 3장의 대조점은 동일합니다. 그의 말을 정확히 이해하는 데 도움이 되는 성경 구절을 한 군데 더 찾아보겠습니다. 후에 그는 옥에 갇혀 점점 쇠약해지는 처지가 되었습니다. 그 당시 옥살이는 끔찍한 것이었습니다. 죄수들은 요즘 같은 대우를 받지 못했습니다. 요즘은 그래도 편하게 대우하는 경향이 있고 불쌍한 죄수들을 측은히 여기기도 하지만, 당시에는 축축하고 비위생적인 지하 감옥에 던져 놓고 먹을 것조차 거의 주지 않았습니다. 요한은 한동안 그런 곳에 갇혀 지냈습니다. 그리고 가련하게도 확신을 잃고 침체한 나머지 제자 두 사람을 주님께 보내 물었습니다. "오실 그이가 당신이오니이까? 우리가 다른 이를 기다리오리이까?"(마 11:3)

주님은 그 질문에 대한 답을 보내신 후, 주변의 무리에게 다음과 같이 말씀하시며 요한을 상찬하셨습니다.

너희가 무엇을 보려고 광야에 나갔더냐? 바람에 흔들리는 갈대냐? 그러면 너희가 무엇을 보려고 나갔더냐? 부드러운 옷 입은 사람이냐? 부드러운 옷을 입은 사람들은 왕궁에 있느니라. 그러면 너희가 어찌하여 나갔더냐? 선지자를 보기 위함이었더냐? 옳다. 내가 너희에게 이르노니 선지자보다 더 나은 자니라. 기록된바 "보라, 내가 내 사자를 네 앞에 보내노니 그가 네 길을 네 앞에 준비하리라" 하신 것이 이 사람에 대한 말씀이니라. 내가 진실로 너희에게 말하노니 여자가 낳은 자 중에 세례 요한보다 큰 이가 일어남이 없도다(마 11:7-11).

이것은 우리가 다루고 있는 상황 전체에 큰 빛을 비추어 주는 본문입니다. 요한은 "그는 흥하여야 하겠고 나는 쇠하여야 하리라"라고 했습니다. "나는 물로 세례를 주지만 그는 성령과 불로 세례를 주실 것이다. 나와 그를 비교하지 마라. 나는 그와 같은 범주, 같은 영역에 속한 자가 아니다. 나는 땅에 속한 인간이지만 그는 만물 위에 계신 분이다. 하늘에서 오신 주님이시다"라고 했습니다.

그런데 주님이 여기에서 한 단계 더 나아가시는 것에 주목하십시오. 주님은 "여자가 낳은 자 중에 세례 요한보다 큰 이가 일어남이 없도다"라고 그를 상찬하시면서도 "그러나 천국에서는 극히 작은 자라도 그보다 크니라"(11절)라고 하셨습니다. 이 말씀이 대체 무슨 뜻일까요? 저는 이 또한 성령 세례라는 주제 전반에 큰 빛을 비추어 준다는 점을 밝히고 싶습니다. 이 말씀은 요한이 구원받지 못했다는 뜻일까요? 천국 백성이 아니라는 뜻일까요? 주님이 그를 상찬하신 것을 보면 그런 뜻은 아닌 것이 확실합니다. 주님은 연이어 "세례 요한의 때부터 지금까지 천국은 침노를 당하나니 침노하는 자는 빼앗느니라"(12절)라고 하셨습니다. 요한은 하나님의 자녀입니다. 이것은 의문의 여지 없는 사실입니다.

구약의 성도들도 다 하나님의 자녀입니다. 사도 바울은 갈라디아 교인들에게 모든 그리스도인은 어떤 의미에서 아브라함의 자손이라고 했습니다. "믿음으로 말미암은 자들은 아브라함의 자손인 줄 알지어다"(갈 3:7). 아브라함은 하나님의 자녀로서 지금 천국에 있습니다. 주님도 다른 곳에서 같은 말씀을 하셨습니다. 사방에서 많은 사람이 이르러 아브라함과 이삭과 야곱과 함께 천국에 앉은 것을 보고 유대인들이 입을 다물게 될 것이라고 하셨습니다(마 8:11 참조). 구약의 성도들과 믿음의 자손들은 다 하나님 나라 백성이요 하나님의 자녀입니다.

그렇다면 "천국에서는 극히 작은 자라도 그보다 크니라"라는 말씀의 의미는 대체 무엇일까요? 적절한 설명은 오직 하나뿐인 것이 분명합니다. 세례 요한은 성령 세례를 받지 못했습니다. 물 세례라는 예비 단계에 머물러 있었습니다.

다른 본문에서도 같은 요점을 찾아볼 수 있습니다. 이것은 중요한 구분이므로 잘 관찰할 필요가 있습니다. 요한복음 7장에는 명절 끝날에 있었던 일이 나옵니다. "명절 끝날 곧 큰 날에 예수께서 서서 외쳐 이르시되 누구든지 목마르거든 내게로 와서 마시라. 나를 믿는 자는 성경에 이름과 같이 그 배에서 생수의 강이 흘러나오리라 하시니 이는 그를 믿는 자들이 받을 성령을 가리켜 말씀하신 것이라(예수께서 아직 영광을 받지 않으셨으므로 성령이 아직 그들에게 계시지 아니하시더라)"(요 7:37-39). 세례 요한은 성령이 아직 이런 식으로 오시지 않았던 시기와 단계에 살았던 사람이었습니다. 예비 단계에 속한 사람이었습니다.

그렇다면 세례 요한과 성령 세례를 받은 자들은 어떻게 다를까요? 마치 어린아이와 어른이 다른 것처럼 다릅니다. 어릴 때든, 스무 살 때든, 서른 살 때든 한 가정의 자녀라는 사실에는 변함이 없습니다. 성숙할수록 더 자녀가 되는 것이 아닙니다. 태어나면서 이미 자녀가 됩니다. 여기에서 긴요한 문제는 부모 자식 관계가 아닙니다. 성숙의 정도입니다. 어린아이와 어른의 차이입니다. 요한의 세례와 성령 세례의 핵심적인 차이가 여기 있다고 저는 말하고 싶습니다. 요한의 말은 우리에게도 그대로 적용됩니다. "그는 흥하여야 하겠고 나는 쇠하여야 하리라."

다시 말해서 그리스도인이면서도 어린아이에 불과할 수 있습니다. 진정 구원받은 하나님 나라 백성인데도 여전히 어린아이의 상태에 머물 수 있습니다. 성령 세례는 이런 어린아이의 상태에서 어른의 상태로 우리를 끌어올려 줍니다.

전반적인 의미를 예증하는데 도움이 되는 만큼, 이 점을 좀 더 설명해 보겠습니다. 요한은 이것을 알았습니다. 하나님이 그에게 알려 주셨습니다. "나는 물로 너희에게 세례를 베풀거니와 나보다 능력이 많으신 이가 오시나니……너희에게 세례를 베푸실 것이요." 즉, "나를 보지 말고 그를 보아라. 내가 여기 있는 것은 오직 그를 가리키기 위해서다. 그가 장차 하실 영광스러운 일, 그만 하실 수 있는 영광스러운 일을 가리키기 위해서다"라는 것입니다. "이는 하나님이 성령을 한량없이 주심이니라." 성부는 성자에게 모든 것을 주셨습니다. 그의 능력, 오직 그의 능력으로만 성령 세례를 받을 수 있습니다. 본문이 우리에게 주는 중대한 메시지가 이것이라고 저는 생각합니다. 이제 우리가 던질 질문은 "그렇다면 우리는 과연 성령으로 세례를 받았느냐?" 하는 것입니다. 그리스도인이냐 아니냐 하는 것이 아닙니다. 저는 여러분이 그리스도인일 것이라고 생각합니다. 제가 말하는 바는, 하나님의 성령이 안에 계신 거듭난 그리스도인이면서도 성령 세례를 모르는 어린아이의 상태에 머물 수 있다는 것입니다.

그렇다면 어린아이의 상태와 여기 묘사된 어른의 상태는 어떻게 다를까요? 특별히 세례 요한을 실례와 본보기로 삼아 살펴봅시다. 첫 번째 큰 차이는 지각의 정도로 나타납니다. 어린아이와 어른은 지각의 정도가 다릅니다. 어린아이도 부모의 생명을 가진 부모의 자녀지만, 제대로 알고 이해하지는 못합니다. 성장하고 발전하면서 삶의 가능성과 가족의 일을 배우고 이해해 나갑니다. 그렇게 발전하고 성숙하면서 발견하고 배우는 것들에 놀라게 됩니다. 실제적이고 궁극적인 의미에서 처음보다 나중에 더 자녀가 되는 것은 아니라는 사실을 기억하십시오. 그러나 이해하고 파악하는 면에서는, 오, 얼마나 차이가 나고 대조가 되는지 모릅니다! 바울은 고린도전서 13:11에서 예를 들어 설명합니다. "내가 어렸을 때에는 말하는 것이 어린아이와 같고 깨닫는 것이 어린아이와 같고 생각하는 것이 어린아이와 같다가[매사에 어린아이와 같다가] 장성한 사람이 되어서는 어린아이의 일을 버렸노라." 어른이 되면 지각이 크게 자랍니다.

구약의 성도와 신약에 묘사된 성도 간의 핵심적인 차이도 이것입니다. 구약의 성도도 이런 일들에 대해 어느 정도 알고 있었습니다. 주님은 "너희 조상 아브라함은 나의 때 볼 것을 즐거워하다가 보고 기뻐하였느니라"(요 8:56)라고 하셨습니다. 그 이야기가 창세기에 나옵니다. 아브라함은 명확히 이해하지 못했지만 무언가를 보았습니다. 온전히 이해하지 못했지만 하나님이 장차 자기 자손을 위해 놀라운 일을 하실 것을 알았습니다. 이것이 어린아이의 상태입니다. 무언가 보기는 하는데 흐릿합니다. 분명치 않습니다. 다 이해하지 못합니다. 기쁨과 행복감을 느낄 만큼은 알지만 제대로 이해하고 파악하지는 못합니다.

선지자와 시편 기자들도 마찬가지입니다. 그들은 이 일을 얼핏 보았습니다. 그 이야기가 시편에도 나오고, 선지서에는 더 명확히 나옵니다. 베드로가 베드로전서 1:10-12에서 그들에 대해 하는 말을 들어 보십시오.

> 이 구원에 대하여는 너희에게 임할 은혜를 예언하던 선지자들이 연구하고 부지런히 살펴서 자기 속에 계신 그리스도의 영이 그 받으실 고난과 후에 받으실 영광을 미리 증언하여 누구를 또는 어떠한 때를 지시하시는지 상고하니라. 이 섬긴 바가 자기를 위한 것이 아니요 너희를 위한 것임이 계시로 알게 되었으니 이것은 하늘로부터 보내신 성령을 힘입어 복음을 전하는 자들로 이제 너희에게 알린 것이요 천사들도 살펴보기를 원하는 것이니라.

아주 분명하고 명쾌하지 않습니까? 다시 말해서, 선지서를 읽어 보면 그들도 이 일을 얼핏 보고 핵심을 알았지만 아주 희미하고 흐릿하게 알았음을 발견하게 됩니다. 게다가 때로 그것을 물리적인 이미지나 역사적 선례를 통해 표현해 놓은 탓에 읽는 자들이 그 안에 담긴 진리를 물리적인 차원에서 이해할 위험이 있습니다. 유대인들도 그 함정에 빠졌습니다. 그러나 중요한 것은 영적인 메시지입니다. 메시아가 오신다는 메시지입니다. 여기에서 요점은 구약의 성도들이 이 일을 명확히 이해하지 못했다는 것입니다. 히브리서 기자는 하나님이 "여러 부분과 여러 모양으로"(히 1:1) 말씀하셨다고 말합니다. 부분부분, 조각조각, 조금조금 알려 주셨다는 것입니다. 각자 무언가를 보았지만 온전히 이해하고 파악하지는 못했습니다. 하나님의 자녀요 믿음의 자녀요 아브라함의 자손으로서 핵심은 알았지만 여전히 어린아이의 상태에 머물러 있었습니다. 실제로 사도 바울은 갈라디아서 4장 초입에서 그들은 선생 아래 있는 어린아이였다고, 율법이 그리스도께로 인도하는 일종의 초등교사 역할을 했다고 아주 분명히 밝힙니다.

여러분도 어린아이처럼 지각이 부족하고 모자랄 수 있습니다. 가장 분명한 실례라고 할 만한 사도들을 살펴봅시다. 그들을 보십시오. 복음서에 나오는 모습을 보고, 오순절 날의 모습 및 그 이후의 모습과 비교·대조해 보십시오. 복음서에서도 그들은 분명히 거듭난 그리스도인이었습니다. 예컨대 주님은 대제사장의 기도에서 그들과 세상 사람들을 구분하십니다. "내가 그들을 위하여 비옵나니 내가 비옵는 것은 세상을 위함이 아니"라고 하시며(요 17:9), 그들은 자신을 믿은 자들이라고 하십니다.

세상 중에서 내게 주신 사람들에게 내가 아버지의 이름을 나타내었나이다. 그들은 아버지의 것이었는데 내게 주셨으며 그들은 아버지의 말씀을 지키었나이다. 지금 그들은 아버지께서 내게 주신 것이 다 아버지로부터 온 것인 줄 알았나이다. 나는 아버지께서 내게 주신 말씀들을 그들에게 주었사오며 그들은 이것을 받고 내가 아버지께로부터 나온 줄을 참으로 아오며 아버지께서 나를 보내신 줄도 믿었사옵나이다. 내가 그들을 위하여 비옵나니 내가 비옵는 것은 세상을 위함이 아니요 내게 주신 자들을 위함이니이다. 그들은 아버지의 것이로소이다(요 17:6-9).

이처럼 그들은 이미 중생한 그리스도인이었습니다. 그런데도 정신과 지각과 이해의 측면에서 얼마나 혼동을 겪었는지 보십시오. 주님이 십자가에 못 박히셨을 때 완전히 혼란에 빠져 어쩔 줄을 몰랐습니다. 낙심하고 절망했습니다. 부활하신 후에야 그가 누구신지 확실히 알았습니다. 주님이 성경으로 가르치신 후에야 이해하기 시작했습니다. 그 전에는 이해하지 못했습니다. 오순절 날 성령 세례를 받은 후에야 사실상 온전히 알게 되었습니다. 주님은 이미 다락방에서 그들에게 성령을 불어넣어 주셨고(요 20:22 참조), 그들로 교회를 구성하셨으며, 그들에게 사명을 주셨습니다. 그러면서도 위로부터 권능이 임할 때까지 예루살렘에 머물라고 명하셨습니다.

제 주장은 이런 그리스도인이 많다는 것입니다. 그리스도인이 아니라고 할 수는 없습니다. 자기 죄를 인식하며, 스스로 대속할 수 없고 하나님과 관계를 바로잡을 수 없는 무력한 존재임을 인식합니다. 오직 주 예수 그리스도와 그가 완전히 이루신 일을 의지합니다. 그런데 이 일은 분명히 알지 못합니다. 일종의 혼동이 남아 있습니다. 셰익스피어 William Shakespeare 의 말처럼 "얕은 물에 갇혀 비참하게"* 삽니다. 마땅

---

* 「줄리어스 시저」Julius Caesar 4막 3장.

히 누려야 할 그리스도인의 삶을 누리지 못합니다. 이처럼 하나님 나라 백성이면서도 여전히 더듬거리는 어린아이의 상태와 처지에 머무를 수 있습니다. 지각이 거의 없는 상태에서도 그리스도인이 될 수 있고 하나님의 자녀가 될 수 있습니다. 그러나 많은 이들이 계속 그 수준에 머물며 그리스도 안에서 더 충만해질 수 있다는 사실을 깨닫지 못하는 것은 비극입니다. "그는 흥하여야 하겠고 나는 쇠하여야 하리라." 이처럼 어린아이와 어른은 지각의 정도가 다릅니다.

또 다른 차이, 두 번째 차이는 자신과 확신의 정도로 나타납니다. 이 점에서 세례 요한은 특별히 유익한 실례가 됩니다. 저는 그에 관한 사실들을 계속 이야기하면서, 주 예수 그리스도에 대해 증언하고 증거했던 그가 마태복음 11장 서두에서 가련하게도 어떤 상태에 빠졌는지 상기시킨 바 있습니다. 그는 요단에서 예수에 대해 증언했습니다. "나는 그리스도가 아니다. 나는 그의 신발 끈을 풀 자격도 없다. 나는 물로 세례를 주지만 그는 성령과 불로 세례를 주실 것이다"라고도 했습니다. 어느 날, 제자 둘과 함께 있다가 예수가 지나가시는 모습을 보고 "보라, 세상 죄를 지고 가는 하나님의 어린양이로다"(요 1:29)라고도 했습니다. 이처럼 그는 예수에 대해 증언했고, 그에 관한 사실들을 알았습니다. 예수께 세례를 베풀 때 하나님이 말씀하신 성령이 하늘에서 비둘기처럼 내려오는 것을 보고, 그가 곧 성령으로 세례를 주실 분임을 알았다고 했습니다(요 1:33 참조).

요한은 이 모든 것을 알고 믿었습니다. 그런데 옥살이를 하며 모든 것이 자신을 대적하는 듯한 어려운 상황에 처하면서 가련하게도 의심에 사로잡혔습니다. 그는 중심적인 진리를 알았지만 여전히 유대인의 편견을 가지고 있었습니다. 유대인은 메시아를 완전히 오해하고 있었습니다. 군대를 소집하여 로마를 비롯한 모든 원수를 물리치고 예루살렘에 나라를 세울 군사적 인물, 다윗과 사울 시대처럼 유대 민족을 최고의 위치로 끌어올려 줄 당당하고 위대한 인물로 생각하고 있었습니다. 그런데 예수는 갈릴리에서 평범한 보통 사람들과 어울려 시간을 소모하는 것 같았습니다. 요한은 미심쩍은 생각이 들었고 '대체 무엇이 잘못된 거지? 저 사람이 정말 그리스도일까?' 하고 의심하게 되었습니다. 그래서 두 제자를 보내 "오실 그이가 당신이오니이까? 우리가 다른 이를 기다리오리이까?"라고 물은 것입니다. 다시 말해서 이것은 "당신이 정말 메시아입니까?"라는 질문이었습니다.

이처럼 믿으면서도 반신반의하는 상태, 믿음이 시험당하고 흔들리는 상태, 때로 의심에 휩싸여 거의 점령당하는 상태에 머물 수 있습니다. 요한은 하나님 나라 백성이요 하나님의 자녀였음을 기억하십시오. 그런데도 의심에 포위당했습니다. 자신과 확신을 갖지 못했습니다. 믿음이 있었지만, 불안한 믿음이었습니다. 이것이 세례 요한의 분명한 위치였고, 오순절 이전 사도들의 위치였습니다. 믿었지만, 명확치 않았고 확실치 않았습니다. 사도행전 도입부인 1:6-7에서 그들은 어리석은 질문을 던집니다. "주께서 이스라엘 나라를 회복하심이 이 때니이까?" 주님은 어떤 의미에서 그 질문을 일축하시며 "그것은 너희가 걱정할 문제가 아니다. 오직 너희는 권능을 받아야 한다. 너희가 붙잡아야 할 사실은 그것이다. 유대인의 개념은 이제 그만 버려라. 그것은 쇠하여야 한다. 그런 시각과 가르침은 너희를 혼동과 혼란에 빠뜨릴 뿐이다"라고 하셨습니다. 이미 말했듯이, 분명히 모르면 항상 반신반의하게 됩니다.

성령 세례가 무엇일까요? 절대적인 자신과 충만한 구원의 확신을 주시는 것입니다. 사도들의 경우를 보십시오. 얼마나 크게 변했습니까! 특히 베드로—의심하고 부인하던 베드로, 제 목숨을 위해 주님을 부인하던 베드로—가 오순절 날 얼마나 담대하게 변했는지 보십시오. 그 변화가 무엇입니까? 절대적인 자신과 충만한 확신이 생긴 것입니다. 성령 세례의 최대 목적이 여기 있습니다.

이것은 사도행전뿐 아니라 성경 곳곳에서 분명히 밝히는 사실입니다. 로마서 8:15에 나오는 사도 바울의 말을 들어 보십시오. "너희는 다시 무서워하는 종의 영을 받지 아니하고 양자의 영을 받았으므로 우리가 아빠 아버지라고 부르짖느니라." 그가 덧붙이는 말은 이것입니다. "성령이 친히 우리의 영과 더불어[우리 영과 함께, 우리 영의 확증과 함께] 우리가 하나님의 자녀인 것을 증언하시나니 자녀이면 또한 상속자 곧 하나님의 상속자요 그리스도와 함께한 상속자니"(16-17절). 연이어 나오는 강력한 단언과 반박 불가능한 확언은 8장의 백미를 이룹니다.

> 우리가 알거니와 하나님을 사랑하는 자 곧 그의 뜻대로 부르심을 입은 자들에게는 모든 것이 합력하여 선을 이루느니라.……내가 확신하노니 사망이나 생명이나 천사들이나 권세자들이나 현재 일이나 장래 일이나 능력이나 높음이나 깊음이나 다른 어떤 피조물이라도 우리를 우리 주 그리스도 예수 안에 있는 하나님의 사랑에서 끊을 수 없으리라(28, 38-39절).

"우리가 알거니와!" 오, 참으로 엄청난 단언이요 확언입니다. "내가 믿는 자를 내가 알고 또한 내가 의탁한 것을 그날까지 그가 능히 지키실 줄을 확신함이라"(딤후 1:12). 이것은 절대적인 확신으로서, 때로 성령의 인치심으로 묘사되기도 합니다. "그 안에서 또한 믿어 약속의 성령으로 인치심을 받았으니 이는 우리 기업의 보증이 되사 그 얻으신 것을 속량하시고"(엡 1:13-14). 이처럼 하나님의 자녀로 절대적인 확신을 갖게 하는 것이야말로 성령 세례의 최대 목적입니다.

이 또한 어린아이와 어른의 차이입니다. 자녀지만 자녀의 권리를 모르는 어린아이는 어른 같은 자신을 갖지 못합니다. 권리 증서를 살펴볼 줄 모르며 어른 같은 확신을 갖지 못합니다. 어른이 되는 일에는 이 확신의 요소가 포함됩니다.

교회 역사에서 그 예를 얼마든지 찾아볼 수 있습니다. 그리스도인이면서도 반신반의하는 마음과 의심으로 가득 찼던 자들이 홀연히 성령 세례를 받아 크고 복된 확신을 얻는 것보다 더 영광스러운 일은 없습니다. 위대한 부흥이 그 예입니다. 부흥의 때에는 항상 이 일이 일어납니다. 일반적으로 이 일은 한 사람에게서 시작됩니다. 한 사람이 갑자기 어떤 과정을 거쳐 크고 영광스러운 확신을 얻습니다. 존 웨슬리의 이야기는 누구나 아는 것이지만, 그는 이 일을 경험한 수많은 사람 중 한 명에 불과합니다. 어떤 이들이 역사상 위대한 복음주의자가 될 수 있었던 진정한 이유와 비결이 여기 있습니다. 그들은 예비 단계에 머물러 있던 자신들이 언제 하나님께 성령 세례를 받고 바뀌었는지 정확히 지목할 수 있었습니다.

이 일은 유명하지 않은 많은 이들에게도 일어났습니다. 부흥을 경험한 이들을 만나 본 적이 있습니까? 저는 그런 이들을 많이 알고 있습니다. 그들은 그리스도인이 된 지 수 년이 지난 자들이었습니다. 진심으로 믿었지만 행복하지 않았고—부침(浮沈)이 있었고—말하자면 무거운 발걸음을 간신히 옮기듯 지친 상태로 힘겹게 그리스도인의 삶을 살고 있었습니다. 그런데 부흥을 경험하면서 갑자기 절대적인 자신과 흔들리지 않는 확신—즉각적이고 직접적인 성령의 증거와 증언—으로 충만해졌습니다. "그는 흥하여야 하겠고 나는 쇠하여야 하리라." 세례 요한은 그런 세례를 줄 수 없었습니다. 그럴 역량이 없었습니다. 본인 자신이 그 사실을 알았습니다. "그는 성령과 불로 너희에게 세례를 베푸실 것이요."

이 일의 또 다른 결과가 있습니다. 성령 세례는 크고 영광스러운 만족감을 줍니다. 그리스도인이면서도 기독교를 거의 과업처럼 느낄 수 있습니다. 그런 상태가 어떤 것인지 여러분도 알지 않습니까? 저 또한 안다는 사실을 하나님은 아십니다! 그리스도인입니까? 맞습니다. 믿고 구원받은 하나님 나라 백성이 맞습니다. 그런데도 아직 모든 것이 과업으로 느껴집니다. 율법주의가 상당 부분 남아 있습니다. 그런 상태에서 죄를 지을 때 마귀가 흔들어 구원을 의심케 할 수 있습니다. 이처럼 기독교를 부담이자 짐이자 과업으로 느끼는 그리스도인이 많습니다. 바울이 로마서 8:15에서 "너희는 다시 무서워하는 종의 영을 받지" 않았다고 말한 이유가 여기 있습니다. 종의 상태로 돌아가지 말라는 것입니다. 너희가 받은 영에 대해 오해하고 있다는 것입니다. 그런 이들이 많습니다. 그리스도인이면서도 여전히 무언가 더 찾고 바라는 이들이 많습니다. 그들의 영혼에는 안식과 평온과 만족이 없습니다. 그런데 성령 세례를 받으면 온전한 만족감이 찾아옵니다.

성령이 하시는 일이 무엇입니까? 자, 주님이 말씀하셨듯이 성령은 주 예수 그리스도의 "영광을 나타내"고자(요 16:14) 보냄받으신 분입니다. 이것이 성령의 주된 역할이자 첫째가는 목표입니다. 성령은 항상 이 일을 하십니다. 그러므로 어떤 사람이 성령으로 세례를 받았는지 아닌지 검증하는 중대한 시금석은 이전과 다른 방식으로 주 예수 그리스도를 알고, 그에게 영광을 돌리며, 그 안에서 온전히 만족하느냐 하는 것입니다. 성령 세례를 경험한 이들은 종종 찬송으로 그 만족감을 표현하곤 했습니다.

> 불쌍하고 비참하고 눈먼 모습 그대로 나아갑니다.
> 보는 눈과 부요함과 마음의 치료,
> 제게 필요한 모든 것 주께 있사오니
> 오, 하나님의 어린양이여, 주께 나아갑니다. 주께 나아갑니다.*
>
> —샬롯 엘리엇 Charlotte Elliott

찰스 웨슬리의 찬송도 들어 보십시오.

> 오, 그리스도여, 내가 원하는 전부시니
> 만유에 넘치는 것 주 안에 있나이다.**

---

* 새찬송가 282장 4절 다시 옮김.
** 새찬송가 388장 3절 다시 옮김.

여러분도 이렇게 말할 수 있습니까? 주님에게서 온전한 만족을 얻고 있습니까? 빌립보서 4장에 나오는 바울의 말을 다시 들어 보십시오. 그는 옥에 갇혀 큰 고생을 하던 중에 선량한 빌립보 교인들의 연락을 받고, 자신은 아주 잘 지낸다는 편지를 보냈습니다. "내가 주 안에서 크게 기뻐함은 너희가 나를 생각하던 것이 이제 다시 싹이 남이니 너희가 또한 이를 위하여 생각은 하였으나 기회가 없었느니라. 내가 궁핍하므로 말하는 것이 아니니라. 어떠한 형편에든지 나는 자족하기를 배웠노니 나는 비천에 처할 줄도 알고 풍부에 처할 줄도 알아 모든 일 곧 배부름과 배고픔과 풍부와 궁핍에도 처할 줄 아는 일체의 비결을 배웠노라. 내게 능력 주시는 자 안에서 내가 모든 것을 할 수 있느니라"(빌 4:10-13). 바로 이것이 온전히 만족하는 자의 모습입니다. 주님은 명절 큰 날에 예루살렘에서 외치셨습니다. "누구든지 목마르거든 내게로 와서 마시라. 나를 믿는 자는 성경에 이름과 같이 그 배에서 생수의 강이 흘러나오리라"(요 7:37-38).

주님은 사마리아 여인에게 이미 이 말씀을 하신 적이 있습니다. 그 이야기가 요한복음 4장에 나옵니다. "예수께서 대답하여 이르시되 이 물을 마시는 자마다 다시 목마르려니와—많은 그리스도인이 이런 삶, 계속 오락가락하는 삶, 잠시 만족했다가 말았다가 하는 삶을 살고 있습니다—내가 주는 물을 마시는 자는 영원히—영원히!—목마르지 아니하리니 내가 주는 물은 그 속에서 영생하도록 솟아나는 샘물이 되리라"(요 4:13-14). 주님은 온전한 만족을 주십니다. 성령 세례를 통해 온전한 만족을 주십니다. 성령이 주님의 거룩한 구주되심을 충만히 계시하심으로 온전한 만족을 주십니다. 지금도 그리스도를 하나님의 아들이요 영혼의 구주로 믿으며 대속을 비롯한 여러 진리를 분명히 알 수 있습니다. 그러나 제가 묻고 싶은 바는 이것입니다. 자신의 모든 필요, 삶과 경험에서 발생하는 온갖 필요를 충만히, 최종적으로, 온전히, 철저히 만족시키시는 분으로서 주님을 알고 있습니까? 성령 세례는 주님을 그런 분으로 알게 해줍니다. 이에 대한 가르침이 신약성경을 가득 채우고 있습니다. 성령 세례가 신약의 인물들을 온전히 만족하는 자들로 만들었습니다.

이것은 다음 요점으로 이어집니다. 성령 세례는 항상 기쁨과 즐거움을 줍니다. 불행히도 비참한 그리스도인이 존재합니다. 이것은 완전히 모순되는 말까지는 아니어도 거의 모순되는 말입니다. 그러나 성령 세례를 받으면 기쁨으로 충만해집니다. 사도행전 2장 말미에 나오는 초대교회 성도들의 서정적인 이야기를 들어 보십시오. "날마다 마음을 같이하여 성전에 모이기를 힘쓰고 집에서 떡을 떼며 기쁨과 순전한 마음으로 음식을 먹고 하나님을 찬미하며 또 온 백성에게 칭송을 받으니"(행 2:46-47).

사도 베드로는 세상 여러 곳에 흩어져 사는 평범한 그리스도인들에 대해 이야기합니다. 개인적으로 그들을 아는 것은 아니었습니다. 만나 본 적도 없었습니다. 그러나 그들이 그리스도 안에서 어떤 자들인지 알았기에 "예수를 너희가 보지 못하였으나 사랑하는도다. 이제도 보지 못하나 믿고 말할 수 없는 영광스러운 즐거움으로 기뻐하니"(벧전 1:8)라고 말할 수 있었습니다. 여러분에게도 이런 즐거움이 있습니까? 그리스도인이면서도 이런 즐거움을 모를 수 있습니다. 그러나 성령 세례를 받으면 그들처럼 됩니다. "말할 수 없는 영광스러운 즐거움", 최종적인 영광을 미리 맛보는 즐거움으로 기뻐하게 됩니다. 사도행전이 세상에서 가장 서정적인 책이 된 것은 이렇게 성령 세례를 받은 자들을 묘사하고 이야기하기 때문입니다.

마지막으로, 성령 세례는 만족과 기쁨과 즐거움을 줄 뿐 아니라 주님이 명절 큰 날 약속하신 것처럼 많은 열매를 맺게 해줍니다. "그 배에서[그 속에서] 생수의 강이 흘러나리라." 이것은 아주 긴요한 요점입니다. 요즘 같은 때 이보다 더 중요한 요점을 저는 알지 못합니다. 기독교회 밖에 머무는 무리가 많은 이런 때 가장 필요한 존재가 바로 그 속에서 생수의 강이 흘러나오는 그리스도인입니다. 기독교는 이 방법으로 고대 세계를 정복했습니다. 생수의 강이 흘러나오는 그리스도인들을 통해 정복했습니다. 무리는 그들을 이해할 수 없었습니다. 오순절 날에도 이해할 수 없어서 "이 어찌 된 일이냐?"(행 2:12)라고 물었습니다. 그들이 취했다고 생각하는 이들까지 있었습니다. 왜 그랬을까요? 그들이 너무 행복해하고 황홀해했기 때문입니다. "말할 수 없는 영광스러운 즐거움"으로 즐거워했기 때문입니다. 무리는 그들을 이해할 수 없었습니다.

그리스도인이 가는 곳마다 계속 이런 일이 일어났습니다. 사람들이 그리스도인을 보고 놀라는 일이 일어났습니다. 그들은 "이 어찌 된 일이냐?"라고 물었습니다. 그들을 보며 자기 영혼에 관심을 갖기 시작했습니다. "사람이 어떻게 저렇게 될 수 있지?"라고 물었습니다. 그들이 체포되고 원형 경기장에 사자 밥으로 던져지면서도 예수의 이름을 위해 고난받기에 합당한 자로 여기심을 기뻐하는 것을 보면서, "대체 무슨 일이지?"라고 물었습니다. "그 배에서[그 속에서] 생수의 강이 흘러나리라." 이처럼 성령 세례를 받으면 완전히 변해서 일종의 자석 같은 존재가 됩니다. 사람들을 끌어당깁니다. 그들을 간절히 돕고 싶은 마음이 생깁니다. 능히 도울 지식이 생깁니다. 자기 속에 있는 소망의 이유를 밝힐 수 있습니다. 구원의 길을 보여줄 수 있습니다. 증언의 능력이 생깁니다. "오직 성령이 너희에게 임하시면 너희가 권능을 받고……내 증인이 되리라"(행 1:8). 성령 세례를 받은 자는 그리스도의 산 증인이 됩니다. 남들이 변화를 알아챌 만큼 성품이 바뀝니다. 그 변화에 사람들이 놀라고 매료됩니다. 그 변화에 대한 설명과 이유를 듣기 위해 찾아옵니다.

"그는 흥하여야 하겠고 나는 쇠하여야 하리라." 혹시 자기 신앙을 자랑하는 마음이 있습니까? 선한 삶과 생활을 자랑하는 마음이 있습니까? 장담컨대, 성령 세례에 대해 알고 나면 그 모든 자랑을 오히려 미워하게 될 것입니다. 그 모든 자랑이 다 없어지고 쇠하고 사라질 것입니다. 이것은 성령이 하시는 일, 오직 성령만 하실 수 있는 일입니다.

성령 세례는 세례 요한이 아닌 주 예수 그리스도가 주시는 것입니다. 주님 자신이 성령을 충만히 받으셨습니다. 이 땅에 사시는 동안 성령으로 충만한 모습을 보여주셨습니다. 그리고 승천하신 후, 하나님은 다시 아들에게 성령을 선물로 주어 우리에게 주게 하셨습니다. 우리를 그리스도인으로 만들기 위해 주시는 것이 아닙니다. 행복한 그리스도인, 기뻐하는 그리스도인, 열매 맺는 그리스도인, 주변 모든 사람에게 축복이 되는 그리스도인, 그 속에서 생수가 흘러나와 메마르고 갈라지고 목마르고 건조한 주변 땅을 적시는 그리스도인으로 만들기 위해 주시는 것입니다.

사랑하는 여러분, 여러분은 이 세례를 알고 있습니까? "그로 흥하시게 하라. 나는 주님과 주님의 영광과 주님이 주시는 모든 것 외에 아무것도 바라지 않는다"라고 말할 수 있는 위치에 있습니까?

19.
나는 없고 당신만 있나이다

그는 흥하여야 하겠고 나는 쇠하여야 하리라. | 요한복음 3:30

지난번에 우리는 성령 세례를 받은 결과—확신과 자신, 지각, 만족, 능력—를 살펴보았습니다. 그리고 다시 30절로 돌아온 것은, 이 위대한 진술이 세례 요한과 그로 하여금 이 말을 하게 만든 사건에 대한 역사를 이해하도록 도와준다는 점에서 가치 있고 유용할 뿐 아니라 그리스도인의 삶 전반에 해당되는 원리 또한 담고 있기 때문입니다. 우리는 지금 요한복음 1:16에 이르는 길을 찾기 위해 이 위대한 복음서를 살펴보는 중입니다. "우리가 다 그의 충만한 데서 받으니 은혜 위에 은혜러라." 이것이 기독교입니다. 기독교는 단순히 주 예수 그리스도를 믿고 죄 사함 받은 것을 아는 데서 그치지 않습니다. 이것이 시작이지만, 이것은 그야말로 시작에 불과합니다. 기독교는 "그의 충만한 데서" 받는 것입니다. 인간의 영혼 안에 하나님의 생명을 받는 것입니다. 영원한 것을 받는 것입니다. "신성한 성품"(벧후 1:4)을 받는 것입니다.

이것이 생명을 강조하는 요한복음의 중대한 주제로서, 저는 이것이야말로 세상에서 가장 중요한 일이라는 점을 밝히고자 애쓰고 있습니다. "나는 그의 충만한 데서 받고 있으며 은혜 위에 은혜를 받고 있다"라고 말할 수 있습니까? 기독교가 제안하는 바가 이것이며, 그리스도인이 된다는 말에 담긴 의미 또한 이것입니다. 그러므로 우리 모두 이 중대한 문제에 관심을 기울여야 합니다. 우리는 이 충만함에 대해 무엇을 알고 있습니까? 혹시 아는 바가 거의 없다면 그 이유는 무엇입니까? 충만함을 받지 못하게 가로막는 방해물과 장애물이 많습니다. 영혼의 원수 마귀는 우리를 "그리스도 안에서 어린아이들"(고전 3:1)로 머물게 하기 위해 무엇이든 하려 듭니다. 그중 몇 가지 어려움은 이미 살펴보았고, 이번에는 "그는 흥하여야 하겠고 나는 쇠하여야 하리라"라는 주제의 아주 중요한 측면에 관심을 집중하려 합니다.

이 진술이 상기시키는 가장 큰 방해물 및 장애물은 요한을 따르던 자들의 마음에 있던 혼동입니다. 그 혼동은 우리 그리스도인들을 끈질기게 따라다닙니다. 이 진술은 그 모든 상황을 함축적이고 간결하게 제시하고 있습니다.

"그는 흥하여야 하겠고 나는 쇠하여야 하리라"라는 이 구절을 다시 한 번 살펴봅시다. 먼저 일반적인 언급부터 해야겠습니다. 첫 번째는, 우리 경험 속에서 "그"와 "나"가 차지하는 상대적 위치에 따라 영적인 상태와 상황의 수준이 달라진다는 것입니다. 이것은 최고의 시금석입니다. 여러분의 삶과 경험 속에서 "그"와 "나"는 어떤 자리를 차지하고 있습니까? 상대적 위치가 어떠합니까? 상대적 비중이 어떠합니까? 예수 그리스도와 나의 인격적인 관계가 어떠하냐에 따라 모든 것이 달라지게 되어 있습니다. 그리스도보다 신앙의 명제나 자기 행동을 신뢰할 위험이 늘 있습니다. 그러나 그리스도인의 참 위치는 이 살아 있는 교통, 그리스도의 생명, 성령의 생명 안에 있습니다. 반복하지만, 이것이 가장 완벽한 시금석입니다. 자신이 얼마나 많은 선행을 했는지 따지지 마십시오. 얼마나 바쁘게 활동했는지도 따지지 마십시오. 그것은 시금석이 아닙니다. 그런 일은 육신 안에서도 할 수 있습니다. 시금석은 "그"와 "나"의 관계입니다.

첫 번째 명제와 직접 관련된 두 번째 명제를 살펴봅시다. 이 두 가지 명제는 긴밀히 엮여 있으며 절대 분리될 수 없습니다. 말로 정확히 표현하기 어렵지만, 이 두 가지 반응은 항상 동시에 나타나는 것이 분명합니다. 너무 하찮아서 거의 유치하게 들릴 수도 있는데, 전에 팔던 —아마 지금도 팔 것입니다—작은 기압계가 이 점을 잘 보여준다는 생각을 자주 합니다. 작은 집 안에 한 축을 중심으로 막대가 설치되어 있고, 그 양끝에 남녀 인형이 고정되어 있습니다. 날씨가 화창하게 갤 때는 여자 인형이 앞으로 나오고 날씨가 흐리고 나쁠 때는 남자 인형이 앞으로 나옵니다. 요점은 두 인형이 한 축을 중심으로 한 나무 막대 위에 세워져 있다는 것입니다. 한 인형이 움직이면 다른 인형도 따라서 움직입니다. 두 인형이 항상 동시에 움직입니다. 한 인형이 밖으로 나오면 다른 인형은 안으로 들어가고, 안에 있던 인형이 밖으로 나오면 앞서 나왔던 인형은 안으로 들어갑니다. 저는 이것이 "그"와 "나"의 관계를 보여준다고 생각합니다. 그가 전면에 드러나시면 내가 사라지고, 내가 전면에 드러나면 그가 보이지 않습니다. 이처럼 서로 긴밀히 엮여 있고 묶여 있어서 각자 따로 움직일 수가 없습니다. 이것은 논쟁이나 논박의 여지가 없는 영적 생활의 기본 원칙이자 절대 법칙입니다.

그다음으로 강조할 단어는 "하겠고"^{must}, "하리라"^{must} 입니다. "그는 흥하여야 하겠고 나는 쇠하여야 하리라." 세례 요한은 이 말을 통해 주님에 대해 예언하고 있습니다. 그는 이미 그를 가리키며 "세상 죄를 지고 가는 하나님의 어린양"(요 1:29)이라고 말한 바 있습니다. 주님이 누구신지 어렴풋이 보았기에, 주님께 세례를 베풀 때 성령이 비둘기같이 내려오시는 것을 보면서 하나님이 그에 대해 미리 알려 주신 사실을 기억했기에, 그는 흥해야 하고 자신은 쇠해야 한다는 것을 알았습니다. 자기 일이 끝나 가고 있다는 것을 알았습니다. 이것이 30절에 담긴 일차적인 의미입니다.

더 나아가 우리 모두와 관련된 더 깊고 구체적인 의미, 영적인 의미가 있습니다. 그의 충만함과 은혜 위에 은혜를 받기 위해서도 그는 흥해야 하고 우리는 쇠해야 하는 것이 확실합니다. 영적인 생활에는 확실한 필수 원리 및 법칙들이 있습니다. 요한복음 3장에도 벌써 세 가지 필수 원리가 나오지 않습니까? 첫 번째는 주님이 니고데모에게 하신 말씀입니다. "거듭나야 하겠다." 이것이 첫 번째 절대적인 필수 원리입니다. "내게 네게 거듭나야 하겠다 하는 말을 놀랍게 여기지 말라"(요 3:7).

오늘날 세상이 인류 앞에 제시하는 모든 가르침과 기독교 메시지의 차이가 여기 있습니다. 이것은 논박할 수 없는 절대 법칙입니다. 어떤 난점과 이견을 제시해도 변하지 않습니다. 주님은 이 점을 놓고 니고데모와 토론을 벌이지 않으셨습니다. 계속 그를 저지하며 입을 막으셨습니다. 질문이나 다른 말을 꺼내지 못하게 하셨습니다. 반드시 거듭나야 한다고 하셨습니다. "진실로 진실로 네게 이르노니 사람이 거듭나지 아니하면 하나님의 나라를 볼 수 없느니라"(요 3:3). "거듭나야 하겠다." "육에 속한 사람은 하나님의 성령의 일들을 받지 아니하나니 이는 그것들이 그에게는 어리석게 보임이요, 또 그는 그것들을 알 수도 없나니 그러한 일은 영적으로 분별되기 때문이라"(고전 2:14). 이것은 그리스도인의 삶을 시작할 때 절대적으로 중요한 원리입니다. 타고난 천성 그대로는 믿을 수 없습니다. 믿기가 불가능합니다. 믿음은 하나님의 선물입니다. "육에 속한 사람"에게는 믿음이 없습니다. 그는 믿을 수 없습니다. 그에게는 모든 것이 어리석게 보입니다. "거듭나야 하겠다." 이것은 영적인 삶으로 들어가는 입구입니다.

우리가 살펴본 또 한 가지 필수 원리는 주님의 죽음과 관련된 것입니다. "모세가 광야에서 뱀을 든 것같이 인자도 들려야 하리니 이는 그를 믿는 자마다 영생을 얻게 하려 하심이니라"(요 3:14-15). 그는 죽기 위해 오셨습니다. 그의 죽음이 없었다면 구원도 없었을 것입니다. 그의 죽음은 우연한 사고가 아니었습니다. "창세전부터 미리 알린 바" 된 일이었습니다(벧전 1:20). "하나님의 정하신 뜻"이요 "미리 아신" 일이었습니다(행 2:23). 그의 죽음은 우연한 사고나 인간이 저지른 사건이 아니라 "하나님께서 그리스도 안에 계시사 세상을 자기와 화목하게 하시며 그들의 죄를 그들에게 돌리지" 않고자 의도하신 일이었습니다(고후 5:19). "하나님이 죄를 알지도 못하신 이를 우리를 대신하여 죄로 삼으신 것은 우리로 하여금 그 안에서 하나님의 의가 되게 하려 하심이라"(고후 5:21). 그는 반드시 높이 들리셔야 했습니다. 이 또한 논쟁할 수 없는 영적 생활의 자명한 이치요 기본 법칙입니다.

지금 살펴보는 이 원리도 마찬가지입니다. 그의 충만함과 은혜 위에 은혜를 받고 싶다면, 하나님의 생명을 알고 더 충만히 알고 싶다면, "능히 모든 성도와 함께 지식에 넘치는 그리스도의 사랑을 알고 그 너비와 길이와 높이와 깊이가 어떠함을 깨달아 하나님의 모든 충만하신 것으로"(엡 3:18-19) 충만해지고 싶다면, 그는 흥하셔야 하고 저와 여러분은 쇠해야 합니다. 이것은 절대 법칙입니다. 논쟁하고 애써 반발할수록 큰 생명과 충만함으로 가는 길만 가로막힐 뿐입니다.

마지막으로 언급할 일반 명제는, 이 일은 계속되는 과정이라는 것입니다. 단번에 끝나는 것이 아닙니다. 계속되는 과정입니다. 그의 충만함과 은혜 위에 은혜를 받을수록, 여러분의 삶과 경험에서 그는 점점 더 흥하시고 여러분은 점점 더 쇠하게 됩니다.

이것은 요한복음과 신약성경 전체 가르침의 토대를 이루는 기본 명제로, 이번에 제가 강조하고 싶은 것은 "나는 쇠하여야 하리라"라는 말의 소극적 측면입니다. 우리 삶의 가장 큰 원수는 자아입니다. 이 말은 우리 안에 있는 가장 큰 원수가 자아라는 뜻입니다. 물론 우리의 가장 큰 원수는 마귀, 사탄, "이 세상의 신"(고후 4:4)입니다. 그런데 마귀는 무엇보다 자아를 통해 일합니다. 최초의 유혹이 무엇입니까? "하나님이 이 열매를 먹지 말라 했다고? 왜 그랬을까? 아, 너희가 그걸 먹으면 하나님 같은 존재가 되어 모든 지식을 얻을 걸 알았기 때문이지"라는 것입니다. 뱀은 교만에 호소했습니다. 자아에 호소했습니다. 그것이 원죄로서, 그때부터 지금까지 자아는 그리스도인의 삶을 통틀어 가장 큰 장애물이자 방해물 역할을 해왔습니다.

요한이 여기에서 실제로 하는 말—우리가 다룰 요점—은 이것입니다. 자아가 쇠하지 않고 처리되지 않으면 그의 충만함을 받을 수 없습니다. 이것은 우리가 익히 아는 사실입니다. 종종 지적했듯이, 아무리 좋은 음료가 있어도 그릇이 차 있으면 담을 수 없는 법입니다. 좋은 음료를 담으려면 그릇부터 비워야 합니다. 빈 그릇에만 음료를 채울 수 있습니다. 마찬가지로 내가 쇠하지 않으면 그가 흥하실 수 없습니다.

그러므로 우리 자신을 검증하는 가장 좋은 시금석은 이것입니다.

자아가 쇠하고 있다는—한 찬송의 표현대로 "자기를 부인하는 사랑"의 삶을 살고 있다는—표시와 증거는 무엇일까요? 이것은 우리의 정확한 위치를 알아보기에 아주 좋은 방법으로서, 그 시금석을 제시하면서 자아를 쇠하게 하는 방법 또한 같이 살펴보겠습니다. 그 몇 가지 시금석은 다음과 같습니다. 우리는 자신을 제대로 보고 있습니까? 그리스인들은 지혜롭게도 "너 자신을 알라"는 중대한 말을 성공적인 삶의 첫 번째 법칙으로 제시했습니다. 성경의 첫 번째 중대한 원리도 이것입니다. 자신의 정확한 실상을 아는 것보다 중요한 일이 없습니다.

신약성경은 계속 이에 대해 가르칩니다. 로마서 12:3에는 사도 바울의 아주 훌륭한 진술이 나옵니다. "내게 주신 은혜로 말미암아 너희 각 사람에게 말하노니—이것은 불신자가 아닌 그리스도인들에게 한 말임을 기억하십시오—마땅히 생각할 그 이상의 생각을 품지 말고 오직 하나님께서 각 사람에게 나누어 주신 믿음의 분량대로 지혜롭게[냉정하게] 생각하라." 우리는 모두 자신을 과대평가합니다. 자신에게 도취되어 있습니다. 그러나 냉정하고 정확하게 생각해야 합니다. 사실을 직시해야 합니다.

갈라디아서 6:3도 보십시오. "만일 누가 아무것도 되지 못하고 된 줄로 생각하면 스스로 속임이라." 이 얼마나 놀라운 말씀이요 심히 중요한 말씀인지 모릅니다! 자기기만은 하나님의 충만함을 앗아 갑니다. 우리가 가장 먼저 해야 할 일은 자기 자신을 정확히 바로 보는 것이며, 그렇게 하기에 아주 좋은 방법은 교부들과 특히 옛 청교도들이 "율법의 일"이라고 불렀던 일에 집중하는 것입니다. 하나님은 우리 실상을 정확히 드러내고자 율법을 주신 것이 분명합니다. 바울은 갈라디아 교인들에게 율법은 "범법하므로 더하여진 것"(갈 3:19)이라고 했습니다. 율법이 온 것은 죄를 지목하고, 유죄를 선고하며, 우리 실상을 밝히기 위해서입니다. 바울도 자신에게 크게 만족하며 살다가 "계명이 이르매 죄는 살아나고 나는 죽었"다고(롬 7:9) 고백합니다. 이것이 자아를 죽이는 방법입니다. 율법은 탐심을 강조함으로 그의 실제 상태를 정확히 드러냈습니다. 사도는 빌립보서 3장의 짧은 자전적 기록에서도 같은 고백을 합니다. 자신이 아주 바른 사람인 줄 알았는데, 율법이 찾아오자 모든 것이 쓸모없고 소망 없고 가치 없는 배설물이요 쓰레기요 해^害임을 깨달았다는 것입니다.

그리스도인의 삶을 시작하려면 이 모든 율법의 일이 반드시 필요합니다. 그래서 회개가 첫자리에 오는 것입니다. 자기 자신을 바로 보아야 주 예수 그리스도가 실제로 절실히 필요함을 알게 됩니다. 율법이 작용하면 자기 실상을 알게 됩니다. 자랑할 것이 하나도 없음을 깨닫게 됩니다. 위대한 사도 바울의 가장 놀랍고 중대한 특징이 이것이었습니다. 그 모든 천재성과 놀라운 재능에도 불구하고 믿기 힘들 만큼 겸손했습니다. 늘 그렇듯이, 그것은 전부 은혜로 받은 것이었습니다. 자신에게서 나온 것이 아니었습니다. 본인도 자신의 모습을 보고 놀랐습니다. 자신이 이런 사역을 하는 것을 보고 놀랐습니다. 그는 디모데전서에서 이렇게 말합니다.

이 교훈은 내게 맡기신바 복되신 하나님의 영광의 복음을 따름이니라. 나를 능하게 하신 그리스도 예수 우리 주께 내가 감사함은 나를 충성되이 여겨 내게 직분을 맡기심이니 내가 전에는 비방자요 박해자요 폭행자였으나 도리어 긍휼을 입은 것은 내가 믿지 아니할 때에 알지 못하고 행하였음이라(딤전 1:11-13).

바울은 자신의 모습을 보고 놀랐습니다. 자신에 대한 진실을 알았기 때문입니다. 그는 디도서에서 우리에 대한 진실, 즉 태어날 때부터 "가증스러운 자요 피차 미워한 자"(딛 3:3)였다는 사실을 상기시킵니다. 우리는 원래 그런 사람들이었다고, 그것을 알아야 한다고 말합니다. 그리스도인의 삶을 시작하려면 그 깨달음이 반드시 필요합니다. 전부 은혜로 받은 것이요 사람에게서 난 것이 아니기에 자랑할 것이 전혀 없습니다. 우리는 오직 믿음으로 의로워집니다. 이것은 하나님이 전부 하시며 전적으로 주신다는 뜻입니다.

이것을 알수록 자신을 생각하지 않게 됩니다. 율법보다 더 우리를 겸손하게 만드는 것은 없습니다. 율법은 우리 실상을 정확히 보여줍니다. 그리스도인이 되었다고 율법의 일이 끝나는 것은 아니라는 점을 지적하고 싶습니다. 율법의 일은 계속되어야 합니다. 자신의 연약함을 계속 인식해야 하고, 최선의 행동조차 누추하다는 것을 계속 인식해야 합니다. 바울은 이 점도 아주 명확히 알고 있었습니다. 그가 구원을 확신하고 감격하면서도 다음과 같이 말했다는 사실을 잊지 맙시다.

내가 이미 얻었다 함도 아니요 온전히 이루었다 함도 아니라. 오직 내가 그리스도 예수께 잡힌 바 된 그것을 잡으려고 달려가노라. 형제들아, 나는 아직 내가 잡은 줄로 여기지 아니하고 오직 한 일 즉 뒤에 있는 것은 잊어버리고 앞에 있는 것을 잡으려고 푯대를 향하여 그리스도 예수 안에서 하나님이 위에서 부르신 부름의 상을 위하여 달려가노라(빌 3:12-14).

그는 그리스도인의 삶을 사는 내내 이렇게 생각하며 달려갔습니다. 출발할 때만 이렇게 생각한 것이 아닙니다. 계속 이렇게 생각하며 살았습니다. 제가 강조하고 싶은 원리가 이것입니다. 자기 실상과 마음의 어둠과 무가치함을 점점 더 많이 발견하면서 계속 쇠해야 합니다. "내 속 곧 내 육신에 선한 것이 거하지 아니하는 줄을" 안다고(롬 7:18) 고백해야 합니다. 이것을 아는 자, 자기 자신을 제대로 바로 보는 자는 쇠하게 되어 있습니다.

이처럼 자신이 쇠해야 한다는 것을 당연히 여겨야 다음 측면으로 나아갈 수 있습니다. 이 측면에는 아주 교묘한 면이 있습니다. "맞아! 나도 그렇게 생각해. 오직 믿음으로, 은혜로 의로워진다는 말이 정말 맞아"라고 인정할 수 있습니다. 그런데 마귀가 교활하게 끼어들어 이런저런 제안을 합니다. 무엇보다 우리를 자기중심적으로 만듭니다. 자아가 쇠하고 있는지 검증하는 두 번째 좋은 시금석이 이것입니다. 여러분은 자기중심성에서 벗어났습니까? 점점 더 벗어나고 있습니까? 자기중심성은 그리스도인의 삶을 해치는 독약이요 저주입니다. 그리스도인이 된 후에도 남아 있는 죄와 타락의 주된 잔재입니다. 그리스도를 믿고 '결단'하는 순간 이 문제가 끝난다고 여기는 것은 신약성경 전체에 위배되는 완전히 잘못된 생각입니다. 오히려 회심하면서 본격적으로 자아와의 싸움이 시작됩니다. 전에는 자아의 실상을 몰랐습니다. 이해하지 못했고 이해할 수도 없었습니다. 마귀는 주님도 이 방향에서 시험했습니다. "만약 네가 하나님의 아들이거든 이런저런 것을 하라"고 하면서 자아에 호소했습니다. 그러나 주님께는 통하지 않았습니다.

이 자기중심성에서 벗어나야 합니다. 그렇다면 자기중심성은 어떻게 나타날까요? 직접 적용해 볼 수 있는 실제적이고 간단한 시금석이 있습니다. 여러분의 자아는 점점 줄어들고 있습니까? 여러분은 점점 작아지고 있습니까? 전에 가졌던 자기 자신에 대한 불건전한 관심이 줄어들어야 합니다. 늘 자기 자신과 자기 문제만 이야기하는 그리스도인들이 있습니다. 만날 때마다 자기 이야기만 합니다. 자기가 한 말, 자기가 한 일, 자기가 바라는 것, 자기가 겪은 일, 자기 앞에 있는 어려움, 자기 문제만 늘어놓습니다. 이것이 얼마나 무서운 일인지 모릅니다! 이것은 자아가 전면에 있고 예수는 저 뒤 어딘가 가려져 있다는 표시입니다. 자아가 쇠하지 않고 여전히 남아 있기에 자신에 대한 관심이 그토록 큰 것입니다. 찰스 램$^{Charles\ Lamb}$은 이것을 "영혼의 홍역과 볼거리"라는 말로 표현했습니다. 항상 자기 맥박을 재며 남들도 그렇게 해주길 바라는 자들이 있습니다. 그것은 자아중심적인 태도이자 병적인 자기 염려요 불건전한 자기 관심입니다. 내가 쇠해야 그 관심이 줄어듭니다.

자기중심성이 드러나는 또 다른 방식은 구원조차 자신이 얻을 혜택의 관점에서 생각하는 것입니다. 제 말을 오해하지 마십시오. 어떤 의미에서 우리의 첫째가는 관심사는 자기 영혼의 구원이며, 그것은 옳은 태도입니다. 율법의 정죄를 받고 자신이 지옥에 떨어질 죄인임을 깨달은 자는 당연히 두려워하며 염려하게 되어 있습니다. "어떻게 해야 구원받을까?" 하고 묻게 되어 있습니다. 다만 제가 말하고 싶은 점은 계속 그 상태에 머물면 안 된다는 것입니다. 앞서 살펴보았듯이, 이 또한 어린아이와 어른의 차이점입니다. 어린아이는 자기중심적일 수밖에 없습니다. 그것은 잘못된 일이 아닙니다. 유년기에는 자기중심적인 것이 당연합니다. 어린아이는 남을 생각하지 않습니다. 자기가 갖고 싶은 것이 중요합니다. 남이 무엇을 가졌느냐 못 가졌느냐는 중요치 않습니다. 어린아이는 이기적이고 자기중심적입니다. 그러나 계속 그러면 안 됩니다. 계속 어린아이의 상태에 머물면 안 됩니다. 나이가 들수록 자기중심성을 버려야 합니다. 누르고 없애야 합니다.

이 큰 구원과 관련해서도 자기중심적이 될 위험이 있습니다. 자신이 받을 축복과 얻을 혜택이라는 관점에서 생각할 위험이 있습니다. 사람들이 그런 축복과 혜택에 대해 이야기하니까, 주님 안에 있는 큰 구원을 거의 자동적으로 축복을 공급하는 일종의 매개체로 생각합니다. 모든 필요를 가지고 나아와, 자신과 자신에게 필요한 것과 자신이 바라는 것에서 출발합니다. 그것이 구원이라고, 그 모든 것을 채워 주는 것이 구원이라고 생각합니다. "난 이런저런 것을 얻었다. 난 이런저런 사람이 되었다"라고 말합니다. 자신이 전부입니다! 구원은 오직 나를 위한 것입니다!

거듭 말하지만, 구원이 우리에게 개별적으로 주는 축복에 대해서는 감사를 드려야 합니다. 그러나 우리가 성장하느냐 아니냐, 그가 흥하시고 우리는 쇠하느냐 아니냐를 가늠하는 시금석은 **나 자신**과 **내가 가진 것**, **내가 받은 것**, **내가 얻을 것**, **내가 될 모습**이라는 관점에서 하는 말은 점점 줄어들고 훌륭한 객관적 관점에서 하는 말이 점점 늘어나는 것입니다. 창세전에 하나님의 마음에 있던 것─구원의 계획과 설계, 그의 영광—의 관점에서 생각하는 것입니다. 그리스도는 날 위해 이런저런 잡다한 일을 해주려고 오신 분이 아니라 "하나님의 능력이요 하나님의 지혜"(고전 1:24)로 오신 분입니다. 자아가 쇠하면 창세 전부터 영원토록 인간의 상태와 상황을 생각하시는 하나님의 마음을 알게 됩니다. 하나님 외에는 아무도 떠올릴 수 없는 구원의 큰 계획과 그 시행과 그에 수반된 모든 일을 보게 됩니다. 오, 이것이 자아가 쇠하고 주님이 흥하실 때 나타나는 특징입니다. 그가 주신 구원, 우리가 참여하게 된 구원의 위대함에 점점 더 관심을 갖게 됩니다. 자신이 구원받았다는 사실보다 주님이 자신에게 주신 구원 그 자체에 감격하게 됩니다.

아마도 평범한 인간사의 예를 들면 가장 잘 이해될 것입니다. 곧 결혼할 여자나 결혼한 여자를 진심으로 사랑하는 남자는 결혼으로 자신이 얻을 혜택보다 그 여자 자신과 그 여자의 뛰어난 점에 더 관심을 갖습니다. 오직 그것만 바라봅니다. 자기 이야기는 하지 않고 그 여자 이야기만 합니다. 친구들이 그 이야기를 다 들어 주려면 인내심이 필요합니다! 그 여자를 묘사하고 칭찬하면서 그 여자의 모든 훌륭한 점을 이야기합니다. "나한테 맛있는 요리를 해주고 내 집을 깨끗이 간수해 줄 사람이 곧 생길 거야"라고 말하지 않습니다. 당연히 그렇게 말하지 않습니다! 그의 관심은 그 여자 자신에게 있습니다.

여러분, 이 점에 비추어 자신을 점검해 보십시오. 여러분은 이 큰 구원에 대해 무슨 말을 하고 있습니까? 어떻게 이야기하고 있습니까? 어떻게 묘사하고 있습니까? 어떻게 생각하고 있습니까? 이것이 시금석입니다. 복되신 하나님의 영광스러운 복음을 단순히 특정한 축복을 제공하는 매개체로 축소시키면 절대 안 됩니다.

계속해서 다른 시금석을 살펴봅시다. 기도 생활은 이 점에서 아주 좋은 시금석입니다. "그는 흥하여야 하겠고 나는 쇠하여야 하리라." 이 일이 일어나면 청원하고 요청하는 기도는 줄어들고 찬양하고 감사하며 흠모하는 기도는 늘어납니다. 그야말로 기본적인 사실 아닙니까? 요구하고 소원하고 청원하는 것은 어린아이의 특징입니다. 물론 그 자체로서는 아무 문제가 없습니다. 우리는 하나님께 요구하는 바를 아뢰어야 합니다. 저는 지금 그런 기도를 하지 말라는 것이 아닙니다. 단지 상대적인 비중을 따져 보라는 것입니다. 우리 모두 이 점을 숙지해야 합니다. 그리스도인들도 무릎을 꿇고 주기도문을 외운 다음 두세 가지 요청만 하고 일어설 위험이 있습니다. 짧은 중보기도 제목—청원하고 요청하며 요구하는 내용—만 아뢰고 일어설 위험이 있습니다. 그러나 자아가 쇠하고 그가 흥하시면 감사하고 찬양하는 마음, 고마워하고 놀라워하며 흠모하는 마음을 더 많이 표현하게 됩니다. 다음과 같이 고백하게 됩니다.

나 감히 구주 흘리신
보혈의 은덕을 입다니 어찌 이런 일이?
고통 드린 날 위해,
자신을 죽게 한 날 위해 죽으시다니 어찌 이런 일이?
놀라운 사랑이로다!
내 하나님 날 위해 죽으시다니 어찌 이런 일이?

—찰스 웨슬리

또는 아이작 와츠처럼 "놀라운 십자가"를 생각하다가 경이감과 사랑과 찬양에 사로잡힐 수도 있습니다.

> 영광의 주 달려 죽은
> 놀라운 십자가 생각할 때
> 가장 큰 유익도 해로 여기고
> 내 모든 자랑 멸시하게 되네.*

이것이 자아를 없애고 그를 흥하시게 하는 방법입니다.

그리스도인의 삶이 행복하게 느껴지지 않습니까? 충만함에 대해 잘 모르는 것 같습니까? 혹시 "나도 충만함을 얻고자 애쓰며 기도해 왔어요. 추구하고 탐색하며 책도 읽고 집회도 참석했다고요"라고 말하는 것은 아닙니까? 그 모든 것을 잠시 내려놓고 자기 자신을 돌아보며 자신이 기도하는 소리를 들어 보면, 그 중심에 자아가 있음을 발견할 것입니다. 이것저것 구하기만 한다는 사실, 모든 말이 자신에게서 시작하여 자신에게서 끝난다는 사실을 발견할 것입니다. 그러나 예수가 흥하기 시작하면 그런 기도는 점점 줄어들고, 찬양하고 감사하며 흠모하는 기도가 늘어납니다.

또 다른 시금석을 제시해 보겠습니다. 자아가 쇠하고 있다는 가장 좋은 표시는 자신을 보호하고 방어하는 태도가 점점 줄어드는 것입니다. 이것이야말로 가장 흔히 나타나는 자아의 징후 아닙니까? 자아

* 새찬송가 149장 1절 다시 옮김.

는 항상 예민합니다. 누가 자신을 모욕하거나 상처 주거나 공격하지는 않는지, 숨은 의도를 가지고 대하지는 않는지 늘 살핍니다. 그래서 불행합니다. 항상 두려워하고 감시하며 자신을 보호하고 방어합니다. 이것이 자아의 큰 특징입니다. 그렇게 평생 자신을 방어하면서 상황이 악화될 때마다 다른 사람과 하나님을 원망합니다. "하나님은 공평치 못해. 난 이보다 나은 대접을 받을 자격이 있다고. 왜 내가 이런 병에 걸려야 하지? 왜 내 일이 이렇게 꼬여야 해? 왜 나는 성공하면 안 되는 거야?"라고 합니다. 이처럼 우리가 익히 아는 방식으로 말하는 것이 바로 자아입니다. 우리는 늘 상처받을 준비가 되어 있습니다. 이것은 자아가 여전히 중심에 있다는 표시이며, 자아가 맨 앞에 있고 예수는 거의 보이지 않는다는 표시입니다.

사도 바울은 우리와 얼마나 달랐는지 모릅니다! 이 위대한 사람의 말을 들어 보십시오. 어리석은 고린도 교인들은 그의 능력을 인정하지 않고 아볼로나 베드로를 앞세우면서 그를 모욕했습니다. 고린도전서 4장에는 그에 대한 사도의 반응이 나옵니다. "사람이 마땅히 우리를 그리스도의 일꾼이요 하나님의 비밀을 맡은 자로 여길지어다. 그리고 맡은 자들에게 구할 것은 충성이니라.―이제 그가 하는 말을 들어 보십시오―너희에게나 다른 사람에게나 판단받는 것이 내게는 매우 작은 일이라. 나도 나를 판단하지 아니하노니 내가 자책할 아무것도 깨닫지 못하나 이로 말미암아 의롭다 함을 얻지 못하노라. 다만 나를 심판하실 이는 주시니라"(고전 4:1-4). 사도가 이렇게 말할 수 있었던 이유가 무엇일까요? 그 대답은 오직 하나, "그리스도와 함께 십자가에 못 박혔"기(갈 2:20) 때문입니다. 이것이 유일한 대답입니다. 바울은 골로새 교인들에게 말합니다. "이는 너희가 죽었고 너희 생명이 그리스도와 함께 하나님 안에 감추어졌음이라"(골 3:3).

자신이 죽었다는 것을 모르기 때문에 그토록 자아가 고집스럽게 남아 있는 것이고, 그토록 예민하게 자신을 보호하며 방어하는 것입니다. 조지 뮐러의 자서전에 나오는 위대한 말을 기억합니까? 그는 자기 인생의 중대한 전환점, 자신에게 일어난 가장 놀라운 일에 대해 이렇게 말합니다. "그날은 내가 조지 뮐러에 대해 완전히 죽은 날, 조지 뮐러가 나에 대해 완전히 죽은 날이었다." 복된 해방이 찾아왔습니다. 자신과 관계가 완전히 끊어졌습니다. 자신에게 신경 쓸 필요가 없어졌습니다. 자신의 모든 자랑이 잘못된 것이요 눈먼 것이요 우스운 것임을 깨달았습니다. 다시 말해서 어느 찬송의 표현대로 "마음에서 풀려난 마음"을 얻은 것입니다. 이것이 비결입니다! 고요한 마음, 평안한 마음, 비참한 자아 주변을 영원히 맴돌지 않아도 되는 마음이 생깁니다. 존 버니언도 이것을 아주 잘 표현해 놓았습니다.

> 엎드렸기에 넘어질까 겁낼 필요 없고
> 낮아졌기에 교만치 않으며
> 비천하기에 언제나
> 하나님이 인도자 되어 주시도다.

이 얼마나 심오한 철학입니까! 이미 땅에 엎드린 자는 넘어질 수 없지 않습니까? 자기 하나님, 자기 창조자, 복되신 구속자 앞에 이미 낮아진 자는 어떤 것에도 상처받을 이유가 없습니다. 이미 엎드려 있고, 이미 낮아져 있습니다.

그러므로 존 그린리프 휘티어^{John Greenleaf Whittier} 처럼 기도하는 것도 놀라운 일이 아닙니다.

> 우리 영혼 압박과 긴장에서 풀려나
> 정연한 삶으로
> 주님 주시는 평강의 아름다움을 고백하게 하소서.

이것이 두 번째 중대한 시금석입니다. 자기중심성이 점점 줄어듭니다.

세 번째 시금석에 대해 한마디만 하겠습니다. 자아가 쇠하면 자기 의존성이 점점 줄어듭니다. 이 또한 우리가 적용할 귀중한 시금석입니다. 자아는 당연히 자신감에 넘칩니다. 자기 자신을 과대평가하기에 자기 능력과 자기가 할 수 있는 일 또한 과대평가하며, 자연히 그 능력을 의지하기 쉽습니다. "나를 떠나서는 너희가 아무것도 할 수 없음이라"(요 15:5)라는 주님의 말씀을 잊어버립니다. 자기가 다 할 수 있다고 생각합니다. 자기가 계획을 세우고 프로그램을 짭니다. 자기 힘을 의지합니다. 이른바 '기도의 뒷받침'만 있으면 된다고 말합니다. 종종 생각하는 바지만, 제 평생 들은 말 중에 가장 무서운 말이 이것입니다. 자기 혼자 계획과 방안을 다 세워 놓습니다. 모든 준비를 끝내 놓습니다. 자기가 거의 다 할 작정입니다. 그러면서 하나님의 축복을 얻기 위해 맡기는 기도를 합니다.

이것은 자아가 앞에 있는 태도입니다. 예수는 저 뒤편 어딘가에서 약간의 도움과 원조만 주시면 된다는 것입니다. 오, 얼마나 비극적인 상태입니까! 이것은 완전히 잘못된 태도이자 심한 무지—자기 자신과 자신의 과업에 대한 무지—의 소산입니다. 교회의 과업이 무엇입니까? 단순히 회심자를 많이 얻는 것입니까? 당연히 아닙니다. "우리의 씨름은 혈과 육을 상대하는 것이 아니요 통치자들과 권세들과 이 어둠의 세상 주관자들과 하늘에 있는 악의 영들을 상대함이라"(엡 6:12). 여러분은 이런 영들에 맞서고 있습니까? 인간과 인간의 능력과 인간의 조직력을 비롯하여 우리가 떠올릴 수 있는 온갖 수단을 동원한들 이 권세, "하늘에 있는 악의 영들", "이 세상의 신"을 대적할 수 있겠습니까? 바울은 말합니다. "만일 우리의 복음이 가리었으면 망하는 자들에게 가리어진 것이라. 그중에 이 세상의 신이 믿지 아니하는 자들의 마음을 혼미하게 하여 그리스도의 영광의 복음의 광채가 비치지 못하게 함이니"(고후 4:3-4). 그래서 사람들이 믿을 수 없는 것이며, 믿기가 불가능한 것입니다. "그때에 너희는 그 가운데서 행하여 이 세상 풍조를 따르고 공중의 권세 잡은 자를 따랐으니 곧 지금 불순종의 아들들 가운데서 역사하는 영이라"(엡 2:2). 세상은 마귀, 사탄의 통치와 지배를 받고 있습니다. 그래서 믿을 수가 없습니다. 어떤 인간도, 어떤 인간의 힘으로도, 설사 인류 전체가 힘을 합친다 해도 이 권세에 대적할 수 없습니다. 대적하기가 불가능합니다. 오직 한 분 외에는 이 권세에 맞설 이가 없습니다. 자기 속에 죄가 거하고 있으며 옛 본성이 여전히 남아 있다는 사실을 기억하면, 자신을 신뢰하고 의지하는 것이 얼마나 우스운 일인지 알 수 있습니다.

늘 그렇듯이 사도 바울은 이 점 또한 완벽하게 설명해 줍니다. "우리가 육신으로 행하나 육신에 따라 싸우지 아니하노니—자신도 인간이지만 인간적이고 세속적이고 육신적인 방식으로 일하지 않는다는 것입니다 —우리의 싸우는 무기는 육신에 속한 것이 아니요 오직 어떤 견고한 진도 무너뜨리는 하나님의 능력이라. 모든 이론을 무너뜨리며 하나님 아는 것을 대적하여 높아진 것을 다 무너뜨리고 모든 생각을 사로잡아 그리스도에게 복종하게 하니"(고후 10:3-5). 이것이 사탄에 맞서는 유일한 방법입니다. 다른 방법은 없습니다. 그래서 그토록 명석하고 뛰어난 지성과 논리력과 지식과 학식을 갖춘 사도도 고린도에 갔을 때 "약하고 두려워하고 심히 떨었"다고(고전 2:3) 고백한 것입니다. 그 엄청난 거인, 뛰어난 천재, 셋째 하늘까지 이끌려 올라간 하나님의 사람도 떨었습니다. "내 말과 내 전도함이 설득력 있는 지혜의 말로 하지 아니하고 다만 성령의 나타나심과 능력으로 하여 너희 믿음이 사람의 지혜에 있지 아니하고 다만 하나님의 능력에 있게 하려 하였노라"(고전 2:4-5).

그는 계속 이 말을 합니다. 그가 고린도후서 2장에서 자신의 사역과 관련하여 무슨 말을 하는지 들어 보십시오.

항상 우리를 그리스도 안에서 이기게 하시고 우리로 말미암아 각처에서 그리스도를 아는 냄새를 나타내시는 하나님께 감사하노라. 우리는 구원 받는 자들에게나 망하는 자들에게나 하나님 앞에서 그리스도의 향기니 이 사람에게는 사망으로부터 사망에 이르는 냄새요 저 사람에게는 생명으로부터 생명에 이르는 냄새라. 누가 이 일을 감당하리요?(고후 2:14-16)

자기 자신에게 만족할 만한 사람이 있다면 바로 사도 바울일 것입니다. 그는 모든 면에서 인간에게 필요한 모든 자질을 갖추고 있었던 것이 분명합니다. 그런데도 자기 과업과 책임과 인간의 영혼 안에 있는 하나님의 영광을 보면서 "누가 이 일을 감당하리요?"라고 외쳤습니다. 자아가 쇠하다 못해 사실상 사라져 버린 것입니다.

바울은 고린도후서 3:5에서 다시 말합니다. "우리가 무슨 일이든지 우리에게서 난 것같이 스스로 만족할 것이 아니니 우리의 만족은 오직 하나님으로부터 나느니라." 그리고 골로새서 1장 말미에서는 제가 가장 위대하게 생각하는 진술을 합니다. "우리가 그를 전파하여 각 사람을 권하고 모든 지혜로 각 사람을 가르침은 각 사람을 그리스도 안에서 완전한 자로 세우려 함이니 이를 위하여—이를 위하여 어떻게 합니까?—나도 내 속에서 능력으로 역사하시는 이의 역사를 따라 힘을 다하여 수고하노라"(골 1:28-29). 여기에서 자기 의존성이란 찾아볼 수 없습니다. 완전히 사라져 버렸습니다. 사도는 자기 자신은 물론이요 인간 안에 있는 어떤 것도 의지하지 않았습니다. 오직 하나님만 의지했습니다. 그래서 빌립보 교인들에게 보내는 편지를 마무리할 때도 "내게 능력 주시는 자 안에서 내가 모든 것을 할 수 있느니라"(빌 4:13)라고 했습니다.

"그는 흥하여야 하겠고 나는 쇠하여야 하리라." 이 점을 아주 잘 표현한 테오도르 모노$^{Theodore\ Monod}$의 찬송을 인용하며 설교를 마치겠습니다.

오, 그 시절 생각하면
얼마나 슬프고 부끄러운지,

구주가 긍휼로 구하신 간구가 헛되게도
나 당당히 대답했네.
"나만 있고 당신은 없나이다!"

그런데 그가 날 찾으셨네.
저주받은 나무에 달려 피 흘리시는 그 모습 보고
"아버지, 저들을 용서하소서" 기도하시는 그 소리 들었네.
나 수심에 잠겨 힘없이 말했네.
"나도 있고 당신도 있나이다!"

그의 온유한 자비 날마다
날 고치시고 도우셨네. 충만하고 자유롭게,
부드럽고 강하게, 아, 그토록 오래 참으시며
날 낮추셨네. 마침내 나 이렇게 속삭일 때까지.
"나는 작아지고 당신은 커지시길!"

가장 높은 하늘보다 더 높고
가장 깊은 바다보다 더 깊은
주의 사랑 마침내 날 정복했으니,
주여, 제 간구를 들으소서.
"나는 없고 당신만 있나이다!"

여러분은 이것을 경험했습니까?

20.
가련한 자아는 점점 작아지게 하소서

그는 흥하여야 하겠고 나는 쇠하여야 하리라. | 요한복음 3:30

이것은 우리 주와 구주 되신 예수의 설교와 성공을 보고 질투하는 어리석은 제자들에게 세례 요한이 한 말로서, 우리는 그 정확한 맥락을 살펴보았습니다. 요한은 그들을 책망하고 그들의 잘못을 바로잡으며 "그는 흥하여야 하겠고 나는 쇠하여야 하리라"라는 중대한 말로 모든 내용을 요약했습니다.

우리는 이 말이 역사적 배경상 중요할 뿐 아니라 역사적 사실 그 자체로서도 중요하다는 점을 밝혔습니다. 우리 영혼을 배양하고 영적인 생명을 키우는 데 핵심적으로 중요한 큰 원리를 담고 있다는 점도 밝혔습니다. 실제로 우리는 "기독교란 무엇인가?", "그리스도인이 된다는 말의 의미는 무엇인가?"라는 관점에서 이 구절을 살펴보면서, 요한복음 1:16에 그 질문의 답이 있다는 점을 계속 시사해 왔습니다. "우리가 다 그의 충만한 데서 받으니 은혜 위에 은혜러라." 이것이 바로 그리스도인이 된다는 말의 의미입니다. 단순히 주 예수 그리스도를 믿거나 선한 삶을 사는 것이 아닙니다. 그와 연합하여 그의 충만한 데서 받는 것입니다. 한 번 받고 끝나는 것이 아니라 계속해서 은혜 위에 은혜를 받는 것입니다. 성령 안에서 살며 주 안에서 사는 것입니다. "영광의 소망"(골 1:27)이신 그리스도가 우리 안에 계시고 우리가 그리스도 안에 있는 것입니다.

기독교의 핵심이 여기 있습니다. 우리는 다 이렇게 살아야 합니다. 이 크고 영광스러운 충만함을 받았을 뿐 아니라 계속 받고 있음을 드러내고 나타내야 합니다.

우리가 그렇게 살기만 하면 모든 상황이 완전히 바뀌고 달라질 것입니다. 교회도 지금 같은 모습에서 벗어날 것입니다. 더 이상 연약하거나 쇠약하거나 무력하지 않을 것입니다. 능력과 활기에 넘칠 것입니다. 부흥과 개혁의 때마다 그랬듯이 세상을 끌어당길 것입니다. 세상이 지금 이 모양이 된 주된 이유, 다수의 사람들이 기독교회 밖에 머무는 주된 이유는 그리스도인을 자처하는 저와 여러분이 이런 모습으로 살기 때문입니다. 그리스도인이 되면 오히려 무언가 박탈당하는 듯한 인상을 줄 때가 많습니다. 세상은 생기가 넘치는 반면 우리는 금지와 거부와 제약에 묶인 부정적인 자들 같은 인상을 주거나, 믿는다는 것은 여러 가지를 포기해야 하는 힘든 과업인 듯한 인상을 줄 때가 많습니다. "차라리 복음을 듣지 않았다면 즐겁고 충만하게 살았을 걸" 하며 가끔 아쉬워하는 듯한 인상을 줄 때가 많습니다. 그래서 사람들이 교회 밖에 머무는 것이요, 기독교를 협소하고 옹졸하며 갑갑하다고 하는 것입니다.

물론 그것은 전적으로 완전히 잘못된 관점이지만, 세상이 그렇게 생각한다고 비난해서는 안 됩니다. 여러분, 그렇게 만든 장본인은 바로 저와 여러분입니다. 우리가 이 삶의 영광을 보여주지 못했기 때문에, 마땅히 받아야 할 하나님의 충만함을 받지 못하고 은혜 위에 은혜를 받지 못했기 때문에 세상이 그렇게 생각하는 것입니다. 우리가 이 구절을 연구하며 충만함을 가로막는 주된 장애물을 찾는 이유가 이것입니다. 충만함은 오직 주 예수 그리스도 안에 있습니다. "아버지께서는 모든 충만으로 예수 안에 거하게 하시고"(골 1:19). 모든 것이 머리 되신 그리스도에게서 흘러나옵니다. 그 안에 영원한 충만함이 있고 측량할 수 없는 풍성함이 있습니다. 그런데도 우리는 여전히 걸인처럼 살고 있고 영양실조에 걸려 있습니다. 대체 무엇이 문제일까요? 대체 무엇 때문에 충만함을 받지 못하는 것일까요?

우리는 요한복음이 제시하는 여러 가지 원인들을 살펴보았고, 지금은 가장 중요한 원인을 살펴보는 중입니다. 감히 반복하건대, **자아**만큼 빈번히 충만함을 앗아 가는 것은 없습니다. 자아는 시종일관 우리의 원수로서, 그에 대한 경고가 성경을 가득 채우고 있습니다. 자아가 뒤로 물러나야 예수가 앞에 나서십니다. "나는 쇠하여야 하리라." 내가 쇠하지 않는 한 그가 내 삶에서 흥하실 가능성은 없으며, 내가 그의 충만함을 받을 가능성 또한 없습니다.

반복하건대, 성경은 곳곳에서 이 중대한 원리를 강조하고 있습니다. 또 다른 예를 상기시켜 보겠습니다. 계시록 3:17에서 성령은—실제로 성령을 통해 말씀하시는 분은 주님이십니다—라오디게아 교회에 말씀하십니다. "네가 말하기를 나는 부자라 부요하여 부족한 것이 없다 하나 네 곤고한 것과 가련한 것과 가난한 것과 눈먼 것과 벌거벗은 것을 알지 못하는도다." 라오디게아 교인들이 이렇게 된 이유가 무엇입니까? 그 대답은 자신들을 너무 좋게 평가했기 때문이라는 것입니다. 아무것도 필요치 않다고 여기는 자는 하나님의 충만함을 받을 수 없습니다. 이미 다 가졌다고 여기는 자는 아무것도 더 원치 않습니다. 현대의 많은 그리스도인, 특히 복음주의적인 그리스도인의 비극이 이것입니다. 중생하는 순간 전부 받았다고 생각합니다. 더 받는 것이 없으니 처음 상태에서 더 이상 나아가지 못합니다. 항상 "부족한 것이 없다"고 했던 라오디게아 교인들의 상태가 그랬습니다. 자신들의 "곤고한 것과 가련한 것과 가난한 것과 눈먼 것과 벌거벗은 것을" 몰랐기에 부족함을 느끼지 못했습니다.

사도 바울이 고린도 교인들에게 한 말도 들어 보십시오. 그들은 지식과 지각과 은사 때문에 우쭐해지고 교만해졌습니다. 바울은 말합니다. "그런즉 선 줄로 생각하는 자는 넘어질까 조심하라"(고전 10:12).

우리가 해야 할 유일한 일은 바로 이 권면에 유의하는 것입니다. 자아는 쇠해야 합니다. 저는 지난 설교에서 자아가 쇠하는지 확인할 수 있는 몇 가지 증거를 알려 드렸습니다. 그중 한 가지는 자기 자신을 더 잘 알게 되는 것이었고, 또 한 가지는 자아에 대한 관심 및 자기중심성, 자기 자신과 자기 문제와 자기 경험 등에 대한 말수가 점점 줄어드는 것이었습니다. 만사가 자기중심으로 돌아가지 않는 것이었습니다. 이런 모습이 점점 줄어든다는 것은 자아가 쇠하고 있다는 뜻입니다. 그리고 마지막 증거는 자기 의존성과 자기 충족성과 자기 신뢰가 줄어든다는 것이었습니다. 저는 성경에서 그 예를 제시했습니다.

논의를 더 진전시키기 전에 한 가지 시금석, 아주 귀중하고 섬세한 시금석을 제시하고 싶습니다. 그것은 감정에 점점 덜 기대고 믿음에 점점 더 기대게 되는 것입니다. 이 또한 자아가 쇠하고 있다는 좋은 표시입니다. 이 점에 주의해야 합니다. 감사하게도 그리스도인의 삶에는 온갖 감정과 체험이 포함됩니다. 감정이 없으면 기독교도 없습니다. 복음은 우리의 일부가 아닌 전인을 요구합니다. 머리나 의지나 마음만 요구하지 않습니다. 인식 가능한 감정은 그리스도인의 삶을 이루는 본질적 요소입니다.

그러나 다른 모든 요소와 마찬가지로 감정에도 당연히 위험이 따릅니다. "우리 형제들을 참소"하는(계 12:10) 자요 우리 대적인 마귀가 항상 우리를 곁길로 이끌기 때문입니다. 구약성경에 나오는 이스라엘 자손의 놋뱀 사건 때 그랬고, 시대를 막론하고 그리스도인의 삶에 가장 중대한 사건이 일어날 때마다 그랬듯이, 마귀는 선한 것에 과도히 집중하게 만듦으로 악하게 변질시켜 버립니다.

감정에 기대어 사는 삶이 위험한 것은 자아를 우쭐하게 만들고 자기만족과 자부심을 느끼게 만드는 성향이 있기 때문입니다. 고린도후서 12장은 이 위험에 대한 중대한 강해입니다. 바울은 놀라운 체험을 했습니다. 셋째 하늘에 이끌려 올라가 말로 표현할 수 없는 말, 사람이 가히 이르지 못할 말을 들었습니다. 오, 그것은 참으로 놀라운 사건이요 체험이었습니다!

그런데 그다음에 일어난 일이 있습니다. "육체의 가시"가 생긴 것입니다. 사도는 그 이유를 이렇게 밝힙니다. "여러 계시를 받은 것이 지극히 크므로 너무 자만하지 않게 하시려고 내 육체에 가시 곧 사탄의 사자를 주셨으니 이는 나를 쳐서 너무 자만하지 않게 하려 하심이라"(고후 12:7). 그는 체험 때문에 너무 자만하게 될 위험이 있음을 알았습니다.

그리스도인의 삶과 관련하여 가장 먼저 배워야 할 사실은 '이 삶은 지속적인 싸움이기에 항상 주의하고 조심해야 한다'는 것입니다. 앞서 11장에서 마귀가 광명의 천사로 가장할 수 있고 성경도 인용할 수 있다는 점을 설명한 바울은 그 연속선상에서 아무리 본질적으로 선한 것이라도 정도가 지나치면 악한 것이 되어 그리스도인을 치우치게 할 수 있음을 지적합니다.

사도 자신도 그럴 위험에 처했습니다. 그래서 이런 고통이 생겼고, 그로 인해 하나님께 감사드린 것입니다. 하나님은 "내 은혜가 네게 족하도다. 이는 내 능력이 약한 데서 온전하여짐이라"(고후 12:9)라고 가르치셨습니다. 이처럼 우리가 쇠해야 그가 흥하십니다. 이것은 언제나 동일한 법칙입니다. 사도는 "그러므로 도리어 크게 기뻐함으로 나의 여러 약한 것들에 대하여 자랑하리니 이는 그리스도의 능력이 내게 머물게 하려 함이라. 그러므로 내가 그리스도를 위하여 약한 것들과 능욕과 궁핍과 박해와 곤고를 기뻐하노니"라고 말한 다음, 다시 같은 말을 반복합니다. "내가 약한 그때에 강함이라"(9-10절). 이처럼 자아가 쇠해야 그리스도가 흥하십니다. 이 주제가 신약성경의 가르침 전체를 관통하고 있습니다. 그러므로 저는 이것을 하나의 원리로 제시하는 바입니다. 하나님은 그 자비와 긍휼로 기꺼이 우리에게 인식 가능한 감정과 즐거움을 주십니다. 그리고 여기에는 당연히 그 감정에 기대어 살며 그 감정에 머물고 싶어 할 위험이 따릅니다.

신약성경을 관통하는 또 한 가지 중대한 유비는 갓난아이로 태어나 어린아이와 젊은이를 거쳐 중년과 노년에 이르는 것입니다. 부모가 어린 자녀에게 해주는 일을 하나님도 영적인 삶의 유아기와 유년기에 해주십니다. 아이가 어릴 때 우리는 선물 공세를 하며 아이가 좋아할 것을 줍니다. 그것이 아이를 대하는 방식입니다. 물론 아이는 평생 그렇게 살고 싶어 합니다. 영적인 영역에서도 마찬가지입니다. 계속 체험이 주는 감정에 기대어 살고 싶어 합니다. 그러나 감정은 왔다가 사라지는 아주 기만적인 것이기에, 감정에 기대어 사는 삶은 우리에게 아주 해롭습니다. 한 찬송시인이 "가장 감미로운 기분조차 믿지 않"는다고 말한 이유가 여기 있습니다. 감정은 안정된 것이 못 됩니다. 그렇기 때문에 감정에 기대어 살면 결국 혼란과 실망에 빠지고 실패하기 쉽습니다. 감정에는 점점 덜 기대고, 예수 그리스도를 아는 지식과 믿음에 점점 더 기대어 살게 되는 것이야말로 성장의 표시요 자아가 쇠하는 표시라고 저는 말하는 바입니다. 이 점 또한 사도가 잘 표현해 놓았습니다. "우리가 믿음으로 행하고 보는 것으로 행하지 아니함이로라"(고후 5:7). "보는 것"에는 감정의 문제 전체가 포함된다는 사실을 기억하십시오.

달리 설명해 보겠습니다. 성령의 **은사**보다 **은혜**를 높이 평가하는 것 또한 우리는 쇠하고 그는 흥하신다는 표시입니다. 물론 두 가지는 비교 대상이 아닙니다. 그러나 우리 성향이 워낙 은사 쪽으로 기울기 쉽기 때문에 이렇게 비교하는 것입니다. 고린도 교회의 핵심 문제가 이것 아니었습니까? 실제로 이것이 고린도전서 12-14장의 중대한 메시지 아닙니까? 성령이 은사를 주시는 것은 하나님께 감사드릴 일입니다. 그런데 고린도 교회에는 은사에 기대어 살며 늘 은사 이야기만 하는 문제가 있었습니다. 그들은 경쟁하고 비교하고 대조하며 서로 질투하거나 무시했습니다. 실제로 사도가 그들에게 말한 요지는 이것입니다. "그렇다. 이 은사는 하나님과 성령이 주신 탁월한 것이다. 그러나 거기 지나치게 매달리면 안 된다. 은사보다 은혜와 성령의 열매가 더 중요하다."

이것은 은사를 열망하지 말라거나 은사에 관심을 갖지 말라는 말이 아닙니다. 마땅히 관심을 가져야 합니다. 바울은 항상 완벽한 균형을 유지했습니다. "사랑을 추구하며 신령한 것들을 사모하되 특별히 예언을 하려고 하라"(고전 14:1). 그는 은사를 무시하지 않았습니다. 그것은 아주 잘못된 태도입니다. 어떤 은사도 무시하면 안 됩니다. 모든 은사는 성령이 주시는 것입니다. 지금 바울이 잘못되었다고 지적하는 것은 균형을 잃고 은사를 은혜보다 앞세우는 태도입니다. 그는 말합니다. "내가 어렸을 때에는 말하는 것이 어린아이와 같고 깨닫는 것이 어린아이와 같고 생각하는 것이 어린아이와 같다가 장성한 사람이 되어서는 어린아이의 일을 버렸노라. 우리가 지금은 거울로 보는 것같이 희미하나 그때에는 얼굴과 얼굴을 대하여 볼 것이요 지금은 내가 부분적으로 아나 그때에는 주께서 나를 아신 것같이 내가 온전히 알리라. 그런즉 믿음, 소망, 사랑, 이 세 가지는 항상 있을 것인데 그중의 제일은 사랑이라"(고전 13:11-13).

"그중의 제일은 사랑이라"는 믿음과 소망을 깎아내리는 말이 아닙니다. 사랑―우리 마음에 부으시는 하나님의 사랑, 하나님을 향한 우리의 사랑―은 심오하고 기본적인 은혜입니다. 왜 그럴까요? 하나님 자신이 사랑이시기 때문입니다. 우리가 이 사랑으로 충만해질수록, 이 사랑을 나타낼수록, 이 사랑에 관심을 쏟을수록 우리 삶 속에서 자아는 쇠하고 주님은 흥하시게 되어 있습니다.

실제로 바울은 자신의 주장을 다음과 같이 표현합니다. "내가 사람의 방언과 천사의 말을 할지라도 사랑이 없으면 소리 나는 구리와 울리는 꽹과리가 되고"(고전 13:1). 고린도 교인들은 이런 은사, 특별한 몇 가지 은사만 이야기했습니다. 균형을 잃고 과도히 치우쳤습니다. 바울이 그들에게 말한 요지는 이것입니다. "은사는 전부 옳은 것으로 열망함이 마땅하다. 그러나 최대한 열렬히 추구해야 할 일은 너희 자신이 사랑으로 충만해지는 것이요 너희 삶이 사랑의 다스림을 받는 것이다." 결국 성령의 은사보다 중요한 것은 성령의 열매입니다. 그런데 아직도 어린아이의 요소를 가지고 있는 우리는 천성적으로 자연스럽게 화려한 은사를 추구합니다. 은사는 신나는 것입니다. 우리는 신나는 것을 좋아합니다. 덜 화려한 은사는 너무 잔잔하고 조용하게 느껴집니다. 사납고 세차게 흐르는 계곡물과 평야를 따라 한결같이 깊게 흐르는 큰 강물이 다른 것과 같습니다. 은사를 드러내는 일보다 자기 속에서 은혜가 자라는 일에 더 큰 관심을 갖는 것은 자아가 쇠하고 있다는 표시입니다. 이것이 우리가 명심할 또 한 가지 시금석입니다.

다음으로 살펴보고 싶은 시금석은 아주 실제적인 것입니다. 자아는 반드시 쇠해야 합니다. 이것은 예외 없는 절대 법칙입니다. 이미 말했듯이 신약성경은 그 가르침으로 가득합니다. 곳곳에서 이 점을 강조하고 있습니다. 비참하고 가련한 자아야말로 그리스도를 알지 못하고 그의 충만함을 받지 못하게 가로막는 가장 큰 원수입니다. 찬송시인 라바터는 이렇게 노래했습니다. "가련한 자아는 점점 작아지게 하소서." 이것을 우리 모두의 포부와 열망으로 삼아야 합니다.

그렇다면 어떻게 해야 자아가 점점 작아질까요? 그것을 위해 우리가 할 수 있는 일이 있을까요? 아주 많습니다. 이 영역에서도 단번의 체험으로 자아를 없앨 수 있다고 생각할 위험이 있습니다. 그러나 그것은 불가능합니다. 우리를 훌쩍 전진하게 해주는 체험, 전에 맥없이 걷던 길을 달려가게 해주는 체험은 할 수 있고 그 또한 하나님께 감사드릴 일이지만, 그럼에도 여전히 저와 여러분이 해야 할 일들이 많습니다. 자아가 점점 작아지고 계속 쇠해서 이를테면 완전히 사라지게 하기 위해 해야 할 일들이 많습니다! 그렇습니다. 우리가 이 땅에 사는 동안 자아는 완전히 사라지지 않습니다. 그러나 그 지점에 최대한 접근해야 합니다.

그러려면 무엇을 해야 할까요? 초보적으로 들릴지 모르지만 진정한 대답이 있습니다. 첫번째는 성경을 읽는 것입니다. 제가 이것을 첫 번째로 꼽는 이유가 무엇일까요? 무지는 늘 자만심과 자부심의 가장 큰 원인이 되기 때문입니다. 늘 그렇습니다. 조금 아는 사람이 항상 다 안다고 생각하는 법입니다. "선무당이 사람 잡는다"는 말이 있습니다. 많이 아는 사람일수록 오히려 자신이 잘 모른다는 사실을 깨닫습니다. 우리에게는 지식과 교훈이 필요한데, 하나님은 우리를 가르치시기 위해 성경을 주셨습니다. 디모데후서 3:16에 나오는 사도 바울의 말처럼 "모든 성경은 하나님의 감동으로 된 것"입니다. 그 목적이 무엇입니까? "교훈과 책망과 바르게 함과 의로 교육하기" 위해서입니다.

그러므로 자아를 없애는 첫 번째 법칙은 하나님의 말씀을 읽는 것입니다. 성경을 읽되 지속적으로 읽으십시오. 저는 이 점을 강조하고 싶습니다. 여러 가지 방식으로 성경이나 자기가 좋아하는 책을 읽을 수 있습니다. 그런데 성경은 어떻게 읽느냐가 무엇보다 중요하고 긴요합니다. 그냥 "성경을 읽으라"고 말하기는 아주 쉽습니다. 당연히 누구나 성경을 읽을 수 있습니다. 저는 시간을 정해 놓고 성경을 통독하는 여러 방법을 옹호해 왔습니다. 그리스도인이라면 적어도 일 년에 한 번 성경을 통독하기 위해 애써야 한다는 것이 제 생각입니다.

그런데 이에 따르는 위험은 자신의 성경 읽기 체계를 구축해 놓고 날마다 아주 많은 장절을 읽어 치우거나, 작은 성경 읽기책을 펴 놓고 "아, 여길 읽어야지" 하며 후닥닥 읽은 다음 "됐다!"라고 표시하는 것입니다. 그날 치 성경만 읽으면 된다고 여기는 것입니다. 때로는 거기에서 더 나아가 약간의 주석을 참고한 다음, 성경을 읽고 알았다고 생각하기도 합니다. 그런데 나중에 보면 전혀 모르는 경우가 있습니다.

성경은 성령 안에서 읽어야 합니다. 준비하고 읽어야 합니다. 기도하고 읽어야 합니다. 하나님의 성령이 임하시길 기도하고 읽어야 합니다. 한 찬송가 가사처럼 "너 성결키 위해"서도˙ 시간을 내야 하지만, 성경을 읽기 위해서도 시간을 내야 합니다. 현대인에게 무엇보다 필요한 권면이 이것이라고 말하고 싶습니다. 여러분은 왜 성경을 읽습니까? 스스로 이 질문을 던져 본 적이 있습니까? 그저 남들이 성경을 읽으라고 말하며 가르치니까 읽는 것은 아닙니까? 사람들은 "그리스도인이라면 누구나 성경을 읽어야 한다"고 말합니다. 그 말에 저도 동의합니다. 그러나 여러분이 성경을 읽는 이유가 오직 그것뿐입니까? 그저 날마다 읽을 분량을 채웠다고 말하기 위해, 일 년에 한 번 성경을 통독하기 위해 읽습니까?

더 구체적으로 물어보겠습니다. 여러분은 단순히 성경 내용을 알기 위해, "자, 창세기는 무엇을 가르치는가? 마태복음의 가르침은 무엇인가? 마가복음은? 요한복음은?" 같은 질문에 대답하기 위해 성경을 읽습니까? 그것이 여러분이 성경을 읽는 방식입니까? 사랑하는 여

• 새찬송가 420장.

러분, 그렇다면 여러분은 글자만 읽는 것입니다. 글자가 영보다 앞서면 성경 읽기의 가치 자체가 사라져 버립니다. 성경 읽기의 전적인 목표는 성경이 가르치는 영을 아는 데 있으며, 그 영에 붙잡히는 데 있습니다. 그래서 성경 읽는 시간을 꼭 내라고 하는 것입니다.

많은 이들이 "자유롭게 하는 온전한 율법"을 읽되, 야고보가 경고한 방식대로 읽는 경우가 허다합니다. 그가 한 말을 여러분도 기억할 것입니다.

> 누구든지 말씀을 듣고 행하지 아니하면 그는 거울로 자기의 생긴 얼굴을 보는 사람과 같아서 제 자신을 보고 가서 그 모습이 어떠했는지를 곧 잊어버리거니와 자유롭게 하는 온전한 율법을 들여다보고 있는 자는 듣고 잊어버리는 자가 아니요 실천하는 자니 이 사람은 그 행하는 일에 복을 받으리라. 누구든지 스스로 경건하다 생각하며 자기 혀를 재갈 물리지 아니하고 자기 마음을 속이면 이 사람의 경건은 헛것이라(약 1:23-26).

성경을 읽고 "난 독실한 사람이야. 내가 성경을 얼마나 많이 읽는지 좀 봐"라고 할 수 있습니다. 그러나 우리가 던져야 할 질문은 그 성경이 나에게 무슨 일을 했느냐 하는 것입니다. 5분 전에 읽은 내용을 기억하고 있습니까? 그 성경이 나에게 **무슨 일**을 했습니까? 성경 읽기의 가치를 검증하는 시금석이 이것입니다. 여러분도 알겠지만, 꼭 타야 할 기차 시간에 신경 쓰며 성경을 읽는 것은 사실상 읽는 것이 아닙니다. 그렇게 성경에 접근하는 것은 거의 신성모독에 해당합니다. 시간을 내서 조용하고 차분하며 꾸준하게 "자유롭게 하는 온전한 율법"을 들여다보아야 하며, 말씀이 나를 점검하고 조사하게 해야 합니다. 이것이 자아를 없애는 방법입니다.

이처럼 올바로 성경을 읽을 때 발견하는 것들이 있습니다. 가장 먼저 발견하는 것은 하나님의 거룩하심입니다. 우리 모두 하나님을 믿는다고 생각하지 않습니까? "난 항상 하나님을 믿어 왔다"고 말하는 이들이 세상에 많습니다. 그런데 정작 하나님에 대해 아는 바는 전혀 없습니다. 그런 사람은 사실상 하나님을 믿지 않는 것입니다. 잠시 멈추어 자신을 점검해 보십시오. 여러분이 "하나님을 믿는다"고 할 때, 그 말이 의미하는 바는 무엇입니까? 우리는 너무 쉽게 믿는다고 말합니다. 그러나 성경을 읽어야 하나님에 대해—그의 거룩하심과 위대하심과 영광에 대해—알게 됩니다.

> 불멸하시고 보이지 않으시며 유일하게 지혜로우신 하나님,
> 볼 수 없고 다가갈 수 없는 빛에 거하시는
> 지극히 복되시고 영화로우신 하나님, 옛적부터 계신
> 전능하신 승리자 하나님의 큰 이름을 찬양하나이다.
>
> —월터 C. 스미스 Walter C. Smith

하나님에 대해 조금이라도 안다면 지금처럼 말하거나 행동하지 않을 것이며, 그의 이름이 들어간 농담을 즐기지 않을 것입니다. 오, 하나님의 영광을 안다면! "성전에 연기가 충만한지라"(사 6:4). 하나님이 임하시는 곳에는 항상 이런 일이 일어납니다. 하나님의 영광과 거룩함이 임합니다.

오직 성경만 이에 대해 말해 줄 수 있습니다. 바울이 로마서에서 주장하듯이, 사실은 자연을 통해서도 그의 영광을 추론해 낼 수 있어야 합니다. 꽃을 보거나 산과 골짜기, 강과 바다, 해와 달과 별의 영광을 생각해 보십시오. 그런 것들을 보면서도 하나님의 영광을 추론해 낼 수 있어야 합니다. 그런데 우리는 그렇게 하지 못합니다. 오히려 "피조물을 조물주보다 더 경배하고 섬"깁니다(롬 1:25). 그러므로 결국 하나님의 영광에 대해 실제로 가르쳐 주는 것은 말씀뿐입니다. 성경을 통해 그의 영광을 알아 갈수록 자기 자신은 보지 않게 됩니다.

그다음에 발견하는 것은 하나님의 율법입니다. 하나님은 십계명과 도덕법을 비롯한 여러 가지 형태로 율법을 계시하길 기뻐하셨습니다. 성경의 가르침에 익숙해져야 그것을 알 수 있습니다. 이제까지는 체험과 은사 등에 관심을 가지고 여기저기 성급하게 달려들었습니다. 자아가 여전히 중심을 차지하고 있었습니다. 그런데 성경을 읽으면서 자신이 그렇게 쉽게 말하던 하나님, 쉽게 입에 올리던 하나님이 영원하시고 영존하시는 분임을 상기하게 됩니다. 모세가 들었던 떨기나무의 음성을 성경에서 듣게 됩니다. "이리로 가까이 오지 말라. 네가 선 곳은 거룩한 땅이니 네 발에서 신을 벗으라"(출 3:5). 성경에는 성급하게 달려들면 안 됩니다. 하나님이 거기 계시기 때문입니다. 뒤로 물러나야 합니다!

이 또한 성경의 가르침으로만 알 수 있는 사실입니다. 하나님의 거룩하심과 율법과 정의와 공의에 대해 점점 더 알게 됩니다. 그렇게 천천히 주의하며 성경을 읽다 보면 놀라운 말씀에 맞닥뜨립니다. 다윗은 죄를 지었습니다. 처음에는 당연히 자신이 모든 문제를 바로잡을 수 있을 줄 알았습니다. 그런데 하나님이 어떤 분이신지 알고 나서 고백하는 말은 이것입니다. "주께서는 중심이 진실함을 원하시오니"(시 51:6). 하나님이 요구하시는 것은 피상적이고 번지르르한 지식이 아니라 중심의 진실함입니다. "우리의 결산을 받으실 이의 눈앞에 만물이 벌거벗은 것같이 드러나느니라"(히 4:13).

또한 다가올 심판—하나님의 심판, "세상을 심판하시는 이"(창 18:25)가 정하신 심판—에 대한 말씀을 읽고 자신이 하나님 앞에 서야 한다는 사실을 깨닫습니다. 그 사실 앞에 겸손해집니다. 이 또한 자아를 없애는 방법입니다. 사도 바울은 말합니다. "우리가—바울 자신을 포함하여—다 반드시 그리스도의 심판대 앞에 나타나게 되어 각각 선악 간에 그 몸으로 행한 것을 따라 받으려 함이라. 우리는 주의 두려우심을 알므로 사람들을 권면하거니와"(고후 5:10-11). 사도는 경외감을 가지고 진지하고 엄중하게 이 말을 합니다. 장차 무슨 일이 있을지 알았기 때문입니다.

이렇게 성경을 읽으면서 어떤 모양 어떤 형태로든 이사야서 6장에 나오는 경험을—단순히 한 가지 실례를 제시하자면—하게 됩니다. 이사야는 말합니다. "내가 본즉 주께서 높이 들린 보좌에 앉으셨는데 그의 옷자락은 성전에 가득하였고 스랍들이 모시고 섰는데 각기 여섯 날개가 있어……서로 불러 이르되 거룩하다, 거룩하다, 거룩하다, 만군의 여호와여, 그의 영광이 온 땅에 충만하도다 하더라. 이같이 화답하는 자의 소리로 말미암아 문지방의 터가 요동하며 성전에 연기가 충만한지라.—이에 대한 선지자의 반응이 이제 나옵니다—그때에 내가 말하되—이 말을 한 사람이 경건한 종교인이요 제사장이었다는 사실을 기억하십시오—화로다, 나여! 망하게 되었도다. 나는 입술이 부정한 사람이요 나는 입술이 부정한 백성 중에 거주하면서 만군의 여호와이신 왕을 뵈었음이로다 하였더라"(사 6:1-5). 하나님을 얼핏이라도 본 자는 이처럼 쇠하게 됩니다. 자신이 아무것도 아닌 하찮은 존재임을 깨닫게 됩니다. "화로다, 나여!" 하나님을 본 자는 자신의 부정함과 더러움을 느끼게 되어 있습니다. 사도 요한도 계시록 서두에서 같은 말을 합니다. 그는 큰 환상을 보고 "그의 발 앞에 엎드러져 죽은 자같이 되"었습니다(계 1:17). 연로한 사도도 그렇게 되었습니다! 그렇게 큰 체험을 한 인물, 주 예수 그리스도의 사랑을 받은 제자, 특별한 사랑을 받은 제자도 그렇게 되었습니다! 주님의 모습을 보고 그의 발 앞에 엎드러져 죽은 자같이 되었습니다. 이 또한 자아를 없애는 방법, 가장 직접적인 방법입니다.

또한 성경을 읽으면서 성도에 대해서도 알게 됩니다. 하나님이 택하신 이스라엘 자손의 이야기, 애굽에서 이적과 기사를 목격했고 기적적인 방법으로 홍해를 건넜으며 만나를 먹은 백성의 이야기, 큰 체험을 한 백성의 이야기를 읽게 됩니다. 처음에 읽을 때는 이런 백성이 결코 잘못될 리가 없다는 생각이 듭니다. 어쨌든 바로와 그의 군대가 혼란에 빠지고 병거가 홍해가 빠져 멸망당하는 것을 보았으니 절대 잘못될 리가 없을 것 같습니다. 하나님의 위대하심과 영광이 놀랍게 나타나는 것을 목격했으니 절대 잊지 않고 평생 훌륭한 백성으로 살아갈 것이 확실해 보입니다.

그런데 그들이 정말 그렇게 살았습니까? 그들의 이야기를 계속 읽으면서 발견하는 것은 오히려 불평하고 원망하며 죄에 빠지는 모습, 우상을 숭배하며 하나님의 이름을 부끄럽게 만드는 모습입니다. 그러다가 신약성경으로 넘어오면 "구약의 이야기들은 대체 왜 다 기록해 놓은 거지? 나는 이제 그리스도 안에 있는 사람인데, 구약성경을 읽는 일이 왜 중요한 걸까?"라는 의문이 생깁니다. "그들에게 일어난 이런 일은 본보기가 되고"(고전 10:11). 여러분은 사도들이 교회에 보내는 서신에서 이스라엘 자손들에게 일어난 일들을 인용하는 것을 봅니다. "그들에게 일어난 이런 일은 본보기가 되고 또한 말세를 만난 우리를 깨우치기 위하여 기록되었느니라." 그리고 히브리서 11장에서 성도들의 긴 목록과 마주칩니다. 이처럼 성경을 읽으면서 하나님의 모습과 영광의 계시를 보고, 율법을 발견하며, 이스라엘 백성의 역사에서 경고와 본보기를 얻습니다. 성도들의 높이와 깊이를 보면서 자신이 아무것도 아닌 존재임을 깨닫습니다. 이처럼 오직 성경을 읽은 결과, 자아가 급속히 쇠합니다.

성경 읽기 다음으로 해야 할 일은 무엇일까요? 그것은—기도는 성경 읽기 전후에 이미 포함시켰다는 것을 기억하십시오—성도의 생애를 읽는 일입니다. 이 또한 비할 데 없이 귀중한 일인 것이 분명합니다. 성경 다음으로 성도들의 전기만큼 제 작은 삶에 도움을 준 것은 없습니다. 설교자들이여, 자신이 굉장한 설교를 했다는 생각이 들 때 집으로 돌아가 『조지 윗필드의 일기』$^{George\ Whitefield's\ Journals}$를 뽑아서 읽으십시오. 조금이라도 영적인 사람이라면 자신이 평생 한 번도 제대로 설교하지 못한 것 같은 느낌, 자신이 아무것도 아닌 것 같은 느낌, 설교가 무엇인지 모르는 듯한 느낌, 거의 "소리 나는 구리와 울리는 꽹과리"에 가까운 듯한 느낌이 즉시 들 것입니다.

오, 사랑하는 여러분, 우리는 얼마나 어리석은 자들인지요! 다시 말하지만, 모든 시대 하나님의 사람들과 성도들의 생애를 읽으십시오. 하나님이 한 개인을 어떻게 다루시며 그를 통해 무슨 일을 하시는지 보게 될 것입니다. 우리는 정말 왜소한 난쟁이들입니다! 성도들의 이야기를 읽는 것만큼 자아를 쇠하게 하는 데 도움이 되고 가치가 있는 방법은 없습니다. 최고의 성취와 실패의 이야기를 읽으면서 "하물며 나 같은 사람은 어떻겠나? 이런 이들도 잘못을 저지르고 죄를 짓는데, 이런 이들도 실수를 하고 마귀한테 속아 넘어가는데, 하물며 나 같은 사람은 어떻겠나?" 하며 자신을 돌아보게 됩니다. 성경에 나오는 성도들뿐 아니라 이후 교회에서 섬긴 성도들의 이야기도 읽어야 합니다. 이런 거인들을 보면서 자신은 아무것도 아니라는 생각을 하게 됩니다. 이런 거인들도 실패하는 것을 보면서 황급히 그리스도께 달려가게 됩니다. "그는 흥하여야 하겠고 나는 쇠하여야 하리라." 나는 누구입니까? 아무것도 아닌 존재, 그보다도 못한 존재입니다. 이 또한 자아를 없애는 방법입니다.

제가 발견한―자주 옹호한―또 한 가지 좋은 방법은 삶의 덧없음과 죽음과 영원한 세계를 묵상하는 것입니다. 물론 이것이 오늘날 전혀 인기 없는 말이라는 것은 저도 압니다. 사람들은 이런 말을 좋아하지 않습니다. 그러나 과거 하나님의 백성들은 덧없는 삶의 특징과 본질을 묵상하는 데 많은 시간을 썼습니다. "우리는 세상에 너무 빠져 있네"라고 워즈워스는 노래했습니다. 언제나 그랬지만 오늘날은 특히 더 그렇습니다. 현대 세계에서 가장 하기 어려운 일 한 가지가 바로 묵상입니다. 세상은 우리를 바쁘게 만듭니다. 신문, 잡지, 책, 텔레비전, 라디오, 회의를 비롯한 이런저런 일들이 일정표를 가득 채웁니다. 여기저기 온갖 곳을 다니느라 한 번도 멈추어 생각하지 않습니다. 시인 데이비스$^{W.H.Davies}$가 이것을 어떻게 표현했는지 보십시오.

> 삶은 대체 무슨 의미가 있는 걸까? 근심에 싸여
> 가만히 서서 응시할 틈조차 없다면.

영적인 의미에서 마지막으로 "가만히 서서 응시"한 적이 언제입니까? 우리는 계속 바쁘게 만드는 세상에 휘둘려 결정적으로 소중하고 중요한 것들은 잊고 지냅니다. 신이 나서 흥분하거나 우쭐해하는 사이에 소중한 가치들이 망가져 버립니다. 가만히 멈추어 생각할 때가 없습니다. 옛 찬송이 맞습니다. "너 성결키 위해" 시간을 내야 합니다. 그렇지 않으면 절대 거룩해지지 않습니다. 거룩해질 수가 없습니다. 물론 거룩해지는 가장 좋은 방법 한 가지는 이미 말했듯이 가만히 서서 덧없는 삶의 본질과 특징을 상기하는 것입니다. 18세기 영국의 위대한 정치가 에드먼드 버크$^{Edmund Burke}$가 브리스틀에서 보궐선거 운동을 한 적이 있습니다. 그가 연설하려고 막 단상에 올랐을 때 누군가 쪽지 한 장을 건넸습니다. 거기에는 상대 후보가 갑자기 죽었다는 소식이 적혀 있었습니다. 버크는 프랑스 혁명과 미국 독립전쟁 등에 대해 아주 훌륭한 글을 쓴 위대한 정치 이론가이자 역대의 위대한 정치 사상가로서 많은 말을 할 수 있는 중대한 사상을 가지고 있었음에도 훌륭한 연설을 하지 않았습니다. 그저 군중을 향해 이렇게 말했을 뿐입니다. "우리 자신도 허상이요 우리가 좇는 것도 허상입니다." 우리는 이런 허상에 정신이 팔려 영원한 것을 잊고 지냅니다.

그 옛날 존 버니언이 이에 대해 결정적으로 한 말이 있습니다. 그는 이렇게 충고합니다. "잘 살고 싶다면 마지막 날을 끌어와 늘 자신을 지키는 동료로 삼아야 합니다."* 바쁜 생활과 재미와 감정에 빠져 마치 자신이 없으면 세상이 굴러가지 않을 것 같고 자신이 붙잡고 지키지 않으면 전부 무너질 것 같은 생각이 들 때, 자신은 곧 죽어야 한다는 사실과 이 세상을 떠나 영원한 세계로 들어가야 한다는 사실을 기억하십시오. "잘 살고 싶다면 마지막 날을 끌어와 늘 자신을 지키는 동료로 삼아야 합니다." 우리가 오늘 여기 있다가 내일 사라질 존재임을 깨닫는 것보다 더 우리를 완전히 겸손하게 만드는 일, 우리가 아무것도 아님을 깨우치는 일은 없습니다. 우리는 우리가 생각하듯이 중요한 존재가 아닙니다. 우리 모두 버니언의 말에 귀를 기울일 필요가 있습니다. 우리의 마지막 날과 그 너머에 있는 영원한 세계를 묵상하는 것만큼 확실히 이 사실을 알려 주고 의식하게 해주는 일은 없습니다. 세상에서 뛰어나다고 영원한 세계에서도 뛰어날까요? 내가 정말 내 생각만큼 대단한 사람일까요? 그 영광 앞에서 나는 어떤 자리에 서게 될까요?

여러분, 세상은 온갖 수를 써서 자아를 부풀립니다. 자아를—현대인과 현대인의 중요성, 현대인이 하는 일을—더 크게, 더 크게, 더 크게 부풀립니다. 영원한 세계를 묵상하고 세상의 덧없음을 묵상하는 것이야말로 그 자아를 없애는 해독제입니다. 한 찬송시인의 말처럼 "주변의 모든 것은 변하고 쇠락"합니다.** 우리 조상들이 지금 어디 있습니

* 『천로역정』
** 새찬송가 481장 2절 다시 옮김.

까? 다 세상을 떠나고 없습니다. 저와 여러분도 떠날 것입니다. 이 사실을 생각하는 자는 자기 크기를 깨달을 것입니다. 무슨 일을 하든 늘 이 사실을 기억하십시오. 그러면 참된 균형감이 생길 것이며, 이전 어느 때보다 잘 살게 될 것입니다.

자기 점검도 추가하기 바랍니다. "너희는 믿음 안에 있는가 너희 자신을 시험[점검]하고"(고후 13:5). 이것은 바울이 그리스도인들에게 한 말입니다. 그의 요지는 이것입니다. "너희는 스스로 그리스도인이라고 생각하고 믿으며 은사를 자랑하는데, 자신을 한번 점검해 보아라. 정말 그리스도인이 맞느냐?" 자신이 하는 일을 보지 말고 자신에게 은혜가 있는지, 하나님의 충만함을 받고 있는지 보라는 것입니다. 자신을 점검하십시오! 그 일을 위해 시간을 내십시오!

그다음으로 알아야 할 것은 로마서 6:6에서 가르치는 진리—"우리의 옛사람이 예수와 함께 십자가에 못 박힌 것"—입니다. 여러분이 책임져야 할 사람은 "옛사람"이라는 것, 그런데 그 사람은 너무 악하고 부패해서 개선될 수 없다는 것, 죽음을 피할 수 없다는 것을 알아야 합니다. 그러니 자랑할 것이 하나도 없지 않습니까? 이제 여러분은 그리스도 예수 안에 있는 "새사람"입니다. 그러므로 바울처럼 말하는 법을 배워야 합니다. "내가 그리스도와 함께 십자가에 못 박혔나니 그런즉 이제는 내가 사는 것이 아니요 오직 내 안에 그리스도께서 사시는 것이라. 이제 내가 육체 가운데 사는 것은 나를 사랑하사 나를 위하여 자기 자신을 버리신 하나님의 아들을 믿는 믿음 안에서 사는 것이라"(갈 2:20). 사도는 말합니다. "옛사람이자 교만한 바리새인으로서 이런저런 것을 하던 나는 죽었다. 그리스도와 함께 죽었다." 옛사람은 사라졌습니다. 다 끝났습니다. 지금 여러분과 여러분 안에 있는 모든 것은 전적으로 그리스도가 여러분 안에 살아 계신 결과입니다. 그러므로 영광을 받을 이는 여러분이 아닌 그리스도십니다.

마지막으로 할 말이 있습니다. "너희 안에 이 마음을 품으라 곧 그리스도 예수의 마음이니"(빌 2:5). 그렇습니다. 바울은 빌립보 교인들에게 "각각 자기 일을 돌볼뿐더러 또한 각각 다른 사람들의 일을 돌보"라고 합니다(4절).

> 너희 안에 이 마음을 품으라 곧 그리스도 예수의 마음이니 그는 근본 하나님의 본체시나 하나님과 동등됨을 취할 것으로 여기지 아니하시고["이것은 내 것이다. 절대 놓지 않겠다" 하면서 매달리고 붙잡을 상으로 여기지 아니하시고] 오히려 자기를 비워 종의 형체를 가지사 사람들과 같이 되셨고 사람의 모양으로 나타나사 자기를 낮추시고 죽기까지 복종하셨으니 곧 십자가에 죽으심이라(5-8절).

그는 자기를 비우셨습니다. 어떻게 비우셨습니까? 왜 비우셨습니까? 그 대답이 여기 나옵니다. 그는 자기 자신이나 자기 일이 아닌 다른 사람들의 일을 돌보셨습니다. 우리와 우리 필요를 보셨고, 우리를 위해 자기를 비우셨습니다.

사랑하는 여러분, 예수를 바라보십시오. "너희 안에 이 마음을 품으라 곧 그리스도 예수의 마음이니." 그러면 자아가 쇠할 것입니다. 간단해 보이지만 긴요한 이 일들을 실행할 능력과 지각을 성령이 우리에게 주시길 바랍니다. 오, 이 일들을 함으로 우리의 가련한 자아는 점점 작아지고 그는 흥하시게 합시다. 그의 충만한 데서 받고 은혜 위에 은혜를 받읍시다.

21.
그는 흥하여야 하리라

그는 흥하여야 하겠고 나는 쇠하여야 하리라. | 요한복음 3:30

그리스도인의 위치와 삶 전체의 핵심을 보여주는 이 진술을 다시 살펴봅시다. 우리가 이 진술을 살펴보는 것은 이것이야말로 그리스도인의 삶 전체를 관통하는 원리이기 때문입니다. 그리스도인의 삶을 시작할 때도 이 원리가 중요합니다. 우리 모두 거쳐야 했던 가장 어려운 일은 '나는 아무것도 할 수 없다'는 사실을 깨닫는 것이었습니다. 우리는 스스로 구원받고자—자기 공로로 의로워지고자—애씁니다. 자신이 아무것도 할 수 없음을 인정하느니 다른 무슨 일이라도 하려 듭니다. 이처럼 그리스도인의 삶을 시작할 때도 그가 전부시요 나는 아무것도 아니라는 이 법칙이 적용됩니다.

그 후에도 이것은 그리스도인의 삶 전체를 관통하는 원리로 작용합니다. 우리가 계속 밝히고자 애쓰는 바대로, 기독교는 결국 요한복음 1:16이 말하는 이것입니다. "우리가 다 그의 충만한 데서 받으니 은혜 위에 은혜러라." 그리스도인이 된다는 것은 바로 이렇게 되는 것입니다. 단순히 주 예수 그리스도를 믿는 것이 아닙니다. 그의 충만한 데서 받는 것이요 그의 일부가 되는 것입니다. 그의 생명을 받는 것이요—"너희 안에 계신 그리스도시니 곧 영광의 소망이니라"(골 1:27)—그 안에 거하는 것입니다.

이것이 기독교의 핵심으로, 신약성경은 그 모든 부요함과 위대함과 경이로움과 영광스러움을 우리 앞에 펼쳐 보여줍니다. 기독교는 "측량할 수 없는 그리스도의 풍성함"(엡 3:8)을 받는 것입니다. 우주에서 가장 위대한 것이 바로 그리스도인의 생명이요 구원입니다. 신약성경은 이 모든 것의 위엄을 계속 강조하는데, 이보다 더 읽는 자를 놀라게 만드는 것이 없습니다. 오, 이에 비하면 다른 모든 것은 얼마나 왜소한지 모릅니다.

이제 우리가 살펴보려는 것은, 그럼에도 왜 이렇게 많은 사람들이 이 충만함을 거의 모른 채 자기 자신으로 꽉 차 있느냐 하는 것입니다. 이제껏 살펴보았듯이, 자아는 그리스도인이 성장하지 못하게 가로막고 예수 그리스도의 충만함을 받지 못하게 가로막는 가장 큰 장애물입니다. 이 점에서 자아는 첫 번째 원수요 마지막 원수입니다. 상존하는 장애물입니다. 세례 요한의 중대한 진술이 강조하는 점이 이것입니다. "나는 쇠하여야 하리라." 우리는 세례 요한이 여기에서 말하는 대로 해야 합니다. 그래서 자아가 쇠하는 증거들을 다룬 것이며, 그것을 확인하는 데 사용할 시금석들을 제시한 것입니다. 지난 설교에서는 자아를 더 쇠하게 하기 위한 아주 실제적인 방법을 알아보았습니다.

이번에는 다른 측면을 살펴보려 합니다. 결국 자아를 없애는 가장 좋은 방법은 그리스도가 흥하시게 하는 것입니다. "그는 흥하여야 하겠고 나는 쇠하여야 하리라." 이미 지적했듯이, 이 두 가지는 서로 연결되어 있습니다. 워낙 긴밀히 연결되어 있기 때문에 자아를 없애려면 결국 우리 삶에서—우리의 판단과 경험을 비롯한 모든 면에서—그가 반드시 흥하시게 해야 합니다.

그렇다고 소극적인 측면이 중요치 않다는 말은 아닙니다. 소극적인 측면도 중요합니다. 그래서 그 측면부터 다룬 것입니다. 자아를 쇠하게 하기 위한 소극적인 조처를 적극적으로 취해야 합니다. 저는 지금 그 중요성을 깎아내리는 것이 아닙니다. 자아를 쇠하게 하는 측면도 꼭 필요합니다. 그러나 그것만으로는 충분치 않습니다. 자아를 없애는 최종적인 방법은 그리스도를 보는 것입니다. 그가 흥하시면 필연적으로 자아는 쇠하게 되어 있습니다.

19세기 초 교회 지도자이자 위대한 신학자였던 스코틀랜드 사람 토머스 차머즈Thomas Chalmers가 아주 긴요하고 중대한 말을 했는데, 그것은 "새로운 정서에서 솟구치는 힘"에 대한 것입니다. 이 말의 의미는 결국 좋은 정서가 생겨야 나쁜 정서가 사라진다는 것이며, 좋은 정서가 나쁜 정서를 밀어낸다는 것입니다. 자연에서도 같은 원리를 볼 수 있습니다. 결국 새 잎이 나야 죽은 잎이 떨어집니다. 새 잎이 죽은 잎을 밀어냅니다. 그러나 새 잎이 나기 전부터, 싹이 나고 순이 돋기 전부터, 오래되어 죽은 잎이 흔들리는 과정이 이미 진행된다는 사실을 기억하십시오. 그 과정이 진행되다가 마지막 순간 새 잎이 나면서 죽은 잎이 떨어지는 것입니다. 영적인 영역에서도 마찬가지입니다.

소극적인 과정도 중요하다는 이 사실을 절대 잊어서는 안 됩니다. 적극적인 체험만 중요하다고 생각할 위험이 있습니다. 그것은 잘못입니다. 성경은 적극적인 명령뿐 아니라 소극적인 명령으로 가득합니다. 그런데 우리는 위험하게도 그 분명한 가르침을 무시하고 있습니다. 이미 살펴보았듯이 자아 전체가 흔들리는 소극적인 과정이 선행되어야 합니다. 그러나 실제로 새 생명이 생기려면 주님이 흥하셔야 합니다.

그 예가 성경에 많이 나옵니다. 주님과 주님의 영광을 볼 때 얼마나 겸손해지고 낮아지는지, 참으로 자기 자신을 알게 될 뿐 아니라 '가련한 자아'가 그리스도인의 삶에 끼치는 해악을 알게 되는지 모릅니다. 우리는 이사야가 큰 환상을 보고 "화로다, 나여!……나는 입술이 부정한 사람이요"(사 6:5)라고 외치는 모습을 살펴보았습니다. 이사야만 그랬던 것이 아닙니다. 대담하고 충동적인 사도 베드로도 같은 경험을—훨씬 더 극적인 방식으로—했습니다. 그는 항상 자기 확신과 자신감에 넘치던 사람이었습니다. 그런데 어느 날 밤, 동료들과 함께 고기를 잡으러 갔는데 한 마리도 잡지 못했습니다. 그렇게 아침이 되어 아주 울적한 심정으로 돌아온 그들에게 주님이 말씀하셨습니다.

"깊은 데로 가서 그물을 내려 고기를 잡으라." 시몬이 대답하여 이르되 "선생님, 우리들이 밤이 새도록 수고하였으되 잡은 것이 없지마는 말씀에 의지하여 내가 그물을 내리리이다" 하고 그렇게 하니 고기를 잡은 것이 심히 많아 그물이 찢어지는지라(눅 5:4-6).

그들이 이렇게 고기를 육지로 옮긴 다음 일어난 일은 이것입니다. "시몬 베드로가 이를 보고 예수의 무릎 아래에 엎드려 이르되 주여, 나를 떠나소서. 나는 죄인이로소이다 하니"(8절).

그는 왜 스스로 죄인이라고 느꼈을까요? 주님은 그의 특정한 죄를 지목하여 책망하지 않으셨습니다. 어떤 꾸지람도 하지 않으셨습니다. 자신의 영원한 능력과 신성을 일부 나타내시고 살짝 보여주셨을 뿐입니다. 그런데도 베드로는 예수의 영광과 위대하심을 깨닫고 자신이 그토록 영광스럽고 위대하신 분과 가까이 할 수 없는 죄인임을 즉시 느꼈습니다.

우리가 살펴보려는 경험이 이것입니다. 그리스도인의 삶에서 가장 중요하고 중대한 일은 주님의 위대하심을 깨닫는 것입니다. 이 점을 바로 알면 다른 것도 바로 알 수 있지만, 이 점을 모르면 계속 혼란에 빠지게 됩니다.

바울의 큰 열망도 이것이었습니다. 사역할 때나 수고할 때나 성공할 때를 비롯한 모든 경우에 이 열망이 그를 겸손하게 만들었습니다. "내가 이미 얻었다 함도 아니요"(빌 3:12). 오, 우리에게 이 열망이 얼마나 필요한지요! "내가 그리스도[를]……알고자 하여"(빌 3:10). 그리스도인의 삶에서 가장 높은 자리에 있는 것, 우리를 바르게 붙잡아 주는 것이 바로 이 열망입니다. 소극적으로 말하자면, 그리스도의 위대하심과 그에 대한 진리를 모르는 것이야말로 그리스도인의 경험에 발생하는 문제의 가장 큰 원인으로 작용하기 쉽습니다.

그 예도 무한히 많습니다. 바울이 골로새 교회에 쓴 편지를 보십시오. 그는 왜 이 편지를 썼을까요? 왜 이런 방식으로 편지를 썼을까요? 그 대답은 골로새 교인들이 철학에 빠져 잘못된 길로 갔기 때문입니다. 그는 골로새서 2:8에서 아주 분명히 경고합니다. "누가 철학과 헛된 속임수로 너희를 사로잡을까 주의하라. 이것은 사람의 전통과 세상의 초등학문을 따름이요 그리스도를 따름이 아니니라." 특별히 이 영역에서 이단이 교회에 들어왔습니다. 그들은 철학과 옛 유대교의 율법 및 이른바 신비 종교의 가르침을 뒤섞었습니다. 그 가르침의 영향으로 주 예수 그리스도가 작아졌습니다. 인간과 하나님 사이에 있는 중보자들의 거대한 위계 중 한 자리를 차지하는 인물로 축소되었습니다. 그래서 바울이 이 편지를 쓴 것입니다. 골로새 교인들은 그리스도의 위격과 관련하여 혼란을 겪었습니다.

정확히 같은 이유로 기록된 또 하나의 위대한 편지는 히브리서입니다. 이 편지를 받는 이들도 심각한 혼란에 빠져 침체하고 불행하고 낙담한 상태에 있었습니다. 옛 종교를 돌아보며 회귀하려는 자들까지 있었습니다. 왜 그랬을까요? 그 대답은 오직 하나, 그리스도의 뛰어나심을 마땅히 알아야 할 만큼 알지 못했기 때문이라는 것입니다. 바로 이것이 문제였습니다. 실제로 히브리서의 전적인 목적은 그의 뛰어나심을 밝히려는 데 있었습니다. 히브리서 기자가 내내 말하는 바는 "그에 대한 진리만 알면 혼란에 빠지지 않을 뿐 아니라 뒤를 돌아볼 생각 자체가 들지 않을 것이다. 너희가 뒤를 돌아보는 것은 그가 누구시며 어떤 분이신지, 무슨 일을 하셨는지 모르는 탓이다. 그는 너희 안에서 충분히 흥하시지 못하고 있다. 너희는 다른 것들을 흥하게 함으로 그를 쇠하시게 하고 있다"는 것입니다. 이것이 히브리서의 전적인 메시지입니다.

실제로 우리 모든 사람의 문제, 가장 결정적이고 중요한 문제가 바로 이것입니다. 신약성경을 보십시오. 주님이 모든 책의 주제입니다. 복음서를 보십시오. 전부 주님에 대한 이야기입니다. 주님이 중심을 차지하고 계십니다. 서신서를 보십시오. 서신서도 마찬가지입니다. 모든 서신들은 어떤 식으로든 예수 그리스도에 대한 위대한 진리를 부각시키고자 기록되었습니다. 바울은 "측량할 수 없는 그리스도의 풍성함"을 이야기합니다. 그는 에베소 교인들이 "지식에 넘치는 그리스도의 사랑을 알고 그 너비와 길이와 높이와 깊이가 어떠함을 깨"닫길 바랐습니다(엡 3:18-19).

우리도 그리스도인으로서 이 주제에 관심을 가지고 있습니까? 오늘날 이 주제에 흥미를 느끼고 있습니까? 이 주제를 모든 말과 생각의 앞자리에 두고 있습니까? 그를 알려는 열정에 불타고 있습니까? 예수를 모든 만물과 사람 위에 뛰어나신 분으로 알고 있습니까? 열망의 유일한 대상으로 삼고 있습니까? 반복하건대, 이것이 그의 충만함과 은혜 위에 은혜를 받는 방법입니다.

이제 적극적인 측면을 살펴봅시다. "그는 흥하여야 하겠고." 흥해야 할 분은 주님이시라는 것, 바로 주님이시라는 것을 기억하십시오. 그가 우리 삶에서 흥하고 계십니까? 믿음으로 우리 마음에 풍성히 거하고 계십니까? 자아는 쇠하여 사라지는 반면, 그는 커지고 계십니까? 과연 그렇습니까? 그렇게 되기 위해 우리가 할 수 있는 일이 무엇입니까?

다시 소극적인 측면에서 출발해 봅시다. 다시 말하지만, 우리는 위험하게도 이 측면을 무시하고 있습니다. 요즘 사람들은 소극적인 측면을 좋아하지 않는다는 것을 저도 압니다. 오늘날 중대한 표어는 "적극적이 되라!"는 것입니다. 그러나 성경은 소극적인 가르침으로 가득하며, 신경信經들 또한 소극적인 가르침으로 가득합니다. 인간은 계속 잘못된 길로 가기 때문에 무엇이 잘못된 길인지 알려 주어야 합니다. 소극적인 측면을 강조해야 합니다. 적극적인 측면만큼 소극적인 측면도 이해시켜야 합니다. 이 측면에 몇 가지 긴요한 요점들이 있는데, 다음과 같이 하나의 원리로 요약해 보겠습니다. 그리스도의 위대하심을 훼손하기 쉬운 것은—그것이 무엇이든 상관없이—무슨 수를 써서라도 피해야 합니다. 그의 위대하심과 뛰어나심을 훼손하는 것은 무엇이든 피해야 합니다.

이 말이 무슨 뜻일까요? 자, 요즘 아주 흔히 볼 수 있는 예를 한 가지 들겠습니다. 주님을 "많은 이들 중 하나"로 여기는 것만큼 그의 위대하심과 뛰어나심과 영광을 훼손하는 일은 없습니다. 최근에 성 마틴 인 더 필즈에서* 이른바 그리스도인과 무슬림, 불교도, 힌두교도, 유교도가 함께 모여 예배를 드렸습니다. 예수만 필요한 것이 아니라는 것입니다. 오, 그렇습니다. 공자와 부처와 무함마드도 필요하다는 것입니다.

여러분, 이것은 예수 그리스도의 위대하심과 영광을 훼손하는 일이며 그를 쇠하시게 하는 일입니다. 그는 단순히 여러 위대한 종교 지도자 중 한 사람이 아니며, 위대한 스승 중 한 사람이 아닙니다. 그런 주장은 그의 영광을 훼손하는 거짓말입니다. 그는 홀로 유일하신 분으로, 자신의 영광을 누구와도 공유하지 않으십니다. 사람들은 이런 식으로 자기 판단과 이해에 따라 그를 쇠하시게 합니다. 배타적이 되면 안 되고, 교만하게 자기주장을 내세워서도 안 되며(우리만 옳다고 하지 말라는 것입니다!), 매사에 좋은 점을 인정해 주어야 한다는 생각은 현대의 안이한 태도를 보여줍니다!

물론 이 점에서 우리는 심히 모순되는 태도를 보이고 있습니다. 우리는 영국의 부도덕함이나 여러 가지 문제들에 놀라며 산업계와 정

---

* 그 당시 런던에 있던 유명한 교회이다.

치계를 비롯한 모든 영역에 확연히 나타나는 해이함에 놀라는데, 원인을 제대로 이해하지 못해서 그런 것입니다. 그의 지고하심과 뛰어나심과 만물을 압도하는 최고의 영광을 깎아내리면 이렇게 될 수밖에 없습니다. 기독교회를 자처하면서도 다른 종교들과 섞여서 세계신앙협의회 The World Congress of Faiths 등에 가입하며 그 같은 일을 기뻐하는 것은 기독 신앙의 중심 교리를 부인하는 행동이며, 그리스도를 쇠하시게 하는 행동입니다. 어떤 인물이든 그리스도와 나란히 두는 것은 그를 폄하하는 행동입니다. 그는 홀로 유일하신 분입니다.

그를 쇠하시게 하는 또 다른 방식은 다른 요소를 더하는 것입니다. 이것은 첫 번째 잘못의 확장에 불과하지만, 다른 종교와 섞이지 않았음에도 더하는 경우가 있습니다. 그리스도가 하신 일이나 하시는 일에 다른 요소를 빈번히 더하는 가르침이 있습니다.

"이것도 소극적인 측면이네요"라고 말하는 분이 있을 것입니다. 맞습니다. 제가 이처럼 소극적인 측면을 일깨우는 것은, 텔레비전을 보면서 "아주 훌륭하고 매력적인 사람이네. 그러니까 저 사람이 하는 말은 다 옳을 거야"라고 말하는 어리석은 자들이 있기 때문입니다. 로마 가톨릭 교회는 다른 요소를 더하는 큰 죄를 짓고 있습니다. 그들은 예수께 성모를 추가합니다. 마리아가 필요하다고, 마리아를 통해서만 예수께 나아갈 수 있다고 말합니다. 전에 가톨릭 성당에 가 본 적이 있는데, 문을 열고 들어가니 정면에 마리아가 보였습니다. 주 예수 그리스도를 찾으려면 마리아 뒤를 보아야 했습니다. 이것은 그를 쇠하시게 하는 일이며, 더 나아가 그를 감추는 일입니다.

로마 가톨릭의 가르침처럼 사제가 꼭 필요하고 교회와 성사가 꼭 필요하다면, 구원에 이런 것들이 꼭 필요하다면, 그것은 곧 예수 한 분으로 충분치 않다는 뜻이 됩니다. 갈라디아 교회에 들어온 이단이 할례가 꼭 필요하다고 했던 것처럼, 예수께 이런 것들을 더하고 추가해야 한다는 뜻이 됩니다. 이같이 예수 그리스도와 그가 하신 일 외에 꼭 필요한 요소가 또 있다고 말하는 것은 그의 위대하심과 뛰어나심과 영광을 깎아내리는 행동입니다.

바로 이런 것들이 그를 쇠하시게 하는 방식입니다. 생각을 분명히 해야 할 필요가 있습니다. 그래서 사도가 골로새서 1장의 장엄한 본문을 쓴 것입니다. 어떤 이가 이에 대한 책을 쓰면서 아주 적절한 제목을 붙였는데, 그 제목은 『지성인들 사이의 바울』$^{Paul\ amongst\ the\ Intellectuals}$ 입니다. 지성인을 자처했지만 그 대단한 지성을 가지고 잘못된 길로 가버린 골로새 교인들에게 바울은 진리를 제시했습니다. 골로새서 1장 및 그와 병행되는 에베소서의 장*들과 진술보다 심오한 본문은 아마 없을 것입니다. 바울은 그리스도를 중보자 중 하나로 여기며 무언가 더하는 잘못을 바로잡습니다. 그리스도 외에 다른 중보자를 더하는 것은—설사 그리스도를 그 목록의 맨 꼭대기에 올린다 해도—그를 폄하하는 짓입니다. 그는 홀로 온전하신 분입니다. 알파와 오메가요, 처음과 나중이며, 시작과 끝입니다. 그리스도 안에 모든 것이 있습니다. 우리는 그리스도 안에서 온전해집니다. 이것이 신약성경의 가르침입니다. 교회나 사제나 성사나 다른 요소가 있어야 한다고 말하는 것은 그의 지고하고 영광스러운 뛰어나심을 깎아내리는 짓입니다.

주님을 쇠하시게 하기 쉬운 또 한 가지 방식은 당연히 주님 자신보다 그가 주시는 선물에 더 큰 관심을 갖는 것입니다. 이 점에 주의

해야 합니다. 그가 주시는 것들로 인해 하나님께 감사드리십시오. 그가 주시는 선물, 구원을 비롯한 모든 선물이 없다면 우리는 다 망할 것입니다. 믿음도 선물입니다. "너희는 그 은혜에 의하여 믿음으로 말미암아 구원을 받았으니 이것은 너희에게서 난 것이 아니요 하나님의 선물이라"(엡 2:8). 오, 이 얼마나 놀랍고 영광스러운 선물입니까! 그러나 지금 제가 강조하려는 점은 '주님 자신보다 그의 선물에 더 큰 관심을 갖는 것은 무서운 일'이라는 것입니다. 나에게 관심이 있는 척하지만 사실은 내게서 얻어 내거나 끌어낼 무언가에만 관심이 있는 것이 명백한 사람에게 느끼는 감정이 어떤 것인지 알 것입니다. 나 자신보다 내가 줄 무언가에 더 큰 관심을 갖는 사람은 나를 모욕하는 것입니다. 원하는 바를 얻기 위해 나를 이용하는 것입니다. 우리는 다 그런 죄를 지은 경험이 있습니다.

아프리카에서 온 우리 친구 윌리엄 나젠다 William Nagenda 가 했던 말이 생각납니다. 그는 처음 영국에 왔을 때 아프리카에서 경험한 부흥 이야기를 전하고 다녔습니다. 한두 해가 지나 두 번째 영국에 왔을 때 그가 제게 한 말은 이것이었습니다. "이번에는 단순히 부흥 이야기만 전하고 다니면 안 되겠다는 확신이 강하게 들었습니다. 주 예수 그리스도를 전해야 한다는 생각이 들었지요. 그런데 그 결과가 어땠는지 아십니까? 집회를 마치고 사람들이 저를 찾아와 말하더군요. '메시지를 전해 주셔서 감사합니다. 하지만 우리는 부흥에 대해 좀 더 들을 줄 알고 기대했답니다.' 아시겠지만, 사람들은 예수님 이야기를 듣고 싶어 하지 않습니다. 부흥 이야기를 즐기려 들지요."

보다시피 이 또한 예수를 폄하하는 태도입니다. 회심자를 만들어

내시는 주님보다 회심자 자신의 흥미진진한 간증에 더 큰 관심을 갖는 상태나 상황에 있다면, 우리는 이미 그의 영광을 훼손한 것이며 그를 쇠하시게 하고 있는 것입니다. 우리는 말합니다. "예수님에 대해서는 이미 알고 있어요. 우리는 부흥 이야기를 듣고 싶습니다." 사랑하는 여러분, 예수가 주시는 선물과 하시는 일에 관심을 갖느라 정작 예수를 밀어내는 죄에서 하나님이 우리 모두를 구해 주시길 바랍니다.

우리가 자주 범하는 또 다른 잘못, 이를테면 주님이 우리의 삶과 경험에 끼치시는 영향을 쇠하게 만드는 잘못이 있습니다. 그것은 주님 안에 거하는 일보다 주님에 대한 진리를 아는 지식에 더 큰 관심을 갖는 것입니다. 이것은 신학자들을 따라다니는 죄입니다. 비교적 지적인 그리스도인들에게 항상 이 문제가 나타납니다. 그들은 그리스도를 최고로 여기며, 그와 그의 위격을 설명하고 가르치는 일을 최고로 여깁니다. 에베소서와 골로새서의 심오한 내용을—이 두 서신보다 더 심오한 문헌은 없습니다—파고들어 연구하며 각 용어와 단어의 의미를 찾아냅니다. 관련 서적을 읽고 엄청난 지식을 쌓습니다. 그런데 정작 예수는 까맣게 잊어버립니다. 그런 책들을 읽느라 바빠서 멈추어 기도하지 않습니다. 정작 예수께는 관심이 없습니다. 그들에게 예수는 엄청난 사상과 개념의 중심에 있는 관념일 뿐입니다. 정작 살아계신 주님은 잃어버립니다!

그를 아는 것은 생생하고 실제적인 경험입니다. 그의 충만함을 받는 경험입니다. 그에 대한 지식을 얻는 것이 아니라 그분 자신을 얻는 것입니다. 이처럼 지식에 치중하는 것은 대단하고 놀라운 교리를 다룰 줄 아는 자기 능력과 지식과 지각에 대한 자부심으로 자아는 오히려 흥하게 하고 그는 쇠하시게 하는 무서운 위험입니다. 하나님이 이 교묘한 잘못과 시험에서 우리를 지켜 주시길 바랍니다! 예수를 인격적으로 알도록 이끌어 주지 못하는 신학 지식을 쌓는 우리와 우리의 모든 신학을 불쌍히 여겨 주시길 바랍니다! 그런 지식은 가장 큰 저주가 될 수 있습니다. 마귀는 항상 이 부분에서 우리를 미혹하려 듭니다.

마지막으로 지적하고 싶은 또 다른 잘못, 우리가 자주 범하는 잘못, 그를 쇠하시게 하는 잘못은 그의 이름을 내세운 활동에 지나친 관심을 쏟는 것입니다. 날마다 자신을 검증해 보아야 합니다. 중요한 점은 내가 무엇을 했느냐가 아니라 내가 어떤 사람이냐 하는 것입니다. 이에 대한 주님의 경고는 그가 하신 말씀 중에서도 가장 엄숙한 것으로서, 마태복음 7장 산상 설교 말미에 나옵니다.

> 나더러 "주여, 주여" 하는 자마다 다 천국에 들어갈 것이 아니요 다만 하늘에 계신 내 아버지의 뜻대로 행하는 자라야 들어가리라. 그날에 많은 사람이 나더러 이르되 "주여, 주여, 우리가 주의 이름으로 선지자 노릇 하며 주의 이름으로 귀신을 쫓아내며 주의 이름으로 많은 권능을 행하지 아니하였나이까?" 하리니 그때에 내가 그들에게 밝히 말하되 "내가 너희를 도무지 알지 못하니 불법을 행하는 자들아, 내게서 떠나가라" 하리라 (마 7:21-23).

그들은 주의 이름으로 일한다고 생각했지만, 사실은 주님이 함께하지 않으시는 자기 활동에 관심을 쏟았을 뿐입니다. 그들도 주님을 몰랐고 주님도 그들을 모르셨습니다. 이것은 무서운 일입니다. 성경은 이처럼 우리 모두에게 소극적인 경고를 하고 있습니다. 복되신 분 예수께서 지금 어디에 들어와 계십니까? 예수와 여러분 사이에 끼어드는 것은 무엇이든 그를 쇠하시게 하며 여러분을 흥하게 합니다.

이것이 소극적인 측면입니다. 이제 서둘러 적극적인 측면을 살펴봅시다. 그의 지고한 뛰어나심을 훼손하기 쉬운 것들—그와 나 사이에 끼어들 권리가 없는 것들, 그를 보고 알기 위해 치워 버려야 할 것들—을 피한 후에 적극적으로 해야 할 일은 무엇일까요? 히브리서 기자가 채택한 방법보다 나은 방법을 저는 알지 못합니다. 이미 말했듯이 그가 이 편지를 쓴 전적인 목적은 그리스도의 뛰어나심을 밝히려는 것이었습니다. 성전과 옛 유대교의 의식 및 전례로 돌아가려 하는 어리석은 자들에게 '너희의 모든 문제는 이제껏 배운 바를 잊어버린 데 있다'는 사실을 알리려는 것이었습니다. 그는 말합니다. "그러므로 우리는 들은 것에 더욱 유념함으로 우리가[또는 들은 것이] 흘러 떠내려가지 않도록 함이 마땅하니라"(히 2:1). 그들은 흘러 떠내려가고 있었습니다.

결국 히브리서 기자가 말한 요지는 이것입니다. "너희가 돌아가려 했던 것, 그리스도 옆에 나란히 두려 했던 것들을 다 치워 버려라. 그러면 그것들은 쇠하여 사라지고 그리스도가 흥하실 것이다. 그리스도만 유일무이한 영광 가운데 우뚝 서실 것이다." 이것이 그의 방법이었습니다. 그는 선지자와 천사, 모세와 아론 및 모든 제사장들과 주 예수 그리스도를 비교했습니다. 그렇게 비교하는 순간, 그들의 어리석음과 그리스도의 유일무이하심이 얼마나 크게 드러나는지 보여주었습니다.

이 생각으로 가득했던 히브리서 기자는 편지를 시작하자마자 큰 소리로 외칩니다. 이런 첫인사는 어디에서도 찾아볼 수 없습니다. 그는 외칩니다. "옛적에 선지자들을 통하여 여러 부분과 여러 모양으로 우리 조상들에게 말씀하신 하나님이 이 모든 날 마지막에는 아들을 통하여 우리에게 말씀하셨으니"(히 1:1-2). 그렇습니다. 그는 곧바로 도전장을 던집니다. "너희는 이 아들을 잊어버렸다"고 지적합니다. 연이어 이 아들과 다른 자들—선지자, 천사, 모세, 아론 등—을 대조함으로 그가 누구시며 어떤 분이신지 알려 줍니다.

그리스도가 확실히 우리 안에서 흥하시길 원한다면, 그의 충만함과 은혜 위에 은혜를 받길 원한다면, 반드시 이 길을 따라가야 합니다. 히브리서 기자가 말하는 대로 해야 합니다. 그의 요지는 "그를 직접 보아야 그만 홀로 위대하시며 본질적으로 위대하심을 알 수 있다"는 것입니다. 그를 모르기 때문에 자기 자신과 자신의 작은 아픔과 고통에 지나치게 관심을 쏟으며 늘 그 이야기만 한다는 것입니다. 물론 성경은 우리에게 서로 돕고 서로 짐을 지라고 가르칩니다. 그렇다고 그 일만 하면 '교회는 그리스도를 선포하고 바라보며 사람들에게 그를 알리는 곳'이라는 중대하고 영광스러운 진리를 놓치게 됩니다. 우리가 할 수 있는 최고의 말은 "내가 그리스도[를]……알고자" 한다는 것입니다. 그를 아는 일은 그를 바라보는 데서, 그의 본질적인 모습을 바라보는 데서 시작됩니다.

히브리서 기자는 연이어 말합니다. "이 모든 날 마지막에는 아들을 통하여 우리에게 말씀하셨으니 이 아들을 만유의 상속자로 세우시고 또 그로 말미암아 모든 세계를 지으셨느니라. 이는 하나님의 영광의 광채시요 그 본체의 형상이시라. 그의 능력의 말씀으로 만물을 붙드시며……"(2-3절). 이것은 그에 대한 핵심적인 묘사입니다. 이 편지를 받는 자들은 선지자들에게로 돌아가고 싶어 했습니다. 천사들에게로 돌아가고 싶어 했고, 그들에 대해 이야기하고 싶어 했습니다. 모세를 논하고 싶어 했습니다. 모세는 훌륭한 인물이라는 것입니다. 자신들은 모세의 가르침, 아론과 제사장 직분, 희생제사와 의식과 전례를 원한다는 것입니다. 그런 자들에게 히브리서 기자는 말합니다. "다 멈추고 하나님의 아들을 바라보라!" 그리고 계속해서 구체적인 말로 설명합니다. "그가 천사보다 훨씬 뛰어남은 그들보다 더욱 아름다운 이름을 기업으로 얻으심이니 하나님께서 어느 때에 천사 중 누구에게 너는 내 아들이라. 오늘 내가 너를 낳았다 하셨으며 또 다시 나는 그에게 아버지가 되고 그는 내게 아들이 되리라 하셨느냐?"(4-5절) 그를 얼핏이라도 본 적이 있습니까? 그는 "하나님의 영광의 광채시요 그 본체의 형상"이십니다. 하나님의 영광으로 충만하신 분입니다. 이것은 요한이 이미 상기시킨 사실입니다. "우리가 그의 영광을 보니 아버지의 독생자의 영광이요 은혜와 진리가 충만하더라"(요 1:14). 사랑하는 여러분, 우리에게 최고로 필요한 일이 이것입니다. 그를 아는 것, 이 복되신 분을 아는 것, 요한이 말한 영광을 얼핏이라도 보는 것입니다. "너는 내 아들이라." 이 또한 요한이 이미 이야기한 바 있습니다. "태초에 말씀이 계시니라. 이 말씀이 하나님과 함께 계셨으니 이 말씀은 곧 하나님이시니라"(요 1:1). 그의 영원하심에 대해 생각해 보십시오! "태초에" 계셨다는 것은 그에게 시작이 없었다는 뜻입니다. 창조가 시작되기 전부터 계셨다는 것입니다. 항상 계셨다는 것입니다. 그는 성부와 동일하신 분, 동일하게 영원하신 분입니다. 항상 "하나님과 함께 계셨"던 분입니다. 이 구절은 "성부의 얼굴을 영원히 보고 계셨으니"라고도 옮길 수 있습니다. 그와 아버지는 하나이십니다.

그의 영원한 거룩하심에 대해서도 생각해 보십시오. 하나님의 모든 속성이 아들 안에도 있습니다. 그는 복되신 성삼위의 제2위십니다. 그러므로 영원히 거룩하십니다. 천사장이 육신의 어머니가 될 마리아에게 그의 출생을 알리면서 "나실 바 거룩한 이"(눅 1:35)라고 말한 이유가 여기 있습니다. "거룩한 이!" 이것은 인간에게는 쓸 수 없는 말입니다. 모세나 아론이나 선지자나 다른 누구를 이렇게 부를 수 있습니까? 오직 예수만 "거룩한 이"라고 부를 수 있습니다! 히브리서 기자는 뒤에서 말합니다. "이러한 대제사장은 우리에게 합당하니 거룩하고 악이 없고 더러움이 없고 죄인에게서 떠나 계시고"(히 7:26).

여러분, 제 말이 지루하게 들립니까? "알다시피 우리는 힘든 세상에 살고 있어요. 파업 때문에 온 나라가 위기에 처해 있다고요. 내가 원하는 건 약간의 위로입니다"라고 반박할지 모르겠습니다. 정말 그것이 여러분의 생각입니까? 복되신 분에 대한 설명이 지루하게 들립니까? 그렇다면 감히 말하건대 여러분은 그리스도인이 아닙니다. 그에 대한 이야기 듣는 것을 좋아하지 않는다면, 세상 어떤 이야기보다 "하나님의 영광의 광채"이신 분의 이야기에 가슴이 떨리지 않는다면, 토대부터 다시 점검해 보는 것이 좋습니다. 그의 이야기에 감동과 거룩한 흥분이 느껴지지 않는다면, 영광과 황홀감으로 가슴이 떨리지 않는다면, 다시 말하지만 예수 그리스도 앞에 엎드려 자신을 나타내 주시길 구하십시오. 성령을 부어 주시길, 성령의 기름을 부어 주시길 구하십시오.

그리스도인은 예수를 생각하고 묵상하길 기뻐하는 자들입니다.

그와 그의 영광과 그의 위대하심에 대해 들을수록 행복해지는 사람들입니다. 신약성경 기자들이 힘쓴 일이 이것이요, 바울이 품었던 최고의 열망이 이것입니다. "내가 그리스도[를]……알고자 하여." "지금도 많이 알지만 오, 그 깊이를 다 알지는 못한다!"라는 것입니다. 그리스도를 아는 지식이 그를 감동시켰고 이 강한 사람을 떨게 했습니다. 우리도 그렇습니까? 이것이 예수 그리스도를 흥하시게 하는 길입니다. 그의 본질적인 모습을 분명히 알 필요가 있습니다. "나와 아버지는 하나이니라"(요 10:30). "나를 본 자는 아버지를 보았거늘"(요 14:9). 이 복되신 분, 우리 구주, 우리가 믿는다고 주장하는 분을 직접 보아야 합니다. 그의 본질적인 위대하심에 대해 아는 바가 너무 없기 때문에 그가 주시는 이런저런 것들을 얻는 데 관심을 갖는 것입니다.

그의 위대한 창조 사역도 생각해 보십시오. 히브리서 기자가 어떻게 이 주제를 단번에 끼워 넣는지 보십시오. "이 모든 날 마지막에는 아들을 통하여 우리에게 말씀하셨으니 이 아들을 만유의 상속자로 세우시고 또 그로 말미암아 모든 세계를 지으셨느니라." 바울도 골로새서에서 정확히 같은 말을 하고, 요한도 복음서 서문에서 같은 말을 합니다. "만물이 그로 말미암아 지은 바 되었으니 지은 것이 하나도 그가 없이는 된 것이 없느니라"(요 1:3). "만물!" 히브리서 기자의 요지는 "천사에 대해 말하고 싶으냐? 천사도 예수가 만드셨다!"는 것입니다. "또 천사들에 관하여는 그는 그의 천사들을 바람으로, 그의 사역자들을 불꽃으로 삼으시느니라 하셨으되"(히 1:7). 그가 천사를 만드셨습니다. 모든 것을 만드셨습니다. 다시 요한복음의 표현으로 돌아가자면 "지은 것이 하나도 그가 없이는 된 것이 없"습니다. 천사를 비

못한 천상의 존재들도 그가 지으셨습니다. 모든 것을 지으셨습니다.

더 나아가 바울은 골로새 교인들에게 만물이 그를 위해 창조되었다는 사실을 일깨웁니다. 우주는 "만유의 상속자"이신 주 예수 그리스도를 위해 창조되었습니다. 그렇습니다. 하나님은 그를 위해 세상을 만드셨습니다. 그가 세상을 상속하실 것입니다. 만물은 "그를 위하여"(골 1:16) 존재합니다. 아버지가 만물을 사랑의 선물로 아들에게 주셨습니다. 예수 그리스도가 중보자 되시는 이유가 여기 있습니다. 바울이 에베소 교인들에게 "하늘에 있는 것이나 땅에 있는 것이 다 그리스도 안에서 통일되게 하려 하심이라"(엡 1:10)라는 아마도 가장 위대한 말을 한 이유도 여기 있습니다.

오, 이 모든 사실을 안다면! 만물은 그로 말미암아, 그를 위해 창조되었을 뿐 아니라 그로 말미암아 존속하며 유지되고 있습니다. 복되신 주님이 계시지 않았다면 우주는 붕괴하고 해체되었을 것입니다. 그가 능력의 말씀으로 만물을 붙들고 계십니다. 성경은 그가 집의 주인이시라고 말합니다. 히브리서 기자의 요지는 "히브리 그리스도인들아, 유대인들아, 모세를 이야기하는 너희는 참으로 어리석다"는 것입니다. 그는 3장에서 말합니다. "그러므로 함께 하늘의 부르심을 받은 거룩한 형제들아, 우리가 믿는 도리의 사도이시며 대제사장이신 예수를 깊이 생각하라. 그는 자기를 세우신 이에게 신실하시기를 모세가 하나님의 온 집에서 한 것과 같이 하셨으니"(히 3:1-2). 그다음에 나오는 말을 들어 보십시오!

그는 모세보다 더욱 영광을 받을 만한 것이 마치 집 지은 자가 그 집보다 더욱 존귀함 같으니라. 집마다 지은 이가 있으니 만물을 지으신 이는 하나님이시라. 또한 모세는 장래에 말할 것을 증언하기 위하여 하나님의 온 집에서 종으로서 신실하였고 그리스도는 하나님의 집을 맡은 아들로서 그와 같이 하셨으니 우리가 소망의 확신과 자랑을 끝까지 굳게 잡고 있으면 우리는 그의 집이라(3-6절).

히브리서 기자가 무슨 일을 하고 있는지 알겠습니까? 이것은 박해를 받고 지친 나머지 침체하고 불행하며 낙심한 히브리 그리스도인들에게 보낸 편지입니다. 그들은 '이 어려운 시절에 필요한 것은 동정과 약간의 도움을 비롯한 이런저런 것들'이라고 생각했습니다. 그런데 이 사람은 "아니, 그렇지 않다"는 것입니다. "너희의 모든 문제는 그를 바라보지 않는 데서 비롯된 것이다. 너희는 너희 판단과 경험으로 그를 쇠하시게 하면서 천사와 모세와 아론을 다시 쳐다보고 있다. 그는 만물 위에 계신 하나님의 아들이시다. 모세는 훌륭한 종이었지만 역시 종이었을 뿐이다. 집을 지으신 이가 집보다 크시다. 이 사실을 기억하자"는 것입니다.

그의 영원한 지식에 대해서도 생각해 보십시오. "옛적에 선지자들을 통하여 여러 부분과 여러 모양으로 우리 조상들에게 말씀하신 하나님이……." 히브리 그리스도인들은 선지자들과 구약성경으로 돌아가고 싶어 했습니다. 유대교의 가르침으로 돌아가고 싶어 했습니다. 그 가르침은 훌륭하고 놀라운 것이며 자신들의 처지에 맞는 말을 해 준다고 생각했기에 그리로 돌아가고 싶어 했습니다. 그런데 히브리서 기자는 그것들이 다 부분과 모양과 조각과 토막에 불과하다고 말합니다. 물론 그것들도 하나님이 주셨지만, 다 합쳐도 조각과 토막과 부분과 모양에 불과하다는 것입니다. 하나님이 과거에는 그것들로 말씀하셨으나 "이 모든 날 마지막에는 아들을 통하여 우리에게 말씀하셨"다는 것입니다. 최종적인 말씀을 주셨다는 것입니다. 그 이상의 말씀은 없다는 것입니다. 바울은 "그 안에는 신성의 모든 충만이 육체로 거"한다고 했습니다(골 2:9). 아들도 친히 "나는 세상의 빛"(요 8:12)이라고 하셨습니다. "나를 본 자는 아버지를" 본 것이라고 하셨습니다(요 14:9). "그 안에는 지혜와 지식의 모든 보화가 감추어져 있"습니다(골 2:3). "아버지께서는 모든 충만으로 예수 안에 거하게 하"셨습니다(골 1:19).

여러분도 이것을 추구합니까? 이 복되신 분을 알고자 합니까? 구주를 생각할 때 그분 자신을 생각합니까, 여러분의 죄가 사함받았다는 사실만 생각합니까? 이것으로 자신을 검증해 볼 수 있습니다. 주님 자신보다 자신의 죄 사함에 더 관심을 갖는 사람은 설사 그리스도인이라 해도 아주 불쌍한 그리스도인, 그의 충만함을 전혀 모르는 그리스도인입니다. 오, 이 복되고 영광스러운 분, 우리를 구원하시고 구속하셨기에 우리가 구주와 구속자로 부르는 분이 누구신지 깨닫는다면!

그가 누구신지 깨닫기 시작할 때에야 비로소 그가 하신 일을 이해할 수 있습니다. 그가 누구시며 어떤 분이신지 알 때에야, "하나님의 영광의 광채시요 그 본체의 형상"이신 그의 본질적인 모습을 알 때에야 비로소 그의 사랑을 알 수 있습니다. 오, 주 예수 그리스도의 영광과 지고한 뛰어나심이여! 한 찬송의 표현처럼 그는 "영원히 빛나는 세상의 빛"입니다. "예수 그리스도는 어제나 오늘이나 영원토록 동일하시니라"(히 13:8). 여러분의 시야와 판단과 정서와 존재 전체에서 그가 흥하시고 계십니까? 그렇다면 여러분은 하나님의 복을 받고 있는 것입니다. 그렇지 못하다면 그의 발 앞에 엎드려 하나님이 보내신 복되신 성령께 구하십시오. 그렇습니다. 은사를 달라고, 그러나 무엇보다 더 예수의 영광을 나타내 달라고, 그를 보여 달라고, 경탄의 눈으로 그를 응시하게 해달라고 구하십시오.

22.
그가 전부이신가?

그는 흥하여야 하겠고 나는 쇠하여야 하리라. | 요한복음 3:30

이번에도 여러분의 주의를 환기시키고 싶은 구절은 요한복음 3:30입니다. "그는 흥하여야 하겠고 나는 쇠하여야 하리라."

세례 요한의 이 위대한 진술을 다시 한 번 살펴보는 것은, 그리스도인의 삶과 관련하여 저와 여러분이 배울 수 있는 가장 중요하고 중대한 원리가 담겨 있기 때문입니다. 요한은 3장에 나오는 특별한 역사적 배경 안에서 이 말을 하고 있습니다. 요한의 제자들은 평정심을 잃은 채 주 예수 그리스도를 질투했고, 요한이 분명한 자기주장을 하길 바랐습니다. 그런 제자들에게 내놓은 대답이 바로 이것입니다. 그들은 영적인 지각의 결여와 무지 때문에 이런 말을 한다는 것입니다. "그는 흥하여야 하겠고 나는 쇠하여야" 한다는 것입니다.

우리는 그리스도인의 삶 전체를 지배하는 이 원리를 함께 고찰해 왔습니다. 자기 자신이나 육체를 조금이라도 신뢰하는 자는 그리스도인이 아닌 외인입니다. 바울은 빌립보 교인들에게 "우리가 곧 할례파라"고 했습니다. 그 특징이 무엇입니까? "하나님의 성령으로 봉사하며 그리스도 예수로 자랑하고 육체를 신뢰하지" 않는 것입니다(빌 3:3). 우리는 이렇게 그리스도인의 삶을 시작합니다. 자신이 아무것도 아님을 깨닫습니다. 모든 선행이 무익함을 깨닫습니다. 아무 가치 없는 배설물이요 해요 찌꺼기요 누더기임을 깨닫습니다. 자신은 무^無가

되고, 주님이 전부가 되십니다.

그리스도인의 삶을 시작할 때뿐 아니라 이후에도 내내 그렇습니다. 마귀는 자아에 호소합니다. 자아는 우리 삶의 가장 큰 저주입니다. 자아라는 이 요소—자기중심성, 자기 의, 자기방어, 자기에 대한 관심—가 들어온 것이야말로 죄와 타락이 가져온 가장 파괴적인 결과입니다. 자아가 너무 중요해지고 부풀려진 나머지 주님까지 가릴 수 있습니다. 그렇기 때문에 이 원리를 삶 전체에 적용해야 하는 것입니다. 빌립보 교회에 나타난 문제의 원인도 이것이었습니다. 빌립보 교회는 사도가 사랑한 훌륭한 교회였음에도 이 때문에 문제를 겪고 있었습니다. 그래서 사도는 "각각 자기 일을 돌볼뿐더러 또한 각각 다른 사람들의 일을 돌보"라고 권면했습니다(빌 2:4). 그들은 자기중심적이었습니다. 자기에게만 관심이 있었습니다. 유오디아와 순두게라는 두 여자의 다툼으로 교회 안에 파당도 생겼습니다. 그 모든 문제의 해결책이 "그는 흥하여야 하겠고 나는 쇠하여야 하리라"라는 이 중대한 진술에 나옵니다.

이제껏 살펴보았듯이 기독교는 주님의 복된 충만함을 받는 것, 시간이 갈수록 더 많이 받는 것입니다. 우리도 충만함을 받고 있습니까? 그렇지 못하다면, 자아가 가로막고 있는 것이 주된 이유일 것입니다. 우리는 이와 관련하여 우리가 할 수 있는 일들을 고찰하되, 자아가 "쇠하여야" 한다는 소극적인 측면을 먼저 고찰했습니다. 자아가 쇠하는 표지들을 알아보았고, 가련한 자아의 종말과 죽음을 앞당기기 위해 취할 수 있는 실제적인 조처들을 살펴보았습니다.

그리고 지난번부터는 적극적인 측면을 살펴보기 시작했습니다.

이 두 측면은 서로 연결되어 있습니다. 그가 흥하시면 필연적으로 우리는 쇠하게 되어 있습니다. 그러므로 이 두 측면을 다 살펴보아야 합니다. 우리는 적극적인 측면을 살펴보면서 그를 응시해야 한다는 사실을 알았습니다. 이것이 궁극적인 비결입니다. 지금 확실히 우리의 정신과 생각과 판단과 마음과 사랑과 존재 전체에서 그를 흥하시게 하는 방법이요, 마침내 그 안에서 우리가 죽고 자아가 완전히 사라지기까지 계속 흥하시게 하는 방법입니다.

그렇다면 어떻게 그를 바라봄으로 우리 삶과 경험의 모든 면에서 흥하시게 할 수 있을까요? 먼저 그리스도의 뛰어나심을 알아야 합니다. 영원하시고 영존하시는 성자, 성부와 동일하신 분, 동일하게 영원하신 분, 모든 충만이 그 안에 거하는 분, 모든 지식을 가지신 분, 인간과 세상의 빛이요 생명이신 분이라는 그의 본질을 보아야 합니다.

그러나 거기에서 멈출 수는 없습니다. 이제 우리는 한 단계 더 나아가려 합니다. 이번에는 그가 하신 일에 나타난 위대하심을 살펴봅시다. 이것은 여러 가지 면에서 신약성경의 주요한 주제입니다. 사복음서는 주님의 진정한 위대하심과 영광을 밝히고 입증하며 확립하기 위해 기록되었습니다. 요한복음을 보십시오. 성령이 이 복음서를 쓰게 하신 이유가 무엇입니까? 사도가 20장 말미에서 직접 밝히고 있습니다. "예수께서 제자들 앞에서 이 책에 기록되지 아니한 다른 표적도 많이 행하셨으나 오직 이것을 기록함은 너희로 예수께서 하나님의 아들 그리스도이심을 믿게 하려 함이요 또 너희로 믿고 그 이름을 힘입어 생명을 얻게 하려 함이니라"(요 20:30-31).

요한복음을 쓴 동기와 요한일서를 쓴 동기가 다르다는 것은 대부분의 사람들이 동의하는 사실입니다. 요한일서는 영원하신 성자가 참으로 육신이 되셨다는 것을 입증하기 위해 기록되었습니다. 이단과 거짓 가르침은 교회 출범 당시부터 있었습니다. 새삼스러운 것이 아닙니다. 오늘날 '신신학'으로 유명한 자들이 새로운 이야기를 한다고 여기는 것은 유치한 생각입니다. 1세기 사람들도 똑같이 말했습니다. 요한은 예수 그리스도가 육신이 되셨다는 것, 겉모습만 인간이었던 것도 아니고 유령도 아니었다는 것, 성육신은 명백한 사실이었다는 것을 입증하기 위해 요한일서를 썼습니다.

그러나 요한복음을 쓴 동기는 다릅니다. 거의 정반대라고도 할 수 있습니다. 이런 이단들은 항상 같이 나타나게 마련입니다. 주님이 인간의 '겉모습'만 취한 하나님이었다고 주장하는 이단도 있지만, 그보다 더 크고 흔한 것은 주님을 단순한 인간으로 보는 이단, 나사렛 예수도 다른 이들과 똑같은 인간─위인, 위대하고 천재적인 종교인, 심지어 천재적인 정치가─이었다고 주장하는 이단입니다. 요한은 특별히 이 때문에 복음서를 썼습니다. 나사렛 예수가 영원하신 하나님의 아들이심을 밝히고자 복음서를 쓴 것입니다. 그래서 처음부터 "태초에 말씀이 계시니라"(요 1:1)라고 외칩니다. 오, 그리스도의 영광! 이것이 요한복음이 기록된 전적인 목적이자 사실상 다른 모든 복음서가 기록된 목적입니다.

교회는 복음서가 기록되기 전부터 존재했다는 사실을 기억할 필요가 있습니다. 교회는 오랫동안 복음서 없이 지냈습니다. 그런데 왜 복음서가 기록되었을까요? 첫째로, 기독교가 단순한 철학이 되지 않도록 주님에 대한 사실들을 입증하는 데 꼭 필요했기 때문입니다. 둘째로, 그의 위격과 존재의 영광 및 그가 하신 일의 영광을 나타내며 이 "큰 구원"(히 2:3)의 위대함을 보여주기 위해서였습니다. 이것이 복음서가 기록된 목적으로서, 개혁과 부흥의 때마다 주요한 주제로 부각되었습니다. 그리스도와 그의 위대하심과 영광이 강조되었습니다. 부흥의 때마다 항상 그가 흥하셨습니다.

이것은 아주 놀라운 사실입니다. 신약성경을 읽어 보면, 사복음서가 전적으로 주님께 바쳐진 책임을 알게 됩니다. 사도행전과 서신서와 계시록에서도 발견하는 사실이 무엇입니까? 모든 중대하고 놀라운 본문은(이런 표현을 써도 된다면) 주님을 언급하는 본문이라는 것, 그의 영광이 빛나는 본문이라는 것입니다. 특히 사도 바울을 보십시오. 바울은 위대한 목회자의 심령을 가지고 있었습니다. 그가 쓴 대부분의 편지는 교회의 문제와 어려움을 다루기 위한 것으로서, 그러려면 반드시 주님을 언급해야 했습니다. 주님을 언급하는 순간, 그에게는 이를테면 날개가 돋고 그의 글과 말에서는 광채와 영광과 광휘가 발산됩니다. 위대한 사도가 쓴 글에 전형적으로 나타나는 특징이 이것입니다. 마치 "무슨 문제와 어려움이 있든 그 해결책은 그를 아는 데 있으며 너희 자신이 아닌 그를 바라보는 데 있다"고 말하는 듯합니다. "그리스도를 바라보라." 이것이 그가 늘 다루었던 중대한 주제입니다.

신약성경을 읽을 때뿐 아니라 이후 교회 역사를 읽을 때도 항상 발견하는 사실이 이것입니다. 찬송가는 몇 갈래로 분류할 수 있는데, 그중 중요한 분류법은 하나님(성부, 성자, 성령)의 위대하심 및 영광을 다루는 찬송과 우리 자신이나 우리 기분, 감정, 상태를 살피는 찬송으로 나누는 것입니다. 참으로 대조되지 않습니까! 위대한 찬송은 늘 객관적인 찬송, 하나님을 노래하는 찬송입니다. 아이작 와츠, 찰스 웨슬리, 로버트 로빈슨Robert Robinson의 찬송은 찬송가에 실린 찬송들 중에서도 가장 위대한 것들입니다. 그 찬송들을 주의 깊게 살펴보십시오. 예컨대 로빈슨은 이렇게 노래합니다.

> 천사들이 송축하는 능하신 하나님,
> 한낱 죽을 인간이 감히 주의 이름을 노래할 수 있사오리까?

그는 연이어 주의 모든 충만함과 영광의 광채를 노래합니다.

> 주의 넓은 왕국에서
> 천사가 날아다니고 참새가 인도하나이다.
> 주의 온유한 통치를 송축하오니······
> 가장 높은 영광의 보좌에서
> 가장 낮은 저주의 십자가로 내려오셨나이다.

로빈슨이 하는 일이 무엇입니까? 성자의 영광과 위엄과 위대하심을 훌륭한 시로 표현한 것입니다. "그는 흥하여야 하겠고······." 이것이 그를 흥하시게 하는 방법입니다. 그를 바라보십시오. 그에 관한 진리를 살펴보십시오.

신약성경에 나오는 방식대로 그를 흥하시게 합시다. 지금 중대한 문제와 심각한 어려움에 봉착하여, 자신을 짓누르는 특정한 죄와 문제, 걱정과 근심, 이웃이나 남편이나 아내나 자녀의 문제를 설교에서 다루어 주길 바랄 수도 있습니다. 도움을 바라는 심정으로 '목사가 주 예수 그리스도에 대해서만 설교하지 않았으면 좋겠다. 내 문제도 다루어 주었으면 좋겠다. 좀 현실적이 되었으면 좋겠다'고 생각할 수 있습니다. 그러나 사랑하는 여러분, 그것은 잘못입니다! 그리스도를 알면 여러분의 문제는 더 이상 문제가 되지 않습니다. 그는 모든 문제의 해답이십니다. 우리에게 항상 기본적으로 필요한 일은 그를 아는 것입니다. 성경은 여러 가지 문제를 다루지만, 큰 강조점은 주님의 위격과 그가 하신 일에 있습니다. 여러분은 그를 크고 위대하고 영광스러우신 분으로 생각하고 있습니까?

다음과 같이 묻겠습니다. 여러분은 주 예수 그리스도에 대해 다 안다고 느끼며 생각하고 있습니까? "나도 다 안다고요. 그러니까 자꾸 반복하지 않았으면 좋겠습니다. 어려서부터 다 알던 내용이에요"라고 말하는 것은 큰 잘못입니다! 주 예수 그리스도에 대해 묵상해야 합니다. "그 너비와 길이와 높이와 깊이"(엡 3:19)를 헤아려야 합니다. 그를 아는 일에는 끝이 없습니다. 계속 그를 바라보고 상고하고 살펴보면서 그가 커지시고 흥하시게 해야 합니다. 오, 우리 모든 사람의 문제는 그를 모르는 데 있습니다. 그에 대한 무지가 대다수 문제와 실패의 원인입니다.

물론 저는 여러분이 이미 잘 아는 사실들을 설명하고 있습니다. 그러나 성령 하나님께 제대로 보는 눈과 지각을 달라고 구합시다. 그리하여 이 사실들을 참으로 깨닫게 해주시길, 주님이 우리와 우리 구원을 위해 이 모든 일을 하셨음을 참으로 알게 해주시길 구합시다. 이것을 알 필요가 있습니다. "내가 그리스도와 그 부활의 권능……을 알고

자 하여"(빌 3:10). 계속해서 그를 바라봅시다. 그의 본질적인 위대하심과 영광은 이미 살펴보았습니다. 그러나 진정으로 그것을 헤아리기 원한다면, 여러분의 모든 시각에서 그가 흥하시길 원한다면, 그가 하신 일 또한 바라보십시오. 스스로 겸손히 낮아지신 일을 바라보십시오.

이에 대한 진술이 성경에 많이 나옵니다. 그중 한 가지를 택해서 자세히 다룰 생각은 없습니다. 크고 두드러진 사실들을 전체적으로 제시하고 싶을 뿐입니다. 첫 번째 사실은 이미 강조한 바 있습니다. "그는 근본 하나님의 본체시나 하나님과 동등됨을 취할 것으로 여기지 아니하시고"(빌 2:6). 그는 하나님이셨고 지금도 하나님이십니다. 영원하신 성자 하나님, 성부와 동일하신 하나님, 동일하게 영원하신 하나님이십니다.

참된 위대하심이 무엇인지 알고 싶습니까? 주님이 나타내신 위엄과 영광을 보고 싶습니까? 여기 나와 있습니다. "그는 근본 하나님의 본체시나 하나님과 동등됨을 취할 것으로 여기지 아니하시고." 이것은 아쉬운 번역입니다. 이 말의 원래 의미는 "하나님과 동등됨을 무슨 일이 있어도 붙잡고 매달릴 상으로 여기지 아니하시고"라는 것입니다. 오히려 그는 "이름을 내려놓"으셨습니다(빌 2:7, 흠정역). 이 일을 표현하기에 말은 터무니없이 부족한 도구입니다! 20세기로 접어들면서 이 구절을 "자기를 비워"라고* 번역하려는 시도가 있었는데, 그것은 잘못입니다! 그는 자신의 신성을 비우실 수 없습니다. 그것은 용어상 모순된 일이며 불가능한 일입니다. 그는 자기를 비우신 것이 아

---

* 개역개정판은 이렇게 번역했다.

닙니다. 그가 하신 일, 훨씬 더 경이롭고 영광스러운 일은 영원 전부터 성부와 공유하셨던 영원한 영광의 표시와 휘장과 징표들을 내려놓으신 것입니다.

가끔 왕이 신분을 숨기고 여행하거나 저명인사가 스미스 같은 평범한 이름으로 신분을 감추고 개인적으로 여행하는 이야기를 읽을 때가 있는데, 주님이 하신 일이 바로 그것입니다. 그는 영원하신 하나님의 아들이요 영광의 광채시요 변함없는 본체의 형상이십니다. 그런데 어찌 하셨는지는 모르지만―그 일은 기적이었습니다―그 모든 것을 벗어 버리셨습니다. 그는 언제까지나 영원하신 하나님의 아들이십니다. 자신을 바꾸실 수 없습니다. 하나님은 자신을 부인하실 수 없습니다. 신성을 비우실 수 없습니다. 성육신의 영광과 경이와 신비는 이처럼 온전한 의미에서 하나님으로 남아 계시면서도 그 이름을 내려놓으신 데 있습니다. 그는 갓난아기로 태어나 "종의 형체를 가지사 사람들과 같이 되셨"습니다(빌 2:7). 그렇습니다. 하나님과 동일한 분이면서도 사람들과 같이 되어 세상에 오셨습니다.

이것이 그 영광을 헤아리는 척도입니다. 주님은 저와 여러분을 구속하시기 위해, 우리가 마땅히 받아야 할 형벌과 지옥에서 건져 주시기 위해, 우리를 하나님의 자녀요 영원한 복을 상속할 자로 삼아 주시기 위해 이 모든 일을 하셨습니다. 가장 높은 영광의 궁전에서, 하나님과 동등한 자리에서, 하나님의 얼굴을 들여다보던 자리에서, 영원한 영광의 자리에서 처녀의 태로 내려오셨습니다. 왕궁이나 저택처럼 부요하고 풍성한 곳, 세상에서 가장 좋은 곳에 오지 않으셨습니다. 천하고 가난한 곳, 짚과 가축이 전부인 마구간에 심히 연약하고 무력한 아기로 태어나셨습니다.

"만물이 그로 말미암아 지은 바 되었으니 지은 것이 하나도 그가 없이는 된 것이 없"다는(요 1:3) 것을 기억하십시오. 주님과 주님이 첫 창조 때 맡으신 일에 대해 성경이 하는 말이 이것입니다. 성경은 그가 "만물을 붙"들고 계신다고 말합니다(히 1:3). 그런 분이 인간의 손에 맡겨진 무력한 아기의 모습으로 오신 것입니다. 스스로 아무것도 할 수 없는 존재로 오신 것입니다. 반복하지만, 이것은 어떤 말이나 상상으로도 표현할 수 없는 일입니다. 이 일을 상고할 정신과 지각을 성령께 받아야 합니다. 이처럼 예수가 누구시며 무슨 일을 하셨는지 보는 것이 곧 그를 흥하시게 하는 길입니다. 그는 사람들과 같이 되셨습니다. 실제로 사도 바울은 로마서에서 그가 "죄 있는 육신의 모양으로"(롬 8:3) 오셨다고 말합니다. 이것은 그가 죄인이었다는 말이 아닙니다. 그는 죄인이 아니었습니다. 그의 인간적 본성에는 아무 죄가 없었습니다. 그는 죄 있는 육신의 '모양'으로 오셨습니다.

우리가 알아야 할 중대한 사실은, 그의 위대하심과 영광이 워낙 크기 때문에 이렇게까지 자신을 낮추어야 했다는 것입니다. 더 인간다워지기 위해 더 낮추셔야 했다는 것입니다. 이 모든 일의 정점을 이루는 사실이 이것입니다. 이렇게 하신 분은 주님밖에 없습니다. 가장 높은 하늘 궁전에서 베들레헴 마구간으로 내려오신 이 일에 비할 일은 세상 어디에도 없습니다. 그는 인간으로 세상에 오셨고, 여전히 하나님인 동시에 인간으로 세상에서 사셨습니다. 이것은 경이입니다. 신비입니다. 그가 실제로 이렇게 하셨다는 것은 우리 마음을 황홀케 하고 존재 깊은 곳까지 감격케 하는 진리입니다.

사복음서의 목적은 그가 온전한 의미에서 여전히 하나님이시면서도 하나님의 속성을 사용하거나 활용하지 않으셨다는 점을 절실히 깨우치려는 데 있습니다. 그는 인간으로 사셨습니다. 그래서 기도가 꼭 필요했던 것이며, 공적인 사역을 시작하면서 성령 세례를 받으셔야 했던 것입니다. 주님이 요단에서 세례를 받으실 때 성령이 임하셨습니다. 후에 주님은 나사렛 회당에서 "주의 성령이 내게 임하셨"다고 하셨습니다(눅 4:18). 하나님의 아들이요 영원하신 하나님이심에도 인간으로 살기로 선택하셨기에 성령을 받으셔야 했던 것입니다. 그는 이름을 내려놓으셨습니다. 사람의 형체를 가지셨고 인간들과 같이 되시는 데서 더 나아가 종의 형체를 가지셨습니다. 주님은 "나는 스스로 말하지 않고 나를 보내신 아버지가 주신 말을 한다. 스스로 일하지 않고 나를 보내신 아버지가 주신 일을 한다"고 하셨습니다. 대제사장의 기도를 시작하실 때도 "아버지께서 내게 하라고 주신 일을 내가 이루"었다고 하셨습니다(요 17:4). 이처럼 그는 사람이 되셨습니다. 자기 이름을 내려놓으셨습니다. 세상에 내려와 인간들 틈에서 인간으로 사셨습니다. 그래서 성부와 성령을 전적으로 의지하신 것입니다. 이것은 경이롭고 놀라운 진리입니다. 주님은 저와 여러분을 하나님의 자녀로 삼아 주시기 위해 이 모든 일을 하셨습니다.

세례를 받으신 일도 중요합니다. 주님이 왜 세례를 받으셨을까요? 지각이 부족한 인간의 관점에서 볼 때—이것이 우리 모든 사람의 특징입니다—세례 요한의 반발은 당연한 것입니다. 주님이 그 당시 많은 이들처럼 세례를 받으러 오신 것을 본 요한은 즉시 이의를 제기하며 "내가 당신에게서 세례를 받아야" 한다고 했습니다(마 3:14). "나는 당신에게 세례를 줄 수 없습니다. 오히려 당신이 제게 세례를 주셔야 합니다"라고 했습니다. 그러나 주님의 대답은 "이제 허락하라. 우리가 이와 같이 하여 모든 의를 이루는 것이 합당하니라"(15절)라는 것이었습니다.

이 말이 무슨 뜻일까요? 이 이야기를 분석하고 고찰해 본 적이 있습니까? 이 이야기의 메시지를 정확히 알고 있습니까? 예수는 왜 다른 사람들처럼 세례 요한에게 세례 받길 고집하셨을까요? 이것은 기이한 일입니다. 주님은 우리와 자신을 동일시하셨을 뿐 아니라 우리 죄를 자신의 죄로 삼으셨습니다. 오늘날 우리는 늘 급하고 바쁩니다. 할 일이 아주 많습니다. 그래서 생각하고 묵상할 시간을 내지 못합니다. 집회만 여기저기 다니면서 기독교 진리를 다 안다고 생각합니다. 그러나 사실은 기독 신앙의 핵심 요소를 마땅히 알아야 할 만큼 알지 못하고 있습니다. 이 진리도 마찬가지입니다.

예수는 왜 세례를 받으셨을까요? 사도 바울은 이렇게 대답합니다. "때가 차매 하나님이 그 아들을 보내사 여자에게서 나게 하시고 [또한] 율법 아래에 나게 하신 것은 율법 아래에 있는 자들을 속량하시고 우리로 아들의 명분을 얻게 하려 하심이라"(갈 4:4-5). "율법 아래에!" 그는 율법을 정하신 입법자입니다! 율법을 주신 장본인입니다. 천사를 통해 모세에게 율법을 주신 장본인이 율법 아래에 나셨습니다. 이 일이 무엇을 의미하는지 알겠습니까? 자신과 우리를 동일시하신 것입니다. 우리와 한자리에 서신 것입니다. 문자 그대로 그렇게 하신 것입니다. 죄인들과 어깨를 나란히 하신 것입니다. 우리 짐을 자신의 짐으로 삼으신 것입니다. 율법 아래에 서신 것입니다. 율법은 인간이 되신 그에게 엄중한 요구를 했습니다. 그도 우리처럼 율법에 예속되셨습니다. 이것이 요한에게 세례를 받으신 일에 담긴 핵심적인 의미입니다.

오, 이 세례를 받으신 분이 어떤 분인지 기억합시다. 그는 "거룩하고 악이 없고 더러움이 없고 죄인에게서 떠나 계"신(히 7:26) 하나님의 아들입니다. 거룩하신 분입니다. 그런데도 세례를 받으시고 율법 아래에 서셨습니다. 범법자의 자리에 서셨습니다. 자발적으로 서셨습니다.

우리는 이런 사실들을 집중적으로 묵상해야 합니다. 자기 자신과 자기 문제는 이제 그만 잊으십시오. 쇠하게 하십시오. 눈앞에서 치워 버리십시오. 이분을 바라보십시오! 바로 이것—이분과 이분이 하신 일—이 곧 기독교이며 기독교의 구원입니다. 그가 세례를 받으신 일은 이 점을 통찰하게 해줍니다.

이보다 훨씬 더 기이한 일이 있습니다. 그는 시험을 받으셨습니다. 왜 이 일이 놀라울까요? 야고보는 자기 서신 1:13에서 "하나님은 악에게 시험을 받지" 않으신다는 당연한 사실을 상기시킵니다. 그가 시험을 받으시는 것은 불가능한 일입니다. "하나님은 악에게 시험을 받지도 아니하시고 친히 아무도 시험하지" 않으십니다. 그는 악과 영원히 반대가 되십니다. 그에게 악은 가증한 것입니다. 그는 그 신성한 본성에 따라 악을 격렬히 미워하십니다. 악에게 시험을 받지 않으십니다. 하나님의 아들은 아버지와 동등하신 분, 동등하게 영원하신 분입니다. 그런데 우리가 복음서에서 구체적으로 읽게 되는 사실, 히브리서가 반복하는 사실은 이것입니다. "그가 시험을 받아 고난을 당하셨은즉 시험받는 자들을 능히 도우실 수 있느니라"(히 2:18). "우리에게 있는 대제사장은 우리의 연약함을 동정하지 못하실 이가 아니요 모든 일에 우리와 똑같이 시험을 받으신 이로되 죄는 없으시니라"(히 4:15).

사랑하는 여러분, 지금 힘든 시기를 보내고 있습니까? 모든 것이 여러분을 대적하고 있습니까? 사람들이 여러분을 매정하게 대합니까? 잔인하게 대합니까? 방해합니까? 괴롭힙니까? 박해합니까? 지금 어려움에 빠져 있습니까? 곤경에 빠져 있습니까? 그 해결책이 여기 있습니다. 하나님의 아들, 영원하신 하나님, "모든 일에 우리와 똑같이 시험을 받으신 이"를 바라보십시오. 그는 여러분의 모든 상황을 아십니다. 히브리서 기자는 이 위대한 서신 5장에서 이 생각을 확장하여 보여주고 있습니다. 우리를 도우실 대제사장은 우리의 연약함을 동정하시는 분이어야 하는데, 복되신 주님이 바로 그렇다는 것입니다! 히브리서는 그가 "죄인들이 이같이 자기에게 거역한 일을 참으"셨다고 말합니다(히 12:3).

죄인들의 거역이 어떤 것인지 우리도 알고 있지 않습니까? 그러나 주님에 비하면 아무것도 아닙니다. 히브리서 기자가 5장에서 재차 하는 말을 들어 보십시오.

> 그는 육체에 계실 때에 자기를 죽음에서 능히 구원하실 이에게 심한 통곡과 눈물로 간구와 소원을 올렸고 그의 경건하심으로 말미암아 들으심을 얻었느니라. 그가 아들이시면서도 받으신 고난으로 순종함을 배워서 온전하게 되셨은즉 [이 면에서] 자기에게 순종하는 모든 자에게 영원한 구원의 근원이 되시고(히 5:7-9).

다른 것은 몰라도 여러분에게 꼭 소개하고 싶은 원리, 거듭 반복하는 중대한 원리는 이것입니다. 히브리서 기자는 히브리 그리스도인들이 겪고 있는 실제적인 어려움과 문제 때문에 이 편지를 썼습니다. 그들은 박해를 받았습니다. 재산을 빼앗겼고, 괴롭힘을 당했으며, 심지어 죽임까지 당했습니다. 그래서 낙심했습니다. 그런 자들을 위해 히브리서 기자가 하는 일이 무엇입니까? 그들을 어떻게 돕고 있습니까? "곧 상황이 좋아질 테니 힘을 내라"고 하면서 등을 토닥여 주거나, 기분이 풀릴 때까지 계속 같이 노래하면서 잠시라도 문제를 잊게 해줍니까? 아닙니다! "영원히 멜기세덱의 반차를 따르는 제사장"(히 5:6)이신 주 예수 그리스도에 대한 중대한 담론, 강력한 신학을 쏟아놓습니다.

이것이 해결책입니다! 예수를 바라보라는 것입니다. "너희 자신이나 다른 사람을 보지 말라. 너희 문제나 어려움을 보지 말라"는 것입니다. "예수를 바로 알라"는 것입니다. "너희 생각 속에서 그가 흥하시면 다른 문제는 전부 하찮아진다"는 것입니다. 지금도 해결책은 이것입니다. 그를 흥하시게 하려면 이런 진리들을 자세히 살펴보아야 합니다. 그는 "모든 일에 우리와 똑같이 시험을 받으신 이로되 죄는 없으"신 분입니다. "우리의 연약함을 동정하"시는 분입니다.

> 가슴을 찢는 온갖 고통
> 그 슬픔의 사람 당하셨네.
>
> —마이클 브루스 Michael Bruce

그는 인간의 본성을 하늘로 가져가셨습니다. 우리의 본성은 지금 그분 안에 있습니다. 그는 우리의 모든 것을 아십니다. 그가 흥하셔야 하는데, 그를 흥하시게 하는 방법이 바로 이것입니다. 그가 하신 일을 바라보면서 이 모든 사실을 살펴보고 그 의미와 가르침을 깊이 알고자 애써야 합니다.

한 단계 더 나아가 보겠습니다. 주님이 아버지께 놀랍게 순종하고 복종하신 일을 보십시오. 아버지와 동등하심에도, 아버지와 똑같이 영원하심에도 "사람의 모양으로 나타나사 자기를 낮추시고 죽기까지 복종하"여 십자가에 죽으셨습니다(빌 2:8). 성자가 성부께 복종하시고 성령이 성부와 성자께 복종하시는 것보다 더 경이로운 일은 없습니다. 겟세마네 동산에서 기도하신 최고의 예를 보십시오. 주님은 베드로와 야고보와 요한을 택하여 곁에 있게 하셨습니다. 이들은 일종의 내부 집단으로서, 위기 때나 특별히 중요한 순간마다 선택받아 주님과 함께 있었고 겟세마네 동산에도 함께 있었습니다. 주님은 이들에게 "내가 저기 가서 기도하는 동안 너희는 여기 잠시 머물며 기도하라"고 하셨습니다. 주님은 절대적인 위기를 맞이하셨습니다. 그러나 그들은 잠들었습니다. "마음에는 원이로되 육신이 약"했습니다(마 26:41). 그는 땀을 핏방울처럼 흘리시며 홀로 고뇌하셨습니다. 그런 고뇌가 어떤 것인지 상상할 수 있겠습니까? 하나님의 아들, 우주의 창조자, 흠 없는 분, 거룩한 분, 만물의 주인이시요 온 세계가 그를 위해 지은 바 된 분이 영혼의 고뇌로 땀을 핏방울처럼 흘리셨습니다.

왜 그러셨을까요? 여기 그 대답이 나옵니다. 그는 기도하셨습니다. "내 아버지여, 만일 할 만하시거든 이 잔을 내게서 지나가게 하옵소서. 그러나 나의 원대로 마시옵고 아버지의 원대로 하옵소서"(마 26:39). 그는 인간의 구원을 위해 무슨 값을 치러야 하는지 아셨습니다. 아버지가 자신을 외면하실 것을 아셨습니다. 주님은 육신의 죽음을 겁내신 것이 아닙니다. 그것은 터무니없고 어리석은 생각입니다. 순교자들도 죽음을 겁내지 않았는데, 모든 순교자보다 크신 분이 죽음을 겁내셨을 리가 없습니다. 그는 영원 전부터 성부와 온전한 교제를 누리셨습니다. 그런데 이제 인간의 죄가 사이에 끼어들어 아버지의 얼굴을 볼 수 없는 무서운 순간이 닥칠 것을 아셨습니다. 그래서 "다른 방법은 없습니까? 인간을 구원할 다른 방법은 없습니까? 꼭 이렇게 해야 합니까?"라고 물으신 것입니다. "만일 할 만하시거든 이 잔을 내게서 지나가게 하옵소서." 그러나 다른 방법이 없다면 이 길을 따르겠다고 하셨습니다. "그러나 나의 원대로 마시옵고 아버지의 원대로 하옵소서." 이처럼 주님은 아버지께 철저히 순종하셨습니다. "사람의 모양으로 나타나사 자기를 낮추시고 죽기까지 복종하셨으니 곧 십자가에 죽으심이라."

잠시 후 무거운 십자가를 지고 가시는 그의 모습을 보십시오. 그는 끝까지 지고 가려 하셨지만 그럴 수가 없었습니다. 겟세마네의 육체적 고통과 고뇌가 십자가의 무게에 더해져 과중하게 그를 짓눌렀기 때문입니다. 그래서 골고다에 오를 때 그 무게를 이기지 못하고 비틀거리셨습니다. 그는 하나님의 아들, 우주의 창조자, 하나님의 거룩하신 분이었음에도 군중의 조롱과 야유를 받으셨습니다. 십자가에 달리신 그의 모습을 보십시오. "곧 십자가에 죽으심이라!" 생명을 지으신 분이 죽으셨습니다! 베드로는 사도행전 3장에서 "너희가……생명의 주를 죽였도다"(행 3:14-15)라고 했습니다. 이것은 큰 역설입니다!

그 영광 앞에 놀라기는커녕 복되신 하나님의 영광스러운 복음을 값싸고 평범하고 감상적인 것으로 축소시키는 자들은 심판대 앞에서 반드시 해명해야 합니다. 이 역설을 보십시오. "생명의 주―생명을 지으신 분, 생명의 창조자―를 죽였도다." 죽음! 생명! 창조자의 죽음! 그의 죽음은 말도 안 되는 사건인 동시에 종이 되신 하나님의 영광을 보여주는 사건입니다. 그는 십자가에 달리셨습니다. 그가 세상에 오신 것은 이렇게 죽기 위해서였습니다. 이것이 신약성경의 가르침입니다. 히브리서 2:9은 말합니다. "오직 우리가 천사들보다 잠시 동안 못하게 하심을 입은 자 곧 죽음의 고난받으[신]……예수를 보니 이를 행하심은 하나님의 은혜로 말미암아 모든 사람을 위하여 죽음을 맛보려 하심이라." 그는 죽기 위해 오셨습니다. 그의 죽음은 사고가 아니었습니다. 인간이 벌인 일이 아니었습니다. 아버지의 목적에 따른 일이었습니다. 하나님이 친히 그를 어린양으로 보내셨습니다. 그가 어린양으로 와서 죽임당할 것을 그 백성에게 미리 알리셨습니다. 예수 그리스도는 "천사들보다 잠시 동안 못하게 하심을 입은 자 곧 죽음의 고난받으"신 하나님의 어린양입니다.

자, 지금 여러분의 판단 속에서 그가 점점 더 커지고 계십니까? 높아지고 계십니까? 흥하고 계십니까? 이 복되신 분을 아는 것, 나와 내 죄를 위해 그가 하신 일을 점점 더 깨닫게 되는 것보다 중요한 일은 없다는 사실을 알고 느끼게 됩니까? 다른 모든 것이 사소해 보이면서 오직 그를 알며 이해하고 싶다는 생각이 듭니까? 그는 십자가의 고난을 당하셨습니다. 사람들의 조롱과 야유와 비웃음을 당하셨습니다. "멸시를 받아 사람들에게 버림받"으셨습니다(사 53:3). 큰 고통을 당하셨습니다. 수치를 당하셨습니다. "나무에 달린 자마다 저주 아래에 있는 자라"(갈 3:13).

무엇보다 놀라운 점은 주님 혼자 이 모든 일을 하셨다는 것입니다. 복음서는 가장 큰 위기의 순간에 "제자들이 다 예수를 버리고 도망" 했다고 말합니다(막 14:50). 베드로는 저주와 맹세까지 하면서 그를 부인했습니다. 이것은 옛 선지자가 예언한 사실입니다. "내가 홀로 포도즙 틀을 밟았는데"(사 63:3). 무죄하고 순결하고 무고한 분이 영광을 버리고 와서 인간의 죄를 자기 죄로 삼으시고 홀로 포도즙 틀을 밟으셨습니다. 히브리서 1:3에 이 점이 잘 포착되어 있습니다. "이는 하나님의 영광의 광채시요 그 본체의 형상이시라. 그의 능력의 말씀으로 만물을 붙드시며 [혼자] 죄를 정결하게 하는 일을 하시고." 그는 혼자 이 일을 하셨습니다. 홀로 이 일을 하셨습니다. 이 외로움에서 유기遺棄의 외침이 터져 나왔습니다. "나의 하나님, 나의 하나님, 어찌하여 나를 버리셨나이까?"(마 27:46) "우리는 생각하기를 그는 징벌을 받아 하나님께 맞으며 고난을 당한다 하였노라"(사 53:4). 그는 사람들에게 버림받으셨습니다. 홀로 포도즙 틀을 밟으셨습니다. 죽으심으로 혼자 죄를 정결하게 하는 일을 하셨습니다. 생명을 지으신 분, 만물을 붙드시는 분이 죽으셨습니다! 사람들은 그의 시신을 내려 무덤에 장사지냈습니다.

부활의 영광도 생각해 보십시오. 그는 무덤에서 나오셨습니다. 사망의 줄을 끊으시고 무덤을 이기셨습니다. 죽음은 그를 잡아둘 수 없었습니다. 왜 잡아둘 수 없었을까요? 그는 생명을 지으신 분이요 영원하신 하나님이시기 때문입니다. 그는 무덤에서 나오심으로 죽음과 무덤과 우리를 대적하는 모든 것을 이기셨습니다. 40일간 택하신 증인들에게 모습을 보이시고, 감람산에서 그들이 지켜보는 가운데 말 그대로 물리적으로 승천하셨습니다. 하늘로 올라가 "높은 곳에 계신 지극히 크신 이의 우편에 앉으셨"습니다. 영광스러운 히브리서 1:3을 다시 보십시오. "이는 하나님의 영광의 광채시요 그 본체의 형상이시라. 그의 능력의 말씀으로 만물을 붙드시며 죄를 정결하게 하는 일을 하시고 높은 곳에 계신 지극히 크신 이의 우편에 앉으셨느니라." 그는 지금 보좌에 앉아 통치하고 계십니다. 스스로 낮추심으로 높임을 받으셨습니다. 바울은 빌립보서 2장에서 말합니다.

사람의 모양으로 나타나사 자기를 낮추시고 죽기까지 복종하셨으니 곧 십자가에 죽으심이라. 이러므로[이 때문에] 하나님이 그를 지극히 높여 모든 이름 위에 뛰어난 이름을 주사 하늘에 있는 자들과 땅에 있는 자들과 땅 아래에 있는 자들로 모든 무릎을 예수의 이름에 꿇게 하시고 모든 입으로 예수 그리스도를 주라 시인하여 하나님 아버지께 영광을 돌리게 하셨느니라(빌 2:8-11).

오, 만 입이 내게 있으면
내 크신 구주와
내 하나님, 내 왕의 영광,
그 은혜의 승리를 찬송하겠네!

―찰스 웨슬리*

• 새찬송가 23장 1절 다시 옮김.

제 바람은 여러분에게 구속의 파노라마를 펼쳐 보이는 것이었습니다. 하나님의 아들이 가장 높은 하늘 궁전에서 가장 낮은 저주의 십자가로—죽음과 무덤과 음부로—내려오셨습니다. 거기에서 멈추지 않고, 다시 가장 높은 하늘 궁전으로 돌아가셨습니다. 그는 하나님의 아들, 유일무이하신 분, 만유의 주님이십니다.

이제 한 가지 질문을 드리겠습니다. 저와 함께 주님을 고찰하는 동안 그가 더 흥하셨습니까? 여러분의 마음과 생각을 차지하고 있던 것들이 다 잊혔습니까? 이것이 시금석입니다. 그렇지 않다면 그를 모르는 것입니다. 스스로 어떻게 생각하든 간에 그리스도인이 아닌 것입니다. 그리스도를 생각할 때 안도감과 해방감이 들지 않는 사람, "그와 함께라면 기꺼이 그 무엇에라도, 지옥에라도 맞서겠다"고 말할 수 없는 사람은 그리스도를 모르는 것입니다. 그는 자기 자신과 자기 문제가 아닌 그리스도를 바라보는 시간을 가질 필요가 있습니다. "믿음의 주요 또 온전하게 하시는 이인 예수를 바라보자"(히 12:2).

제가 말하려 한 바를 전부 요약해 놓은 찬송이 있습니다.

이분은 누구신가?
천한 히브리 여인의 자식으로
힘들게 피신한 마구간에 태어나
차가운 구유에 누인 연약하고 무력한 아기는?
이 놀라운 길 걸으신 분,
모든 피조물의 주님이라네.
영원 전부터 계신 하나님이요

영원 후까지 계실 하나님이라네.

이분은 누구신가?
험한 인생길 슬픔으로 걸어가는 사람,
집도 없이 피곤하게 탄식하고 울며 걸어가는 사람,
죄와 사탄에게 흔들리지 않고 걸어가는 슬픔의 사람은?
별빛 가득한 저 하늘 위,
우리를 위해 예비된 곳,
더 이상 눈물이 눈을 가릴 수 없는 곳에 계신
우리 하나님, 영광스러운 구주라네.

이분은 누구신가?
핏방울 땅에 흘리시는 그를 보라!
멸시당하고 버림당하고
조롱당하고 모욕당하고 매 맞고 결박당하신 이분은 누구신가?
지금 교회에 은사와 은혜를 부어 주시는 하나님,
장차 모든 원수를 의로운 심판으로 벌하여
보좌 아래 던지실 우리 하나님이라네.

나무에 매달려 죽어 가며
무례한 세상의 조롱과 야유를 당하고
악인 중 하나로 헤아림을 입으시는 이분,
가시관을 쓰고 못에 찢기시는 이분은 누구신가?

영원히 빛나는 천사들 가운데 거하시며

영화로운 황금 성에서

영원토록 통치하시는 하나님이라네.

— 윌리엄 W. 하우 William W. How

사랑하는 여러분, 그와 그의 영광과 그의 위대하심과 그의 위엄을 아는 일 외에 중요한 것은 없습니다. 그는 믿는 자의 구주십니다. "만유시요 만유 안에 계"신(골 3:11) 분입니다. "너희는 하나님으로부터 나서 그리스도 예수 안에 있고 예수는 하나님으로부터 나와서 우리에게 지혜와 의로움과 거룩함과 구원함이 되셨으니"(고전 1:30). 그가 전부이십니다! 이 예수를 바라보십시오!

돌아가옵소서. 불멸의 구주여, 다시 돌아가옵소서.

발등상을 떠나 보좌에 앉으소서.

— 로버트 로빈슨

그를 바라보며 이렇게 아룁시다. "아멘, 주 예수여, 오시옵소서." 그는 흥하셔야 하고, 흥하실 것입니다. 저는 영광스럽게도 그가 흥하시고 우리는 쇠해야 하는 이유와 방법을 여러분에게 알리는 특권을 누렸습니다.

주님 홀로 내 영혼의 기쁨,

내 열정과 내 사랑이 되소서.

— 요한 K. 라바터

23.
선지자, 제사장, 왕

그는 흥하여야 하겠고 나는 쇠하여야 하리라. | 요한복음 3:30

이 중대한 말을 다시 한 번 살펴보겠습니다. 이제껏 밝히려 했듯이, 그리스도인의 삶에 성장과 발전이 있어야 한다는 점에서 볼 때 여러가지 면에서 이보다 더 중요한 말은 없습니다. 우리는 이 말이 나온 실제 맥락을 살펴보았습니다. 소극적인 측면을 먼저 살펴보았고, 지금은 그가 "흥하여야" 한다는 적극적인 측면을 살펴보고 있습니다. 우리는 그리스도가 생각과 감정과 모든 것을 다스리시는 데 우리 삶의 핵심이 있음을 알았고, 그가 얼마나 위대하시고 영광스러우시고 놀라우신 분인지도 알았습니다.

그렇다면 어떻게 해야 그가 흥하실 수 있을까요? 성경은 저와 여러분이 할 수 있는 일이 많다고 가르치며, 다행히 우리가 해야 할 일을 정확하게 알려 줍니다. 저는 히브리서 기자가 채택한 편리한 방법을 따르는 것이 이 일—모든 면에서 그를 흥하시게 하는 일—을 하기에 아주 좋은 방법이라고 했습니다. 지금 우리가 하고 있는 일이 바로 그것입니다. 우리는 "하나님의 영광의 광채시요 그 본체의 형상"(히 1:3)이라는 예수의 본질, 예수의 본모습을 살펴보았습니다. 그리고 지난번에는 우리의 구원을 이루기 위해 엄청난 이동을 하신 일에 나타난 그의 위대하심과 영광을 고찰했습니다. 이렇게 할 때, 우리 신분의 토대를 이루는 중대한 역사적 사건들을 묵상할 때, 그는 흥하십니다. 우리의 정신과 지각과 마음과 정서 속에서 흥하십니다. 그리스도인으로서 우리 삶의 전적인 비결은 이처럼 그를 바라보고 그를 생각하는 데 있습니다. 히브리서 기자가 한 말이 이것입니다. "예수를 깊이 생각하라"(3:1). "예수를 바라보자"(12:2). 이것이 그의 중대한 권면입니다.

우리는 그 권면에 따라 계속 예수를 바라보는 중입니다. 저는 유일하게 이 일을 할 수 있게 해주시는 성령을 힘입어 예수를 바라보되, 이번에는 그의 직무를 살펴보려 합니다. 그가 하신 모든 일에는 목적이 있었습니다. 영원한 세계를 떠나 유한한 세계에 오셨다가 다시 영원한 세계로 돌아가시는 중대한 이동—우리를 경이감으로 가득 채우는 일—을 진정으로 살펴보려면, 거기에 목적이 있었다는 이 사실을 알아야 합니다. 주님은 단순히 멋진 장면이나 일종의 장관壯觀을 연출하신 것이 아닙니다. 단순히 우리를 놀라게 하려고 그렇게 나타나신 것이 아닙니다. 거기에는 성취하시고 이루시려는 목적이 있었습니다. 여러 가지 면에서 그 목적을 고찰하기에 가장 좋은 방법이 바로 그의 직무를 살펴보는 것입니다. 그리고 그의 직무를 살펴보는 통상적인 방법은 선지자와 제사장과 왕이신 그를 바라보는 것입니다.

구약 시대에 하나님은 이 세 직무를 맡은 자들을 통해 백성을 상대하셨습니다. 성경은 왕과 제사장과 선지자들의 이야기를 기록하고 있습니다. 하나님은 한 민족, 즉 이스라엘 자손을 상대하시면서 그들을 통해 자신을 계시하시되 이 방법으로 계시하셨습니다. 각 직무를 맡은 자들은 저마다 특정한 역할을 수행했습니다. 우리가 이번에 살펴볼 것은 복되신 주님의 직무로서, 우리가 즉시 발견하는 것은 이 세 직무를 한 몸에 맡으신 그의 뛰어나심입니다.

이것은 히브리서를 받은 자들뿐 아니라 오늘날 우리에게도 똑같이 유익한 메시지입니다. 우리는 혹 다른 가르침이 도움이 되지 않을까 살펴보고 싶은 유혹을 받습니다. 사교를 비롯하여 큰 행복을 찾았다는 자들의 말을 들으며 "내가 원했던 게 저거야"라고 합니다. 그렇게 여기저기 기웃거립니다. 그러나 우리에게 필요한 모든 것은 그리스도 안에 다 있습니다. 그는 선지자요 제사장이요 왕이십니다. 이런 분은 어디에도 없습니다. 구약성경에는 특별하고 놀라운 인물들, 선지자들이 나옵니다. 맞습니다. 그러나 그리스도에 비하면 한낱 선지자에 불과합니다. 물론 선지자로 부름받고 선지자의 성향을 부여받는 것은 엄청난 일이요 대단한 특권입니다! 그럼에도 선지자는 선지자일 뿐, 그 이상이 될 수 없습니다. 또 한 가지 중대하고 고귀한 직무를 맡은 제사장들도 있었습니다. 그러나 그들 역시 제사장에 불과했습니다. 또 다른 직무를 맡은 왕들도 있었습니다. 이처럼 그들은 각자 특정한 임무를 맡았습니다. 그런데 주님을 보면 그가 홀로 유일하신 분임을 알게 됩니다. 그는 선지자요 제사장이요 왕이십니다. 그 모든 것입니다. 그 모든 직무를 겸비하신 분입니다.

신약성경은 이 점에서 계속 그를 찬양합니다. 그는 알파요 오메가입니다. 당연히 시작이요 끝입니다. "믿음의 주요 또 온전하게 하시는 이"(히 12:2)입니다. 바울은 고린도 교인들에게 "예수는 하나님으로부터 나와서 우리에게 지혜와 의로움과 거룩함과 구원함이 되셨"다고 했습니다(고전 1:30). 그리스도는 모든 것입니다. 모든 직무를 맡으신 분입니다. "만유시요 만유 안에 계"신(골 3:11) 분입니다. 여러분에게 필요한 모든 것입니다.

이 또한 그의 위대하심과 영광을 상고하는 방법입니다. 이렇게 그의 직무를 상고할 때 그는 점점 더 커지고 흥하시며, 우리는 경이감과 놀라움으로 가득 차게 됩니다. 바울처럼 "크도다, 경건의 비밀이여"(딤전 3:16)라고 외치며 세세한 부분까지 이해하게 됩니다. 예수가 모든 직무를 겸비하셨다는 이 사실을 기억하십시오. 그에게는 어떤 도움이나 지원이나 보완이 필요치 않습니다. 다른 역할을 감당해 줄 사람이 필요치 않습니다. 그런 사람이 필요치 않습니다. 그런 사람이 필요하다고 생각하는 자는 그의 영광을 훼손하는 것입니다. 그런 자의 판단과 시야에서 그는 흥하시지 못하고 쇠하시게 됩니다. 이처럼 다른 누군가를 그에게 더하는 가르침은—교회의 이름을 내세우든 아니든—그의 영광과 온전하심과 충만하심과 절대적인 완전하심을 깎아내리는 것입니다. 참되신 하나님의 아들은 모든 직무를 넘치도록 온전히 갖추신 분입니다.

이 현대적인 문제를 사도 바울도 당시에 다루어야 했습니다. 골로새 교인들은 스스로 지성인이라고 자부하며, 철학과 신비 종교 같은 주제를 건드렸습니다. 사도는 그들에게 말합니다. "그 안에는 신성의 모든 충만이 육체로 거하시고 너희도 그 안에서 충만하여졌으니"(골 2:9-10). 그는 선지자요 제사장이요 왕이십니다. 그에게 다른 어떤 것도 더하지 마십시오. 다른 누군가의 도움이나 지원이 필요하다고 말하지 마십시오. 그리스도 안에는 모든 것이 완벽하게 갖추어져 있기에 아무 부족함이 없습니다. 그는 만유시요 만유 안에 계신 분입니다.

그의 직무를 살펴볼 때 즉시 발견하는 사실이 이것입니다. 그러나 좀 더 이해할 필요가 있습니다. 그래야 그가 계속 흥하십니다. 구약의 위대한 선지자들 중에서도 여러모로 첫째가는 선지자는 모세입니다. 그는 백성의 선생이요 인도자요 교사요 지도자였습니다. 그럼에도 모든 사람 중에 가장 온유했습니다. 자신이 장차 오실 분을 예시하는 그림자에 불과함을 알고 "네 하나님 여호와께서 너희 가운데 네 형제 중에서 너를 위하여 나와 같은 선지자 하나를 일으키시리니 너희는 그의 말을 들을지니라"(신 18:15)라고 했습니다.

이것은 중대한 예언입니다. 그때부터 이스라엘 자손은 모세가 예견하고 예언한 그 위대한 선지자를 기다렸습니다. 가이사랴 빌립보의 유명한 장면에서 주님은 제자들에게 "사람들이 나를 누구라고 하느냐?"라고 물으셨습니다. 제자들은 세례 요한이나 엘리야, 선지자 중의 하나, 또는 오기로 한 그 선지자라고 한다고 대답했습니다(막 8:27-28 참조). 이처럼 이스라엘 자손은 마지막에 오실 교사이자 선생을 기다렸습니다. 자신들 중에 나타날 그 선지자, 그 선생을 기다렸습니다. 그리고 나사렛 예수가 오셨습니다. 그가 길에 서서 "나는 세상의 빛이니 나를 따르는 자는 어둠에 다니지 아니하고 생명의 빛을 얻으리라"(요 8:12)라고 서슴없이 외치신 이유, "내가 곧 길이요 진리요 생명이니 나로 말미암지 않고는 아버지께로 올 자가 없느니라"(요 14:6)라고 말씀하신 이유가 여기 있습니다. 물론 이것은 우리가 영원토록 묵상할 진리입니다.

그가 하신 일이 무엇입니까? 하나님에 대해 아무도 알려 줄 수 없는 것을 알려 주신 것입니다. 특정한 측면의 지식은 우리도 얻을 수 있습니다. 예컨대 자연에서도 얻을 수 있습니다. "창세로부터 그의 보이지 아니하는 것들 곧 그의 영원하신 능력과 신성이 그가 만드신 만물에 분명히 보여 알려졌나니"(롬 1:20). 하나님의 능력과 신성은 꽃을 보거나 자연세계를 보거나 하늘에 빛나는 태양을 보면서도 알 수 있습니다. "하늘—해와 달과 별을 비롯한 모든 것—이 하나님의 영광을 선포하고"(시 19:1). 아, 그러나 그 지식은 부분적이며 불완전한 것입니다. 그 때문에 요한이 복음서 서문에서 "본래 하나님을 본 사람이 없으되 아버지 품속에 있는 독생하신 하나님이 나타내셨"다고 말한 것입니다(요 1:18).

구약의 선지자들은 하나님에 대한 많은 사실들, 경이롭고 놀라운 사실들을 선포했습니다. 그것들만 찾아 읽어도 영광스럽습니다. 그럼에도 그것들은 부분에 불과합니다. 히브리서 기자는 하나님이 "여러 부분과 여러 모양으로"(히 1:1) 말씀하셨다고 했습니다. 부분과 모양은 충분치 못하기에 불완전합니다. 각각의 사실 자체는 완전함에도 일부에 불과하기에 불완전합니다. 실제로 하나님을 선포한 이, 실제로 하나님을 계시하고 나타낸 이는 오직 한 분뿐입니다. "어떤 사람도 [하나님을] 보지 못하였고 또 볼 수 없"습니다(딤전 6:16). 그런데 영원한 세계에서 유한한 세계로 오신 분이 계십니다. 주님은 니고데모에게 이 점을 말씀하셨습니다. "하늘에서 내려온 자 곧 인자 외에는 하늘에 올라간 자가 없느니라"(요 3:13). 영원 전부터 아버지의 얼굴을 들여다보셨던 분이 세상에 오셔서 자신이 완전한 선지자임을 알려 주셨습니다.

가르침뿐 아니라 삶 전체로 알려 주셨습니다. 그래서 나중에 혼란에 빠진 제자들 중 빌립이 "주여, 아버지를 우리에게 보여주옵소서. 그리하면 족하겠나이다"라고 했을 때 "빌립아, 내가 이렇게 오래 너희와 함께 있으되 네가 나를 알지 못하느냐? 나를 본 자는 아버지를 보았거늘 어찌하여 아버지를 보이라 하느냐?"라고 하신 것입니다(요 14:8-9).

이것은 누구도 할 수 없는 주장입니다. "나를 본 자는 아버지를 보았거늘"이라고 주장할 수 있는 사람은 아무도 없습니다. 이 점에서 그는 최고의 선지자이십니다. 하나님을 계시하시며 나타내시는 분입니다. 하나님에 대해 가르쳐 주시는 분입니다. 하나님의 영원한 영광을 보여주시는 분입니다.

이처럼 그는 하나님과 관련하여 우리를 가르치시는 선지자의 소임을 다하실 뿐 아니라 하나님의 율법과 관련해서도 선지자의 소임을 다하십니다. 산상 설교의 특별한 주제가 이것입니다. 하나님은 율법을 주셨고, 유능한 강해자들이 그 율법을 설명했습니다. 선지자들도 설명했고, 다른 이들도 설명했습니다. 주님 당시에는 특히 바리새인과 서기관들이 그 일을 했습니다. 그런데 산상 설교의 전적인 요점은 그 설명에 오해가 있다는 것입니다. 실제로 율법의 참된 영적 의미를 가르칠 수 있는 이는 오직 한 분, 복되신 주님뿐입니다. 그의 말을 들어야 합니다. 그는 "또 옛사람에게 말한바……너희가 들었으나 나는 너희에게 이르노니……"(마 5:33-34)라고 하면서 새로이 가르쳐 주십니다. 그는 율법의 최종 권위자입니다. "이는 그 가르치시는 것이 권위 있는 자와 같고 그들의 서기관들과 같지 아니함일러라"(마 7:29). 오직 주님만 율법의 오해에서 비롯된 종살이에서 우리를 구해 주실 수 있습니다. 그는 율법의 영적인 본질과 특징을 밝히시며 여러 가지 예를 들어 주셨습니다. 많은 이들이 외적으로 살인하지 않았다는 이유로, 문자 그대로 살인을 범하지 않았다는 이유로 "나는 살인죄를 짓지 않았다"고 했습니다. 실제로 사람을 죽인 적이 없다는 것입니다! 그런데 주님이 말씀하시는 요지는 이것입니다. "잠깐, 형제에게 '미련한 놈'이라고 하는 자는 누구나 살인자다." 주님은 살인의 본질은 형제를 미워하며 "미련한 놈"이라고 하는 데 있음을 가르치셨습니다.

간음에 대해서도 똑같이 가르치셨습니다. 문제는 단순한 행위가 아닌 욕망과 탐심에 있다고 하셨습니다. 주님이 명확히 가르치신 점이 이것이며, 사도 바울이 율법의 전문가였던 다소의 사울 시절에 사실상 이해하지 못했던 점 또한 이것입니다. 후에 그는 "탐내지 말라는 계명에 붙잡히면서 나는 무너졌다"고 고백했습니다. "그때 나는 끝났다"고 고백했습니다. "죄는 살아나고 나는 죽었도다"(롬 7:9). 이런 것을 가르쳐 줄 수 있는 이는 주님뿐입니다. 여기에서 우리는 하나님과 우리의 관계를 이해하는 핵심에 도달하게 됩니다. 바리새인과 서기관은 아주 훌륭하고 경건한 자들이었습니다. "나는 이레에 두 번씩 금식하고 또 소득의 십일조를 드리나이다"(눅 18:12)라는 말은 과장이 아니었습니다. 문자 그대로 사실이었습니다. 그들은 실제로 그렇게 했습니다. 바리새인과 서기관은 이런 의미에서 아주 종교적이고 도덕적인 자들로서, 그 면에서 본받아야 할 귀감으로 존경을 받았습니다. 그러나 주님은 그 생각을 산산이 깨뜨리셨습니다. "내가 너희에게 이르노니 너희 의가 서기관과 바리새인보다 더 낫지 못하면 결코 천국에 들어가지 못하리라"(마 5:20).

그 선생이 오셨습니다. 그러나 사람들은 그를 이해하지 못했습니다. "이 사람은 배우지 아니하였거늘 어떻게 글을 아느냐?"(요 7:15)라고 했습니다. 그는 배우지 않았는데도 "권위 있는 자"로 말씀하셨습니다. 율법의 입법자요 주창자이셨기 때문입니다. 율법을 주신 장본인이셨기 때문입니다. 이 점에서도 그는 최고의 선지자이십니다.

하나님의 사랑과 구속의 방법과 관련해서도 그는 최고의 선지자십니다. 그 이야기가 복음서에 나옵니다. 제자들은 구속의 방법에 걸려 넘어졌습니다. 그 방법을 이해하지 못했습니다. 주님이 임박한 죽음에 대해 말씀하셨을 때, 베드로는 그것을 이해하지 못하고 "주여, 그리 마옵소서"(마 16:22) 하면서 막았습니다. 그러나 주님은 말씀하셨습니다. "인자가 온 것은 섬김을 받으려 함이 아니라 도리어 섬기려 하고 자기 목숨을 많은 사람의 대속물로 주려 함이니라"(마 20:28). 사도들은 성령의 비추심과 기름부음을 받은 후에야 이 말씀을 이해했습니다. 또한 주님은 "인자가 온 것은 잃어버린 자를 찾아 구원하려 함"이라고(눅 19:10) 가르치셨습니다. 세례 받길 고집하셨고, 예루살렘에 올라가기로 굳게 결심하셨습니다. 그 모든 일은 구원의 방법과 관련된 것이었습니다. 또한 주님은 탕자 이야기를 비롯한 여러 비유를 통해 하나님의 사랑을 비할 데 없이 빼어나게 알려 주셨습니다. 이처럼 그는 최고의 선지자이십니다. 다른 가르침을 찾을 필요가 없습니다. 다른 사람을 찾을 필요가 없습니다. 그 안에 전부 다 있습니다.

마지막으로 예수가 말씀하신 것은 이것입니다. "내가 아버지께 구하겠으니 그가 또 다른 보혜사를 너희에게 주사"(요 14:16). "그가 너희를 모든 진리 가운데로 인도하시리니"(요 16:13). 과연 그는 성령을 보내셨고, 지금도 성령을 통해 계속 가르치고 계십니다. 주님은 성령이 "내 영광을 나타"낼 것이라고 하셨습니다(요 16:14). 자기 생각을 말씀하지 않으신다는 의미에서 "스스로 말하지 않"을 것이라고 하셨습니다(요 16:13). 예수가 그러셨듯이, 성령도 예수께 받은 말씀만 전하십니다. 예수에 대해 더 가르치시기 위해 그분께 받은 말씀만 전하십니다. 특별한 의미에서 성령을 받았다고 주장하는 이들을 검증하는 방법이 이것입니다. 예수를 아는지, 그의 영광과 기이함을 점점 더 크게 느끼는지 보면 됩니다. "그가 내 영광을 나타내리니." 이처럼 그의 가르침을 받을 때 그는 흥하시고 나는 쇠하게 됩니다.

이렇게 해서 그 선지자이신 주님을 살짝 살펴보았습니다. 이제 두 번째 측면으로 나아가 제사장이신 예수 그리스도를 살펴봅시다. "큰 대제사장"(히 4:14)이신 예수 그리스도는 히브리서가 특별히 다루는 주제입니다. 오, 이 얼마나 놀라운 주제인지요! 이 주제를 다루는 자는 자신의 무능함과 무가치함을 절실히 느낄 수밖에 없기에, 그만큼 이 주제는 고상한 것이기에, 저도 선뜻 다루기가 주저됩니다. 이것 말고도 제가 주저하는 두 번째 이유가 있습니다. 히브리서 기자는 주님에 대해 이렇게 말합니다.

하나님께 멜기세덱의 반차를 따른 대제사장이라 칭하심을 받으셨느니라. 멜기세덱에 관하여는 우리가 할 말이 많으나 너희가 듣는 것이 둔하므로 설명하기 어려우니라. 때가 오래되었으므로 너희가 마땅히 선생이 되었을 터인데 너희가 다시 하나님의 말씀의 초보에 대하여 누구에게서 가르침을 받아야 할 처지이니 단단한 음식은 못 먹고 젖이나 먹어야 할 자가 되었도다. 이는 젖을 먹는 자마다 어린아이니 의의 말씀을 경험하지 못한 자요 단단한 음식은 장성한 자의 것이니 그들은 지각을 사용함으로 연단을 받아 선악을 분별하는 자들이니라(히 5:10-14).

이것은 위대하고 고상하고 깊고 심오한 주제입니다. 이런 말씀을 읽거나 묵상할 시간이 없다고 말하는 시대, 단순히 재미를 원하는 시대와 시기에는 특히 다루기 힘든 주제입니다. 그러나 '큰 대제사장이신 예수'는 남은 평생뿐 아니라 영원토록 우리 마음을 사로잡을 주제입니다.

히브리서 기자는 "대체 지금 무슨 짓을 하는 것이냐? 왜 성전을 뒤돌아보는 것이냐? 거기에서 무엇을 찾는 것이냐?"라고 묻습니다. "그렇다. 제사장들도 있고, 가장 큰 제사장이요 처음 제사장인 대제사장 아론도 있다. 좋다. 그를 자랑스러워해도 괜찮다. 그러나 잘 들어라. 그리스도 옆에 놓고 보면 아론은 아무것도 아니다. 실체가 아닌 그림자에 불과하다. 이 큰 대제사장 옆에 놓고 보면 아론과 이후 모든 대제사장 및 제사장은 아무것도 아니다"라고 합니다. "우리에게 큰 대제사장이 계시니 승천하신 이 곧 하나님의 아들 예수시라. 우리가 믿는 도리를 굳게 잡을지어다"(히 4:14).

더 나아가 주님이 어떻게 다른 제사장들과 크게 다르신지, 홀로 우리의 큰 대제사장이 되시는지 살펴봅시다. 그는 어떤 점에서 아론이나 다른 모든 제사장보다 뛰어나실까요? 히브리서의 가르침에 따르면 부르심에서부터 가장 뛰어나십니다. "하나님께 멜기세덱의 반차를 따른 대제사장이라 칭하심을 받으셨느니라." 히브리서 7장의 설명을 보십시오.

이 멜기세덱은 살렘 왕이요 지극히 높으신 하나님의 제사장이라. 여러 왕을 쳐서 죽이고 돌아오는 아브라함을 만나 복을 빈 자라. 아브라함이 모든 것의 십분의 일을 그에게 나누어 주니라. 그 이름을 해석하면 먼저는 의의 왕이요 그다음은 살렘 왕이니 곧 평강의 왕이요—이제 나오는 말에 주목하기 바랍니다—아버지도 없고 어머니도 없고 족보도 없고 시작한 날도 없고 생명의 끝도 없어 하나님의 아들과 닮아서 항상 제사장으로 있느니라(히 7:1-3).

히브리서 기자는 계속해서 이 점을 설명합니다. 주님이 인간이 아니었다면 결코 제사장이나 대제사장이 되실 수 없었다는 사실을 지적합니다. 주님은 레위 지파 출신이 아니었습니다. 제사장은 레위 지파여야 하는데, 주님은 그 지파 사람이 아니었습니다. 왜 아니었을까요? 모든 규례 너머에 계신 분이기 때문입니다. 그는 큰 대제사장이십니다. 하나님의 아들이십니다. 그래서 히브리서 기자가 "멜기세덱과 같은 별다른 한 제사장이 일어난 것을 보니 더욱 분명하도다. 그는 육신에 속한 한 계명의 법을 따르지 아니하고 오직 불멸의 생명의 능력을 따라 되었으니 증언하기를 네가 영원히 멜기세덱의 반차를 따르는 제사장이라 하였도다"(히 7:15-17)라고 말한 것입니다. 이처럼 그는 완전히 다른 부르심, 유일무이한 부르심을 받으셨습니다. 계보에 따라 직분을 물려받지 않으셨습니다. 직계 자손으로 물려받지 않으셨습니다. 그의 모든 속성은 유일무이한 것입니다. 그는 육신의 아버지 없이 성령으로 잉태되어 처녀의 몸에서 태어나신 하나님의 아들이십니다. 바로 이런 분이시기 때문에 대제사장으로 부름받으시고 세움받으신 것입니다.

그가 드리신 제사도 생각해 보십시오. 대제사장은 짐승—황소 등의 짐승―에게 손을 얹고 비유적인 의미에서 백성의 죄를 짐승에게 전가했습니다. 그 짐승을 잡아 피를 모았습니다. 그에게는 백성의 죄를 속죄하기 위해 일 년에 한 번 지성소에 들어가는 특권이 있었는데, 그때 짐승의 피를 가지고 들어갔습니다. 그 피를 제단에 바치면 하나님이 증거궤 위 속죄소에 내려와 백성을 만나 주셨습니다. 이것이 백성의 죄를 덮는 방법이었습니다. 황소와 염소 같은 희생제물의 피를 바쳐서 덮은 것입니다.

이제 히브리서 9장을 찾아봅시다. 여기에서 예수의 영광과 유일무이하심을 볼 수 있습니다.

> 그리스도께서는 장래 좋은 일의 대제사장으로 오사 손으로 짓지 아니한 것 곧 이 창조에 속하지 아니한 더 크고 온전한 장막으로 말미암아 염소와 송아지의 피로 하지 아니하고 오직 자기의 피로 영원한 속죄를 이루사 단번에 성소에 들어가셨느니라. 염소와 황소의 피와 및 암송아지의 재를 부정한 자에게 뿌려 그 육체를 정결하게 하여 거룩하게 하거든 하물며 영원하신 성령으로 말미암아 흠 없는 자기를 하나님께 드린 그리스도의 피가 어찌 너희 양심을 죽은 행실에서 깨끗하게 하고 살아 계신 하나님을 섬기게 하지 못하겠느냐?(히 9:11-14).

무슨 말이 더 필요하겠습니까? 그는 자기 피를 바치셨습니다! 이 얼마나 놀라운 제사입니까! 그는 희생제물인 동시에 제사장이었습니다. 제물인 동시에 제물을 바치는 자였습니다. 그는 자기를 드리셨습니다. 자기 피를 가지고 들어가 바치셨습니다.

어디에서 바치셨습니까? 히브리서 기자는 다시 한 번 중대한 대조를 합니다.

> 율법을 따라 거의 모든 물건이 피로써 정결하게 되나니 피 흘림이 없은즉 사함이 없느니라. 그러므로 하늘에 있는 것들의 모형은 이런 것들로써 정결하게 할 필요가 있었으나 하늘에 있는 그것들은 이런 것들보다 더 좋은 제물로 할지니라. 그리스도께서는 참 것의 그림자인 손으로 만든 성소에 들어가지 아니하시고(22-24절).

오늘날 사람들이 성당과 의식과 전례와 사제직을 의지하듯이, 히브리 그리스도인들은 예루살렘 성전을 뒤돌아보았습니다. 그러나 "그리스도께서는 참 것의 그림자인 손으로 만든 성소에 들어가지 아니하시고 바로 그 하늘에 들어가사 이제 우리를 위하여 하나님 앞에 나타나"십니다. 그가 정결케 하신 곳은 땅의 성소가 아닌 하늘의 성소였습니다.

히브리서 기자는 연이어 중대하고 놀라운 또 한 가지 사실을 지적합니다. 저는 지금 이 이야기를 계속해 나가면서 여러분을 검증하는 중입니다. 여러분은 이런 이야기를 듣는 것이 즐겁습니까? 감격스럽습니까? 가슴이 떨립니까? 자신이 그리스도인이라는 사실이 이전 어느 때보다 놀랍게 느껴집니까? 그리스도인이 된다는 것은 단순히 내 속에 무언가 생기거나 어떤 감정이 느껴지거나 작은 체험을 하는 것이 아닙니다. 그리스도를 보는 것이며, 그가 날 위해 하신 모든 일을 보는 것입니다. 이런 이야기를 들을 때 거의 무릎을 꿇고 싶을 정도로 그를 찬양하고 싶은 열망, 그의 크고 놀라운 이름을 높이고 싶은 열망이 생깁니까?

그뿐 아니라 주님은 단번에 영원히 이 일을 하셨습니다! 이 또한 히브리서 기자가 계속 지적하는 사실입니다. 그는 9장에서 말합니다.

대제사장이 해마다 다른 것의 피로써 성소에 들어가는 것같이 자주 자기를 드리려고 아니하실지니 그리하면 그가 세상을 창조한 때부터 자주 고난을 받았어야 할 것이로되 이제 자기를 단번에 제물로 드려 죄를 없이하시려고 세상 끝에 나타나셨느니라. 한번 죽는 것은 사람에게 정해진 것이요 그 후에는 심판이 있으리니 이와 같이 그리스도도 많은 사람의 죄를 담당하시려고 단번에 드리신 바 되셨고 구원에 이르게 하기 위하여 죄와 상관없이 자기를 바라는 자들에게 두 번째 나타나시리라 (히 9:25-28).

그는 너무 감격한 나머지 이 말을 계속 반복합니다. 설교자는 반복하는 것이 당연합니다. 왜 그럴까요? 세상에서 가장 영광스러운 주제를 전하기 때문입니다. 음악가들도 좋은 주제를 찾으면 계속 반복하고 변주하지 않습니까? 바로 그것입니다! 10장에 나오는 말을 들어 보십시오.

이 뜻을 따라 예수 그리스도의 몸을 단번에 드리심으로 말미암아 우리가 거룩함을 얻었노라. 제사장마다 매일 서서 섬기며 자주 같은 제사를 드리되 이 제사는 언제나 죄를 없게 하지 못하거니와 오직 그리스도는 죄를 위하여 한 영원한 제사를 드리시고 하나님 우편에 앉으사 그 후에 자기 원수들을 자기 발등상이 되게 하실 때까지 기다리시나니 그가 거룩하게 된 자들을 한 번의 제사로 영원히 온전하게 하셨느니라 (히 10:10-14).

단번에 영원히! 이 제사는 반복될 수 없습니다. 어떤 제사장이나 권위자도 반복될 수 있다고 주제넘게 주장하면 안 됩니다. 단번에 영원히! 이 제사는 결코 반복될 수 없습니다. 저는 이 제사가 반복된다고 말하는 사람과는 이야기하고 싶지 않습니다. 그것은 단번에 영원히 일어난 일을 부인하는 행동입니다. "다 이루었다"(요 19:30). 그는 맡은 일을 완수하셨습니다.

이 모든 것에 더하여 알아야 할 사실은 이 큰 대제사장이 항상 살아서 우리를 위해 간구하신다는 것입니다.

> 제사장 된 그들의 수효가 많은 것은 죽음으로 말미암아 항상 있지 못함이로되 예수는 영원히 계시므로 그 제사장 직분도 갈리지 아니하느니라. 그러므로 자기를 힘입어 하나님께 나아가는 자들을 온전히 구원하실 수 있으니 이는 그가 항상 살아 계셔서 그들을 위하여 간구하심이라(히 7:23-25).

이 얼마나 놀라운 대제사장입니까! 땅 위의 제사장은 의지할 수 없습니다. 아프기도 하고 늦기도 합니다. 계속 바뀌고 새로 임명되며 교체됩니다. 그러나 사랑하는 여러분, 여러분은 어떤 자리에 있든 무슨 일을 겪든 상관없이 필요와 문제가 있어 기도하고 싶을 때마다 자신 있게 하나님 앞에 나아갈 수 있습니다. 여러분의 대제사장이 항상 거기 계시기 때문입니다. 그는 자리를 비우시는 법이 없습니다. "졸지도 아니하시고 주무시지도 아니하"십니다(시 121:4). 항상 살아 계셔서 우리를 위해 간구하십니다. 하나님 우편에 앉아 항상 성도를 위해 중보하고 계시며, 앞으로도 계속 중보하실 것입니다. 그는 우리의 "큰 대제사장"이십니다. 과거에도 현재에도 미래에도 다른 제사장은 필요치 않습니다. 그는 만유시요 만유 안에 계신 분입니다.

예수 그리스도는 또한 왕이십니다. 예수가 태어나시기 전, 천사장 가브리엘은 마리아에게 그가 조상 다윗의 왕위에 오를 것이라고 했습니다. "그가 큰 자가 되고 지극히 높으신 이의 아들이라 일컬어질 것이요 주 하나님께서 그 조상 다윗의 왕위를 그에게 주시리니 영원히 야곱의 집을 왕으로 다스리실 것이며 그 나라가 무궁하리라"(눅 1:32-33). 그는 왕이십니다. 하나님이 수 세기에 걸쳐 약속하신 "다윗의 씨"(요 7:42)입니다. 마침내 그가 전형적인 거룩한 방식으로 오셨습니다. 왕궁이 아닌 마구간에 오셨습니다. 영원한 왕으로 그 왕권과 지배권과 통치권을 나타내셨습니다.

그는 기적을 행하심으로 권세를 나타내셨습니다. "내가 만일 하나님의 손을 힘입어 귀신을 쫓아낸다면 하나님의 나라가 이미 너희에게 임하였느니라"(눅 11:20). 그것은 왕의 손길이었습니다. 사람들은 "사나운 바다와 몰아치는 바람에게 명령하시는 이분은 누구신가?"라고 물었습니다. 그것은 지극히 타당한 질문입니다. 그는 누구십니까? 왕이십니다. 만물에게 명령하시는 만물의 주인이십니다. 온 우주의 왕이십니다. 모든 권세를 가지신 분입니다. 주님은 자신의 삶과 기적뿐 아니라 죽음을 통해서도 왕의 권세를 나타내셨습니다. 베드로는 오순절 날 설교에서 "그가 사망에 매여 있을 수 없었"다고 했습니다(행 2:24). 왜 매여 있을 수 없었을까요? 왕이시기 때문입니다. 주님께 사망은 아무것도 아닙니다. 그는 만물을 지배하시는 분입니다. 만물에 명령하시는 분입니다.

죽은 자들 가운데서 살아나신 주님은 승천하시기 직전, 세상에 남게 될 불쌍한 제자들에게 이렇게 말씀하셨습니다. "하늘과 땅의 모든 권세를 내게 주셨으니"(마 28:18). "모든 권세!" 이 말씀 그대로입니다. 그는 모든 권세를 받으셨습니다. 예수! 주! 그리스도! 그는 지금 모든 권세를 쥐고 하나님 우편에 앉아 계십니다. 그리스도인들이여, 그런데 왜 그리 정체되어 있는 것입니까? 왜 그리 불행해하며 불평하는 것입니까? 왜 그리 연약하고 쇠약한 것입니까? 교회가 이런 모습이 된 이유가 무엇입니까? 그 대답은 오직 하나뿐입니다. 그가 모든 권세를 쥐고 계신 왕이심을 잊었기 때문인 것입니다. "그러므로 너희는 가서 모든 민족을 제자로 삼아 아버지와 아들과 성령의 이름으로 세례를 베풀고 내가 너희에게 분부한 모든 것을 가르쳐 지키게 하라. 볼지어다. 내가 세상 끝날까지 너희와 항상 함께 있으리라"(마 28:19-20).

히브리서 10장은 그가 원수들을 자기 발등상으로 삼으실 때까지 기다리신다고 말합니다. 사도 바울은 즐겨 그를 왕으로 묘사하곤 했습니다. 그는 에베소서 1장에서 다음과 같은 사실을 실제로 알아야 한다고 말합니다.

그[하나님]의 힘의 위력으로 역사하심을 따라 믿는 우리에게 베푸신 능력의 지극히 크심이 어떠한 것을 너희로 알게 하시기를 구하노라. 그의 능력이 그리스도 안에서 역사하사 죽은 자들 가운데서 다시 살리시고 하늘에서 자기의 오른편에 앉히사 모든 통치와 권세와 능력과 주권과 이 세상뿐 아니라 오는 세상에 일컫는 모든 이름 위에 뛰어나게 하시고 또 만물을 그의 발 아래에 복종하게 하시고 그를 만물 위에 교회의 머리로 삼으셨느니라(엡 1:19-22).

이것이 주님의 위치입니다.

사도는 지치지도 않고 계속 이 말을 합니다. 빌립보 교인들에게도 성자가 어떻게 죽기까지 복종하여 십자가에서 죽으셨는지 일깨운 다음, 이렇게 말합니다. "이러므로 하나님이 그를 지극히 높여 모든 이름 위에 뛰어난 이름을 주사 하늘에 있는 자들과 땅에 있는 자들과 땅 아래에 있는 자들로 모든 무릎을 예수의 이름에 꿇게 하시고—모든 것은 쇠하여야 하고 땅에 엎드려야 합니다!—모든 입으로 예수 그리스도를 주라 시인하여 하나님 아버지께 영광을 돌리게 하셨느니라"(빌 2:9-11). 이것이 현재 그의 위치입니다. 이 영광스러운 왕이 다시 나타나실 것입니다. 하늘 구름을 타고 거룩한 천사들과 함께 다시 오실 것입니다. 모든 원수를 정복하고 심판하며 하나님의 얼굴 앞에서 쫓아내는 영원한 형벌을 주기 위해 오실 것입니다. 크고 영원한 영광의 나라를 세우기 위해 오실 것입니다.

다시 히브리서 기자의 말을 빌리겠습니다. "너희는 삼가 말씀하신 이를 거역하지 말라. 땅에서 경고하신 이를 거역한 그들이 피하지 못하였거든 하물며 하늘로부터 경고하신 이를 배반하는 우리일까보냐? 그때에는 그 소리가 땅을 진동하였거니와 이제는 약속하여 이르시되 내가 또 한 번 땅만 아니라 하늘도 진동하리라 하셨느니라"(히 12:25-26). 그는 이 나라를 진동하실 수 있는 유일한 분입니다. 다른 사람은 진동할 수 없습니다. 실제로 이 나라를 진동하실 뿐 아니라 온 땅과 하늘을 진동하실 수 있는 이가 여기 계십니다. "이 또 한 번이라 하심은 진동하지 아니하는 것을 영존하게 하기 위하여 진동할 것들 곧 만드신 것들이 변동될 것을 나타내심이라. 그러므로 우리가 흔들리지 않는 나라를 받았은즉 은혜를 받자. 이로 말미암아 경건함과 두려움으로 하나님을 기쁘시게 섬길지니 우리 하나님은 소멸하는 불이심이라"(27-29절).

이 세 가지 크고 영광스러운 직무를 맡으신 분을 말로 묘사하기란 도저히 불가능합니다!

> 그 나라 쇠할 수 없네.
> 그가 천지를 다스리시네.
> 죽음과 지옥의 열쇠
> 예수가 받으셨네.
> 마음을 높이고 소리를 높여
> 기뻐하라. 내가 다시 말하노니 기뻐하라!
>
> —찰스 웨슬리

그리스도인들이여, 그가 점점 더 흥하고 계십니까? 여러분의 시야에서 점점 더 커지고 계십니까? 자기를 들여다보며 과도한 관심을 쏟는 병적인 상태에서 벗어났습니까? 그를 바라봄으로, 그가 흥하심으로 자기 자신을 잊게 되었습니까? "그는 흥하여야 하겠고 나는 쇠하여야 하리라."

24.
경탄하고 사랑하며 찬양하리라

그는 흥하여야 하겠고 나는 쇠하여야 하리라. | 요한복음 3:30

우리는 이전 설교들을 통해 그리스도인으로 살면서 성장하고 발전할수록, 하나님의 충만한 데서 더 많이 받을수록 우리는 쇠하고 그는 흥하신다는 것을 알았습니다. 우리가 쇠하는 열쇠는 그가 흥하시는 것입니다. 실제로 자아를 없애려면 그가 흥하셔야 하며, 그에 대해 마땅히 알아야 할 진리를 알아야 합니다.

다행히 신약성경에는 그 진리가 풍성히 있습니다. 우리는 히브리서 기자와 거의 같은 방법을 택하여 주님의 뛰어나심을 알아보았습니다. 그리스도인은 항상 이렇게 할 필요가 있습니다. 결국 우리의 모든 문제는 주 예수 그리스도가 누구시며 어떤 분이신지, 그가 우리를 위해 하실 수 있는 일이 무엇인지, 그 안에 있는 우리의 위치가 어떤 것인지 모르는 데서 비롯됩니다. 이것이 모든 문제의 근원입니다. 초대 교회 그리스도인들이 가지고 있었던 문제의 근원도 이것이었고, 우리가 가지고 있는 문제의 근원도 이것입니다. 그러므로 그를 바라보고 그의 뛰어나심을 깊이 생각해야 합니다. "믿음의 주요 또 온전하게 하시는 이인 예수를 바라보자"(히 12:2). 이것은 지금도 해야 할 주요한 일로서, 우리는 그 일을 하고자 애써 왔습니다. 우리가 먼저 살펴본 것은 그의 본질적인 영광이었습니다. "이는 하나님의 영광의 광채시요 그 본체의 형상이시라"(히 1:3). 우리는 영원한 창조자이신 그를 살펴보았고, 큰 구원을 행하신 그를 살펴보았습니다. 그가 어떻게 영광의 궁전을 떠나 이 땅에 오셨는지, 어떻게 자신을 낮추어 십자가에 죽으시고 장사되셨다가 부활하여 다시 영광의 세계로 돌아가셨는지, 구속과 관련된 그 큰 움직임과 이동을 살펴보았습니다.

그리고 지난 설교에서는 그의 직무—선지자와 제사장과 왕!—라는 관점에서 신약성경이 묘사하는 모습을 살펴보았습니다. 그는 하나님의 위대한 선지자요, 하늘에 올라가 항상 살아서 우리를 위해 간구하시는 큰 대제사장이십니다. 또한 하나님 우편에 앉아 계신 왕이시기도 합니다. 그는 하늘과 땅의 모든 권세를 받았다고 친히 말씀하셨습니다. 그리고 다시 오셔서 원수를 멸하시고 영원한 나라를 세우실 것입니다. 이런 분은 어디에도 없습니다. 어떤 범주나 부류에도 포함시킬 수 없습니다. 어떤 이름도 나란히 열거할 수 없습니다. 그는 홀로 유일하신 분입니다.

신약성경은 이처럼 그에 관한 사실들을 가르칩니다. 그 사실들을 살펴볼수록 그는 우리 시야에서 점점 더 흥하십니다. 우리를 살리려고 낮아지신 영원한 하나님의 아들을 본모습 그대로 보게 됩니다.

이것은 남은 평생 우리를 사로잡을 주제일 뿐 아니라 영광에 이른 후에도 우리를 사로잡을 주제입니다. 하늘에 있는 자들도 하나님과 어린양을 찬송합니다. "보좌에 앉으신 이와 어린양에게 찬송과 존귀와 영광과 권능을 세세토록 돌릴지어다"(계 5:13). "하나님의 종 모세의 노래, 어린양의 노래를 불러……"(계 15:3). 이 가르침을 이해하고 파악할수록 그는 우리 시야에서 점점 더 흥하십니다.

그의 위대하심과 영광을 보여주는 사실이 또 있습니다. 그는 새 인류의 머리십니다. 우리는 신약성경의 이 가르침을 마땅히 이해해야 할 만큼 이해하고 있지 못합니다. 하나님이 예수께 명하신 일이 무엇인지 정확히 알 때, 그가 우리를 위해 하신 일과 하실 수 있는 일을 보완할 누군가나 추가적인 지원이나 다른 도움이 필요하다는 생각이 얼마나 터무니없는 것인지 깨닫게 됩니다. 이것은 우리가 깊이 묵상하고 생각할 가치가 충분한 주제입니다. 그는 새 인류의 머리십니다. 이것은 그의 유일무이하심을 입증하는 또 하나의 증거입니다. 하나님의 아들이 필히 세상에 오셔야 했던 이유이자, 오직 그만 우리를 구원하시며 구속하실 수 있는 이유입니다. 하나님은 인간—아담—을 만드셨습니다. 그는 하나님의 형상과 모습에 따라 지어진 완벽한 존재였습니다. 그런데 유혹에 빠졌습니다. 마귀의 간계와 권세를 이기지 못했습니다.

이처럼 아담 안에서 타락한 인류가 어떻게 구속되고 회복되며 구원받을 수 있을까요? 완벽한 인간을 또 만든다고 문제가 해결되지 않을 것은 분명합니다. 완벽한 인간만으로 부족하다는 사실은 이미 입증되었습니다. 완벽한 인간도 타락했습니다. 여기에서 성육신의 필요성, 하나님의 아들이 세상에 오셔야 할 절대적인 필요성을 보게 됩니다. 이와 관련하여 성경이 하나님의 아들에 대해 가르치는 사실은 그가 새 인류의 머리라는 것입니다.

이 가르침을 주로 다루는 신약성경 본문이 두 군데 있는데, 로마서 5장과 고린도전서 15장입니다. 사도는 첫 사람과 둘째 사람을 크게 대조합니다. 실제로 이것은 구원과 구속의 교리 전체에서 가장 영광스러운 측면입니다. "그러므로 한 사람으로 말미암아 죄가 세상에 들어오고 죄로 말미암아 사망이 들어왔나니 이와 같이 모든 사람이 죄를 지었으므로 사망이 모든 사람에게 이르렀느니라"(롬 5:12). 사도가 이 측면에 연이어 말하는 바는 이것입니다. "한 사람의 범죄로 말미암아 사망이 그 한 사람을 통하여 왕노릇 하였은즉 더욱 은혜와 의의 선물을 넘치게 받는 자들은 한 분 예수 그리스도를 통하여 생명 안에서 왕노릇 하리로다"(17절). 이처럼 사도는 두 사람—아담과 주 예수 그리스도—를 대조합니다. 고린도전서 15장에서는 첫 사람과 둘째 사람의 대조가 더 극명히 드러납니다. "기록된바 첫 사람 아담은 생령이 되었다 함과 같이 마지막 아담은 살려 주는 영이 되었나니"(고전 15:45). "첫 사람은 땅에서 났으니 흙에 속한 자이거니와 둘째 사람은 하늘에서 나셨느니라. 무릇 흙에 속한 자들은 저 흙에 속한 자와 같고 무릇 하늘에 속한 자들은 저 하늘에 속한 이와 같으니 우리가 흙에 속한 자의 형상을 입은 것같이 또한 하늘에 속한 이의 형상을 입으리라"(47-49절).

이것은 우리를 크게 감격시키는 개념으로, 그 의미를 알아야 예수가 흥하시는 것을 볼 수 있습니다. 우리 각 사람은 오직 이 방법으로만 구원받습니다. 하나님은 새 인류를 지으시는데, 이 새 인류의 머리가 바로 주 예수 그리스도이십니다. 세례 요한은 새 인류의 머리가 될 수 없습니다. 그는 한낱 인간, 타락한 인간입니다. 아담의 자손입니다. 타락한 인류의 일원입니다. 그러므로 구주가 될 수 없습니다. 그래서 "그는 흥하여야 하겠고 나는 쇠하여야 하리라"라고 한 것입니다. 가르치거나 세례는 줄 수 있어도 새 인류의 머리는 될 수 없습니다. 구속자는 될 수 없습니다. 그런데 여기 구주가 되기에 충분한 분이 계십니다. 그는 하나님의 아들이시면서도 마리아의 태 안에서 성령의 역사로 정결케 된 인간의 본성을 입으심으로 새 인류의 머리가 되셨습니다. 여기, 오직 여기에만 참되고 진정하고 안전한 구원의 소망이 있습니다.

이에 대해 더 생각하는 일은 여러분에게 맡기겠습니다. 직접 묵상해 보십시오. 다른 인물에 대해서는 이렇게 말할 수 없습니다. 그의 이름을 선지자나 철학자나 그 밖의 부류에 올리는 자들이 말할 수 없이 어리석은 이유가 여기 있습니다. 우리에게는 새사람이 필요합니다. 그 새사람, "마지막 아담"이 여기 계십니다. 그는 바로 복되신 하나님의 아들이십니다. 죄 있는 육신의 모양으로 오셨으나 죄인은 아닙니다. 이것은 완전히 새로운 일이요 구속받은 새 인류의 시작입니다.

이에 뒤따르는 두 번째 진리는 당연히 그가 교회의 머리라는 것입니다. 우리는 선지자이자 제사장이자 왕이신 그의 모습을 보았습니다. 위대한 창조자이신 그의 모습을 보았습니다. 그런데 여기 신약성경이 강조하는 특별하고 유일무이한 가르침이 있습니다. 예컨대 에베소서 1장 말미에 나오는 '왕이신 그리스도의 영광'에 대해 살펴봅시다. 사도는 에베소 교인들이 하나님의 큰 능력을 이해하게 되길 기도하면서, 그 능력이 다음과 같은 일을 했다고 말합니다.

> 그의 능력이 그리스도 안에서 역사하사 죽은 자들 가운데서 다시 살리시고 하늘에서 자기의 오른편에 앉히사 모든 통치와 권세와 능력과 주권과 이 세상뿐 아니라 오는 세상에 일컫는 모든 이름 위에 뛰어나게 하시고 또 만물을 그의 발 아래에 복종하게 하시고 그를 만물 위에 교회의 머리로 삼으셨느니라. 교회는 그의 몸이니 만물 안에서 만물을 충만하게 하시는 이의 충만함이니라(엡 1:20-23).

그리고 4장에서 다시 이 주제로 돌아옵니다.

> 오직 사랑 안에서 참된 것을 하여 범사에 그에게까지 자랄지라. 그는 머리니 곧 그리스도라. 그에게서 온 몸이 각 마디를 통하여 도움을 받음으로 연결되고 결합되어 각 지체의 분량대로 역사하여 그 몸을 자라게 하며 사랑 안에서 스스로 세우느니라(엡 4:15-16).

이 얼마나 놀라운 진술입니까! 교회는 그리스도의 몸이요 그리스도는 교회의 머리라는 이 말에 우리 모두 관심을 기울여야 합니다.

이것은 신약성경의 크고 중심적인 교리입니다. 구속받은 자는 살아 있는 동안 교회에서 생활합니다. 교회는 하나님 나라의 현재적인 형태로서, 하나님은 교회를 통해 온 우주에 이르는 큰 나라를 만들고 세우십니다. 이처럼 교회는 우리에게 지극히 중요하고 귀중한 곳입니다. 이와 관련하여 모든 교회는 예수 그리스도에게서 나온다는 이 사실을 아는 것이 아주 중요합니다. 그는 "만물 위에 교회의 머리"이십니다. 우리가 받는 모든 축복이 그에게서 나옵니다. 생명과 본질을 비롯한 모든 것이 그에게서 나옵니다.

바울이 골로새 교인들을 위해 구하는 바가 이것입니다. "이는 그들로 마음에 위안을 받고 사랑 안에서 연합하여 확실한 이해의 모든 풍성함과 하나님의 비밀인 그리스도를 깨닫게 하려 함이니 그 안에는 지혜와 지식의 모든 보화가 감추어져 있느니라"(골 2:2-3). 고린도전서 1:30도 보십시오. "예수는 하나님으로부터 나와서 우리에게 지혜와 의로움과 거룩함과 구원함이 되셨으니." 그 안에 전부 다 있습니다. 우리에게 있는 모든 것은 그와 접촉함으로 그에게서 받은 것입니다. 머리에 모든 것이 집중되어 있습니다. 뇌는 빛과 활동과 힘의 중심 기관입니다. 뇌가 없으면 몸이 제 역할을 하지 못합니다. 뇌는 중앙 통제 장치입니다. 뇌에서 전부 다 나옵니다. 이것이 그리스도에 대한 신약성경의 가르침입니다.

이 점에서도 그가 얼마나 유일무이하신 분인지 보게 됩니다. 인간도 부분적으로는 우리를 도와줄 수 있고, 이것저것 조금씩 가르쳐 줄 수 있습니다. 저는 지금 인간이 해줄 수 있는 일을 폄하하는 것이 아닙니다. 다만 누군가를 예수 가까이 두거나 무언가를 예수가 주신 것에 더할 수 있다고 말하는 것이 그야말로 우스꽝스러운 일임을 지적하려는 것입니다. 사람들이 그런 짓을 하는 것은 그의 위대하심과 영광과 뛰어나심을 보지 못한 탓입니다. 그는 흥하셔야 하고, 다른 모든 사람과 모든 일은 쇠하여야 합니다. 이것이 신약성경의 가르침입니다. 그리스도인이면서도 맥없이 무력하고 연약하게 실패하며 사는 것은 부끄러운 일입니다. 우리는 그렇게 살 권리가 없습니다! 에너지와 능력과 생기와 활기를 비롯한 모든 것, 우리에게 필요한 모든 것이 예수 안에 다 있습니다. 우리가 무력한 것은 이 진리를 깨닫지 못한 탓이요, 자기 자신을 쳐다보며 연민에 빠져 있거나 어리석게도 자기 힘과 능력과 에너지로 무언가 하려 드는 탓입니다. 이것이 실패의 원인입니다. 우리에게 필요한 모든 것은 예수 안에 다 있습니다. 그는 "만물 위에 교회의 머리"이십니다.

요한복음 3:30에 나오는 세례 요한의 말에 초기 형태로 담겨 있는 진리가 이것입니다. 어떤 식으로든 다른 누군가나 무언가를 예수와 나란히 두는 것은 지극히 우습고 터무니없는 일입니다. 그가 전부이십니다. 모든 것입니다. 시작이자 끝입니다. 만유 안에 계신 만유이십니다.

이것이 예수에 관한 이 중대한 교리의 핵심적인 가르침입니다. 계속해서 좀 더 실제적인 문제를 살펴봅시다. 제가 이렇게 하는 것은 이 교리를 제대로 이해하기 위해서뿐 아니라 이 교리에 비추어 자신을 검증하고 조사함으로 마땅히 얻어야 할 혜택을 얻기 위해서입니다. "우리가 다 그의 충만한 데서 받으니 은혜 위에 은혜러라"(요 1:16). 우리는 이것을 받았습니까? 우리가 받을 수 있는 것이 무엇입니까? 우리에게 가능한 일이 무엇입니까? 예수 안에 있는 것이 무엇입니까? 이 점을 살펴보는 것이 우리의 이해와 정서와 모든 시각에서 그를 흥하시게 하는 또 한 가지 훌륭한 방법입니다. 그가 우리에게 가능케 하신 일이 무엇입니까? 이 또한 히브리서 기자가 계속 전개해 나가며 설명하는 주제입니다. 그가 처음 지적하는 점은, 주님이 본질적으로 선지자와 천사와 모세와 아론보다 뛰어나시다는 것입니다. 예수는 선지자이자 제사장이자 왕으로 모든 사람을 능가하십니다. 그래서 "새 언약의 중보자"(히 12:24)가 되십니다.

이 또한 성경의 중대한 원리입니다. 하나님은 인간과 언약을 맺으셨습니다. 우리가 받는 모든 축복은 하나님이 언약을 세우시고 지키신다는 이 사실에 근거하고 있습니다. 하나님은 단순히 축복을 주는 데 그치지 않으시고, 자신이 무슨 일을 하며 왜 하는지 알려 주십니다. 우리와 언약을 맺으시고 협정을 맺으십니다. 언약 또는 계약은 법적인 행위입니다. 하나님은 항상 이것을 통해 인간을 상대하십니다. 히브리서는 히브리 그리스도인들에게 보내는 편지로서, 그들은 당연히 이 가르침을 잘 알고 있었습니다. 유대인이라는 것, 하나님이 조상 아브라함과 언약을 맺으셨다는 것은 그들의 큰 자랑거리였습니다. 하나님은 위대한 입법자 모세와 이를테면 계약을 갱신하시면서 그 내용을 자세히 규정해 주셨습니다. 그들은 그 언약을 전부 알고 있었습니다. 구약은 그 옛 언약의 이야기입니다. 그리고 신약은 하나님이 인류와 맺으신 새 언약의 이야기입니다.

히브리서 기자가 다루는 내용을 이해하는 일이 아주 중요합니다. 물론 우리 예상대로 그는 언약의 중보자와 언약의 성격 사이에 일종의 관련성이 있다고 주장합니다. 유대인이 큰 관심을 가졌던 언약은 모세를 통해 주신 언약—십계명과 도덕법 및 그와 관련된 모든 법—이었습니다. 그들은 이 언약을 자랑하며, 자신들이 "하나님의 말씀을 맡았"다고 했습니다(롬 3:2). 다른 나라들은 "하나님의 말씀"을 맡지 못했다는 것입니다. 그들은 이방인이요 외부인이라는 것입니다. 바울이 에베소 교인들에게 상기시키듯이 "외인"이라는 것입니다. "그때에 너희는 그리스도 밖에 있었고 이스라엘 나라 밖의 사람이라. 약속의 언약들에 대하여는 외인이요 세상에서 소망이 없고 하나님도 없는 자이더니"(엡 2:12).

유대인은 이 언약에 큰 자부심을 느꼈습니다. 히브리 그리스도인들도 박해와 여러 가지 문제 및 어려움을 겪으며 이 언약을 다시 돌아보기 시작했습니다. 갈망의 눈길로 성전을 쳐다보며 유대교로 돌아가고 싶어 했습니다. 그런 자들에게 히브리서 기자가 말하는 요지는 이것입니다. "너희는 지금 자신들이 무슨 짓을 하는지 모르고 있다. 누구를 떠나려 하는지, 어떤 언약에서 떠나려 하는지 모르고 있다. 정말 옛 언약으로 돌아가고 싶으냐? 새 언약의 특징과 성격을 모르느냐? 주 예수 그리스도 안에서 가능해진 일, 그를 통해 가능해진 일이 무엇인지 모르느냐? 절대 옛 언약으로 돌아가면 안 된다!" 그러면서 그가 상기시키는 사실은 이것입니다.

> 지금 우리가 하는 말의 요점은 이러한 대제사장이 우리에게 있다는 것이라. 그는 하늘에서 지극히 크신 이의 보좌 우편에 앉으셨으니 성소와 참 장막에서 섬기는 이시라. 이 장막은 주께서 세우신 것이요 사람이 세운 것이 아니니라. 대제사장마다 예물과 제사드림을 위하여 세운 자니 그러므로 그도 무엇인가 드릴 것이 있어야 할지니라(히 8:1-3).

그는 계속해서 중대한 주장을 합니다. "그러나 이제 그는 더 아름다운 직분을 얻으셨으니 그는 더 좋은 약속으로 세우신 더 좋은 언약의 중보자시라"(6절).

여기에서 대조되는 점이 있습니다. 하나님은 이스라엘 자손을 애굽의 속박과 종살이에서 해방시켜 가나안으로 인도하실 작정이었습니다. 그래서 그들에게 내려오셨고, 그 종 모세를 중보자 삼아 언약을 맺으셨습니다. 그것은 놀라운 언약이었지만, 새 언약과 비교해 보면 아무것도 아니었습니다. 처음에 주신 일시적인 것에 불과했습니다. 옛 언약의 주요한 축복들은 일시적인 것이었습니다. 새 언약과 비교해 보면 얼마나 부족한지 알 수 있습니다. 그래서 사람도 충분히 언약의 중보자가 될 수 있었습니다. 그러나 새 언약의 중보자는 될 수 없었습니다. 새 언약은 "더 좋은 약속으로 세우신 더 좋은 언약"입니다. 이처럼 히브리서 기자는 주 예수 그리스도를 통해 우리에게 주신 더 좋은 언약을 이해하는 눈을 열어 줍니다. 새 언약의 영적인 성격과 그 안에 있는 모든 충만함을 깨닫지 못하고 어떤 식으로든 옛 종교 의식으로 돌아가려 하는 자들이 심히 애처롭고 딱한 이유가 여기 있습니다.

히브리서 기자가 말하고 의도하는 바가 무엇입니까? 여기에서도 그리스도인의 구원에 나타나는 본질적인 영광을 살짝 엿보게 됩니다. 사랑하는 여러분, 그의 영광을 볼 때 인간의 능력과 지각에는 큰 변화가 일어납니다. 그러나 성령이 비추어 주지 않으시면 그의 영광을 볼 수 없습니다. 그래서 사도 바울이 에베소 교인들을 위해 다음과 같이 기도한 것입니다. "너희로 말미암아 감사하기를 그치지 아니하고 우리 주 예수 그리스도의 하나님, 영광의 아버지께서 지혜와 계시의 영을 너희에게 주사 하나님을 알게 하시고"(엡 1:16-17). 여러분도 이렇게 기도합니까? 혹시 그리스도를 믿기로 결단했을 때 기독교의 전부를 받았다고 생각하는 것은 아닙니까? "지혜와 계시의 영"을 주셔서 하나님을 알게 해달라고 기도합니까? 이 비밀을 들여다보는 데 시간을 투자합니까? 바울은 연이어 "너희 마음의 눈을 밝히"시길 기도합니다(18절). 이 편지는 그리스도인들에게 쓴 것임을 기억하십시오. 사도가 상기시키듯이, 그들은 복음을 믿은 자들이었고 "약속의 성령으로 인치심을 받"은 자들이었습니다(13절). 그런데도 "그의 부르심의 소망이 무엇이며 성도 안에서 그 기업의 영광의 풍성함이 무엇이며 그의 힘의 위력으로 역사하심을 따라 믿는 우리에게 베푸신 능력의 지극히 크심이 어떠한 것을 너희로 알게 하시기를" 기도한 것입니다(18-19절). 우리가 실패하고 흔들리며 비틀거리는 이유가 무엇입니까?

"믿는 우리에게 베푸신 능력의 지극히 크심"을 모르기 때문입니다.

바울은 3장에서도 다음과 같이 기도한다고 말합니다.

> 이러므로 내가 하늘과 땅에 있는 각 족속에게 이름을 주신 아버지 앞에 무릎을 꿇고 비노니 그의 영광의 풍성함을 따라 그의 성령으로 말미암아 너희 속사람을 능력으로 강건하게 하시오며 믿음으로 말미암아 그리스도께서 너희 마음에 계시게 하시옵고 너희가 사랑 가운데서 뿌리가 박히고 터가 굳어져서 능히 모든 성도와 함께 지식에 넘치는 그리스도의 사랑을 알고 그 너비와 길이와 높이와 깊이가 어떠함을 깨달아 하나님의 모든 충만하신 것으로 너희에게 충만하게 하시기를 구하노라(엡 3:14-19).

바로 이것입니다.

그는 이보다 앞서 자신이 어떻게 사도로 부르심을 받았는지 밝힌 바 있습니다.

> 이 복음을 위하여 그의 능력이 역사하시는 대로 내게 주신 하나님의 은혜의 선물을 따라 내가 일꾼이 되었노라. 모든 성도 중에 지극히 작은 자보다 더 작은 나에게 이 은혜를 주신 것은 측량할 수 없는 그리스도의 풍성함을 이방인에게 전하게 하시고(7-8절).

사도가 말하는 이것, "측량할 수 없는 그리스도의 풍성함"이 더 좋은 언약, 새 언약의 내용입니다.

그런데도 히브리 그리스도인들은 성전을 다시 쳐다보며 유대교로 돌아가고 싶어 했습니다. "아, 그리스도를 따르면서 오히려 박해와 고난만 당했어. 여기에서 무언가 얻을 것 같지가 않아"라고 했습니다. 지금도 이렇게 말하는 그리스도인들이 있습니다. "기독교가 나한테 해줄 수 있는 게 뭐지? 진작에 떠난 자들을 따라가는 편이 좋지 않을까?" 하는 자들이 있습니다. 그들의 문제가 무엇입니까? "측량할 수 없는 그리스도의 풍성함", 하나님이 맺으신 새 언약, 새 합의, 새 맹세, 새 약속, 더 좋은 언약, 더 좋은 약속에 대해 들어 본 적도 없고 아는 바도 없다는 것입니다. 여러분, 이 풍성함을 이해하기 시작할 때 비로소 그가 여러분의 시야에서 점점 더 커지시고 영광스러워지시는 것을 보게 됩니다. 그가 흥하시면서 자기 자신이 아무것도 아님을 느끼게 됩니다.

> 내가 너희에게 전한 것은 주께 받은 것이니 곧 주 예수께서 잡히시던 밤에 떡을 가지사 축사하시고 떼어 이르시되 "이것은 너희를 위하는 내 몸이니 이것을 행하여 나를 기념하라" 하시고 식후에 또한 그와 같이 잔을 가지시고 이르시되 "이 잔은 내 피로 세운 새 언약이니 이것을 행하여 마실 때마다 나를 기념하라" 하셨으니 (고전 11:23-25).

성찬의 의미가 여기 있습니다. 떡을 떼고 포도주를 마시면서 실제로 새 언약을 상기하는 것입니다. 성찬은 주님의 삶과 죽음과 부활과 간구로 우리에게 가능해진 모든 일을 상기시킵니다.

히브리서 9장 후반부를 읽어 보십시오. 유언은 유언한 자가 죽기 전까지 효력이 없습니다. 유언한 자가 죽어야 비로소 혜택을 받습니다. 우리가 성찬에서 하는 일이 이것입니다. 소유 증서와 유언장을 읽으면서 새 언약의 모든 약속을 상기하는 것입니다. 그리스도인이 불행한 것은 이 유언의 내용을 모르는 탓이며, 더 좋은 새 언약의 조항들을 모르는 탓입니다. 하나님은 첫 언약을 파기하시고, 친아들을 통해 더 크고 좋은 두 번째 언약을 맺으셨습니다.

그렇다면 새 언약이 의미하는 바는 무엇일까요? 여러분을 위해 유언의 항목들—우리에게 가능해진 일들—을 간단히 말씀드리겠습니다. 옛 언약은 어떻게 살아야 하는지 알려 주었지만, 그렇게 살 수 있는 힘은 주지 않았습니다. 대제사장은 자신이 잡은 황소나 염소의 피를 가지고 일 년에 한 번 지성소에 들어갔습니다. 대제사장이 바친 피가 무슨 일을 했을까요? 죄를 없애 주었을까요? 아닙니다. 덮어 주었을 뿐입니다. 일시적으로 덮어 주었을 뿐입니다. 의식에 따라 정결케 했을 뿐입니다. 그 모든 제사가 할 수 있었던 일은 오직 육신에 관한 것이었다고 히브리서 기자는 주장합니다. "육체의 예법"이요 "개혁할 때까지 맡겨 둔 것"(히 9:10)이었다고 말합니다. "염소와 황소의 피"도 "부정한 자에게 뿌려 그 육체를 정결하게 하여 거룩하게"(히 9:13) 할 수 있었습니다. 그러나 그 이상의 일은 할 수 없었습니다. 히브리서 기자는 일찍이 7장에서 이 점을 상세히 논증한 바 있습니다. "(율법은 아무것도 온전하게 못할지라) 이에 더 좋은 소망이 생기니 이것으로 우리가 하나님께 가까이 가느니라"(히 7:19).

이것이 이 중대한 논증을 이해하는 방식입니다. 오직 주 예수 그리스도 안에서 값없이, 온전히, 완벽하게 사함받는다는 이 사실을 기억해야 합니다. "그 아들 예수의 피가 우리를 모든 죄에서 깨끗하게 하실 것이요"(요일 1:7). "하물며 영원하신 성령으로 말미암아 흠 없는 자기를 하나님께 드린 그리스도의 피가 어찌 너희 양심을 죽은 행실에서 깨끗하게 하고 살아 계신 하나님을 섬기게 하지 못하겠느냐?"(히 9:14)

그리스도의 피는 그 이상의 일도 합니다. 그리스도가 피를 흘리셨다는 것은 우리가 그와 함께 죽었다는 것을 의미합니다. 율법은 계속 우리를 고소합니다. 그러나 이 가르침에 따르면 우리는 그리스도와 함께 죽었으므로 율법에 대해서도 죽은 것입니다. "그리스도는 모든 믿는 자에게 의를 이루기 위하여 율법의 마침이 되시니라"(롬 10:4). 주 예수 그리스도를 믿는 자, 중생한 자는 그와 함께 죽었습니다. 이것이 로마서 5장의 주장입니다. 아담이 죄를 지었을 때 우리 모두 그 안에서 함께 죄를 지었습니다. 그는 인류의 첫 사람이자 대표였습니다. 그가 타락했을 때 우리 모두 타락했습니다. 아담과 함께 "모든 사람이 죄를 지었으므로 사망이 모든 사람에게 이르렀"습니다(롬 5:12). 그와 마찬가지로 그리스도가 죽으실 때 우리도 함께 죽었습니다. 그는 우리를 위해 죽으셨습니다. 맞습니다. 그런데 그가 죽으실 때 우리도 함께 죽었습니다.

여기에서 새 언약의 탁월성을 볼 수 있습니다. 우리는 단순히 죄 사함만 받은 것이 아니라 "율법에 대하여 죽었"습니다(갈 2:19). 바울은 로마서 7장에서 "우리가 얽매였던 것에 대하여 죽었"다고 주장합니다(롬 7:6). 또는 다음과 같이 설명해 보겠습니다. 우리는 전부 아담의 후손으로 세상에 태어났습니다. 이것은 선택의 여지가 없는 일, 어쩔 수 없는 일입니다. 우리는 필연적으로 아담의 후손일 수밖에 없습니다. 우리는 그의 본성을 물려받았고, 그에게 해당되는 모든 속성을 물려받았습니다. 우리에게 가장 중요한 사실은 아담 안에 있다는 바로 이것입니다. 그런데 주 예수 그리스도를 믿고 중생하는 순간, 아담 안에서 그리스도 안으로 옮겨집니다. 바울은 "우리의 옛사람이 예수와 함께 십자가에 못 박"혔다고 말합니다(롬 6:6). "옛사람"은 사라졌습니다. 죽었습니다. 끝났습니다. 우리는 더 이상 아담 안에 있지 않고 그리스도 안에 있습니다.

이것은 사람이 발견할 수 있는 가장 놀라운 사상, 해방의 사상입니다. 제가 신약성경에서 발견한 가장 큰 해방의 사상이 바로 "옛사람"의 죽음입니다. 이것은 내가 해야 하는 일이 아니라 십자가에서 이미 일어난 일입니다. 나는 아담 안에서 죄를 지었듯이 그리스도 안에서 아담의 옛 본성과 율법에 대해 죽었습니다. 그리스도와 함께 아담의 본성과 율법에 대해 죽었을 뿐 아니라 그리스도와 함께 "새 생명 가운데서"(롬 6:4) 살아났습니다. 이 모든 중대한 확언은 사도 바울이 한 것입니다. "만일 우리가 그의 죽으심과 같은 모양으로 연합한 자가 되었으면 또한 그의 부활과 같은 모양으로 연합한 자도 되리라. 우리가 알거니와 우리의 옛사람이 예수와 함께 십자가에 못 박힌 것은 죄의 몸이 죽어 다시는 우리가 죄에게 종노릇 하지 아니하려 함이니……만일 우리가 그리스도와 함께 죽었으면 또한 그와 함께 살 줄을 믿노니……그가 죽으심은 죄에 대하여 단번에 죽으심이요 그가 살아 계심은 하나님께 대하여 살아 계심이니 이와 같이 너희도 너희 자신을 죄에 대하여는 죽은 자요 그리스도 예수 안에서 하나님께 대하여는 살아 있는 자로 여길지어다"(롬 6:5-6, 8, 10-11). 그리스도 외에 이 일을 해줄 수 있는 사람은 없습니다. 아무도 여러분을 도와줄 수 없을 뿐 아니라 스스로 이 일을 할 수 없습니다. 우리는 죄에 대하여는 죽은 자요 하나님께 대하여는 살아 있는 자가 되었습니다. 처음으로 삶다운 삶을 살게 되었습니다. 하나님 앞에 살아 있는 자로서 그의 생명을 공유하게 되었습니다. 복되신 주님이 이 모든 길을 열어 주셨습니다.

바울은 호소합니다. "그러므로 너희는 죄가 너희 죽을 몸을 지배하지 못하게 하여 몸의 사욕에 순종하지 말고 또한 너희 지체를 불의의 무기로 죄에게 내주지 말고 오직 너희 자신을 죽은 자 가운데서 다시 살아난 자같이 하나님께 드리며 너희 지체를 의의 무기로 하나님께 드리라"(롬 6:12-13). 이 사실을 알고 있습니까? 여러분은 "죽은 자 가운데서 다시 살아난 자"입니다. 그리스도 안에 있기에 그와 함께 살아난 자, 지금 살아 있는 자입니다. 이것이 신약성경의 가르침입니다. 웨슬리의 찬송처럼 우리는 "살아 있는 머리이신 주 안에 살아 있는 자"이며 하나님께 대하여 살아 있는 자입니다. "죄가 너희를 주장하지 못하리니 이는 너희가 법 아래에 있지 아니하고 은혜 아래에 있음이라"(롬 6:14).

이것은 영원히 다룰 주제입니다. 그러나 이 자리에서는 우리가 얻은 영광스러운 신분의 몇 가지 요소만 개관해 보았습니다. 더 나아가 우리는 그리스도의 형상에 따라 새로워지고 있는 새 인류의 일원입니다. 전에는 첫 번째 아담의 후손이었지만, 이제는 두 번째 아담의 후손입니다. 새 인류이자 새 민족입니다. 복음으로 구속받아 하늘 아래 모든 족속과 나라 가운데서 모인 하나님의 자손입니다. 죄 사함만 받은 자가 아니라 거듭나 "신성한 성품에 참여하는 자"(벧후 1:4)입니다. 새 나라에 들어온 새 인류, 그리스도의 몸인 교회에 들어온 새 인류입니다. 이 신분을 얻은 우리는 "측량할 수 없는 그리스도의 풍성함"에 참여합니다.

그리스도인은 어떤 사람입니까? 히브리서 기자는 8장에서 다시 이 점을 설명합니다. "또 주께서 이르시되 그날 후에 내가 이스라엘 집과 맺을 언약은 이것이니 내 법을 그들의 생각에 두고"(히 8:10). 하나님은 모세를 통해 이스라엘 자손에게 율법을 주셨습니다. 그 율법이 어디 있었습니까? 그들 외부에, 돌판 위에 있었습니다. 돌판 위에 "이것을 하라", "저것을 하지 말라"고 새겨져 있었습니다. 이처럼 율법은 돌판 위에 새겨진 외적인 것이었기에 아무도 지킬 수 없었습니다. 그런데 여기 더 좋은 언약이 있습니다. 이 언약은 우리 마음에 하나님의 율법을 새겨 줍니다! "내 법을 그들의 생각에 두고 그들의 마음에 이것을 기록하리라"(히 8:10). 이 얼마나 놀라운 구속입니까! 이 얼마나 놀라운 구주이십니까!

율법을 지키는 일과 관련하여 우리의 전적인 문제는 마음이 율법에 저항한다는 것입니다. 우리는 율법을 좋아하지 않습니다. 악을 더 좋아하고 죄를 더 좋아합니다. 항상 그 마음과 싸우며 의지력을 발휘해서 생각을 누르고 특히 마음을 누르려 애써야 합니다. 그런데 여기 새 언약이 있습니다. 율법을 우리 생각에 두고 우리 마음에 기록하며 새겨 주는 언약이 있습니다. 이제 계명은 더 이상 우리에게 무거운 것이 아닙니다. "나의 하나님이여, 내가 주의 뜻 행하기를 즐기오니"(시 40:8). 그뿐만이 아닙니다. "나는 그들에게 하나님이 되고 그들은 내게 백성이 되리라. 또 각각 자기 나라 사람과 각각 자기 형제를 가르쳐 이르기를 주를 알라 하지 아니할 것은—이제 우리는 외적인 교육과 수업과 암기를 통해 하나님을 알지 않습니다—그들이 작은 자로부터 큰 자까지 다 나를 앎이라.—이것은 내적인 역사, 하나님의 역사입니다. 하나님이 친히 우리 안에 자신을 나타내시며 계시해 주십니다—내가 그들의 불의를 긍휼히 여기고 그들의 죄를 다시 기억하지 아니하리라"(히 8:10-12).

이것이 새 언약의 항목들입니다. 성령이 우리 안에 거하시며 일하십니다. "자기의[하나님의] 기쁘신 뜻을 위하여 소원을 두고 행하게" 하십니다(빌 2:13). 강건케 하십니다. 능력을 주십니다. 하나님의 영광을 위해 살려는 큰 열망을 창조해 주십니다. 바울의 말로 요약해 보겠습니다. "그러므로 이제 그리스도 예수 안에 있는 자에게는 결코 정죄함이 없나니 이는 그리스도 예수 안에 있는 생명의 성령의 법이 죄와 사망의 법에서 너를 해방하였음이라"(롬 8:1-2). 나는 구원받고 해방되었습니다. 큰 구속을 받아 영혼의 자유를 얻었습니다. 아직 남아 있는 몸의 구속도 약속받았습니다. 바울은 로마 교인들에게 말합니다. "또 그리스도께서 너희 안에 계시면 몸은 죄로 말미암아 죽은 것이나 영은 의로 말미암아 살아 있는 것이니라. 예수를 죽은 자 가운데서 살리신 이의 영이 너희 안에 거하시면 그리스도 예수를 죽은 자 가운데서 살리신 이가 너희 안에 거하시는 그의 영으로 말미암아 너희 죽을 몸도 살리시리라"(롬 8:10-11). 몸의 구속은 최종적이고 궁극적인 영화榮化를 의미합니다.

이 모든 약속이 우리에게 주어져 있습니다. "측량할 수 없는 그리스도의 풍성함", "신성의 모든 충만"이 그리스도 안에 있습니다. 오직 그만 이 언약을 세우실 수 있으며, 실제로 이 언약을 세우셨습니다. "그는 흥하여야 하겠고." 당연합니다! 그는 홀로 유일하신 분입니다. 두 번째 아담입니다.

이 점을 실제적인 결론으로 연결시키기 위해 몇 가지 질문을 드리겠습니다. 제가 예수 그리스도에 대한 교리를 제시하는 동안 여러분의 생각과 마음과 삶 전체에서 그가 흥하셨으리라 믿지만, 그래도 한 번 검증해 보겠습니다. 여러분은 그리스도 안에서 온전히 만족하고 있습니까?

내 첫째가는 열망의 대상일세.
날 위해 못 박히신 예수.
— 오거스터스 탑레이디

다음과 같이 정직하게 말할 수 있습니까?

오, 그리스도여, 내가 원하는 전부시니
만유에 넘치는 것 주 안에 있나이다.
— 찰스 웨슬리

여러분에게도 그리스도가 전부이십니까? 마땅히 그래야 합니다. "그 안에는 신성의 모든 충만이 육체로 거하시고"(골 2:9). 그 안에 전부 다 있습니다. 모든 것이 있습니다. 여러분은 그리스도 안에서 필요한 모든 것을 넘치도록 무한히 얻고 있습니까?

예수여, 사랑하는 자들의 기쁨이요
생명의 샘이요 인간의 빛이시여,

세상이 주는 최상의 복 마다하고

빈 마음으로 다시 주를 바라나이다.

　　　　　　　　　　　　　　　－클레르보의 베르나르

여러분도 이렇게 말할 수 있습니까?

주는 고요한 평안의 숨은 원천이시요

모든 것을 충만히 채우시는 신성한 사랑이나이다.

　　　　　　　　　　　　　　　－찰스 웨슬리

여러분께도 그렇습니까?

풍성한 은혜,

내 모든 죄 덮는 은혜 주께 있사오니

치료의 샘물 넘치게 부으사

내 속을 씻으시고 정결히 지키소서.

주는 생명 샘이오니

값없이 마시게 하옵소서.

영생하도록

내 속에서 솟아나옵소서.

　　　　　　　　　　　　　　　－찰스 웨슬리

사랑하는 여러분, 여러분도 그렇습니까? 그리스도 안에서 온전히, 최종적으로 만족하고 있습니까? 아니면 주님께 나아가도 아무 소용이 없었습니까? 어떤 면에서든 내내 실망만 했습니까? 그를 모르기 때문에 그런 것입니다. 샘의 원천이신 그리스도 안에 전부 다 있습니다. 그는 온전하고 최종적인 만족을 주십니다.

두 번째 질문을 드리겠습니다. 여러분은 그를 더욱더 알고 싶습니까? 그의 영광과 뛰어나심과 위대하심을 본 자, 자신의 시야에서 그가 점점 더 흥하고 계신 자는 사도 바울처럼 말할 것입니다. "내가 그리스도와 그 부활의 권능과 그 고난에 참여함을 알고자 하여 그의 죽으심을 본받아 어떻게 해서든지 죽은 자 가운데서 부활에 이르려 하노니 내가 이미 얻었다 함도 아니요……"(빌 3:10-12). 혹시 자기 자신에게 만족하고 있는 것은 아닙니까? 그렇다면 사랑하는 여러분, 여러분은 그를 모르는 것입니다.

또 다른 질문을 드리겠습니다. 그리스도의 영광과 그 나라의 확장에 대한 관심이 점점 더 커지고 있습니까? 세례 요한은 그랬습니다. "그는 흥하여야 하겠고 나는 쇠하여야 하리라." 요한은 그가 신랑이시요 자신은 친구에 불과함을 알았습니다. 여러분은 예수 그리스도의 영광을 본 적이 있습니까? 그 나라가 확장되는 것을 간절히 보고 싶은 마음이 있습니까? 사람들이 그에게 무릎 꿇는 것을 보고 싶은 마음이 있습니까? 그가 점점 더 커지시길 원합니까? 모든 사람의 눈에 그가 크게 보이시길 원합니까? 이것이야말로 그의 위대하심과 영광을 보았다는 확실한 증거입니다.

마지막으로, 여러분은 그의 나타나심을 갈망하고 있습니까? 죄와 전쟁에 시달리는 세상을 보고 있으며, 그 절망과 좌절을 보고 있습니까? 여러분은 인간의 행동을 신뢰하는 것이 얼마나 어리석은 일인지 오래 전에 간파했을 것이며, 바울이 디도에게 강조한 결론에 이르렀을 것입니다. "모든 사람에게 구원을 주시는 하나님의 은혜가 나타나 우리를 양육하시되 경건하지 않은 것과 이 세상 정욕을 다 버리고 신중함과 의로움과 경건함으로 이 세상에 살고 복스러운 소망과 우리의 크신 하나님 구주 예수 그리스도의 영광이 나타나심을 기다리게 하셨으니"(딛 2:11-13). 신약성경 전체가 이 일을 고대하고 있습니다. 바울은 빌립보 교인들에게 말합니다.

> 그러나 우리의 시민권은 하늘에 있는지라. 거기로부터 구원하는 자 곧 주 예수 그리스도를 기다리노니 그는 만물을 자기에게 복종하게 하실 수 있는 자의 역사로 우리의 낮은 몸을 자기 영광의 몸의 형체와 같이 변하게 하시리라(빌 3:20-21).

여러분도 이것을 고대하고 있습니까? 이 세상이 지나가는 곳임을 알고 있습니까? "우리가 여기에는 영구한 도성이 없으므로 장차 올 것을 찾나니"(히 13:14). 여러분도 "하나님이 계획하시고 지으실 터가 있는 성"(히 11:10)을 고대하고 있습니까? 다가올 대관식 날, 하나님의 아들이 돌아와 모든 원수를 정복하시고 그의 나라—영화로워진 우리가 영원토록 그와 함께 살 나라—를 세우실 날을 고대하고 있습니까? 이것이 제 질문입니다. 그가 우리 시야에서 흥하시면 반드시 이런 반응이 나타나게 되어 있습니다.

이렇게 되기 위해 우리가 할 수 있는 일이 무엇일까요? 아주 간단합니다. 첫째는 자신이 받은 복을 세어 보는 것입니다.

받은 복을 세어 보라. 하나씩 짚어 보라.
받은 복을 세어 보라. 하나님이 하신 일을 보라.
받은 복을 세어 보라. 하나씩 짚어 보라.
주가 하신 일에 놀라리라.•

—존슨 오트먼 주니어 Johnson Oatman Jr.

"왜 이런 일이 일어났을까?" 하며 불평하고 원망하고 싶을 때 이미 받은 복을 세어 보십시오. "하나님이 세상을 이처럼 사랑하사 독생자를 주셨"기에(요 3:16) 그 모든 복을 받았음을 깨달을 것입니다. 여러분이 받은 복을 세어 보십시오.

또 무엇이 있을까요? "주 안에서 항상 기뻐하라. 내가 다시 말하노니 기뻐하라"(빌 4:4). 다시 말해서 세상이나 자기 자신이나 자신에게 닥친 일 때문에 침체될 때, 그것을 보지 말고 주님을 보십시오. 주님에 관한 진리를 생각하고, 자신이 주님 안에 있다는 사실을 생각하십시오. 세상과 육신과 마귀와 지옥 전체가 덤벼들어도 자신은 안전하고 든든하다는 것, 자신의 운명 또한 안전하다는 것, 그리고 곧 영광스러워진다는 것을 생각하십시오. "주 안에서 기뻐하라. 내가 다시 말하노니 기뻐하라."

• 새찬송가 429장 후렴 다시 옮김.

또 무엇을 해야 할까요? 사도는 고린도후서에서 말합니다. "우리가 다 수건을 벗은 얼굴로 거울을 보는 것같이 주의 영광을 보매 그와 같은 형상으로 변화하여 영광에서 영광에 이르니 곧 주의 영으로 말미암음이니라"(고후 3:18).

영광에서 영광으로 변하여
천국 자리에 이르리라.
면류관 벗어 주 앞에 던지며,
경탄하고 사랑하며 찬양하리라.•

―찰스 웨슬리

그를 바라보십시오. 수건은 이미 벗겨졌습니다. "우리가 다 수건을 벗은 얼굴로……주의 영광을 보매[집중하여 응시하매]." 시간을 들여 그의 영광―본질의 영광, 직무의 영광, 사역의 영광, 그가 가능케 하신 모든 일의 영광―을 응시할수록, 그 모든 것을 바라보고 깊이 생각하며 묵상할수록 그는 흥하시고 여러분은 쇠할 것입니다. 그 안에서 자기 자신을 잊은 채 경탄하고 사랑하며 찬양할 것입니다.

• 새찬송가 15장 4절 다시 옮김.